디지털 저널리즘 연구 톺아보기

Remaking The News:
Essays on the Future of Journalism Scholarship
in the Digital Age

디지털 저널리즘 연구 톺아보기

Remaking The News:
Essays on the Future of Journalism Scholarship
in the Digital Age

파블로 보즈코브스키 Pablo J. Boczkowski
크리스토퍼 앤더슨 C. W. Anderson 편저

김균수 옮김

전남대학교출판문화원

일러두기

- 각주는 모두 원문의 각주입니다.
- 참고문헌은 원문 그대로 미주 처리했습니다.
- 본문 내 이탤릭체는 원문에 따른 것입니다.
- 저자명과 구분이 필요한 개념 및 용어에 대해서는 아래첨자(예, 기술description과 기술technology)를 통해 원어를 병기했습니다.

기술과 저널리즘에 대해 생각하는 방법을 가르쳤을 뿐만 아니라 학문적 대화의 미덕을 몸소 보여준 우리의 존경스러운 스승, 트레버 핀치Trevor Pinch와 마이클 셧슨Michael Schudson에게 바칩니다.

__ P. J. B.와 C. W. A.

■ 옮긴이의 글

이 책은 원제목이 『Remaking the News』로서 게이 터크먼의 『Making News』 뒤를 잇는 책임을 암시하고 있다. 터크먼의 책은 실증연구 결과를 이론적 조망으로 설명하고 있어 학부 수준 이상이나 현업 언론인들이 쉽게 읽을 수 있는 명저였다. 그런데 이 책은 제목이 암시하는 바와 달리 변화하는 저널리즘 연구성과에 대한 리뷰로서, 전문서의 성격이 매우 강하다. 이에 번역서의 제목을 『디지털 저널리즘 연구 톺아보기』라고 하여 원제목보다 책의 취지를 더 명확히 하고자 했다. 전문용어와 기존 연구에 대한 맥락을 바탕으로 기술하고 있어서 비전공자들이 이해하기에 쉽지 않을 수 있지만 그렇다고 엄두를 못 낼 정도는 아니다.

이 책의 기획은 2013년에 시작돼 출판되기까지 4년이라는 시간이 걸린 지적대화의 산물이다. 이 기간 동안 초고를 놓고 한 차례 컨퍼런스가 열렸으며, 여기서 나온 피드백을 기반으로 최종원고를 작성했다. 엄선된 중진학자의 글에 대한 원로학자의 논평으로 구성된 편집 방식이 흥미롭다. 때로는 동의를 하면서도 또 어떤 대목에서는 견해를 달리하기도 한다. 나는 이처럼 장기간의 시간을 할애하는 서구의 출판 '문화'와 여유를 부러워하지 않을 수 없었다. 빠르게 변하는 디지털 미디어 환경을 고려했을 때 장기 기획된 책의 내용이 자칫 시의성이 떨어지지 않았을까 하는 우려와는 달리 시간이 지났기에 오히려 저자들의 혜안과 통찰이 더욱 빛을 발하고 있다. 오로지 숙성된 관찰과 정제된 분석만이 학문의 설명력과 완성도를 높일 수 있기 때문이다.

주요 내용은 질적 연구를 중심으로 당대 디지털 저널리즘 연구를 전체적으로 조망할 수 있도록 체계적으로 구성됐다. 비판적 담론 분석, 대항공중에 대한 연구, 장 이론, 네트워크 분석, 행위자 네트워크 이론, 민속지학, 역사기록학, 정치경제학, 현장 실험, 수용자 분석, 그리고 사례 비교 연구 등 다양한 다학제적 이론과 경험적 접근법을 소개하고 있다. 커뮤니케이션 현상에 대한 소위 '양적' 연구를 주로 해 온 내게는 흥미로운 내용이었고, 질적 연구와 양적 연구 간의 인식론적 단절을 극복할 수 있는 연결지점도 확인할 수 있었다.

일례로 나탈리 스트라우드(8장)는 이러한 단절을 극복하기 위한 좋은 사례를 제공하고 있다. 그녀는 우리 학계에 만연한 학자를 비판적 또는 행정적이라고 구분하는 것 자체가 생산적이지 않다고 주장하며, 특히 학계와 업계의 협업을 강조하고 있다. 더튼이 논평한 것처럼, "문제 지향의 관점에서 보면, 하나의 학제적 관점으로부터 주요한 연구문제를 해결하기란 거의 불가능하다. 문제지향적 연구에 전념하기 위해서는 보통 팀으로 구성된 다학제적 연구가 필요하다"고 주장하고 있다. 델리 카피니가 후기에서 정확히 지적하고 있는 것처럼, 다양한 인식론과 존재론 사이에 벽보다는 다리를 쌓는 게 우리 연구자에게 주어진 의무라는 점에 동의하지 않을 수 없었다.

디지털 저널리즘은 필연적으로 "기술"에 대한 연구이기 마련이다. 하지만, 한편으로, 드웨이즈와 프렝거(12장)가 텔레비전 매거진 형식의 시사 프로그램 등장에 대해 보여준 것처럼 저널리즘 역사에서 가장 중요한 변화들은 기술적 변화와 밀접하게 관련이 없을 수 있음에도 불구하고 디지털 저널리즘 연구가 화려하게 빛나는 "세계", 즉 시장에서의 성공과 요란한 분야에만 관심이 집중되지 않았는지 뒤돌아 볼 필요가 있다. 특히,

실패가 불가피하다는 점에서, "실패를 있는 그대로 보고 이를 실행가능하고도 중요한 연구대상으로 여겨야 한다"는 카린 발-요르겐센(13장)의 주장에 주목한다. 그녀에 의하면, 저널리즘의 근심거리를 복잡계 이론의 렌즈를 통해 의미있게 분석을 할 수 있다. 이 분석틀은 "전통적인 기계적 모델에서 가정하는 안정과 균형이 아닌, 역동성, 비선형적 체계, 변화, 불안정성, 그리고 불균형이 정상"이라는 점을 인정한다. 대신 복잡계 이론의 옹호자들은 "실패를 복잡계의 새로운 자산으로 간주"할 것을 제안한다.

결국 셧슨의 논평처럼 "디지털 시대의 새로운 하드웨어가 전문가와 아마추어를 막론한 기자들이 소통하는 방식을 바꾸는데 중요할지라도, 이러한 하드웨어를 이용하고 우리에게 관련있는 지식을 모으는 언어와 자원을 변화시키는 새로운 소프트웨어가 가장 중요하다. 이 소프트웨어는 기술과 관련이 있고 기술이 만드는 변화이지만, 문학적, 예술적, 또는 표현적 혁신이 이 중심에 있다"는 주장처럼 성공과 실패를 아우르는 디지털 인문학과 사회과학의 학제간 연구를 통해 새로운 소프트웨어의 발굴이 더욱 필요한 이유이다.

이번 번역이 내 인생 처음이자 마지막이 되지 않기 위해 몇 가지 어려움을 밝힐 필요가 있겠다. 『번역의 탄생』이라는 책을 쓴 이희재 선생은 번역을 세 가지 종류의 행위, 즉 '낮은 포복' (원문에만 얽매이는 직역), '고공 비행' (원문보다는 한국어를 중시하는 의역), 그리고 아슬아슬한 '저공 비행'으로 구분하고 있다. 체계적인 번역 훈련을 받는 기분으로 임했으나 번역자의 자유재량도 가끔 발휘했으니 나는 아마도 낮은 포복과 고공 비행을 오가는 저공 비행을 했을 것이다. 무엇보다 이 책이 여러 명이 공동집필한 편저라는 점을 언급할 필요가 있다. 글쓰기 스타일이 각기 다른 편저의 성격상 한 챕터에 익숙해질 때면 전혀 다른 스타일의 글쓰기를 마주해야 했다. 저자들의 다양한 시각과 글쓰기 스타일을 경험할 수 있었지만, 불가피하게 글의 전체적인 일관성이 떨어질 수 있다. 잘못된 번역에 대한 나름의 변명이지만, 오역은 전적으로 부족한 내 잘못이라는 점도 미리 밝혀둔다.

지난 한 해 번역은 또 다른 창작이라는 점을 몸소 깨닫는 시간이었다. 홍기빈 선생의 말처럼 매일 아침 비타민을 먹듯 새벽에 조금씩 번역하는 즐거움을 깨닫게 된 점이 개인적으로 가장 큰 선물이라 생각한다. 번역만큼 좋은 공부법도 없다는 것 또한 새롭게 배웠다. 번역은 배움의 과정 그 자체였다. 평소 이것저것 읽기는 하는데, 딱 그때뿐이어서 아쉬웠다. 번역을 하면서 같은 문장을 되새기며 더 나은 번역어를 찾는 과정 자체가 공부였다. 무엇보다 '말과 글', 특히 언어와 대상의 관계에 대한 정확한 표현의 어려움과 중요성을 절감했다. 평소 아무 생각없이 던지던 말과 글 하나에도 신중해야겠다는 생각이다.

연구년 기간이 헛되지 않도록 익숙하던 곳에서 한 발짝 떨어져 성찰할 수 있었던 뮌헨에서의 시간은 이루 말할 수 없이 '행복'했다. 기꺼이 나를 초대하고 연구실 및 학생들과의 대화 기회를 제공해 준 뮌헨대학 커뮤니케이션학과의 토마스 하닛쉬(Thomas Hanitzsch)교수께 감사드린다. 다른 나라에 관심을 갖는 이유가 자신의 나라를 더 잘 알기 위한 것이라던데, 나 역시 뮌헨에서 보낸 지난 1년의 경험이 자신뿐만 아니라 우리사회를 좀 더 사랑할 수 있는 기회였다고 생각한다. 이 책을 번역하며 이러한 깨달음의 시간을 갖게 배려해 준 전남대학교 동료들과 '페이스북'을 통해 관심과 격려를 해준 소중한 '친구'들께 감사를 드린다. 방송문화진흥회의 번역 지원도 도움이 됐다. 무엇보다 초고를 꼼꼼히 읽고 수정해준 이 책의 첫 번째 독자인 송진 박사는 이 책의 공동 번역자와 다름없다.

2019년 5월
김균수

■ 목 차

■ 감사의 글

노스웨스턴대학 커뮤니케이션학과의 우수 연구 펀딩 프로그램을 통해 받은 지원에 감사를 표한다. 바바라 오키피Barbara O'Keefe 학장과 엘렌 워텔라Ellen Wartella 학과장이 2015년 4월 11일 노스턴웨스턴 대학에서 개최한 컨퍼런스에 아낌없는 후원을 해준 덕에 이 책의 집필에 참여한 대부분의 사람들이 함께 모여 하루 동안 유익하고 생산적인 대화를 할 수 있었다. 또한 우리는 추가적인 재정지원을 제공한 메딜 저널리즘, 미디어, 통합마케팅 커뮤니케이션 스쿨Medill School of Journalism, Media, Integrated Marketing Communication 학부장, 브래드 함Brad Hamm과 이 책이 만들어지는 동한 보여준 지원과 격려에 대해 뉴욕 시립대학 미디어 문화학과장 데이비드 저스트너David Gerstner에게도 감사드린다. 노스웨스턴대학 박사과정생 에이미 로스Amy Ross는 컨퍼런스 전후 그리고 컨퍼런스 기간 동안 모든 것이 순조롭게 진행되는데 더할 나위 없이 최선을 다했다.

또한 우리는 서론에 대해 제인 싱어, 로드니 벤슨, 그리고 마이클 델리 카피니로부터 받은 피드백과 이 책 전체 원고에 대해 두 명의 익명 심사자로부터 받은 유익하고 건설적인 코멘트에 대해 매우 고맙게 생각한다. 노스웨스턴대학 박사과정생 자콥 넬슨Jacob Nelson은 효과적인 방식으로 편집 실무에 도움을 줬다. MIT 출판부는 전체적인 과정에서 유능한 편집 지침을 제공했다. 인사이드 테크놀로지Inside Technology 시리즈 공동 편집자인 트레버 핀치Trevor Pinch는 외교적 재능, 진지한 유머, 그리고 절제된 효율성을 겸비한 훌륭한 조언을 제공했다.

끝으로, 이 책의 저자들이 보여준 뛰어난 노력에 감사를 표하고 싶다. 이들 대부분은 학문적인 동료들이고 어떤 이들은 우리가 자라면서 존경했던 학자들이다. 우리가 이 프로젝트를 시작할 때 이들 모두를 친구로 생각할 수 있어서 축복이었고, 우리의 우정은 이 과정에서 겪은 공동 작업에 의해 더욱 굳건해졌다. 이 책이 보여주는 것과 같은 집단적 노력은 우여곡절이 많을 수 있고 그 과정이 복잡하다. 하지만 이 책의 저자들과 일하는 것은 기쁨이었다. 이들은 이 책의 배경이 된 아이디어에 진심으로 참여했고, 최고의 결과물을 만들었으며, 피드백에 잘 대응했고, 그리고 늦지 않게 원고를 전달했다. 이들은 다양한 초안에서 우리가 때때로 저지른 성명 표기의 오류와 시끄러운 호텔 방에 대해 적절한 유머를 섞어가며 인내했다. 이러한 모든 것 덕분에 이들과 함께 일하는 것이 가장 보람있는 경험이 되었다. 우리는 진심으로 이들에게 감사를 표한다.

2016년 7월 1일

파블로 보즈코브스키, 에반스톤, 일리노이주;

그리고 찰스 앤더슨, 브룩클린, 뉴욕

서론 : 말과 사물

파블로 보즈코브스키Pablo J. Boczkowsk
크리스토퍼 앤더슨C. W. Anderson

태초에 말씀이 있었다 In the beginning was the Word.
— 요한복음 1장 1절

뉴스와 저널리즘 관련 학문이 진화하는 대부분의 기간 동안, 설명은 거의 항상 말로 시작해서 말로 마무리 되곤 했다. 뉴스가 어떻게 만들어지고, 무엇으로 구성되며, 사회에 어떻게 유통되고, 그리고 정치와 문화에 어떤 효과를 낳는지를 다룬 어떤 책이나 논문에서도 어렵지 않게 말, 그 말을 한 사람, 그리고 그들이 소속되고 관련된 조직에 대한 설명을 찾을 수 있다. 저널리즘 역사를 다룬 연구 또한 이와 같은 "성 삼위일체holy trinity"에 초점을 맞추곤 한다. 지난 몇 세기, 특히 20세기에 두드러진 정보의 생산, 유통, 그리고 수용과 관련한 물리적 조건에서 발생한 변화는 사실상 간과되었다. 우리의 연구문화를 상징하는 텍스트에 반영된 것은 인공물이 결핍된 세상이었다. 학문적 전경-그리고 심지어는 배경으로부터도 심심치 않게-으로부터 배제된 것이 바로 이 사물, 도구, 기계, 하드웨어, 소프트웨어, 그리고 다양한 유형의 기술이다. 이들은 뉴스를 만드는데 주도적인 역할을 하면서도 역설적으로 연구에서 우리 눈에 띄지 않았다. 민속지학자가 펜과 종이 없이 업무를 수행할 수 있을까? 계산기와 컴퓨터 없는 통계학자가 있을까? 신문인쇄용지, 방송화면, 방송테이프가 없는 내용 분석가가 존재할까? 인쇄기 없는 발행인이 가능할까? 뉴스 제작의 가장 재능있는 관찰자로 후학들에게 하여금 많은 논의거리를 던져준 고전, *뉴스 만들기Making News*(1978)와 *뉴스 정하기Deciding What's News*(1980)를 남긴 게이 터크만Gay Tuchman과 허버트 갠즈Herbert Gans 조차도 그들의 저작에서 물질적 토대를 다루지 않고 뉴스 제작의 핵심 업무와 과정을 기술할 수 있었다.

1990년대가 열리면서 상황이 달라졌다. 산업계의 분석가와 학자들의 주목을 피해 오랫동안 축적된 과정을 거쳐 월드 와이드 웹의 상업화를 이끈 기술적, 경제적, 정책적, 그리고 문화적 발전이 뉴스의 세계를 단번에 사로잡았다. 이때부터 "디지털"이 천천히 그리고 꾸준하게 미디어 조직과 여기에 몸담고 있는 기자와 편집자 이목의 중심에 들어옴으로써, 기술이 미디어 기업의 필수불가결한 요소로 자리매김했다. 이처럼 극적인 운명의 반전으로, 현재 기자들 사이 대부분의 논의는 말과 사물의 교차로 시작해서 여기서 끝나고 있다. 뉴스를 만드는 사람들에게 말에만 천착하는 것은 거의 생각조차 할 수 없는 일이 되었다.

학자들 사이에서도 이와 비슷한 과정이 일어났다. 보즈코브스키Boczkowski가 1996년 온라인 뉴스 제작에 대한 박사학위 논문을 쓰기로 했을 때, 저널리즘에서 기술의 역할에 대한 고려는 매우 드물고 학계에서 주목을 받지 못했다. 10년 후 앤더슨Anderson이 뉴스 제작의 생태계 재건에 대한 박사학위 논문을 시작했을 때 비로소 기술이 학계의 중심적인 위치를 확보했다. 이제 미디어, 뉴스, 저널리즘을 다룬 어떤 저널이나 출판사의 카탈로그를 들춰 보더라도 말과 사물의 교차로 시작해서 끝나는 저작물을 쉽게 찾을 수 있다.

학문적 의식화consciousness 과정에서 이러한 교차는 그동안 뉴스에 대한 학문적 경향을 특징지었던 지적 체계를 뒤흔들었을 뿐만 아니라 새로운 활력을 불어 넣었다. 뉴스 생산 관련 민속지학지적 연구의 사례를 보면, 1970년대와 1980년 초반 터크만과 갠즈의 고전적 저작물에 이어 오랫동안 지속된 모라토리움moratorium(Klinenberg 2005)은 이제 말과 사물의 교차와 관련된 여러 측면에 주목한 신진 학자들의 왕성한 활동에 의해 다시 활기를 띄고 있다.

그래서, 이 책의 제목인 *디지털 저널리즘 연구 톺아보기Remaking the News*는 연구의 대상과 연구의 과정에 있어서 유기적 변화에 대한 이중적 의미를 반영한 것이다. 터크만의 고전적 텍스트를 저널리즘과 이에 대한 학문적 경향을 반영하는 특정 시기를 대표하는 저작으로 삼으면서, *디지털 저널리즘 연구 톺아보기*는 과거에 대한 인정과 동시에 뉴스 제작의 관점에서 과거로부터 단절을 의미하는 것이다. 또한 이 책의 제목은 한 사회에서 저널리즘의 역할에 대한 지적 전통에 대한 존경의 표시임과 동시에 근본적 원리 중 하나로부터의 단절을 의미한다. 이 책에 실린 저작물들은 산업과 학문간 병행이라는 또 다른 차원에서 의의가 있다. 다시 말해, 저널리스트가 지난 20여 년 동안 정신없이 지냈듯이, 연구자들 역시 저널리즘 연구에 있어서 광풍의 시기를 겪고 있다. 뉴스에 대한 연구가 과열된 것도 사실이지만, 이러한 광풍 속에 그동안 우리가 알게 된 것이 무엇이고 무엇보다 향후 연구를 위해 무엇이 추가되어야 하는지에 대한 총체적 숙고의 기회를 갖진 못했다.

이 책의 시작은 2013년 봄, 펜실베니아 대학의 아넨버그 커뮤니케이션 학부에서 다니엘 크레이스Daniel Kreiss와 조셉 터로우Joseph Turow에 의해 개최된 행사의 점심 모임에서 비롯됐다. 우리 두 사람 모두 이 행사에 참석했다. 점심을 함께하며, 이 책에 대한 아이디어뿐만 아니라 작업 일정에 대한 평가, 특히 필수적인 프로그램 작업은 개인 또는 소집단이기 보다는 공동체 지향적인 대화가 더 유익하다는 기본원칙을 도출했다. 이는 자연스럽게 우리로 하여금 이 책 프로젝트를 위한 출발점으로 학계의 오랜 관행인 컨퍼런스를 고려하게 했다.

처음부터 우리는 관점의 다양성을 존중하면서도 상당한 수준의 내적 일관성을 담보하는 일련의 대화를 촉진하는데 목표를 두었다. 이에 오로지 초청에 의해서만 참여자를 선발하고 뉴스 연구에 있어서 이미 영향력 있는 업적을 남겼으며 이들의 저작이 주로 저널리즘과 기술의 관계에 천착해온 소수의 동료학자에만 집중하기로 했다. 또한 우리는 경력 상 자신의 경험적 연구로부터 한 발짝 떨어지는 기회를 즐길 수 있는 시점에 있는 학자를 모으고 싶었다. 우선 기술과 저널리즘의 관계에 대해 자신이 선택한 특정 국면에 대한 에세이를 쓴 후 향후 그 국면이 어떠한 과정을 겪을지를 고민하게 했다. 두 번째 목표는 이들의 에세이와 생각을 커뮤니케이션과 미디어 연구라는 보다 큰 대화의 틀 속에 자리매김하도록 하는데 있었다. 이를 위해, 비슷한 주제를 공유하는 몇 개의 페이퍼 그룹에 대해 논평할 다섯 명의 학자들을 초대해 그들의 생각을 공유하게 했다.

이렇게 조직된 컨퍼런스를 2015년 4월 11일 노스웨스턴대학교에서 개최했다. 이 행사에 앞서, 편저자인 우리가 페이퍼의 저자들에게 피드백을 제공했다. 컨퍼런스가 개최되는 동안, 비슷한 주제로 엮인 3~4명의 참여자 그룹은 사전에 배포된 페이퍼를 발표한 후 선배 학자그룹으로부터 논평을 듣고 마지막으로 청중과 공개 질의응답 시간을 가졌다. 컨퍼런스는 2년 전 펜실베니아대학에서 시작된 모임을 마무리하기에 적격인 같은 대학의 마이클 델리 카피니Michael X. Delli Carpini교수의 총평을 끝으로 마무리했다. 컨퍼런스가 종료된 직후 우리는 컨퍼런스 피드백과 의견교환을 토대로 두 번째 원고 작성을 요청했다. 두 번째 원고는 다시 해당 토론자와 델리 카피니에게 보내졌고 이는 각각 섹션별 논평과 이 책의 후기로 탈바꿈했다.

지금 여러분 손에 있는 책은 대화를 통한 커뮤니티를 형성하기 위해 많은 정성이 들어간 과정의 산물이다. 이 책의 각 장과 논평은 각각 뉴스 연구의 향후 방향과 정치와 문화에서 뉴스의 역할뿐 아니라 다른 학문분야와의 관련성에 대해 서로 밀접히 연결된 주장을 포함하고 있다. 독자들은 때때로 각 장의 저자들 사이뿐 아니라 각 장의 논평가와도 의견을 달리하는 순간을 확인할 것이다. 어쩌면 이는 의견불일치가 건강한 학문적 토론의 징표라는 점에서 이 책의 업적이라 할 수 있다. 컨퍼런스 기간 동안과 글쓰기 과정에서 상반된 생각에 대해 서로 존중하면서도 생산적인 논의를 이끌어준 모든 저자들에게 감사를 표한다. 이러한 불일치에도 불구하고 그 저변에는 집단적 대화로서 이 저작물에 강한 정체성을 부여할 만큼 다양한 배경을 가진 에세이들을 관통하는 공통점이 있다고 생각한다. 끝으로 두 가지 공통점을 강조하면서 서론을 마무리 하고자 한다.

첫째, 우리가 지칭하는 말에서 말과 사물의 교차로의 초점 이동은 저널리즘에 대해 우리가 알고 싶은 것, 또 이를 어떻게 알아갈 것인지에 대한 근본적 변화를 수반한다는 점에 대한 이해가 필요하다. 즉, 지난 20여 년 동안 일어난 누적적 결과란 말, 사람, 조직에 대한 설명이라는 비교적 안정적 규범에 단지 기술이 덧붙여진 게 아니라, 그 규범을 종합적으로 재고해야 한다는 취지로 이해하자는 것이다. 이는 처음부터 다시 시작하자는 것이 아니라, 오랫동안 당연시되어 온 분석적 틀에 대한 **탈물화**de-reification•를 의미한다. 1960년대와 1970년대 사회과학과

• 물화(Reification)는 인간과는 독립적이면서 인간의 삶을 지배하는 (근본적으로는 무관한 것으로 생각되어지는), 소유에 대한 인간의 관계나 행위, 그리고 인간의 생산물에 대한 관계나 행위 등을 변화시키는 작용을 말한다. 또한 인간이 인간적 방식으로 행동하지 않고, 사물 세계의 법칙에 따라 행동하는, 사물과 같은 존재로 변형되는 것을 의미한다. 물화는 현대 자본주의 사회에서 가장 극단적으로 널리 퍼져 있는 소외의 특수한 경우이다. - 옮긴이

인문학에서 설명 장르의 경계가 흐려지는 것에 대한 기어츠Geertz의 성찰을 빌리면, 이 책에 수록된 글들은 "지식이 무엇인지에 대한 관념이 아니라, 우리가 알고 싶어 하는 것이 무엇인지에 대한 상전벽해"(1980, 34)를 반영한 것이다.

둘째, 연구의 대상이자 과정으로서 뉴스에 대한 불안정성을 인정할 필요가 있고 이는 첫 번째 사항과 무관하지 않다. 내러티브 사이언스Narrative Science 같은 회사가 증권 시황 또는 야구 경기에 대해 만든 스토리는 뉴스 제작의 결과일까 아니면 컴퓨터 프로그래밍의 결과일까? 아니면 모두에 해당할까? 혹은 알고리즘에 의한 저작에 대해 새로운 것과 새롭지 않은 것에 대해 이해하는 게 더 나을 정도로 전적으로 새로운 분야인가? 페이스북은 전통적인 편집과 유통의 분리를 제거하고 이를 통합하고 있는가? 지금의 미디어 생태계에서 뉴스가 어떻게 선별되고, 전유되며, 그리고 재전송 되는지 이해하기 위해 편집과 유통 과정의 근간부터 다시 검토해야 하는가? 마찬가지로, 알고리즘 작업-비록 관련이 없지 않지만 전혀 다른 연구 관심인 알고리즘을 만드는 작업을 의미하지는 않는다-에 대한 민속지학지적 연구 또는 소셜 미디어의 2차 편집과 유통을 통한 "개인적 영향personal influence"(Katz and Lazarsfeld 1955)에 대한 설명을 할 수 있을까? 이 책에서도 당연히 제기되는 이와 같은 질문들은 20세기 말에는 상상하기 어려웠다. 하지만, 수십 년에 걸친 뉴스 연구의 지적 안정 이후, 이제 상기한 질문들은 "조용하고 미동없던 토양에 균열, 불안정성, 오류 등을 불러옴으로써"(Foucault 1994 [1966], xxiv) 질문이 샘솟는 장을 열고 있다.

책의 구성

이 책은 네 개의 섹션으로 구성되었고, 각 섹션은 다시 3~4개의 장chapter

으로 구성되었으며, 각 섹션의 주제를 포괄하는 논평이 뒤따르는 방식으로 구성되었다. 그리고 마이클 델리 카피니Michael X. Delli Carpini의 후기로 마무리를 한다. 장, 논평, 그리고 후기의 3중 구조는 개별 장을 관통하는 관련성을 높이기 위해 고안되었다. 종종 저자들은 서로를 직접 언급하기도 하고 또 덜 직접적이지만 강한 어조의 논쟁이 오고 갔다.

첫 번째 섹션을 구성하는 네 개의 장과 논평에서 저자들은 주로 이론적이고 방법론적인 이슈를 다뤘다. 1장에서 파블로 보즈코브스키Pablo J. Boczkowski와 유지니아 미첼스타인Eugenia Mitchelstein은 디지털 저널리즘 연구의 현재 상태를 간략히 조망한다. 이를 통해, 이들은 온라인 저널리즘 연구가 다른 분야로부터 광범위하게 도움을 받았지만, 이러한 연구가 다른 분야에 소속되거나 다른 대상에 관심을 두는 연구자에게 의미하는 바가 무엇인지를 설명하려는 노력은 비교적 부족하다는 점을 지적한다. 이는 결국 이론 정립이라는 거시적 노력을 저해할 뿐만 아니라 어떤 것이 저널리즘에 고유한 연구결과이고 보다 폭넓은 사회적 발전의 징후인지를 판단하기 어려운 결과를 낳았다. 이들은 뉴스에 대한 연구를 (a) 정보 중개업information brokerage과 (b) 다양한 사회운동 행위social movement activism로 묘사하며 지식 순환의 양방향 방식two-way street of knowledge circulation을 채택할 것을 제안한다. 이 두 가지 개념은 사회학자에게는 비교적 익숙하지만 주류 저널리즘 연구자에게는 낯선 용어이다.

2장에서는 로드니 벤슨Rodney Benson이 디지털 뉴스 연구의 상당 부분을 특징짓는 경향인 “신기술주의new descriptivism”를 정면으로 반박하며 지적 비평의 새로운 시각을 보여준다. 벤슨에게 신기술주의란 두껍게 쓰기, 일회성 사례연구, 그리고 치환 불가능한 저널리즘 구조와 행위의 우연성을 드러내는 것이다. 따라서 미디어 학자들은 “다양한 사회 현상[여기서는 뉴스 산업]을 가로지르는 공통의 ‘인과적 메커니즘’(예를 들어, 장 논리field logic, 성향체계habitus, 구분짓기를 위한 사회적 투쟁social struggles for distinction, 담론discourse)(Steinmetz 2004)에 초점을 맞춰야 한다고 주장한다. 그에게 신기술주의에 대한 해결책은 지엽적이고 기술적인descriptive 것에 있는 것이 아니라 비교와 인과관계에 초점을 맞춘 "좋은 설명good explanations"을 제공할 수 있는 연구에 있다.

3장과 4장에서 빅터 피카드Victor Pickard와 크리스토퍼 앤더슨C. W. Anderson이 상이한 방식으로 뉴스 연구의 이론 및 방법론적 토대를 구성하는 핵심 요소에 대한 개선을 제안하며 앞선 두 장을 보완한다. 3장에서 피카드는 저널리즘-기술의 교차에 관심을 갖는 정치경제학적 시각에서 뉴스 연구가 세 가지 주요 "맹점" 즉, 규범적 질문에 답하고, 저널리즘 정책에 좀 더 관심을 두며, 그리고 디지털 시대에 맞는 뉴스 생산의 경제학을 부활시킬 필요가 있음을 강조한다. 벤슨이 주장하는 비교연구, 경험연구, 인과적인 지향, 그리고 공적인 참여에 기반한 뉴스 연구는 어떠한 모습일까? 적지 않은 부분이 피카드가 제안하는 프로그램과 맞닿아 있는 것으로 보인다.

4장에서 앤더슨은 시기적으로 민감하고 문화와 연계된 방식으로 대안적 의제를 제시한다. 그는 시공간적으로 지역 중심적인 뉴스룸 연구 경향으로부터 탈피하는데 관심이 있다. 뉴스룸 연구뿐만 아니라 여기서 만들어지는 저널리즘 가치에 대한 연구의 설명력을 높이기 위해서 앤더슨은 역사와 기술변화의 "장기 관점long view"에 의존한다. 그는 인과성이 구조적 결정요인으로부터 만큼이나 분포된 망의 "일시적 포화상태temporal saturation"로부터도 유추될 수 있다는 과학 연구science studies의 기본 통찰에 주목한다. 이는 역사적 설명의 주요한 특징인 시간적으로 연장된 패턴 내에 최근의 민속지학적 통찰을 결부시키는 방식으로 인문학과 사회과학에 기반하는 접근법이다.

윌리엄 더튼William H. Dutton은 이러한 다양한 주장을 요약하고 각각의 함의를 고민하는 논평을 맡았다. 그는 저널리즘 연구가 불가피하게 다학제적일 수밖에 없음을 강조하면서 탐사적 연구의 가치와 약점에 대해 숙고할 시간을 제공한다. 비록 초창기 온라인 뉴스 연구에서는 기술적 혁신의 속성에 대해 언급하는 것만으로도 충분했지만, 최신 연구는 특정한 방식으로 기술혁신에 대한 단순 기술description을 넘어서고 있다. 더튼은 다학제적 연구로서 디지털 저널리즘 연구는 그것이 기반하는 특정 학문분야의 요구도 충족시켜야 하지만 또한 재미가 있어야 한다고 주장한다. 비록 "재미가 있어야being interesting"라는 말이 저속하게 들릴지라도, 이는 특정 분야에 국한된 이론을 향상시키는 것만으로 충분히 지적가치가 있는 일로 칭찬받던 전통적인 학문분야에 뿌리내린 연구기준과는 다르다. 더튼은 디지털 저널리즘 연구가 거의 불가피하게 문제에 기반한 연구problem-based research라고 주장한다. 나중에 알겠지만 이 주장은 흥미롭게도 델리 카피니의 후기와 일치하는 부분이다.

두 번째 섹션의 각 장은 뉴스와 저널리즘을 이해하기 위해 사용하고 있는 주요 개념, 즉 지식, (예술art) 세계, 그리고 침묵silence에 대한 문제를 제기한다. 각각의 저자들은 최신 이론 트렌드에 천착하기보다 오히려 현재의 저널리즘에 대한 새로운 질문에 답을 줄 수 있는 오래된 자원을 찾으라는 사회과학의 규범으로 다시 돌아갈 것을 제안한다. 5장에서 라스무스 닐슨Rasmus Kleis Nielsen은 저널리즘을 지식의 한 형태로 인식하고 체계적 "지식knowledge of"과 비체계적 "앎acquaintance with"을 구분함으로써(시카고학파의 로버트 팍Robert Park이 최초 제안함) 저널리즘의 변화에 대해 더 나은 이해를 할 수 있다고 주장한다. 닐슨에게 뉴스를 이러한 방식으로 생각하는 것은 몇 가지 명시적 그리고 암묵적인 목적이 있다. 명시적으로, 뉴스를 특정 주제에 대한 깊은 친숙함과 그 주제에 대한 "지향orientation towards" 또는 보다 일상적인 "앎"을 제공하는 지식의 한 형태로 이해하는 것은 디지털 기술의 발전이 아주 작은 헤드라인 중심 기사량을 증가시켰을 뿐만 아니라 다량의 체계적 뉴스 또한 가능하게 했다는 점을 깨닫게 한다. 암묵적으로는, 이러한 접근이 미디어 학자들에 만연한 비체계적 형태의 뉴스를 깊고 심층적인 뉴스보다 덜 가치있는 것으로 폄훼하는 경향을 지적하는 의미도 있다. 마땅히 팍과 닐슨의 입장은 일상적인 "앎"의 형태로서 뉴스도 중요한 공적 목적에 부합할 수 있다는 점을 강조한다.

6장에서 셋 루이스Seth C. Lewis와 로드리고 자미스Rodrigo Zamith는 호위 벡커Howie Becker와 그의 "예술 세계art worlds"에 관한 이론에 의존한다. 그들은 "예술 세계"-예술의 사회학적 지위에 대한 고려는 예술가와 예술작품뿐만 아니라 예술을 하는데 관련된 모든 행위자와 사물을 전체적으로 포괄해야 한다는 생각-가 저널리즘, 특히 저널리즘과 기술적 인공물의 관계를 이용하는데 유용하게 적용될 수 있다고 주장한다. 이들은 "세계"-예술, 저널리즘 등-라는 생각이 21세기 들어 나타나고 있는 저널리즘의 비제도화, 탈집중화, 그리고 기술 중심적인 현상을 이해할 수 있는 편리한 방법이라고 제안한다.

7장에서 마이크 애나니Mike Ananny는 미디어에서의 발언speech과 침묵silence을 다시 생각하기 위해 "저널리즘적 여백journalistic whitespace"이라는 은유에 의존한다. 애나니는 신문의 여백(텍스트와 다른 그래픽이 없는 신문의 일부) 사용에서 침묵silence, 듣기listening, 숙고reflection, 혹은 조용한 명상quiet contemplation과 같은 다양한 개념-즉 발언하지 않는 저널리즘적 가치-를 떠올린다. 우리는 흔히 침묵을 저널리즘 가치로 생각하지 않는다. 이는 수정헌법 1조를 분석하는데 주로 이용되는 소극적 권리의 틀 때문이고 또 일부는 디지털 기술에 의한 저널리즘적 행동유발성journalistic affordances을 발언, 공유, 참여하는 사람의 수의 증가로 생각하는 경향 때문이다. 하지만 침묵의 중요성에 대한 이 같은 관점을 지지하기 위해 합법적 분석으로 확고히 뿌리내린 대안적 접근이 있고, 애나니가 디지털 시대 네트워크화된 뉴스 생태계에서 이러한 대안적 접근의 함의에 대해 충실히 논의한다.

두 번째 섹션의 논평을 맡은 파파차리시Zizi Papacharissi는 저널리즘적 사건events, 사실facts, 그리고 이야기stories의 관계를 집중적으로 다룬다. 두 번째 섹션의 세 장은 사실facts, 가치values, 그리고 내러티브 이야기narrative stories의 관계를 각기 다른 방식으로 다루고 있고 비록 기술이 뉴스 가치를 바꾸는 유일한 요인은 아닐지라도 핵심 요인이라는 점이 분명하다는 게 파파차리시의 주장이다. 즉시성instantaneity, 편재성ambience, 그리고 혼종성hybridity이라는 새로운 뉴스 가치들은 파파차리시가 일컫는 "정서적affective" 뉴스, 즉 경험, 의견, 그리고 감정의 구분을 모호하게 하면서도 보기에 따라 디지털 시대에 문제가 될 수도 있는 또 다른 틀인 새로운 뉴스 장르를 형성하고 있다.

세 번째 섹션은 이론과 방법론에서 연구의 대상으로서 저널리즘 존재론으로 논의를 옮긴다. 각각의 장은 다른 방식으로 직업 문화 및 행위와 관련된 질문을 다루고, 경제적, 윤리적, 그리고 정치적으로 전환의 시기에 직업에 관한 학자의 역할을 다룬다. 8장에서 나탈리 스트라우드Natalie Jomini Stroud는 저널리즘 산업과의 협력을 학문적 독립에 대한 배신으로 간주하는 비판연구 전통에 반대하는 실용주의에 입각해 논의를 전개한다. 그녀는 이윤추구가 민주주의에 긍정적인 결과를 낳는 때가 있음을 제시하면서 비즈니스를 민주주의를 위한 수단으로서 저널리즘과 구분하는 것에 문제를 제기한다. 마찬가지로, 학자가 동일 연구 프로젝트에서 비판적이면서도 행정적일 수 있음을 보여준다. 따라서, 미디어 조직이 그들의 비즈니스와 민주적 목표를 달성하도록 돕는 것이 반드시 학문의 비판적 차원을 포기하는 것은 아닐 수 있다.

9장에서는 스트라우드에 이어 매튜 힌드만Matthew Hindman이 현직 기자와 민주주의 이론가 모두에게 중요한 질문을 다룬다. 즉, 점점 정확성이 향상되는 디지털 메트릭스digital metrics에 의해 저널리즘에 대한 수용자 이해가 변화하는 상황이 저널리즘 윤리에 어떠한 영향을 미치는가? 자신의 기사를 소비하는 사람들에 대해 "기자들이 알고 있는 것"이 "저널리즘이 실천해야 하는 것"에 어떠한 영향을 미치는가? 힌드만은 전통적인 이상(기자는 최대한 시민적 중요성을 갖는 콘텐츠를 만들어야 한다), 상업적 이상(저널리즘은 수익과 이용자 주목을 최대화하도록 노력해야 한다), 그리고 "윤리적 메트릭스 이용"을 구분하면서, 기자들이 메트릭스를 윤리적으로 이용해야 한다고 주장한다. 끝으로 그는 저널리즘이 윤리적으로 깨끗한 지점을 찾도록 돕는 학문적 연구 의제를 제안한다.

디지털 기술은 일반적 방식(직업적 혼돈의 시기에 기자와 학자가 어떻게 함께 일해야 하는지)과 특정한 방식(수용자에 대한 지식이 어떻게 저널리즘 규범에 영향을 미치는지)으로 뉴스 산업에 파급력을 행사해 왔다. 10장에서는 제인 싱어Jane B. Singer가 세 번째로 중요한 실무적 발전인 소위 "기업가형 저널리즘entrepreneurial journalism"의 출현을 다룬다. 그녀는 "기업가형 저널리즘"의 문화와 수사학이 디지털 시대 뉴스에 대한 실무와 연구에 영향을 미치는 다양한 방식을 살펴본다. 몇몇 중요한 경고에도 불구하고, 그녀는 전반적으로 창의적인 노력을 지지하면서 1900년대 후반과 2000년대 초반 디지털 언론의 1차 물결을 무시했듯이 이러한 노력을 무시하지 않아야 한다고 조언한다.

러셀 뉴만Russell W. Neuman은 직업적 문화와 실천행위를 넘어 두 번째 공통주제, 즉 경계의 모호함을 다루는 방식을 탐구하면서 세 개의 장을 하나로 묶는다. 공통 지식Common Knowledge에서 뉴만과 그의 동료 연구자들은(Neuman, Just, and Crigler 1992) "기자들에게 시청자나 독자들로부터 받은 피드백이 무엇이고 수용자들의 반응은 어떠했는지 물었다. 당시 대다수 기자들은 동료기자나 편집장으로부터만 피드백을 구할 뿐 독자들로부터의 피드백은 드물게 이웃주민과 옆 좌석 승객으로부터 받은 것이 전부였다. 사실 기자들은 이 질문을 다소 이상하게 생각하는 것으로 보였다"(x). 이 초기 저작을 언급하며 뉴만은 스트라우드, 힌드만, 그리고 싱어가 탐구한 이슈들이 전혀 새로운 것이 아니라 뉴스 미디어와 공론장의 관계를 다루는 오랜 연구 전통 내에서 파악할 필요가 있음을 환기시킨다.

네 번째 섹션의 각 장은 각 저자가 보기에 현재 뉴스 연구에서 결여되어 있는 이슈, 즉 불평등inequality, 역사history, 그리고 실패failure를 다룬다. 11장에서 수 로빈슨Sue Robinson은 최근의 저널리즘 연구가 디지털 미디어 환경에서 체계를 잡아가고 있지만, 특히 인종, 계급, 성별, 그리고 동성애와 같은 기존에도 명확했던 권력의 차이를 분석할 준비가 되어 있지 않다고 주장한다. 그녀는 저널리즘 연구가 저널리즘 권위에 대한 생산적 논의를 저널리즘의 사회적 권력이라는 보다 폭넓은 질문과 아직 적절하게 통합하지 못한데 일정부분 문제가 있음을 지적한다. 로빈슨은 권력과 권위 자체의 보다 깊은 이론적 관계에 대한 재고와 이러한 이론화 과정을 디지털 뉴스의 전개를 둘러싼 경험적 질문에 적용할 필요성을 지적한다. 끝으로 그녀는 향후 이러한 과정을 지향하는 다양한 분석틀을 제안한다.

12장에서 미르잠 프렝거Mirjam Prenger와 마크 드웨즈Mark Deuze는 10장의 싱어의 관점과는 다른 차원에서 저널리즘에서의 기업가 정신과 혁신을 논의한다. 그들은 뉴스 비즈니스에서 혁신이라는 개념을 역사적으로 고찰하여 작금의 기술적 함축으로부터 분리시키고자 한다. 이를 위해 그들은 1950년대와 60년대 미국, 영국, 그리고 네델란드의 텔레비전 시사 프로그램 출현과정을 분석한다. 역사상 특정 시기에 이루어진 새로운 장르의 출현을 살펴봄으로써 그들은 뉴스의 혁신을 역사화 시켰을 뿐만 아니라 저널리즘 혁신이라는 개념을 탈미국화de-Americanize시켰다. 그들은 또한 기업가 정신에 대한 보다 비판적 분석을 시도한다. 기업가 정신과 혁신에 관한 두 장은, 번갈아 읽다 보면, 뉴스 연구가 경험적 핵심 질문에 접근할 수 있는 대안적 방법에 대한 그림을 그리게 된다.

권위, 권력, 그리고 디지털 뉴스에서의 배제exclusion의 관계를 보다 명확히 분석할 필요가 있다는 로빈슨의 요구대로, 13장에서 카린 발-요르겐센Karin Wahl-Jorgensen은 저널리즘 연구가 지난 20년 동안 벌어진 저널리즘 혁신 과정 속에서 산발적으로 이루어진 주변부, 소규모, 그리고 다수의 실패 프로젝트를 연구하는데 좀 더 심혈을 기울일 필요가 있다고 주장한다. 비록 실패의 경험이 전혀 다루어지지 않은 것은 아니지만, 저널리즘 연구뿐만 아니라 사회전반에 있어서 지배적 담론은 주로 대규모, 기술적으로 정교한, 그리고 성공한 프로젝트에 지나친 강조를 하고 있다. 또한 이 장은 저널리즘 연구가 보다 큰 이론 형성 과정에 통합될 수 있는 분석을 통해 앞서 보즈코브스키와 미첼스타인의 양방향 방식two-way street으로 전환될 필요가 있다는 주장을 책 마무리 시점에 적절히 반복한다. 구체적으로 그녀는 사회학자, 조직 이론가, 정치학자가 복잡한 기술 체계부터 은행 등을 포함해 많은 실패 사례를 오랫동안 연구해 왔다는 데 주목한다. 그녀는 학문으로서의 저널리즘이 이러한 지적 기획에 직접 기여할 수 있다는데 긍정적이다.

마이클 셧슨Michale Schudson은 "저널리즘 연구 나무journalism studies tree", 즉 정원사인 사회학자, 정치이론가, 인류학자 등이 다른 곳에서 바쁜 와중에도, 수십 년 전에는 존재하지 않았지만 이제는 크고 건강한 상태가 된 학문 연구 분야라는 은유를 통해 각각의 장을 논평한다. 셧슨은 학자로서 우리가 이 나무를 가꾸는데 신중해야 하고 기대하지 않은 모습의 존재를 당연시해서는 안된다고 주장한다.

셧슨의 에세이에 이어 마이클 델리 카피니가 지난 20년 동안 저널리즘에 일어난 일에 대한 경험적 증거들을 저널리즘의 오랜 "육하원칙Five W's and an H"에 입각해 검토한 후기는 강력한 결론을 제시하고 있다. 디지털 뉴스 생산과 소비와 관련한 "누가, 무엇을, 어디에서, 언제, 왜, 그리고 어떻게"라는 질문은 최근에 모두 변했다. 그는 일반 시민들이 자신을 둘러싼 복잡한 현실을 더 잘 이해하고, 길을 찾으며, 그리고 고민하도록 돕는 저널리즘을 통해 세상에 영향을 끼치는 저널리즘 연구가 필요하다는 강력한 호소로 글을 맺고 있다.

제1부

이론 및 방법론 논쟁 재탐색하기

1

온라인 저널리즘 연구경향: 지나온 길과 나아갈 방향

파블로 보즈코브스키Pablo J. Boczkowski
유지니아 미첼스타인Eugenia Mitchelstein

지난 25년간 온라인 저널리즘 연구는 어떻게 발전해 왔을까? 주된 연구주제는 무엇이고 이를 어떤 이론과 방법론적 전략으로 연구했을까? 이 글에서 우리는 온라인 저널리즘 연구를 평가한다. 결론부터 말하자면, 연구의 양적팽창, 주제의 다양성, 그리고 사용된 개념 및 방법론적 자원의 배열에 있어서 괄목한 성장이 있음을 확인했다. 또한 개념 및 방법론적 작업에 대한 지배적인 접근법은 사회과학, 행동과학뿐만 아니라 인문학에서 파생된 적합한 아이디어들을 혼합하는 방식이었다. 그러나, 다학제적 개념 발전이 이루어지거나 이들의 관련 결과를 비교할 수 있을 정도의 다양한 분야 학자들과의 협업은 없었다. 간단히 말해, 다학제적 연결은 다분히 일방향적이었다. 이는 두 가지 한계를 낳았다. 첫째, 어떤 연구 결과가 온라인 뉴스에 고유하고 또 어떤 것이 디지털 문화라는 다른 분야를 포괄하는 것인지 구분하는 것이 어렵다. 둘째, 인문학과 행동 및 사회과학 다른 분야의 관련된 이론정립 노력과 개념적 교류를 어렵게 했다.

다음 섹션에서 짧지만 주요한 학문 기여에 대한 평가를 기반으로, 우리는 개념을 발전시키는데 있어서 일방향 전략의 제한점을 개선시킬 수 있는 제안을 했다. 이 제안의 핵심은 온라인 저널리즘 연구를 통해 다소 다르긴 해도 연관성 있는 주제를 연구하는 관련 학문 동료들과의 교류를 가능하게 하는 지적 연결을 만드는데 있다. 이 제안의 잠재력을 설명하기 위해, 최근 미디어 환경에서 특히 두드러진 저널리즘 특징을 정의할 수 있는 두 개의 연결 가능한 다리bridges를 간략히 설명한다. 첫 번째 다리는 저널리즘과 다양한 정보 매개 및 중개 사례 간 연결에 초점을 맞춘다. 두 번째 다리는 사회운동 관련 문헌을 이용해 행동주의activism 한 사례로 온라인 공공 서비스 저널리즘을 설명한다. 끝으로 이와 같은 연결 전략이 향후 온라인 뉴스 연구 발전에 어떠한 기여를 할 수 있을지 논의한다.

지금까지 걸어온 길

지난 25년간 온라인 저널리즘을 다룬 연구를 다섯 개의 핵심주제, 즉 역사적 맥락과 시장 환경, 혁신 과정, 저널리즘 실천행위, 기존 직업적 역학dynamics에 대한 도전, 그리고 수용자와의 관계 및 이용자가 만든 콘텐츠 역할을 중심으로 살펴본다.

__ 역사적 맥락과 시장 환경

온라인 뉴스의 역사는 비교적 주목을 받지 못했다. 이에 몇몇은(Barnhurst 2012; Mitchelstein and Boczkowski 2009) 역사적 맥락에 더 주목할 것을 요구했는데, "온라인 뉴스 연구에 역사적 관점을 적용하는 것은 신문 및 방송 뉴스와 견줘 지속성의 강도와 변화의 깊이를 가늠하는데 필수적이기 때문이다"(Cawley 2012, 219). 그나마 제한적인 역사 연구도 주로 주류 미디어가 새로운 온라인 플레이와의 경쟁에 대한 우려로 인해 어떻게 온라인에서 대응하는가에 모아졌다(Allan 2006; Dennis 2006; Nguyen 2008). 보즈코브스키Boczkowski (2004)에 의하면 주류 미디어 혁신 문화는 새로운 길을 개척하기 보다는 새로운 플레이어의 움직임에 대한 반응, 즉 새로운 영역을 개척하기 보다는 기존 영역을 고수하고, 장기적 안목에서 이로운 기회에 대한 투자보다는 단기 수익 창출에 집중하는 경향을 보였다.

21세기 초반까지 소수의 온라인 신문만이 이윤을 내고 있다(Boczkowski 2004; Nguyen 2013; Singer 2003a). 빈약한 수익의 원인을 적절한 비즈니스 모델의 부재에서 찾기도 한다(Ahler 2006; Cawley 2008; Chyi 2005; Garrison 2005; Greer 2004; Pavlik 2001). 또한 콘텐츠 무료화 결정이 이용자들로 하여금 뉴스를 공짜로 얻는데 익숙하게 만들었다(Bruns 2011; Chyi and Yang 2009; Geidner and D'Arcy 2013; Gentzkow 2007). 결국, 온라인 뉴스 운영은 적어도 21세기 초반까지는 주로 광고 수입에 의존해 왔다(Bustamante 2004; Chan-Olmsted and Ha 2003; Gentzkow 2007; Herbert and Thurman 2007). 광고에 대한 의존은 두 가지 문제와 연관된다. 첫째, 뉴스 사이트는 온라인 광고비 지출의 극히 일부만을 차지하고 있다(Chyi 2005; Filloux 2008; Garrison 2005; Greer 2004; Schudson 2010). 고야니스Goyanes에 의하면, 뉴스 부문은 "상위 5위가 미국 전체 디지털 광고 지출의 64퍼센트를 차지하는 테크놀로지 기업(구글, 아마존, 야후 등)에 의해 지배되는 시장에서 극히 미미한 존재에 불과하다"(2014, 742). 둘째, 광고와 편집국 콘텐츠 간 장벽이 점점 허물어지는 추세다(Cassidy 2005; Cohen 2002; Hutchins 2007; Raviola and Norbäck 2013; Singer 2003a). 코딩턴Coddington에 의하면, 광고와 편집의 영역 구분을 주장하는 기자들조차도 뉴스 기업의 경제적 생존을 위해 둘 간의 경계가 흐려지는 것을 인정할 필요성을 인식하고 있다"(2015, 74).

그러나, 최근 5년간 "온라인 뉴스의 유료화 모델을 실험하는 사례가 늘었다(Geidner and D'Arcy 2013; Herbert and Thurman 2007; Pickard 2014). 저널리즘 수월성 프로젝트Project for Excellence in Journalism에 의하면, 온라인 유료화 덕택에 2012년 한해 5퍼센트의 구독료 수입 증가가 있었는데, 이는 2003년 이래 처음이었다"(2014). 보조금과 자선활동을 통한 재원 마련에 대한 검토도 있었다(Jian and Usher 2014; Pavlik 2013; Pickard 2014). 그러나, 기부금은 전체 수익의 1퍼센트 미만을 차지하고 있는 상태이고(Project for Excellence in Journalism, 2014) 온라인으로만 운영되는 뉴스에 대한 의미 있는 보조금도 아직 없다(Nielsen 2014). 코니에즈나Konieczna와 로빈슨Robinson은 50개에 달하는 비영리 뉴스에 대한 조사연구를 통해 "대부분의 비영리 뉴스가 시민을 위한 산업을 재개념화하기 위해 노력하고 있지만, 장기적으로는 비용 조달에 어려움을 겪을 것"으로 전망했다(2014, 968).

__ 혁신 과정

몇몇 온라인 저널리즘 혁신과 관련한 초기 논의가 기술결정론적이었던 데 반해(Steensen, 2011), 대부분 연구는 혁신의 사회적 구성에 집중했다(Barnhurst 2012; Boczkowski 2004; Conboy and Steel 2008; Deuze 2007; Hass 2005; Karlsson and Clerwall 2012). 조직과 제도적 맥락의 역할을 살펴본 연구도 있었다(Ashuri 2014; Boczkowski and Ferris 2005; Klinenberg 2005; Nielsen 2014; Singer 2004; Thurman 2008). 보즈코브스키Boczkowski (2010)는 한 뉴스룸 내 다른 부서간에도 뉴스 제작과정에서 모방 정도가 매우 다른데, 이는 시간 및 공간적 조직, 취재원, 그리고 커뮤니케이션 수

단 이용의 차이에서 기인했다.

또한 기성 언론이 새로운 기술의 잠재력을 충분히 실현하지 못하게 되는 과정에 대한 연구도 있었다(Cawley 2012; Deuze 2003; Garrison 2005; Larsson 2012; Quinn 2005; Steensen 2009). 반허스트Barnhurst는 2010년까지 뉴스 사이트에 대한 분석을 통해 언론사가 "혁신저항의 오랜 전통을 따라 대인 간 상호작용보다는 콘텐츠 상호작용을 선호"한다고 밝혔다(2012, 791). 기성언론은 신흥주자들에 비해 혁신을 받아들이는데 더욱 주저한다는 연구도 있다(Anderson 2013; Pavlik 2013; Ryfe 2012).

또 다른 연구는 뉴스 사이트의 취재원 활용 및 기사작성 관행에 소셜 네트워크를 접목시키는 것에 주목했다(Bruns 2011; Hong 2012; Revers; Singer 2014). 더튼Dutton과 그의 동료들은 기자들이 취재자료로 소셜 미디어를 이용해 "다수의 수용자들에게 유익한 정보를 선별하고" 이 과정에서 결국 "큐레이트 혹은 네트워크화한 저널리즘을 구현하기 위해 새로운 역할과 기술을 개발하는" 것을 연구했다(Newman, Dutton, and Blank 2012, 15). 하지만, 애나니Annany는 8개 언론사의 정책에 대한 연구를 통해 "기자들의 소셜 미디어 오용, (그리고) 수용자들의 소셜 미디어에 대한 오해를 막는데 치중하고 있다는 점"을 발견했다(2014, 948). 이는 편집국에서 혁신이 추구되는 와중에도 어느 정도 보수적인 자세를 시사하는 결과이다.

저널리즘 실천행위

저널리즘 연구는 특히 기자들의 온라인 취재행위 중 네 가지 영역, 즉 편집 업무 과정상의 수정, 뉴스 수집 과정에서의 변화, 내용 제작에 있어서 시간적으로 가속화된 패턴, 그리고 인쇄, 방송, 온라인 운영의 통합에 주로 논의를 집중했다.

온라인 뉴스는 기자들로 하여금 복수의 업무를 처리하고 다른 미디어 형식을 혼합하도록 하면서 부담을 가중시켰다(Cawley 2008; Deuze 2004; Herman and Vergeer 2009; Karlsson and Clerwall 2012; Lawson-Borders 2006; Ursell 2001). 반 더 학Van Der Haak, 팍Parks, 그리고 카스텔Castells은 "멀티미디어 리포팅과 출판이 이에 상응하는 교육이나 새로운 인력에 대한 투자없이 관행이 되다 보니... 기자들의 노동조건이 악화되고 업무 강도도 증가했다"고 주장했다(2012, 2924). 정보 수집 관행의 변화도 두드러진다(Boyer 2011; Millen and Dray 2000; O'Sullivan and Heinonen 2008; Pavlik 2001; Salwen 2005). 예를 들어, 두다카이Doudaki와 스파이리두Spyridou에 의하면 "2차 보도secondary reporting와 인력과 실질적인 자원의 결여로 독창성 없이 복사해서 붙이는 저널리즘"이 증가했다(2013, 918).

또한 온라인 저널리즘은 일간 뉴스 주기를 24시간 지속적인 상태로 만들었다(García 2008; Karlsson and Stömbäck 2010; Raviola and Norbäck 2013; Saltzis 2012; Williams and Delli Carpini 2011). 이러한 시간적 가속화는 갈수록 심화됐다. 보즈코브스키가 실시한 1998년 뉴욕타임스 온라인 운영에 관한 연구에 의하면, 모기업인 인쇄판의 출판주기를 따라 하루 일과를 마칠 때 쯤 뉴스를 게재했다(2004). 보즈코브스키와 디 산토스De Santos가 이후 아르헨티나 온라인 뉴스 사이트를 분석한 결과에 의하면, "강화된 패턴의 지속적인 출판이 아르헨티나 주류 온라인 신문의 지배적인 흐름이 됐다"는 것을 발견했다(2007, 171). 테넨보임-바인블라트Tenenboim-Weinblatt와 나이거Neiger가 2012년 두 개의 이스라엘 신문사를 분석한 결과, 기자들은 적은 시간에 더 많은 기사를 작성하고 즉시성과 속도의 문화에 적응해야 했다(2014). 이와 같은 시간적 가속화는 결국 사실확인과 심층보도를 위험에 빠트릴 수 있다(Boczkowski 2010; Doudaki and Spyidou 2013; Quandt 2008).

다른 회사와 합병(Boczkowski and Ferris 2005; Deuze 2004; Klinenberg 2005; Lawson-Borders 2006) 또는 뉴스 사이트에 멀티미디어 콘텐츠를 적용(Thornton and Keith 2009; Vobic 2011)하는 방식의 미디어 융합 convergence에 대한 연구도 주목할 필요가 있다. 뉴스룸 문화의 차이로 인해 융합의 도입에 긴장이 없진 않았다(Dickinson, Matthews, and Saltzis 2013; Singer 2004). 새롭게 "융합된" 뉴스룸에 대한 연구에서, 로빈슨 Robinson은 새롭게 등장한 권력 위계질서는 기술적으로 뛰어나고 7일 24 시간이라는 디지털 환경에서 일할 의향이 있는 사람을 선호하고 "'연결된,' '성공한,' 기자의 의미가 무엇인지 다시금 정의하도록 만들고 있다"는 점을 발견했다(2011, 1124).

__ 기존 직업 역학에 대한 도전

저널리즘의 직업적 관할occupational jurisdiction이 도전받게 됨에 따라, 기자란 누구인가에 대한 오랜 논쟁이 격화되었다(Boczkowski 2004; Deuze 2007; Dutton 2007; Sousa 2006; Waisbord 2013). 피카드Picard는 "일어나고 있는 변화가 뉴스의 생산과 유통 방식을 변화시킬 뿐만 아니라, 증언을 하고, 여론 지도자의 책임을 묻고, 폭로를 하는 전통적인 역할로써의 저널리즘의 기능 자체를 변화시키고 있다"고 주장한다(2014, 493).

초기 연구들이 온라인 저널리즘의 "정상화normalization"를 주장한 반면 (Quandt et al. 2006; Singer 2003b, 2009), 최근의 연구는 저널리즘과 주류 미디어의 위기(Mancini 2013; Siles and Boczkowski 2012)가 통제와 객관성의 논리(Tuchman 1972)부터 투명성과 개방성의 윤리(Domingo et al. 2015; Lewis and Usher 2014; Pavlik 2013; Robinson and Deshano 2011;

Vergeer 2014)를 아우르는 보도의 핵심가치의 변화와 관련이 있음을 시사한다. 루이스Lewis는 저널리즘의 "정당성과 영역을 지키기 위한 제도적 본능에 입각한 통제에 대한 이데올로기적 일념이 적응성과 개방성이라는 혼합 논리에 굴복하고 있는 중"이라고 평가했다(2012, 851). 그러나, 앤더슨Anderson은 "제도로서의 저널리즘의 주요업무가 보도인 한... 대체로 뉴스는 개방화와 네트워크화에 고전할 것이"(2013, 161)라 주장한다.

__ 수용자 관계 및 이용자-제작 콘텐츠의 역할

저널리즘의 통제력에 대한 도전은 저널리즘의 직업적 관할의 핵심 지표인 게이트키핑(White 1949)의 위기에서 비롯된다(Bro and Wallberg 2015; Gillmor 2004; Lowrey 2006; McCoy 2001; Ihlebkæk and Krumsvik 2014; Robinson 2007). 연구 결과, 게이트키핑에 대한 두 가지 주요한 도전이 드러났다.

첫 번째 도전은 수용자들이 적극적으로 콘텐츠 제작에 관여한다는 사실이다(Deuze and Dimoudi 2002; Gurevitch et al. 2009; Wall 2005). 몇몇 연구자들은 주류 미디어에 의한 공백을 채우는데 있어서, 특히 지역단위에서 시민저널리즘의 역할을 제안하기도 한다(Deuze, Bruns, and Neuberger 2007; Robinson and Deshano 2011; Schudson 2010). 두 번째 도전은 이용자-제작 콘텐츠와 당파적 뉴스 제작과의 우연한 일치에 주목하는데, 왜냐하면 당파적 뉴스 제작이 직업으로서의 저널리즘이 확립되기 전에 성행했기 때문이다(Anderson 2011; Hendrickson 2007; Lowrey 2006; Nerone and Barnhurst 2001; Russell 2001; Singer 2006).

몇몇 학자는 일방향 커뮤니케이션 모델에서 대화 저널리즘 모델로의 변화에 주목했다(Benkler 2006; Boczkowski 2004; Dutton 2007; McCoy

2001; Tremayne 2007). 하지만, 게이트키핑의 종언은 시기상조라는 평가도 있다(Allan 2006; Hujanen and Pietikainen 2004; Schiffer 2006). 실제로 뉴스 조직은 수용자와의 협업에 대해 그다지 열성적이지 않았다(Domingo et al. 2008; Thorsen 2013; Thurman 2008; Williams et al. 2010).

다른 학자들 또한 대부분의 수용자가 콘텐츠를 직접 제작하거나 이용자-제작 콘텐츠를 이용하는데 그다지 관심이 없다는데 주목한다(Boczkowski 2010; Chung and Nah 2009; Goode 2009; Thurman 2008). 보즈코브스키와 미첼스타인Mitchelstein(2013)이 미국 주류 뉴스 사이트 6곳의 홈페이지와 가장 많이 읽은 뉴스를 분석한 결과, 홈페이지의 주요 뉴스 100개 중 오직 1개, 그리고 가장 많이 읽은 뉴스 1,000개 중 1개만이 이용자-제작 콘텐츠였다. 더욱이, 이용자들이 뉴스 제작에 참여하더라도 공적이슈가 아닌 사적이고 오락적인 내용에 주로 국한되었다(Gans 2007; Ornebring 2008; Trammell et al. 2006).

이용자가 "우연히 행하는 저널리즘random acts of journalism"(Lasica 2003)과 기자가 하는 일과의 차이점은 주로 조직적인 요인에서 기인한다(Carlson 2007; Lowrey 2006; Reich 2008; Rutigliano 2007). 시민기자는 공식적인 교육을 받지 않았고 잘못된 정보에 접근하거나(Pavlik 2013), 또는 주류미디어에서 나온 정보를 단순히 언급하는 수준이다(Annany 2014; Cawley 2012; Domingo et al. 2015; Grafström and Windell 2012). 그러나 메라즈Meraz가 분석한 미국에서의 블로그와 주류 뉴스 미디어간의 의제설정에 의하면 "진보적인 정치 블로그가 전통적인 미디어 의제 설정을 거부하고 미디어 의제를 설정하는데 점점 영향력을 발휘하는 것"을 발견하기도 했다.

기자의 게이트키핑 기능에 대한 두 번째 도전은 나폴리Napoli가 일컫는 "수용자 이해의 합리화rationalization of audience understanding"에서 기인한다(2010, 31). 연구자들은 어떠한 뉴스를 보도하고 또 어디에 배치할지를 결정하는데 수용자 메트릭스audience metrics의 중요성을 검토했다(Anderson 2011; Ashuri 2014; Barnhurst 2012; Coddington 2015; MacGregor 2007; Nguyen 2013; Picone 2011). 300명 이상의 편집자를 대상으로 한 설문조사에 의하면, 편집자의 58퍼센트는 수용자 행위를 조사하기 위해 웹 트레픽을 모니터하고, 31퍼센트는 콘텐츠 제작을 기획하는데 온라인 메트릭스를 이용했다(Vu 2014). 편집자와 이용자간 상대적 영향력에 있어서의 차이는 미디어가 사람들에게 어떤 이슈가 중요하다고 말하기보다는 "사람들이 미디어에게 그들이 원하는 것을 생각하게 만드는"(Chaffee and Metzger 2001) 환경으로 바뀌고 있는지도 모를 일이다. 그러나, 보즈코브스키와 미첼스타인은 7개국 20개 주요 뉴스 사이트에서 편집자와 수용자간 뉴스 선호도 차이, 즉 수용자들이 공적뉴스를 현저히 적게 선택하는 경향을 발견했다(2013). 이는 뉴스 제작자들이 여전히 시장 논리 보다는 직업적 논리를 따른다는 점을 보여준다.

__ 앞으로의 방향

지금까지 살펴본 것처럼, 지난 25년간 온라인 저널리즘 연구는 괄목할 만한 성장을 이뤘다. 대부분의 연구는 미디어와 커뮤니케이션학 안팎에서 개발된 방법론 및 이론적 자원을 이용했다. 이들은 다양한 외부의 학문적 수요에 호소하기보다는 온라인 뉴스 연구자들만을 위한 내부지향적 inward-looking 방식으로 자신들의 학문적 기여를 설명했다. 서론에서 언급했듯이, 이와 같은 일방향 전략은 경험적 및 개념적 한계를 드러낸다. 이러한 한계를 극복하기 위해, 온라인 저널리즘 연구자들을 양방향으로 이끌 수 있는 두 개의 연결다리를 소개하고자 한다. 이 두 개의 다리는 최신 미디어 환경에서 두드러지는 직업으로서 저널리즘의 두 가지 특성에 초점을 맞춘다: 작업의 양식이 정보의 매개와 중개에 초점을 맞추고 있다는 점, 그리고 이러한 작업의 결과가 사회 및 정치적으로 큰 영향을 미칠 수 있다는 점이다.

네트워크 분석의 시각에 의하면, 기자는 구조적으로 분리된 두 개의 세계, 즉 뉴스 정보원과 이용자의 연결지점에 자리하고 있다. 기자 그리고 뉴스 미디어는 대부분의 이용자에게 두 세계를 연결하는 유일한 경로라는 점에서 다리의 역할을 해왔다(Granovetter 1973). 기자와 뉴스미디어는 두 개의 다른 세계에 걸쳐 있기 때문에 "구조적 공백"(Burt 1992)을 채우는 역할을 할 수 있다. 네트워크의 연결은 정보의 확산과 사회적 자본의 형성에 있어서 중요하다(Granovetter 1973; Burt 1992; Burt et al. 2003). 기자와 언론사는 뉴스 메이커와 수용자 사이 정보 흐름을 통제함으로써 금전, 영향력, 권위, 그리고 정보에 대한 지속적 접근이라는 다양한 이득을 취한다. 이는 다시 *어부지리를 얻는 제3자tertius gaudens*(Obstfeld 2005; Simmel 1950)로서 언론의 위치를 강화시키는 역할을 한다.

기자와 언론사는 분리된 두 개의 세상을 연결하는 위치를 차지함으로써 이윤을 얻는 유일한 사람이나 조직이 아니다. 주식 중개인과 과학자, 그리고 이사회와 연구개발부서 등 직업과 조직에 대한 연구는 후속 온라인 뉴스 연구에 도움이 되는 소중한 정보를 제공해 왔다. 반대로 뉴스에 대한 지식을 이용함으로써 구조적 공백과 다른 네트워크 분석 이슈를 아우르는 보다 포괄적인 대화에 기여할 수 있다. 한 가지 가능한 주제로 "다리 부식bridge decay"을 고려할 수 있다(Brut 2002).

사회적 관계에서 연결 관계bridging ties는 유지에 많은 노력이 필요하기 때문에 다른 종류의 관계보다 시간이 지남에 따라 일찍 부식하기 쉽다. 이는 이미 정설로 받아들여지는 사실임에도 불구하고, 다리 부식의 역학에 영향을 미치는 요인에 대한 연구는 거의 없다. "연결다리의 이미 알려진 기능과 함의에도 불구하고, 연결의 시작과 부식에 대해 우리가 아는 바가 거의 없다"(Burt 2002, 342). 뉴스 제작과 관련한 다리 부식률은 기본적인 구조 요인 때문에 다른 분야에 비해 상당히 천천히 진행된다. 왜냐하면 대부분의 뉴스메이커가 수용자에게 직접 소통하는 것은 불가능하고 마찬가지로 수용자가 뉴스메이커와 직접 접촉하는 것도 불가능하기 때문이다. 그래서 정보중개업으로서의 뉴스 제작 연구는 다리 부식의 기본 역학에 있어서 구조적 요인의 역할을 조명할 수 있는 잠재력이 있다.

상기한 연구는 현재와 같은 기술 및 조직적 변동의 시기에 뉴스메이커와 수용자 간 다리로서 기자와 언론사의 특권적 위치가 약해지고 있기 때문에, 비교적 안정적인 시기에는 잘 드러나지 않던 다양한 요인의 상대적 기여도를 가시화할 수 있다는 점에서 상당히 유익한 연구가 될 수 있다. 1990년대 초반까지 중개자를 우회해서 수용자에게 직접 소구하는 것은 비교적 드문 전략으로 한 나라의 대통령처럼 핵심 인물에게나 가능한 일이었다(Kernell 1997). 하지만 1990년 중반 이후, 기술발전으로 다양한 행위자들이 다양한 수용자 집단에 접근할 수 있는 능력이 늘어났다. 물론 이러한 현상이 모든 행위자들에게 똑같이 유리한 것은 아니지만 전체적으로 보면 기자의 연결고리로서 위치가 하락하는 것과 비례해서 증가했다. 전통미디어와 전문기자는 더 이상 유일한 뉴스 중개자업자가 아니다. 이러한 중개역할을 놓고 기자와 경쟁하는 행위자들이 늘었다. 일부 수용자들은 자신의 정보추구행위의 일부 또는 전부를 이들 새로운 정보중개업자에 의존했다. 모든 콘텐츠 분야에 걸쳐, 뉴스 정보를 모아두는 사이트는 언론사의 가공할 경쟁자가 되었다. 예를 들어, 2015년 1월, 단일 스포츠에 집중하는 NFL인터넷그룹NFL Internet Group의 방문자수가 뉴욕타임스 디지털판과 실질적으로 같았다(comScore 2015). 또한 같은 달 여행에 특화된 트립어드바이저TripAdvisor의 트래픽이 *USA 투데이*를 포함하는

가넷Gannett 사이트 방문자의 절반에 달했다(comScore 2015).

정보의 흐름에 있어서 이와 같은 변화는 다리 부식의 역학을 이해하고 더 나아가 사상의 쌍방교류라는 새로운 창문을 열수 있는 재미있는 실험의 장을 제공했다. 한편으로, 저널리즘 연구를 하는데 있어서 네트워크 분석적 시각은 유용한 개념적 어휘와 정보원 취재, 보도, 그리고 출판의 과정에서 일어난 변화를 추적할 수 있는 경험적 수단을 제공할 수 있다. 또한, 네트워크 연구를 위해서, 이러한 변화는 다리 부식의 역학에서 기술 및 조직적 요인의 다양한 역할을 설명할 수 있는 풍부한 배경과 자료를 제공한다. 대부분의 구조적 공백과 연결다리에 대한 연구는 정보의 부족과 외부와의 상호작용 불투명성을 기본적으로 가정한다. 이러한 맥락에서 다리 부식은 사회적 자본의 안정에 중차대한 함의를 갖는다(Brut 2002). 그러나, 온라인 뉴스의 발전을 특징짓는 기술 및 조직적 변화는 정보의 부족과 불투명성이라는 기본가정을 따르지 않고, 오히려 복수의, 때로는 중복되는 관계가 구조적 공백에 걸쳐있는 사회구조에서 연결다리의 경쟁우위를 재고하게 만든다.

저널리즘은 오랫동안 주요한 사회 및 정치적 변화를 가능케 한 동력이었다. 저널리즘의 공공 서비스public service로서의 사명은 주요한 사회 및 정치적 변화를 목표로 한 사회운동social activism의 한 사례로 이해할 수 있다. 사회운동 관련 문헌을 참고함으로써 이를 좀 더 잘 이해할 수 있고 이를 통해 다시 사회운동의 최근 발전에 기여할 수 있을 것이다.

공공 서비스 저널리즘public service journalism에 대한 연구는 재원, 인력, 그리고 대부분 언론사의 상업적 지향 같은 구조적 요인 때문에 현재와 미래가 어두운 편이다(Beam et al. 2009; Downie and Schudson 2009; McNair 2000). 이 글에서 뉴스 운영과 관련한 경제적 어려움을 다룬 부분, 직업으로서의 저널리즘의 권한에 대한 도전, 그리고 수용자의 선호대로 사소하면서도 즉각적인 정보를 추구하는 편집의 잠재적 결과가 이러한 비관적 전망을 뒷받침 한다. 이러한 변화는 다시 민주적 정치체제에서 뉴스 미디어의 근본적 역할, 즉 공공 및 사적 부문에서 권력자에 대한 감시자 역할, 시민을 위한 공동 의제설정, 그리고 공적 숙의를 위한 공간 역할을 하는데 있어서 어려움을 만든다.

이러한 역할은 공공 재화로서의 정보라는 개념과 맞물린 것으로, 이는 비배타적nonexcludable이고 비경쟁적nonrivalrous으로 집합적 행동collective action을 통해서 잠재적으로 획득될 수 있기 때문이다(Olson 1965). 비교적 대규모 집단을 위한 정보의 경우, 정보의 생산과 유통에 있어서 무임승차와 집단행동의 문제는 사회운동에서 마주치는 문제와 유사하다. 틸리Tilly는 사회운동을 사람들이 "권력자의 관할구역jurisdiction에 거주하는 구성원의 이름으로 이들 인구의 수, 헌신, 통합, 그리고 가치를 반복적으로 게시하는 방식을 이용해 권력자에게 집단적 요구"를 하는 것으로 정의한다(1999, 257). 틸리에 의하면, 사회운동은 이들이 다른 행위자들과 맺고 있는 "권력, 갈등, 그리고 연대의 관계"(1984, 747)에서 더 잘 이해된다.

20세기 대부분의 시기 동안 선도적 언론사가 언론의 공공 서비스 임무를 활발하게 수행할 수 있는 시장 구조와 사회 조직(제한 경쟁; 기자 고유 업무영역의 획정; 수용자의 선호를 무시하는데 따른 최소한의 위험 부담)이 갖춰졌었다. 하지만, 이러한 조건들이 점차 바뀌어서(경쟁 강화; 기자 고유의 업무 영역의 모호함; 수용자의 선호를 무시하는데 따른 고위험) 이제 공공재로서의 언론 기능을 제공하기가 어려워졌다.

이러한 배경에서, 프로퍼블리카ProPublica, 국제 보도 프로그램International Reporting Program, 그리고 허핑턴 포스트 탐사보도 기금Huffington Post Investigative Fund 같은 몇몇 비영리 뉴스 조직들이 이들의 공백을 메우고 있는 실정이다(Carvajal et al. 2012; Lewis 2007). 지난 십여 년 사이 비영리 뉴스 조직이 성행하고 있고 주류 뉴스 미디어와의 제휴를 통한 기사 작성도 늘고 있다. 비록 재정 불안정성에 따른 문제가 있지만(Mitchell et al. 2013), 몇몇 언론사는 전국 및 지역 단위에서 "긍정적 변화를 자극하는" 중요한 탐사 보도물을 제작한 바 있다(ProPublica 2015). 비영리 뉴스 조직은 사회적 선social good을 위한 운동activism이자 이러한 성과의 재원 조달 및 성과 공유를 통해 집단행동의 문제를 해결할 수 있는 저널리즘 사례를 보여준다.

(비영리) 뉴스 조직에 대한 관심은 공식적 뉴스 조직이 탐사보도의 핵심적 조건이었던 시대의 유물이다. 하지만 위키리크스WikiLeaks 같은 느슨하게 조직된 비공식 조직도 굉장히 파급력 있는 공공 서비스 뉴스를 제작할 수 있다. 이러한 현상은 사회운동계의 변화움직임과 유사하다. 사회운동 역시 "중앙집중화된 비정부조직에서 직접 행동하는 네트워크"로 변화하고 있는데, 이는 "온라인과 오프라인 관계형성을 혼합한 사회적 기술"에 의존하고 있다(Bennett, 2005, 203).

기존 영리형 뉴스 조직을 둘러싼 장애물, 비영리 뉴스 조직의 성장, 그리고 공공 이슈의 검색 및 확산에 느슨하게 협조하는 비공식 조직의 역할 확대는 공공 서비스 저널리즘과 일반적인 사회운동에서 일어나고 있는 대규모 공식 조직 모델로부터 소규모 네트워크화된 비공식 조직 모델로의 전환을 연구할 좋은 기회를 제공한다. 이러한 전환에 장애물이 없는 것은 아니다. 이전 모델에서 주류 미디어 기자 또는 잘 알려진 비영리 단체 회원이라는 집단적 정체성은 신뢰의 담보라는 자원을 제공했다. 새로운 모델에서 정체성은 유동적이고, 동기는 반복적으로 시험받고, 재정을 확보하는 것은 점점 힘들어지고 있다. 하지만, 새로운 행동 모델은 개인의 역량을 강화하고 소규모에서 대규모의 사회적 변화를 도모할 수 있다(Anderson 2013). 어떤 식이든, 저널리즘의 공공 서비스 임무를 수행하는데 있어서 장애물에 대한 활발한 논의는 저널리즘과 사회운동에 대한 개념적 진전을 낳을 수 있는 유익한 토대가 될 수 있다.

맺는말

우리는 지난 25년 동안 주요한 온라인 뉴스 연구 분야 중 일부를 비판적으로 검토하면서 이 글을 시작했다. 우리의 분석은 개념 및 방법론적 발전을 향한 일방향적 접근이 두드러졌음을 확인했다. 이에 우리는 이러한 접근법이 갖는 경험적 및 이론적 제한을 제시하고 이러한 제한을 극복할 수 있는 양방향 접근을 제안했다. 우리의 제안은 학계의 전문화 경향과는 반대로 지식생성에 있어서 보편적 자세를 취하고자 한다. 온라인 뉴스와 관련한 전문화의 한 예로 학문분야로서 저널리즘 연구의 출현과 제도화를 들 수 있다. 이러한 경향은 새로운 저널의 발간과 학계 내 분과의 생성, 특화된 컨퍼런스의 조직, 그리고 자신과 자신의 일을 이러한 새로운 하위분과에 동일시하는 학자들의 일반적 태도 등에서 확인 할 수 있다.

다른 지식 분야에서의 학문적 세분화 과정과 마찬가지로 이러한 제도화는 지적 핵심을 정의하고 강화하는데 이롭다. 하지만 이러한 경향은 기술적 정교함, 발견의 힘heuristic power, 그리고 이론적 야망을 이루기 위해는 부족하다. 온라인 뉴스의 어떤 흐름이 이 영역 고유의 것이고 또 어떤 흐름은 디지털 문화, 정보 노동, 미디어 소비 등 다른 영역과 겹쳐지는 것인지 우리가 어떻게 알 수 있겠는가? 우리의 설명이 내외부자 모두의 시각에서 검토되지 않는다면 그동안의 연구발견 중 어떤 것이 가장 충실한 설명인지 그리고 어떤 변인이 적절한 조합인지 어떻게 확신할 수 있겠는가? 서로 다른 것 같지만 서로 연관된 분야의 학자들과 함께 연구결과와 설명에 대한 유동적이고 지속적인 교환없이 어떻게 혁신적이고 강력한 중범위middle-range 이론화를 이룰 수 있겠는가?

우리가 보기에 온라인 뉴스 연구와 다른 연구의 접목이 양방향의 길로 나아가야 할 때가 되었다. 경험적, 발견적heuristic, 그리고 이론적 이점 이외에도 이를 통해 뉴스와 저널리즘 연구가 한때 자신들이 분기해 나왔던 더 큰 학문 분야로 재통합을 이룰 수 있다(Zelizer 2004). 이러한 점에서, 앞으로 나아갈 길은, 실은 처음으로 돌아가는 것이다. 결국 시간은 돌고 돌기 마련이다.

2

이질성에서 차별화로: 신기술주의 시대의 좋은 설명

로드니 벤슨Rodney Benson

디지털 미디어 시스템이 점점 복잡해짐에 따라 이를 비판, 분석, 설명하는 우리의 능력이 점점 떨어지는 위기에 처했다. 물론 어떠한 이론도 완벽하진 않다. 이론은 지나치게 단순하고, 탈맥락적이며, 환원주의적이거나, 또는 기계적이다. 이처럼 흔히 양적인 "주류" 연구에 대해 많은 비판이 있었고, 이는 일리있는 지적이다. 그러나 내가 보기에 더 큰 문제는 이러한 복잡성이 목적 그 자체로 받아들여 질 때이다. 이는 체계적인 비판, 구조화된 관찰, 그리고 일반적인 설명을 위한 노력을 저해하기 때문이다. 이러한 현상이 정확히 지금 일어나고 있고 이를 "신기술주의new descriptivism"라고 명명하고자 한다.1)

"신기술주의적" 미디어 연구는 브루노 라투르Bruno Latour의 행위자-네트워크 이론actor-network theory, 마뉴엘 카스텔Manuel Castell의 네트워크 사회network society, 제프리 알렉산더Jeffrey Alexander의 문화적 화용론cultural pragmatics, 그리고 기타 다양한 방식을 절충한 것이다.2) 이러한 다양한 접근법의 공통점은 경험적 세부사항에 대한 면밀한 관찰이라는 점에서 환영할 일이지만, 규범성, 변이, 그리고 인과성에 대해서는 무관심하거나 반감을 보인다는 특성이 있다. 신기술주의가 독특한 시각과 통찰을 제공하는 반면, 그들이 간과하고 있는 문제들은 디지털 저널리즘 연구자들에게 중요하지 않거나 더 많은 관심이 필요한 것으로 보이진 않는다. 특히, 내 생각에 점점 사회적으로 파편화되는 미디어 시스템을 이해하기 위해 필요한 것은 혼란스러운 이질성보다는 체계적 차별화에 대한 이론이라고 생각한다.

이제부터 나는 "새로운" 미디어뿐만 아니라 기성legacy 미디어에 대해서도 논할 것이다. 오늘날 우리가 진정으로 "혼종" 미디어 시스템 하에서 살고 있다면(Chadwick 2013), 이는 "낡거나" 또는 "새로운" 것으로 간주되는 소수의 미디어 아웃렛이기보다는 이 둘이 공존하기 마련이다.

기술주의, 오래됨과 새로움

뉴스 미디어 연구에서 기술description이 얼마나 만연한가? 미첼스타인Mitchelstein과 보즈코브스키Boczkowski(2009)가 2000년 이후 온라인 뉴스 연구에 대해 종합적으로 검토한 바에 의하면 새롭게 형성 중인 연구 분야의 폭과 다양성을 가늠할 수 있다. 놀라운 사실은 이 연구가 지나치게 기술적으로descriptive "역사적 맥락과 시장 환경, 혁신의 과정, 저널리즘 실천행위의 변화, 기존 직업적 역학에 대한 도전, 그리고 이용자 생성 콘텐츠의 역할"에 대해 초점을 맞췄다(562). 이 리뷰 논문은 "설명하다"라는 말을 단지 두 번 언급했다. 첫 번째 언급에서(569), 미첼스타인과 보즈코브스키는 온라인 뉴스룸에서 시간 압박의 강도를 밝힌 클리넨버그Klinenberg(2005)의 민속지학적 연구가 온라인 뉴스의 "신뢰도"에 대해 온라인 저널리스트들이 보이는 회의적인 시각을 보고한 캐시디Cassidy(2007)의 설문조사 결과를 설명할 수 있을 것이라고 언급했다. 두 번째로 지역에 따른 저널리즘 "실천과 직업적 역학"을 비교하고 "차이의 원인과 구조를 설명"하는 국가 간 비교연구의 필요성을 주장했다(577).

이들의 분석을 업데이트하고 동시에 지금의 환경에서 이들 분석의 일반화 가능성을 조심스럽게 검토하기 위해, 나는 *저널리즘Journalism*, *저널리즘 스터디스Journalism Studies*, *인터내셔널 저널 오브 프레스 앤 폴리틱스International Journal of Press/Politics*, 그리고 *저널 오브 커뮤니케이션Journal of Communication*의 2015년 여름호에서 저널리즘을 다룬 연구를 분석했다. 23편의 논문 중, 9편이 설명적explanatory인 반면 14편은 기술적descriptive이었다. 설명적으로 분류하기 위해서는 적어도 하나의 설명적 주장이 필요한데(가설, 연구결과, 논의 또는 후속연구 제언의 형태로), 대부분의 논문은 설명을 최소화했다.

그렇다면 왜 기술적 연구의 범람-즉 부족한 설명-이 문제인가? 기술주의는 클리포드 기어츠Clifford Geertz(1973), 허버트 갠즈Herbert Gans(1979), 그리고 하워드 베커Howard Becker(2003)의 경우처럼 인문학과 사회과학에서 유구한 그리고 종종 권위있는 계보를 갖고 있다.[3)]

기어츠(1973)는 어떤 주어진 환경에서 의미 구성과정의 해석적 "두껍게 쓰기thick description"를 주장하며 "설명"보다는 "이해"를 위한 시도를 포괄적으로 정당화했다. 베커(2008)는 연구를 이끄는 개념(협력, 집단행동, 대화 등)을 제공했지만, 그의 전반적 연구 접근법은 종결을 회피한다. 문화 생산의 "세계"는 "결코 전적으로 예측불가능한" 방식으로 "확장가능하고 열린 공간"이자 "무언가를 함께 하는 사람들(다양한 조연들을 포함한)의 앙상블"이다(374, 379)(저널리즘과 연관된 토론은 2008년 딕슨Dickson을 참고). 갠즈 또한 거대이론과 환원주의에 대해 불쾌한 것으로 잘 알려져 있고 그에게 중요한 것은 현장에 직접 가서 관찰을 시작하는 것이다.

니키 어셔Nikki Usher(2014)의 수작으로 온라인 전환 중인 뉴욕타임스에 대한 심층적인 개요는 이러한 귀납적 틀에 잘 들어맞는다(그녀는 이 책을 갠즈에게 바쳤다). 그녀는 1970년대와 80년대의 고전적 뉴스룸 연구를 출발점으로 삼아, 이후 무엇이 바뀌었는지 질문한다. 분명히, 자유방임형 경제 질서가 가속화되고 인터넷이 부상하는 등 많은 것이 변했다. 그녀는 인터넷의 부상에 주안점을 두었다. 어셔는 디지털 환경이 뉴스룸을 강화시키거나(즉시성) 새롭게 소개한(상호작용성과 참여) 세 가지 뉴스 가치의 등장에 주목한다. 종종 구분없이 사용되는 용어들을 명쾌하게 구분하기 위해 그녀는 상호작용성을 이용자-컴퓨터 상호작용과 다양한 형태의 온라인 멀티미디어로 구분하고, 기자가 그들의 수용자와 협력하거나 대화를 하는 (또는 가장 흔한 방식인 자신의 뉴스를 알리기 위한) 기자의 소셜 미디어 이용으로 참여를 정의한다. 그녀의 핵심 발견 중 하나는 뉴욕타임스가 처한 디지털 전환에 대한 압박에도 불구하고 종이신문이 여전히 지배적이라는 사실이다. 하나의 예로 방문자로 넘쳐나는 웹페이지보다 종이신문 "1면"에 게재할 내용을 결정하는데 훨씬 더 많은 시간과 에너지를 쏟는다. 어셔가 일치된 디지털 전환 노력을 하는 성공적인 뉴스룸을 연구했다는 점을 제외하면 "기성" 관행에 대한 이 같은 발견은 앤더슨Anderson(2013)과 리페Ryfe(2012)를 필두로 한 최근 다른 미국 뉴스룸 민속지학 연구 결과와도 일치한다. 그래서 그녀의 발견은 디지털 전환의 시급함에 대한 전면적인 저항이라기보다는 식별하기 어려운 "인과 화살causal arrow"의 방향으로(21) "기자에 대한 외적, 내적, 직업적, 그리고 규범적 압력이 뒤섞이고 충돌하면서"(152) 형성 중인 새로운 혼종 뉴스 가치가 조용히 등장하는 복잡한 상황을 보여준다. 단일 사례 민속지

학 연구에서 일반적이듯이, "어떻게"라는 질문은 효과적으로 "왜"라는 질문이 된다.4)

이제 누군가는 이와 같은 양질의 기술적 연구가 우리 시대 그리고 디지털 저널리즘을 분석하는데 매우 적합하다고 주장할 수 있다. 빠른 변화와 복잡한 시대에, 첫 번째 조치로 현장을 파악해야 하는 것은 당연하다. 설명이나 비판에 앞서 상세한 기술이 제시되어야 한다.

이론적이지만 반규범적이고 반설명적인 신기술주의자들은 기술의 폭을 더욱 넓히고 심화시키면서 이러한 오랜 전통에 기반하고 있다. 이들은 이전에 경시되었던 (테크놀로지, 네트워크, 그리고 문화 같은) 디지털 저널리즘의 차원에 대한 관심을 보일 뿐만 아니라 분석결과에 영향을 줄 수 있는 규범적 판단을 자제하면서 기술description의 폭을 넓힌다. 또한 신기술주의자들은 특별한 사례를 구성하고 유지하는 행위자와 행위에 대해 종합적으로 기록함으로써 기술을 심화시킨다. 나는 여기서 행위자-네트워크 이론, 네트워크 사회 이론, 그리고 문화적 화용론을 다루지만, 내 생각의 대부분은 다양한 후기구조주의적 시류와 벡커와 기어츠 같은 고전적 기술주의자의 영향을 받은 저널리즘 연구에도 관련이 있다.5)

행위자-네크워크 이론은 최근 *디지털 저널리즘Digital Journalism* 특집호의 첫 번째 세 논문에서 다뤄졌고(Domingo, Masip, and Costera Meijer 2015; Lewis and Westlund 2015; Primo and Zago 2015), 디지털 뉴스와 정치커뮤니케이션을 다룬 많은 훌륭한 연구에서도 주목을 받았다(예를 들어, Anderson 2013; Anderson and Kreiss 2013; Braun 2013, 2015; Hemmingway 2008; Nielsen 2012a, 2012b; Plesner 2009; Turner 2005). 행위자-네트워크 이론의 구체적 이론적 어휘인 행위자, 네트워크, 매개자mediator, 중개자intermediary, 블랙박스black box, 번역translation 등은 모두 우

리로 하여금 세상을 상황에 따라 바뀔 수 있는 인간 및 비인간 요소의 집합체로 보도록 하는 단일 목표를 지향하고 있다. (주로) 단일 사례 연구 설명들에 나열된 이러한 용어들은 최소한 "설명 간 공약가능성commensurability" (Sayes 2014, 142)을 확보한 것으로 보이지만, 아래 내가 논의하듯이 일반화가 가능한 지식의 축적은 네트워크 행위자-네트워크 이론의 의제와 썩 잘 맞아 떨어지는 것 같지는 않다.

행위자-네트워크 이론은 결과를 형성하는데 있어서 유력 대리인으로 주로 기술적 대상technical objects인 비인간 요소에 주목함으로써 사회문화적 접근을 추가한 점에 주목할 만하다. 프리모Primo와 자고Zago(2015, 39)가 주장하듯이, 이러한 물리적 인공물은 이차적인 것이 아니라 "지속적인 뉴스 생산, 유통, 그리고 소비 과정에서 다른 어떤 행위자만큼" 중요하다. 비인간 사물은 의식consciousness을 보이는 게 아니라 적어도 "다른 대상 또는 전체 네트워크에서의 차이"(Sayes 2014, 141)를 만드는 방식으로 대리기능을 수행한다. 예술작품을 만드는데 관련된 모든 사람을 포함시킨 벡커Becker의 주장과 유사하게, 행위자-네트워크 이론은 포괄성comprehensiveness의 원칙, 즉 "인간과 비인간을 포함한 모든 관련 행위자들이 그들의 대리인, 그들 간의 연결, 그리고 그들이 남긴 흔적으로 인식되게 하라"는 원칙을 유지한다(Primo and Zago, 43). "관찰 분야를 확대시켜 이전에 드러나지 않았던 것을 보게"하는 것이 "새롭고 혁신적인 결론"을 제시하는 방식으로 정당화된다(같은 책, 49). 그래서, 디지털 저널리즘과 관련해 무엇이 새롭고 혁신적인 결론인가?

도밍고Domingo, 마십Masip, 그리고 마이어Meijer(2015)는 몇몇 주요한 연구를 소개한다. 예를 들어, 슈미츠Schmitz, 바이스Weiss, 그리고 도밍고Domingo(2010)는 콘텐츠 매니지먼트 시스템에 대한 연구를 통해 소프트웨어로 "짜여진" 행위가 기자들의 기존 실천행위와 상충하는 것을 발견했다. 헤밍웨이Hemmingway(2008)는 한 지역 BBC 방송국에서 어떻게 개인 디지털 제작 장비가 마감시간에 대한 유연성을 높여 결과적으로 기자들로 하여금 더 많은 인간적 흥미거리를 뉴스로 "내보내게" 하는지 보여줬다. 또 다른 자주 인용되는 연구로, 플레스너Plesner(2009)는 이메일, 구글 검색, 그리고 전화통화가 기자 업무의 "자연스러운" 일부가 됐다는 것을 보여준다. 닐슨Nielsen (2012a)은 온라인 뉴스의 발전을 이루는 데 있어서 기자와 경영 매니저뿐만 아니라 최신 과학기술 전문가의 역할을 드러내는데 필요한 개방형 질문을 제공하는데 있어서 행위자-네트워크이론의 공을 인정한다. 앤더슨Anderson과 크라이스Kreiss(2013)는 정치 지형도와 콘텐츠 관리 시스템과 같은 사회기술적 대상물이 특별한 행동과정을 유발하는 독특한 방식으로 "네트워크상에 자리 잡는 행위자actants"라는 것을 보여준다.

거의 모든 행위자-네트워크 이론에 입각한 설명에서 누락된 것은 왜 우리가 이에 관심을 가져야 하는가 같은 합당한 질문에 대한 명확한 답변이 없다는 것이다. 우리가 사는 세상에 대해 더 많이 아는 것이 적게 아는 것 보다 중요하다는 점에서, 우리와 함께 하는 사물과 이들이 우리의 관계를 윤택하게 유지하도록 돕는 역할을 인식하게 한다는 데 대해 행위자-네트워크 이론에 고마움을 표할 수 있다. 하지만, 겉보기에 "일상적인" 사물이 "엄청난" 차이를 만드는지 보여준다는 행위자-네트워크 이론의 기본전제는(Anderson and Kreiss 2013, 366-367) 거의 지켜지지 않고 있다. 왜냐하면, 분석의 말미에 사물은 결국 처음과 마찬가지로 일상적인 것으로 끝나고 말기 때문이다. 흥미있는 질문은 (순수한 형태의) 행위자-네트워크 이론이 향하지 않는 곳에 있다. 예를 들어, 앤더슨과 크라이스의 연구에서, 오바마 캠페인이 유권자 독려를 위한 "중요한" 모델을 만들기 위해 사용한 정치 지형도의 중요성은 전에 가보지 않은 길에서만 진정으로 분명해진다. 왜 오바마 캠페인은 다른 활동가들에 의해 받아들여지는 "공유된 이야기와, 도덕적 주장을 분명히 하고 유권자들 사이에 감정적 헌신을 불러일으키는"(374) 방식과 같은 대안적 "동원 모델"을 추구하지 않았을까? 이 질문에 답하기 위해서는 왜 특정 행위자가 다른 행위자에 비해 더 많은 권력과 영향력을 갖는지에 답할 수 있는 행위자-네트워크 이론과는 다른 설명 이론을 필요로 한다.

마뉴엘 카스텔의 네트워크 사회 이론(1996, 2009)은 비록 이론으로서 인식론, 존재론, 그리고 규범성에 대한 지향점이 부족하지만 디지털 뉴스 미디어의 "네트워크화"된 속성에 주목한다는 점(Van Der Haak, Park, and Castells 2012 참조)에서 행위자-네트워크 이론과 흡사하다. 행위자-네트워크가 사회의 형성 단위이자 네트워크 기술에 선행하는 반면, 카스텔은 인터넷에 의한 변화에 집중했다. 네트워크 사회 이론은 1980년대 이후 세계 경제의 변화, 새로운 정체성에 기반한 사회운동, 그리고 인터넷이라는 초유의 탈집중화된 글로벌 커뮤니케이션 시스템의 등장에 따른 새로운 유형의 사회적 형태의 출현에 대한 역사적 설명을 제공한다. 또한 네트워크 사회 이론은 대단히 경험적empirical이고 기술적descriptive이지만, 관찰할 가치가 있는 것에 대해서는 행위자-네트워크 이론보다 절제감을 보인다. 또한 "네트워크 저널리즘"(Bardoel and Dueze 2001; Heinrich 2011; Russell 2011 참조) 이론가들은 권력관계의 존재와 종종 저널리즘이 세계 민주주의를 고양시키는데 기여한 역할을 훨씬 더 인정하는 편이다. 또한 이들은 뉴스 스타트업과 이들의 민주주의에 대한 기여를 낙관적으로 보고 있을 뿐만 아니라 심지어 현대 저널리즘의 질에 위기가 있다는 사실을 부정할 정도이다(Van Der Haak, Park and Castells 2012).

네트워크 사회 이론에서 기술description은 주로 귀납적 사후 추론에 근거한 디지털 현상의 범주를 포괄하기 위해 초미세 설명을 배제한다. 예를 들어, 저널리즘의 미래에 대한 최근 한 논문에서, 반 더 학Van Der Haak, 팍스Parks, 그리고 카스텔Castells(2012)은 "민주적 사회가 제대로 작동"하는데 필요한 디지털 저널리즘의 "새로운 수단과 실천행위"의 예, 즉 네트워크 저널리즘, 크라우드소싱과 이용자 제작 콘텐츠, 데이터 마이닝, 데이터 분석, 데이터 시각화, 맵핑, 비쥬얼 저널리즘, 관점을 담은 저널리즘 point-of-view journalism, 자동화 저널리즘automated journalism, 그리고 글로벌 저널리즘을 제시하고 있다.

이는 유용한 범주화이나, 현재의 디지털 현상을 분석하는데 많은 것이 결여되어 있다. 우선, 무엇이 현안인지, 즉 민주주의가 의미하는 바가 무엇인지? 어떤 유형의 민주주의를 말하는지에 대해 좀 더 명확히 언급할 필요가 있다. 둘째, 단순 열거를 넘어, 변화의 형태에 대해 좀 더 깊게 파고들 수 있다. 즉 새로운 수단과 실천행위가 다양한 형태의 미디어 조직과 다른 행위자들에게도 똑같이 적용되는지, 다시 말해 소유주, 운영방식, 재원에 따라 같은 모습이 나타날지 조사할 필요가 있다. 반 더 학Van Der Haak과 그의 동료들(2012)이 단순히 제시한 목록은 공공 서비스 방송(*BBC, NOS, Arte*), 국가 기간 방송(알 자지라Al Jazeera), 정부 기구(캐나다 국립 영화 이사회National Film Board of Canada), 공식 혹은 비공식적으로 "신뢰"에 기반한 소유형태의 엘리트 신문사(*가디언Guardian, 뉴욕타임스New York Times*), 재단이 후원하는 비영리단체, 그리고 소규모 후원자 기반 미디어가 지나치게 많은 반면, 대형 사기업 또는 상업 미디어는 잘 반영되지 않았다. 반 더 학과 그의 동료는 방법론적 엄밀함과 설명적 호기심을 결여한 자신들의 연구결과를 "인터넷이라는 열린 네트워크 구조" 탓으로 돌리지만(2934), 실제로 대부분의 사람들이 인터넷에서 소비하는 저널리즘은 그들이 제시한 민주주의를 위한 실천행위와 수단과는 무관하다(예를 들어 Hindman 2008 참조). 그들이 열거한 미디어의 긍정적 사례(이들이 제시하지 않은 사례들의 특성을 포함해)를 꿰뚫는 공통의 줄기를 밝히지 않음으로써, 네트워크 사회 이론을 이용한 연구자들은 윌리엄Williams과 델리 카피니Delli Carpini(2011)가 명명한 인터넷상에서 "민주적으로 관련있고, 정치적으로 유용한" 미디어 콘텐츠의 실제 가능성과 한계를 혼란스럽게 하고 있다. 네트워크 사회 이론은 디지털 미디어에서 무슨 일이 일어날 "가능성"을 주로 논하는 반면 크건 작건 간에 언제 특정 결과가 발생할지를 알 길이 없다.

제프리 알렉산더Jeffrey Alexander(2011, 2015)의 문화적 화용론은 행위자, 집합적 묘사, 상징적 생산의 수단, 미장센, 그리고 사회적 권력 같은 요인을 포괄한 "부가가치" 모음이긴 하지만 여전히 설명이 필요한 세 번째 신기술주의 흐름이다.6) *공연과 권력Performance and power*(2011)에서 알렉산더는 이해라는 현상학적 모델과 "모든 공연performative 행동에 필요는 하지만 충분치 않은 요인으로 구성된 인과성의 모델"을 제공한다고 주장한다. 사회적 권력을 포함한 것은 그가 보여 온 문화적 요소에만 천착했던 문화사회학의 "강한 프로그램strong program"과의 결별을 의미한다. 사회적 권력은 알렉산더로 하여금 "누가 공연에서 행위를 하도록 허가를 받고, 또 어떠한 수단을 통해서 허가가 주어지는가? 누가 공연에 참여할 수 있는가? 어떤 종류의 반응이 허용되는가? 공연을 만드는 권리를 가진 사람으로부터 독립적으로 공연을 해석할 권리를 가진 권력이 있는가?"와 같은 질문을 가능하게 한다(2011, 32).

이와 관련된 연구의 한 예로, 알렉산더가 오바마의 선거 캠페인과 정책 만들기에 대해 멋지게 기술했으나 왜 오바마가 성공했는지 또는 실패했는지에 대해서는 설명이 부족하다. 이에 대해 다음과 같은 질문이 가능하다: 이것이 과연 전적으로 그의 성공과 실패에 대한 것인가? 또는 더 중요한 다른 요소, 예를 들어, 상대 후보의 영향력과 결단력, 민주당내부의 권력분할, 로비스트와 정치판에 걸린 돈의 영향력, 인물과 선거전략보다는 현안 이슈를 대중에 적절히 전달하는 미디어의 실패같은 요소는 없었는가? 그의 "부가가치" 모델은 이와 같은 중요한 질문을 다루기 어렵다. 문화적 화용론과 함께, 자콥Jacobs과 타운슬리Townsley(2011)의 미국 "의견공간space of opinion" 저널리즘에 대한 복잡한 지형도 그리기에 드러난 것처럼, 가장 흥미롭고 유용한 세 유형의 신기술주의를 살펴봤다. 아직 문화적 화용론은 뉴미디어 전경에서 벌어지는 실제적 도전을 이해하고 또 현명하게 대응하기 위해 필요한 구체적이고 일반적인 설명을 제공하기에는 미진하다. 그래서 신기술주의 이론 중 어떤 것도 상업적 압박과 체계적인 계급 불평등을 강조하지 않는 것이 우연이 아니다. 즉 이들이 이념적으로 신자유주의(또는 네트워크 사회 이론의 경우, 무정부적 사회운동)에 대해 선별적 호감과 효과적인 공모관계에 있다는 점은 진보적 정책에 대한 불편한 침묵을 불가피하게 만든다.

요약하면, 신기술주의 연구는 장점이 있지만, 각각 최신 디지털 저널리즘을 적절히 분석하는데 필요한 완벽한 이론적 수단을 제공하기에는 부족하다. 포괄성에 대한 집착으로 신기술주의의 기술은 나무가 자라는 환경인 숲에 대한 시각을 잃고, 이질성에 대한 집착은 구체적 변이를 간과하고, 또 규범적 판단에 대해 삼가하는 태도는 현실 세계의 걱정과 가능한 해결책에 대한 명확한 연결 짓기를 거부하는 결과를 낳았다. 이러한 단점은 주로 행위자-네트워크 이론에 집중되지만, 체계적 설명에 대한 무관심은 네트워크 사회 이론과 문화적 화용론에도 적용된다. 이와 같은 비평을 제시하는 의도는 건설적이다. 바라건대 신기술주의에 의해 적절히 다뤄지지 않거나 간과되었던 질문에 대한 관심을 환기시킴으로써 적절한 해답을 제시하기 위한 노력을 자극하고자 한다.

신기술주의의 풀리지 않는 질문에 답하기

__ 무엇이 중요한가?

이 질문이 왜 중요한가? 왜냐하면 이는 너무 많은 신기술주의 주장이 답하지 못한 근본적인 질문이기 때문이다. 더 나은 답을 어떻게 찾을 수 있을까?

도밍고Domingo, 마십Masip, 그리고 마이저Meijer(2015, 62-63)는 행위자-네트워크 이론의 규범성의 "문제화problematization"를 옹호한다. 그들은 연구자가 저널리즘의 "당위성"에 대한 확고한 사전 입장을 갖지 않는다면, 기자(그리고 이해당사자)가 저널리즘 우수성을 어떻게 정의하는지 아는 데 보다 열린 자세를 취할 것이라고 주장한다. 이러한 개방성은 학자와 기자간의 대화를 개선시킴으로써 기자들로 하여금 자신의 목소리에 귀를 기울여 이해하려는 것이지 단지 훈계를 듣는다고 느끼지 않게 할 것이다(Blumler and Cushion 2014).

하지만 규범적 질문 경시를 금과옥조로 여기는 태도로 인해 행위자-네트워크 이론에 입각한 디지털 미디어 연구자들은 자신이 연구 중인 행위자들의 좁은 시야를 단순 중계하거나 사소한 발견을 보고하는 우를 범하기 쉽다(Couldry 2008 참조, Anderson and De Mayer 2015, 7에서 재인용). 브라운Braun(2015)이 잘 고안해 실시한 연구도 역시 이러한 함정에 빠졌다. 브라운은 "이용자들이 만드는 시민저널리즘이 모아져 전문 기자들이 만든 뉴스와 함께 논의되는" 혁신적인 뉴스 사이트인 뉴스바인Newsbine의 "뒷이야기backstory"를 소개했다(31). 뉴스바인은 브라운이 기술한 것처럼 "생산적이고 상업적으로도 성공할 수 있는" 소셜 뉴스 사이트를 만들기 위해 "이질적인" 수단(사회적, 기술적, 상업적, 그리고 정책 차원으로 일종의 "불문율a code of honor")을 개발했다(33). 뉴스바인이 NBC 뉴스에 팔리고 일반 코멘트 사이트에 다시 사용되면서, 초기 설립자들이 만들고자 했던 시민성은 와해되어 뉴스바인에 처음으로 관심을 가졌던 핵심 이용자들의 이탈을 낳았다.

브라운은 이 사례의 조직적 함의에 집중해, 한때 "올바르게 작동"하게 만들어졌던 "사회기술적" 시스템이(여기서는 이 사이트의 본래 목적을 몰랐던 다수의 신규 이용자들로 인해) "사회적 질서를 이탈"했을 때 발생할 수 있는 무질서를 보여준다는 점에 주목했다(36). 그의 행위자-네트워크에 입각한 방법론은 큰 기업이 스타트업을 집어 삼킬 때 무슨 일이 일어날지를 자세히 보여줄 수 있었다. 즉 "조직 문화에 대해 동질적인 효과를 가져오기보다는, 수직 통합과 기업 간의 제휴는 뉴스 조직을 자신만의 이질적인 전략과 수단의 모음을 갖춘 다양한 조직의 하위문화와 섞이게 함으로써 상황을 더욱 복잡하게 만들 수 있다"(41). 그러나 이게 뭐가 중요하단 말인가? 왜 비즈니스에 종사하거나 혹은 이를 사례연구로 이용하는 비즈니스 스쿨 학생 이외의 사람들이 관심을 가져야 하는가? 브라운은 자신의 연구결과가 뉴스의 질과 민주적 시민성과 관련한 질문의 형태로 언급되어 있음에도 불구하고 이와 같은 이슈를 직접적으로 언급하지 않았다. 특별한 입장을 취하지 않은 채, 브라운은 아마도 왜 자신의 사례연구가 다른 연구에 반복적으로 연관되는지에 대한 이유 중 하나로 다음과 같은 이슈를 *규범적으로 내세웠을* 수도 있다: 다른 웹사이트에서는 뉴스의 질과 시민성을 고양하는 "사회기술적" 조합assemblages을 만들기 위해 어떠한 노력을 하고 있는가? 이러한 조건들이 실제로 어떻게 구현되는가? 이러한 조합의 어떠한 일반적 속성이 결과에 중요한 것으로 두드러지는가?

행위자-네트워크 이론의 원칙론적인 상대주의는 결과를 판단하는데 있어서 이념적으로 엄격한 입장을 취해야 한다는 점 때문에 간과될 필요는 없다. 필요한 것은 무심한unconcerned 상대주의로부터 관찰가능한 상대주의로의 전환, 즉 잠재적으로 중요한 의미를 갖는 일련의 정치적 그리고 심미적 입장들과 연구결과를 포괄적으로 연결할 필요가 있다. 이러한 접근은 네트워크 사회의 민주주의에 대한 모호한 입장을 넘어서는 것으로 미라 막스 페리Myra Marx Ferree와 동료들(2002)이 부분적으로 경쟁하는 네 개의 민주주의 규범 모델의 관점에서 낙태 이슈를 프레이밍 하는데 있어서 독일과 미국의 차이를 평가한 연구에서 사용된 바 있다. 나도 프랑스와 미국의 이민관련 뉴스에 대한 비교연구에서 비슷한 접근법을 채택했다(Benson 2013). 또한 런던 골드스미스 대학의 나탈리 펜튼Natalie Fenton이 주도한 영국 온라인 뉴스에 대한 다양한 방법론을 이용한 종합연구에 참여할 때도 이 방법을 채택했다(Benson 2010). 내가 보기에 저널리즘 "질"이 떨어지고 있다는 주장은 사실 세 가지 다른 민주주의 모델, 즉 엘리트 민주주의와 연결된 감시견 설명책임 역할a watchdog accountability ideal, 참여 민주주의와 관련된 다양성 역할a diversity ideal, 그리고 숙의 민주주의와 연결된 시민 담론 역할a civil discourse ideal과 관련이 있다. 어떤 특정 뉴스 기사나 언론사는 다른 역할보다 특정 역할에 "주목"할 개연성이 높다는 점에서, 사실 뉴스의 질에 대해 하나의 주장을 하는 것은 무의미하다. 그래서, 질과 공공선에 대해 명확히 언급된 복수의 기준을 고려했을 때 비판과 칭찬이 동시에 가능하다(Hesmondhalgh and Baker 2011을 참조).

자신의 이론을 가볍게 여길 수 있는 신기술주의자는 규범적 질문을 다루는데 별 문제가 없다. 실제로, 앤더슨Anderson이 모범적으로 행위자-네트워크 이론에 입각해 필라델피아 디지털 뉴스 생태계에 대해 실시한 네트워크 민속지학(2013, Howard 2002 참조)은 라투르Latour의 반규범적 강제를 무시했다. 앤더슨은 서문에서 자신이 다룰 "핵심 규범적 문제"를 명확히 했다(3). 즉, "경험적으로 공중에게 알리는(그리고 간혹 "규합하는")

제도에 기반한 전문직으로서의 지역 언론의 임무는 그 자체로 엄청 큰 민주적 중요성을 갖는 고귀한 것이다. 그러나 특정한 그리고 역사적으로 연루된 이러한 자아상에 헌신하는 비성찰적 태도는 민주주의에 대한 기대를 약화시킨다"라고 언급하고 있다. 행위자-네트워크 이론은 전통적인 저널리즘 조직에만 초점을 맞춘 협의의 제도주의 분석 틀을 빠져나오도록 했다. 하지만 그의 연구결과를 설명하고 현실적 의의를 찾는데 있어서 그는(행위자-네트워크에 고무된 다른 연구자들도 마찬가지로) 행위자-네트워크 이론을 버리고 이후 논의될 제도주의 이론들institutional theories을 참조해야 한다.

체계적인 변이가 있는가? 다른 사례와 같은가?

우리가 자주 기억하듯이 모든 사회기술적 조합assemblage은 비교가 불가능한 요소들이 불확실하게 연결된 상태이다. 네트워크 사회에 유리한 관점에서 본 인터넷은 믿기 힘들 정도로 다양한 저널리즘과 활동가를 위한 실천과 전략을 가능하게 한다. 문화적 화용론의 입장에서 행위performance는 비슷하지만 요소들이 늘 다른 방식으로 구성되어 있고 이러한 행위의 성공가능성은 언제나 상황에 달려있다. 이와 같은 결론이 어렵게 얻은 지혜의 일종으로 제시되지만, 이는 실제로는 검증되지 않은 전제에 불과하다.

요약하면, 신기술주의에 입각한 주장은 이질성, 다중성multiplicity, 그리고 다양성diversity을 많이 얘기하는 반면 체계적인 변이에 대한 언급은 거의 없다. 하지만 체계적인 비교와 연결된 변이에 대한 탐구는 모든 비판적 지식을 위해 가장 근본적인 것이다. 철학자 피터 오스본Peter Osborne의 말대로, "엄격히 말해, 비교불가능성은 생각조차 할 수 없는"(Steinmetz

2004, 390에서 재인용) 것이다.

모든 것이 매우 복잡하고 독특한 이질적인 요소들의 집합이라면, 가능한 유일한 결론은 어떤 사례도 같지 않다는 점일 것이다. 그리고 실제로, 어떤 사례도 정확히 같지는 않다. 하지만 어떤 사례는 비교를 통해 유의미한 차이점과 유사성을 드러냄으로써 유익한 결론을 도출할 수 있을 정도로 충분히 유사하다. 찰스 라이트 밀C. Wright Mills의 표현대로, "비교가능한 상상comparative imagination"이 가능하다.

변이(그리고 다음 섹션에서 논의될 설명explanation을 포함해)에 대한 탐문은 신기술주의 연구자, 특히 후기구조주의 경향을 갖는 연구자들과 흔히 대척점에 있는 조치 즉, 범주화categorization를 필요로 한다. 행위자-네트워크 이론의 선험적priori 범주에 대한 경고는 보다 면밀히 검토할 필요가 있다. 선험적 추론이 무ex nihilo를 의미한다면, 이는 틀림없이 타당한 경고이다. 하지만 실제로 연구를 하다보면, 이론, 이전 연구, 그리고 예비적인 귀납적 연구들로부터 범주가 만들어지기 마련이고 이들은 연구과정에서 수정을 거친다. 완벽하게 귀납적인 연구는 신화에 불과하다. 다시 말해, 우리가 좋은 연구를 수행하고자 한다면, 범주의 사용을 피할 수 없다. 문제는 범주의 사용 여부가 아니라 어떻게 사용할 것인가이다.

미첼스타인Mitchelstein과 보즈코브스키Boczkowski(2009)가 인정하듯이, 국제 연구는 불가피하게 비교할 수 있는 질문과 변이를 위한 탐문과정으로 이어진다. 반갑게도 최근 국제 뉴스 미디어 비교 연구가 활발해지고 있다. 하지만 변이에 대한 탐구를 국가 간 수준으로 제한할 이유가 없다.

예를 들어, 뉴스 제작과 관련한 두 개의 독보적 연구(Christin 2014; Petre 2015)는 (다른 질적인 특성을 양적인 잣대로 변화시킴으로써) 표면상으로 공통 행위요인인 수용자 메트릭스의 이용이 실제로 어느 정도까지 뉴스룸을 넘어선 융합convergence을 낳는지 조사했다. 크리스틴Christin

(2014)은 차트비트Chartbeat 수용자 측정 도구를 이용하는 미국과 (미국 사이트를 모델로 한 것이 현저한) 프랑스 웹사이트를 비교함으로써 융합(명시적인 모방과 공통으로 간주할 수 있는 수단의 사용에 근거)과 차이(국가적으로 다른 저널리즘 장이라는 지역에 근거)라는 상충하는 가설을 검증할 수 있었다. 편집자와 기자라는 기본 범주적 구분을 효과적으로 이용함으로써, 두 개의 그룹에서 다른 역학이 작동하고 있다는 점을 발견했다. 미국 편집자는 이야기 전개와 배치를 위해 메트릭스를 이용하는 반면, 프랑스 편집자는 자주 "(메트릭스에 의하면) 성공적이지 않은 기사나 섹션을 삭제하는 것을 단호히 거부"하고 조회수가 적지만 실질적으로 중요하게 보이는 기사를 작성하는 기자에게 우호적이었다(23-24). 반면에, 미국 기자는 메트릭스에 무관심한 반면 프랑스 기자는 차트비트에 집착했다. 크리스틴은 이러한 차이가, 궁극적으로 미국과 프랑스 저널리즘 장의 독특한 역사적 발전 과정과 정치 및 시장market과의 관계에서 기인한 편집자와 기자의 업무구분의 차이에서 드러난, 독특한 조직 권한의 유형(미국의 독립성sovereign과 프랑스의 훈육disciplinary)에서 기인한다고 보았다. 이는 역사적으로 근거가 있고 사례들의 특수성에 비춰볼 때 잘 맞아 떨어지는 결과이며 후속 연구를 통해 검증 가능한 폭넓은 이론적 질문과 일반화가 가능한 주장이다(여기서는 대규모 연구의 일부 중 미국과 프랑스 두 개의 뉴스 조직만을 부분적으로 다루고 있다).

페트리Petre(2015)는 혁신적인 방식으로 비슷한 질문을 다루기 위해 다른 비즈니스 모델로 운영되는 두 개의 뉴스 조직(*뉴욕타임스*와 고커Gawker)에서 수용자 메트릭스가 이용되는 방식을 비교했을 뿐만 아니라 차트비트 내부에서 수용자 메트릭스를 구성하는 과정도 분석했다. 페트리는 전통적인 저널리즘 가치가 반드시 수용자 메트릭스에 반하는 것이 아니라 언론사 고객과의 좋은 관계를 유지해야 하는 메트릭스 관련 회사에 의해 실제로는 의식적으로 저널리즘 가치가 해당 테크놀로지에 잘 반영되고 있다는 점을 밝혔다.

크리스틴과 페트리는 리페Ryfe(2012), 앤더슨(2013), 그리고 크라이스Kreiss, 미도스Meadows, 리멘스퍼거Remensperger(2015)가 두각을 나타내는 비교 뉴스 민속지학comparative news ethnography이라는 고무적인 소규모 흐름에 기반하고 있다. 크라이스와 동료들은(2015) 미국 정치 컨벤션에서의 행위 과정이 저널리즘과 정치적 장이라는 서로 중첩되지만 경쟁하는 논리에 의해 어떻게 형성되는지를 보여줌으로써 문화적 화용론을 향상시켰다. 그들이 강조한 것처럼, 문화적 화용론은 "장내 행위자와 수용자가 시민적 영역 내 행위를 위해 가져온 다른 평가 기준에 대한 중범위 수준의 공감a meso-level appreciation이 결여되어 있다"(580). 최근에 또 다른 소규모 중요한 비교 연구로는 그레이브스Graves(2016), 그레이브스Graves와 코니즈나Konieczna(2015), 그리고 코니즈나Konieczna(2014)의 연구를 들 수 있다. 많은 연구들이 소유유형, 재원, 수용자 같은 주요한 형성요인의 차이, 즉 공적 운영과 사적으로 소유되는 회사(Cranberg et al. 2001; Dunaway 2008; Edmonds 2004), 공공 서비스와 상업 시청각 서비스(Aalberg and Curran 2011; Benson and Powers 2011), 그리고 수용자 유형이 콘텐츠에 미치는 영향(Benson 2013; Gentzkow and Shapiro 2010)에 주목을 하고 있다. 아직까지 다양한 형태의 비영리 미디어 간의 차이 또는 비영리와 다른 소유 형태에 따른 차이를 체계적으로 조사한 연구는 없다(예외적으로 Konieczna 2014를 참조).

엄밀히 말하면, 할린Hallin과 만치니Mancini(2004) 그리고 에서Esser와 하니쉬Hanitzsch(2012)에 의해 요약되고 비평된, 최근 국제 비교연구의 대부분은 상당한 규모의 국가와 미디어 조직을 표집한 결과이다. 대형 샘플을 이용한 연구와 마찬가지로 이러한 유형의 연구도 역사 및 사회적 맥락을 부적절하게 사용하면 합당한 비판이 가능하다. 이러한 비판이 분석의 범주, 사례의 정당화 그리고 가설을 명확히 하므로 이 자체로 생산적 비판과 대부분의 신기술주의 연구가 결여한 명성을 가져온다. 변이에 주목하는 민속지학과 심층인터뷰에 기반한 연구는 대규모 디지털 미디어 연구에 사용된 범주의 이용과 질을 향상시키도록 함께 이용할 수 있고, 또 그렇게 해야 한다.

신기술주의 이론가에 영향을 받은 학자들은 국가, 필드, 또는 조직 단위에 관계없이 미디어에 나타는 구조화된 변이에 대한 대화에 참여할 수 있지만, 그렇게 하기 위해서 자기파괴적인 신기술주의 이론의 순수성을 과감히 탈피해야 한다. 다행히 많은 학자들이 이에 동조하고 있다.

실제로 조스 반 디크Jose Van Dijk(2013)는 디지털 미디어 유형에 따른 의미있는 변이를 밝히기 위해 카스텔과 라투르 자신이 한 것보다 훨씬 효과적으로 그들의 개념을 이용한 바 있다. 그녀는 제도적 변인을 찾기 위해서는 카스텔에 그리고 기술적 변인을 특정하기 위해서는 라투르에 근거해 몇몇 소셜 미디어 사이트를 비교했다. 카스텔과 라투르의 변칙적 이용으로 보이지만 효과적이었다. 이를 통해 페이스북, 트위터, 유튜브, 그리고 위키피디아가 어떻게 같고 또 다른지에 대한 실질적인 통찰을 제공했다.

앤더슨Anderson(2013)은 행위자-네트워크 이론에 영향을 받아 1990년대와 2000년대 필라델피아 지역에서 활동한 모든 온라인 전문 기자와 아마추어를 포함시키기 위해 넓은 그물을 펼쳤다. 그러나 전문가-아마추어의 구분, 재원의 유형(주로 상업과 비영리 재단), 수용자를 가로지는 체계적인 변이에 집중함으로써 행위자-네트워크 이론에서 한 발 더 나아갔다. 앤더슨 또한 전문가-아마추어 구분을 가로지르는 포괄적인 노력이 전무하다는 것을 알았다. 브라운Braun(2015)은, 비록 충분하지는 않을지라도,

NBC 온라인 뉴스가 단지 독특한 이질적인 집합이 아니라 데이비드 스탁David Starck(2011)이 "복합질서heterarchy"라 명명한 포괄적인 현대 미디어 조직의 한 유형을 대표한다는 점을 분명히 했다. 이러한 예에서 보듯 한 사례가 "어떤 경우"에 해당하는지를 특정하기 위한 노력은 일반화를 향한 반가운 움직임이다.

__ 왜?

일단 규범적으로 중요한 질문을 던지고 체계적인 변이를 밝히려고 하다 보면, 불가피하게 "왜"라는 질문에 봉착하게 된다. 설명이란 무엇인가? 스탠포드 철학 백과사전에 의하면, 설명은 "왜" 무엇이 일어났는지에 대한 질문에 답을 제공하는데, "여기서 '무엇'은 특정 사건 또는 규칙을 띠거나 반복되는 패턴처럼... 일반적인 것을 말한다."

혹자는 설명에 대한 나의 호소를 거대이론과 순수 기술description 사이에 위치한 로버트 머튼Robert Merton(1949)의 "중범위middle-range" 사회학적 이론으로의 회귀로 받아들일 수 있다. 내가 비판하고 있는 기술주의 작업이 일종의 거대이론과 밀접하게 관련될 수 있지만, 내가 주장하는 연구와 가까운 다른 형태의 거대이론(부르디외Bourdieu, 기든스Giddens, 레이몬드 윌리엄스Raymond Williams)도 있다. 나는 거대이론 또는 다른 형태의 이론과 특수한 사례를 넘어, 다른 사례에도 관련되는 결론을 내리고 그래서 세상의 행동을 안내하는 방식으로 이해하기 위해 합당한 그리고 사회적으로 유용한 바람에 답하는 "좋은" 설명과의 통합을 주장한다. 물론 이러한 목적을 이룰 수 있는 다양한 설명이 이미 존재할 수 있다. 채피Chaffee(1991)가 제안한 "개념정립explication"의 엄격한 연구설계와 방법론 같은 특정 요소를 선호하지만, 나의 입장은 간결함과 일반화 가능성을 위한 기본적 요인을 강조하며 이 보다 훨씬 열린 자세를 지향한다.

여기서 간결함concision은 가장 간단한 설명이 늘 가장 좋은 설명이라는 점에서의 간결함을 의미하진 않는다. 사회 세계는 중첩된 결과를 낳는 열린 체계이기에, 좋은 설명은 맥락이 필요하고 복잡하기 마련이다. 그러나, 소통을 위한 기본자세가 시사하듯이 장황한 설명보다는 간결함을 위해 노력해야 한다. 더구나, 연구 설계 그리고 궁극적으로 설명에 변이를 효과적으로 포함시키는 데는 간결함이 수반된다. 가장 중요한 요인을 밝히기 위해 잠재적으로 주요한 차이를 드러낼 수 있는 방식으로 사례를 선별하는 과정이 필요하다. 물론 이는 늘 개별사례의 전체적 복잡성을 무시하는 "구성construction"7)이기 마련이지만, 구조화된 변이를 밝히고 이를 설명하기 위해 신중하게 실행된다면 발견이라는 측면에서 유용할 뿐 아니라 실제로 필수적인 것이다.

일반화가능성generalizability(마틴Martin(2011, 340)은 "번역가능성transposability"이라 명명)은 어떤 현상에 대한 설명에 매우 필요하다. 우리가 어떤 사건 또는 과정이 시간 또는 공간적으로 반복되는 "의미있는 사례case of something"라는 점을 보여줄 수 있다면 일반화generalization가 가능하고 또 그렇게 해야 한다. 일반화된 주장은 흔히 인과적 메커니즘을 가리키는데, 이는 비교적 독립적이거나 더 큰 국면의 부분으로 작용한다.

몇몇 행위자-네트워크 이론의 주창자들은 자신의 이론이 전적으로 기술적이지만은 않고 실은 설명을 제공한다고 주장한다. 이러한 설명은 개별 사례에만 국한된, 특정 역사적 조건에 기반한 설명에 불과하다. 의미있는 설명은 설명 이전의 모든 것에 선행하는 반면, 행위자-네트워크 이론의 설명은 일시성temporality에 기반한다(Kreiss 2013). 라투르(1991)는 이 질문을 분명히 언급하며 다음과 같이 적고 있다: "설명은 기술로부터 나오지 않는다; 설명은 훨씬 더 깊이 들어간 기술이다(120). ... 우리가 사회

기술적 네트워크를 보여준다면 ... 추가적인 원인을 찾을 필요가 없다. 설명은 기술이 포화됐을 때 자연스럽게 드러난다"(128).[8)]

모든 특정 사건은 시간적으로 고유한 그러나 다른 사건들과의 중층적으로 연결된 사건의 결과이다. 하지만 흔히 우리의 목표는 특정 사건을 상세히 설명하는 게 아니라(어떤 경우에는 그럴 만한 충분한 이유가 있을지라도), 사회현상에 걸쳐 작동중인 공통의 "인과적 메커니즘"(예를 들어, 장 논리field logics, 성향체계habitus, 구분짓기를 위한 사회적 투쟁, 담론)을 도출하는 것이다(Steinmetz 2004). 이러한 목표를 추구하기에 비교연구가 가장 수월하지만, 단일 사례 연구를 통해 축적된 증거 또한 설명적 주장을 낳을 수 있다(같은 책, 391).

뉴스 연구를 역사화 시키자는 앤더슨C. W. Anderson의 주장(이 책의 4장을 참조)에 전적으로 동의한다는 점을 분명히 한다. 그러나, 그와는 달리, 내가 보기에 구조적 접근과 역사적 접근 사이에 본질적인 차이opposition는 없다(Benson 2013a). 구조란 역사적으로 생성된 것이고 전체적인 역사적 맥락을 고려해야 적당한 이해가 가능하다. 역사는 제도가 "경로 의존적" 행위를 보이고 변화를 거부한다는 점에서 인과적 요인이다(Thelen 1999). 이러한 역사관은 새로운 경로를 여는 전대미문의 사건에 대한 가능성을 배제하지 않지만, 이와 같은 "중대한 시점critical juncture"은 드물고 따라서 이러한 시점의 잠재력을 총체적으로 파악하기 위해 체계적인 접근이 필요하다는 것을 시사한다. 이러한 구상은 대부분의 사회과학 연구가 실제로 보여주는 것과 달리 세상에 대한 자발적 구상과는 충돌할지라도 "계보학적 모델genealogical model" 자체와 양립할 수 없어 보이진 않는다. 체계적인 변이에 주목하는 것은 변화의 어려움을 주장하기보다는 (나는 불가능을 이야기한 적은 없다) 특정 결과를 낳는 행위를 효과적으로 고안할 수 있는 방법을 정확하게 파악하기 위한 것이다.

국가 간 연구에서 다수의 비교 접근이 제시되고 있다(Krause 2015). 할린과 만치니(2004)는 자신들이 파악한 네 개의 인과적 메커니즘(시장구조, 정치병행주의political parallelism, 전문가주의professionalism, 그리고 국가간섭state intervention)이라는 독특한 국면을 포함한 세 개의 미디어 시스템 "모델"로 구성된 분류체계를 만들었다. 이러한 "차원"은 뉴스 콘텐츠의 결과를 체계적으로 언급하지 않았다는 점에서 인과적 메커니즘으로 보기 어렵다. 그러나 모델과 차원이 간명하게 언급되었고 일반화의 "잠재력"이 있다는 점에서 내가 정한 "좋은" 설명의 정의에 부합한다(이 점에 대한 생생한 논쟁은 Hallin and Machini 2011를 참조).

시스템적인 시간 또는 공간적 변이(혹은 이의 부재)를 설명하기 위한 주요한 연구결과-심지어 행위자-네트워크 이론 또는 문화적 화용론에 입각한 연구조차(예를 들어, Anderson 2013; Jacobs and Townsley 2011; Kreiss et al. 2015)-를 살펴보면, 불가피하게 그들의 설명은 거시적 또는 중간 수준의 제도주의 또는 장 이론에 기반하고 있다(Benson 2014; Bourdieu 1993; Cook 1998; Fligstein and McAdam 2012). 왜 그럴까? 이들이 복잡한 대규모 사회의 핵심 역학, 즉 위계적으로 조직된 제도적 차별화를 포착한 이론이기 때문이다.

경제적 영향력에 대해 강조하는 비판 정치경제학(McChesney 2014; Pickard 2014)과 인식을 공유하지만, 제도주의 이론들은 서로 경쟁하는 조직 장field(정치, 과학, 예술, 종교 등)에 의한 제한적 다원주의를 더욱 인정하면서 사회와 시기에 따라 이와 같은 제도적 환경이 취하는 다양한 형태를 강조한다. 정치경제학은 종종 미디어 제작과 관련해 Fox의 *심슨 가족The Simpson*, HBO의 *와이어The Wire*, 바이스Vice의 직설적인 다큐멘터리 같은 자본주의의 명백한 "모순들"을 무시하거나 이해를 잘 하지 못한다. 부르디외가 대규모 상업적 제작에 거의 주목하지 않았지만(Hesmondhalgh 2006), 원칙적으로 장 이론은 수용자 계층화(Clarke 2014)와 현대 자본주의 "사회적 형성과정social formation"(Williams 1973) 내 작동 중인 다양한 상업적 소유 논리 같은 명백한 모순을 설명할 수 있는 교차cross-cutting 요인들에 대해 제대로 주목할 것을 요구했다.

크리스틴Christin(2014)이 언급했듯이, 뉴스 실천행위와 내용에 있어서 변이를 드러내는 국가 간 비교 연구는 다른 사회적 장간의 힘의 균형 하에 있는 설명을 발견할 수 있다(Saguy 2013 참조). 프랑스와 미국의 이민 관련 뉴스 제작을 비교한 나의 연구(Benson 2013b)도 장 이론에 근거한다. 힘의 장에서 상이한 시민국가state-civic와 시장국가state-market에 따른 저널리즘 장의 다른 위치에 주목한 *국가 간* 비교와, 재원의 유형과 수용자의 크기와 계급 구성처럼 장 내의 특정 위치를 점한 뉴스 미디어 간 차이를 보여주는 *국가 내* 비교 모두에서 뉴스 내용에 있어서의 차이를 설명했다. 마찬가지로, 덴마크, 프랑스, 그리고 미국의 영향력 있는 신문의 온라인판에 대한 "외적 다원주의" 정도를 비교한 연구도 제도주의 요인들이 어떻게 인터넷 행동유발성affordance을 매개하는지 보여줬다(Powers and Benson 2014).

단일 국가를 대상으로 한 사례연구에서도 제도주의 이론들이 공간적 또는 시간적 변이 및 변이의 부재를 설명한다. 크리스Kreiss와 동료들(2015)도 구체적으로 정치와 저널리즘 장에 기반한 행위자의 다른 미디어 실천행위에 주목해 장 간의 차이에 대한 중간 수준 설명을 제시하기 위해 장 이론을 이용했다. 리페Ryfe(2012)의 주장에 따르면 저널리즘 장 내부 및 인접한 장과의 사회적 상호작용을 구조화함으로써 장을 형성하는 "구성constitutive" 규칙이, 겉보기에 극적인 기술적 및 경제적 변화가 저널리즘 전문가로서의 권위를 약화시키는 것처럼 보일지라도, 이러한 권위에 대한 전통적 관념을 지속시킬 수 있는 이유이다. 앤더슨(2013, 162-163)은 이러한 주장에서 더 나아가 지속성은 물론 변화도 제도에 달린 것으로, "성공적으로 네트워크화된 뉴스 생태계는 네트워크 구축에 전념하는 강한 제도의 존재에 달려 있다"고 주장한다.

소위 "지역local" 조직간 비교연구도 거시 또는 중시 제도이론이 충돌하기 보다는 서로 보완하는 것으로 볼 수 있다. 예를 들어, 보즈코브스키Boczkowski(2005)가 실시한 1990년대 세군데 미국 언론사에 의한 디지털 기술 채택 비교연구도 지역의 맥락적 요인과 온라인과 신문사간의 관계 및 웹페이지 인터페이스 디자인에 내재된 수용자 개념과 같은 지역 "우연성contingencies"을 강조한다. 미시적 분석 또한 제도의 재형성과 변화에 대한 정확한 메커니즘을 파악하는데 중요하다(Hallett 2010; Kellogg 2009). 하지만 이러한 요인들이 단지 지엽적인 우연성에 불과한 것인지는 좀 더 큰 샘플을 포함시키지 않고는 알 수 없다. 이러한 이유로 거시 또는 중간 수준의 제도주의 분석은 전적으로 지역적 접근을 토대로 보완될 필요가 있다.

결론

학계 외부에서 디지털 미디어 환경에서의 체계적 변이를 평가하고 이해하기 위한 다양한 노력이 진행 중이다. 예를 들어, 언론인 마이클 매싱Michael Massing(2015a, 2015b)은 *뉴욕 도서 리뷰The New York Review of Books*의 연재물을 통해 극소수의 학자들만이 묻는 질문 즉, "디지털 저널리즘이 얼마나 좋은가"라는 질문을 했다. 매싱은 허핑턴 포스트Huffingston Post, 토킹포인트메모Talking Points Memo, 슬레이트Slate, 드러지리포트The Drudge Report, 폴리티코Politico, 프로퍼블리카Pro Publica, 버즈피드Buzzfeed, 복스Vox,

그리고 특정 이슈에 집중하는 다수의 소형 "협송" 웹사이트를 포함한 미국의 주요 뉴스와 의견 웹사이트를 평가했다. 그는 중요한 몇 가지 이상ideal, 즉 일반적인 미국 엘리트 평론가를 넘어서는 "소리의 범위" 또는 "글로벌 과두제global oligarchy의 구성, 형성 그리고 범위" 같은 "체계적 문제"에 대한 "지속적 조사"의 정도 등이 위태롭고 심지어 가장 칭송받는 디지털 미디어 기관조차도 이러한 이상에 못미친 것으로 평가했다.

매싱은 또한 체계적이진 않더라도 다양한 기관의 소유 및 경영 그리고 이들 기관의 수용자 규모와 구성에 있어서의 변이를 언급했다. 즉, 그는 규범성을 세우고, 변이를 관찰하며, 잠재적 설명을 제시하고 있다. 이와 유사한 방식으로, 수많은 유용한 경험적empirical 그리고 정책 보고서 또한 비학계 종사자 또는 퓨Pew, 니만Nieman, 토우Tow, 그리고 로이터 연구소Reuters Institute 같은 공공성을 지향하는 학계의 연구 기관에 의해 제시되고 있다.

직설적으로 말하자면, 오늘날 디지털 미디어에 관한 많은 학계의 연구보다 비록 이론은 없을지라도 매싱과 다른 비학계 관찰자들이 한발 더 나아가고 더 많은 얘기를 하고 있다. 이론이 어떤 정당성을 갖으려면 이와 같이 일반인들이 하는 지적인 분석을 넘어서는 길을 제시해야 한다. 이론은 단지 세부사항을 늘리는 것이 아니라 이러한 세부사항에서 패턴을 식별해 이해할 수 있어야 한다. 즉, 이론은 명백히 복잡한 이질적 집합assemblage 너머를 보고 덜 명확한 변이의 줄기를 발견하는데 이로워야 한다.

실용주의 자세에 경도된 신기술주의 이론들은 이와 같은 프로젝트에 편승할 수 있으나 힘든 일은 제도주의 접근이 감당할 것이 분명하다. 역사적인 지금 이 순간을 파악하기 위해 인식론, 방법론, 그리고 규범적으로 필요한 모든 개념적 수단을 갖고 있다. 단지 이들을 잘 사용하기 위한 명료함과 용기가 필요할 뿐이다.

Notes

1) 이 장은 2014년 5월 22일 워싱턴 주 시애틀에서 개최된 세계 커뮤니케이션 학회International Communication Association의 질적 정치커뮤니케이션 프리컨퍼런스에 토론자로 참여한 토론문을 보완한 것으로 해당 자료는 https://qualpolicomm.wordpress.com/2014/05/05/challenging-the-new-descriptivism-rod-bensons-talk-from-qualpolcomm-preconference에서 참고할 수 있다. 통찰력 있는 온라인 게시글을 통해 이 장에서의 나의 주장을 재고하도록 도움을 준 라스무스 클라이스 닐슨Rasmus Kleis Nielsen, 다니엘 크라이스Daniel Kreiss, 앤드류 페어린Andrew Perrin, 줄리엣 드 마이어Juliette de Maeyer, 펜윅 멕켈비Fenwick Mckelvey, 댄 허쉬만Dan Hirschman, 그리고 엘리자벳 팝 버만Elizabeth Popp Berman에 특별한 감사를 표하고 싶다. 또한 이 책을 출간하게 된 노스웨스턴대학 컨퍼런스에 참여한 편저자와 다른 참여자들로부터 추가로 받은 조언에도 감사를 표한다.

2) 학계에 다른 형태의 기술주의도 되살아나 적극성을 띠고 있는데, 이들 대부분은 후기구조주의 또는 후기식민주의postcolonial 이론과 연결된다. 예를 들어, 콜럼비아 대학의 헤이만 인문학 연구소Heyman Center for the Humanities가 후원해 3일간 개최된 "학문분야에 걸친 기술Description Across the Disciplines"이라는 프로그램을 참조, http:heymancenter.org/events/description-across-the-discipline.

3) 물론 전적으로 새로운 것은 아니지만, 또 다른 유형의 기술주의는 매우 양적인 소셜네트워크 또는 "빅 데이터" 분석이다. 최근 컴퓨테이션의 발전에 따라, 이러한 연구 접근이 활기를 띠고 있다(예를 들어, 크리스 앤더슨Chris Anderson [2008]의 "이론의 종말"에 관한 에세이를 참고).

4) 니키 어셔Nikki Usher와의 2015년 5월 트위터를 통한 대화.

5) 이론에 반하는 그의 항변에도 불구하고 갠즈Gans는 사실 광범위한 이론적 논의를 위한 저작을 내놓은 바 있다. 비록 명시적으로 언급되지 않았을 지라도 *뉴스 정하기Deciding What's News*와 갠즈의 영향을 받은 어셔의 *뉴욕타임스에서 뉴스 만들기Making News at the New York Times* 모두 내가 정의한 좋은 설명, 즉 체계적이고 일반화가 가능하며 규범적으로 방향을 제시하는 주장의 기준으로 볼 때 잠재적으로 "좋은" 설명을 제공한다.

6) 이와 같은 부가가치형 모델은, 비록 세세한 부분에서는 다를지라도, 미디어의 사회적 문제 구성을 설명하는 갬슨과 모딜리아니Gamson and Modigliani (1989)의 모델에 사용된 것과 유사하다. 이에 대한 비판은 벤슨Benson (2004)을 참조.

7) 행위자-네트워크 이론과 장 이론field theory은 실제로 구성주의자의 지식개념을 공유한다. 차이라면 장 이론은 과학적 방법에 의한 사실의 축적이 아니라 연구자의 준자율적인semiautonomous 성찰로 촉진된 상식적 지식에 의한 "인식론적 해체"를 통해 이해되는 "과학적" 구성을 우선시함으로써 취약한debilitating 상대주의를 피할 수 있다는 점이다. 분명히, 이와 같이 전적으로 성찰적인 지식 구성(개별 연구자에게만 국한된 게 아니라 자율적 지식생산과정을 기초하는 제도적 조건에도 해당되는)은 결코 제대로 구현된 적이 없지만 무의미한 시도는 아니다.

8) 행위자-네트워크이론이 간결한 설명을 제시하지 못하는 또 다른 이유는 세상을 "평평한" 것으로 간주해 특정 설명에 대한 우위를 인정하지 않는다는 것이다. 따라서 "논쟁적인 연구controversy studies"에서 행위자-네트워크 이론의 자칭self-professed 관심은 상대주의에 입각한 "엄격한 구성주의자strict constructionist" (Latour and Woolgar 1979) 쪽으로 치우쳐 관련된 행위자들의 다양한 주장을 단지 열거하는데 그치고 만다. 반면에 "맥락적" 구성주의(Best 1989)는 설명을 낳기 위해 필연적으로 정부기관에 의해 제시된 경제자료, 연구자 자신에 의해 설계된mapped 지배적 담론과 같은 특정 설명에 대해 우위를 둔다. 장 이론은 맥락적 구성주의의 강한 버전으로 실제로 "구조적 구성주의"의 하나로 볼 수 있다(Bourdieu and Wacquant 1992, 239).

3
뉴스의 재발견: 저널리즘 연구의 세 가지 맹점

빅터 피카드Victor Pickard

지난 10년간 저널리즘 연구는 커뮤니케이션 학계에서 주요한 연구 분야가 되었다. 그러나 이러한 부상은 저널리즘 자체의 심각한 혼란의 시기와 맞물려 있다. 지금까지 많은 연구가 저널리즘 변화의 특정 측면에만 초점을 맞춘 터라 다른 분야의 발전이 지체되는 결과를 가져왔다. 특히 온라인 뉴스를 중심으로 한 디지털 시대 저널리즘 연구 궤적을 추적할 때, 연구에 있어서 이러한 결여는 면밀한 검토가 필요하다. 이러한 프로젝트는 바람직한 수준의 성찰을 요구한다. 저널리즘 연구가 주요 연구대상의 엄청난 변화-일종의 소멸-를 어떻게 이해하고 있는지에 대한 검토를 통해 어떤 관점과 연구의제가 부족한지를 알 수 있다. 이 장에서 나는 이와 같이 도외시된 전통을 고려하는 것이 다른 하위분야와의 대화를 촉진하고 학계를 넘어선 구성원들과의 관련성을 증진시킴으로써 잠재적으로 저널리즘 연구를 풍성하게 할 수 있다는 점을 제안하고자 한다.

__ 저널리즘 위기의 지속

저널리즘에 대한 "위기 담론crisis narrative"은 다양하고, "위기"라는 말이 저널리즘 현장에 실제로 일어나고 있는 것을 기술하는데 적절한 방식인지는 논란이 있다(Almiron 2010; Chyi, Lewis, and Zheng 2012; Pickard 2011; Siles and Boczkowski 2012; Zelizer 2015). 하지만 지난 150 년간 미국 저널리즘을 지배한 모델, 즉 광고 의존형 인쇄신문이 점점 쇠락하고 있다는 데는 이견이 거의 없다. 이러한 쇠락의 근본 이유에 대한 전반적인 의견일치에도 불구하고, 궁극적으로 향후 이러한 쇠락이 어떻게 진행될 지에 대한 예측과 함의에 대한 평가는 매우 다양하다. 혹자는 저널리즘이 회복 불가능한 붕괴의 상태로 전통적인 뉴스 산업이 "후기산업화postindustrial"(Anderson, Bell, and Shirky 2012) 단계에 들어간 것으로 보고 있다. 많은 이들이 이러한 변화에 있어서 인터넷의 역할을 당연시하고 광고에 대한 지나친 의존을 중심으로 인터넷 시대 이전의 상업 뉴스 모델이 갖고 있는 고유한 구조적 위험은 간과하고 있다. 몇몇 학자와 전문가들이 이러한 구조적 변화를 민주주의와 한때 고귀한 직업에 대한 비극적 상실로 여기는 반면, 어떤 사람에게는 굉장한 흥미의 원천이기도 하다. 실제로, 최근 뉴스의 미래를 둘러싼 담론에 어느 정도의 "디지털 활력digital exuberance"이 일어나고 있다. 공신력 있는 퓨 리서치 센터Pew Research Center도 2014년 뉴스 미디어 현황 연차 보고서에서 최근 디지털 뉴스 스타트업이 확대됨에 따라 5,000여개의 디지털 저널리즘 관련 일자리가 창출된 점을 강조했다(Jurkowitz 2014). 퓨 센터의 연구결과는 이러한 변화에 대해 긍정적 시각을 가지면서도, 이러한 스타트업들의(특히 벤처 캐피털과 다른 의심스러운 방식의 지원에 의존한다는 점에서) 지속가능성 여부와 스타트업에 의해 창출된 소량의 일자리와 전통 뉴스룸에서 실직한 인원수간의 불균형에 대한 우려를 빼놓지 않았다.

결국, 뉴스 산업의 급속한 변화는 새로운 치환permutation을 알기 위한 많은 연구를 가져왔다. 연구자들은 무엇보다 가장 가시적인, 즉 새로운 기술의 사용에 따른 저널리즘 관행과 뉴스 수집 행위에 있어서의 변화에 많은 관심을 보였다(Steensen 2014). 이러한 현상을 이해하기 위해, 분석가들은 새로운 범주를 만들어 "데이터 저널리즘data journalism," "해커 저널리즘hacker journalism," 또는 "네트워크 저널리즘networked journalism" 등의 영향력을 논의했다. 이와 같이 새로운 형태의 저널리즘이 도래한 것을 알리면서 연구자들은 종종 새로운 기술적 지원이 짧은 시간과 적은 비용으로 더 많은 뉴스의 생산과 잠재적으로 더 나은 저널리즘 즉, 본질적으로 참여적이고 민주적인 방식을 가능하게 할 것이라 암묵적으로 가정한다.

이러한 새로운 경향이 많은 주목을 끌었다는 점은 이해할 수 있다. 그러나 비록 낙관적인 이야기는 아닐지라도 네이티브 광고native advertising와 콘텐츠 팜content farms의 증가, 뉴스 메트릭스news metrics의 사용, 그리고 저널리즘 노동의 상실과 비정규직화casualization와 같은 우려스러운 부분에 대한 면밀한 검토도 필요하다. 실제로, 새로운 디지털 모델과 혁신에 대한 활기가 넘침에도 불구하고, 어려운 질문도 있다. 즉 새로운 디지털 스타트업이 저널리즘의 공백을 채울 수 있을까? 디지털 실험이 장기적인 상업적 생존능력을 달성할 수 있다는 증거가 거의 없는 상황에서 기술과 시장이 지속가능한 이윤 모델을 만들어 낼 것이라고 가정할 수 있을까? 지역 언론이 점점 크라우드소싱crowdsourcing과 다른 형태의 저임금 혹은 비임금unpaid 노동에 의존하게 되면 무슨 일이 일어날까? 기성 미디어legacy media 기관은 이러한 위기국면에서 자기 혁신을 할 수 있을까 또는 미국 사회가 미디어 억만장자와 다양한 동기를 갖는 후원기관이 지원하는 뉴스 기관에 자신의 뉴스를 의존해야만 하는가? 저널리즘을 구하기 위해, 주로 백인 남성으로 구성된(Bell 2014) 자선을 베풀고 기업가 정신이 있는 개인에 기대하는 것은 신자유주의의 징후인가?

이 글은 이러한 질문에 답하기보다는 저널리즘 연구가 지금까지 이러한 질문에 충분히 답하지 못한 실패를 설명할 수 있는 장애요인을 밝히고자 한다. 내가 보기에 이러한 실패는 저널리즘 연구에서 아직 주목하지 않은 몇몇 연구 분야, 즉 "맹점blind spots"에서 기인한다. 이러한 결핍을 부각시킴으로써 저널리즘 연구가 발전해감에 따라 이 부분에 대해 더 많은 연구를 진작시킬 수 있길 바란다.

세 가지 맹점

모든 연구 분야는 선택, 생략, 그리고 강조라는 구조를 갖고 있다. 예를 들어, 커뮤니케이션 연구의 많은 하위분야는 역사 및 국제 비교 연구의 중요성을 지속적으로 간과하고 있다. 다른 분야처럼, 커뮤니케이션 연구도 오랫동안 백인에 의해 주도되어 왔기에 전통적으로 소수자 그룹의 시각과 기여를 종종 간과했다. 특히 비판학자들로부터 지속적으로 제기되는 또 다른 비판은 커뮤니케이션 학문은 이해의 대상인 미디어의 산업의 상업적 속성을 지나치게 수용한다는 점이다. 이러한 약점이 저널리즘 연구에서도 나타날지 모르지만, 내가 주목하고자 하는 분야는 우리가 "뉴스의 미래"와 관련한 연구를 검토할 때 두드러지는 것이다. 이는 저널리즘 미래에 대한 규범적, 정책지향적, 그리고 경제적 질문에 해당한다.

__ 규범적 가정

첫 번째 빈틈은 디지털 저널리즘의 규범적 가정normative foundations과 관련된다. 물론, 저널리즘 연구도 암묵적으로 규범적 함의를 내포하지만, 흔히 이는 주요한 관심은 아니다. 크라이스Kreiss와 브레넨Brennen(2016)은 "매스커뮤니케이션 연구에 필적할만한 디지털 미디어 시대 저널리즘과 민주주의에 대한 규범적 이론에 대한 논의가 현저히 부족"하다는 점을 지적한다. 이러한 단순 부재보다 더욱 큰 문제는 여전히 작동 중이지만 명확히 밝혀지지 않은 규범적 가정들이다. 크라이스와 브레넨이 제대로 관찰했듯이, 저널리즘과 관련된 최신 분석과 논의 속의 규범적 주장들은 흔히 암묵적이어서 검토가 잘 이뤄지지 않고 있다. 특히 디지털 저널리즘과 관련해, 이와 같은 기술 유토피아적 주장이 참여, 비제도화deinstitutionalization, 혁신, 그리고 기업가 정신에 초점을 맞추며 디지털 미디어가 본질적으로 해방적emancipatory인 것으로 가정하는 경향이 있다.

성찰의 결여는 이러한 규범적 가정들에 대한 검토를 어렵게 한다. 일반적으로, 많은 학자들은 저널리즘을 연구와 기술describe의 대상으로 간주하면서 민주사회에서 미디어의 역할에 대한 질문을 포함한 윤리적 평가를 회피하는 경향이 있다. 소수의 연구만이 허친슨 위원회(Pickard 2015a)와 관련한 과거의 규범 제정 텍스트처럼 역사적 맥락과 현대적 맥락(Christians et al. 2009; Schudson 2008)에서 규범적 질문을 다뤘다. 커뮤니케이션 연구에서 더 많은 규범적 이슈에 관심이 주어지지 않은 것과 관련한 한 가지 이론은 학계 내 지배적인 사회과학 전통이 규범prescriptive보다는 예측과 기술description에 더 집중하기 때문이다(Craig and Tracy 1995). 연구자들 또한 (뉴스 미디어의 민주주의 사명을 위태롭게 할 수 있는 외부 요소 중) 저널리즘에 대한 광고 지원과 정부의 역할(특히 전통 상업 모델과 지금의 미디어 기업에 대한 구조적 대안을 구축하는 저널리즘을 지원하는 데 있어서) 같은 골치 아픈 질문을 방치했다. 아마도 이와 같은 관심사는 "미디어 윤리" 분야에 더 적합할지 모르지만, 저널리즘 연구 또한 이러한 질문을 자신의 연구 분야에 포함시키는 게 나을 수 있다.

마찬가지로, 정치커뮤니케이션 같은 다른 하위분야에서 오래 지속된 미디어 비평에도 불구하고(예를 들어 Bennett 2011 참조), 저널리즘 분야에서 뉴스에 대한 상업적 지원에 대한 비판적 질문은 기대에 못미친다. 예를 들어, 지불장벽paywall(Pickard and Williams 2014), 뉴스 메트릭스(Anderson 2011), 네이티브 광고, 비정규직casualized노동, 그리고 기타 새로운 흐름에 대한 연구는 다음과 같은 질문을 시도할 수 있을 것이다: 이러한 새로운 흐름이 민주주의 사회에 이로운가? 시민으로서 우리가 이러한 흐름을 우려해야 하는가? 만약 이것이 사회적 문제라면, 사회적 개입이 필요한가? 이와 같은 질문은 최근 성장하는 비교연구 분야에도 관련돼 전 세계적으로 규범적 가정과 정책이 어떻게 다른지를 고려할 수 있다(예를 들어, Benson 2013; Hallin and Mancini 2004; Nielson 2011).

저널리즘과 관련한 규범적 질문에 대한 향후 연구는 "언론의 자유"가 무엇을 의미하는지 이에 대한 정의와 이러한 이상과 관련한 가정들이 역사적으로 어떻게 자리매김해 왔는지에 대해 주목할 수 있다. 실제로, 미국에 깊숙이 자리잡은 자유주의 입장과 시장 근본적 논리(내가 다른 곳에서 "기업 자유주의corporate libertarianism"라고 언급한 바 있다; Pickard 2015a 참조)에 근거한 언론자유에 관한 일종의 미국 예외주의American exceptionalism가 존재한다. 비판적 역사 분석은 이러한 입장이 전혀 불가피하거나 자연스러운 게 아니라, 오히려 언론의 사회 민주주의 시각이 패배로 끝난 이데올로기 투쟁의 결과로 본다(Pickard 2014b). 이 같은 오랜 역사적 논쟁에 근거해 현재의 자유주의 입장은 미국 설립자들의 시각, 즉 우편 체계와 같은 최초로 중요한 커뮤니케이션 네트워크에 대한 정책처럼, 미디어 시스템을 구축하는데 있어서 정부의 적극적인 역할을 전제로 했던(John 1995) 시각에 근거한 것이 아니라고 주장할 수 있다. 오히려, 이와 같은 자유주의적 입장은 보다 최근의 시각, 즉 덜 시장친화적인 입장을 어렵게 만드는 공산주의 박해와 다른 정치적 발전상황에 근거한 것으로 볼 수도 있다(Pickard 2015a).

이러한 논리를 드러내는 다른 방식은 미국 담론이 적극적 자유(무엇을 위한 자유freedom for)에 대한 대척점에 있는 소극적 자유(무엇으로부터의 자유freedom fom)를 강조한다는 점이다. 역사적으로 표현의 자유freedom of speech에 대한 대부분의 담론은 "의회는 표현의 자유, 또는 언론의 자유.... 를 제한하는 어떠한 법을 만들어서는 안 된다"라는 미국 수정헌법 1조US First Amendment가 전형적으로 보여주듯이 소극적 관점으로 틀 지워졌다. 흔히 수용자보다는 미디어 소유주를 이롭게 하는 이와 같은 소극적 권리의 특권은 미국의 개인 및 집단적 표현 권리에 대한 법률 및 정책적 담론을 저하시켰다. 소극적 자유에 대한 강조는 민주주의적 의무를 부과하는데 있어서 국가의 역할과 사회에 대한 미디어의 책임에 대한 자유주의적libertarian 가정을 강화시켰다.

그러나, 적극적 권리 담론으로부터 대신 기인한 중요하지만 자주 간과되는 전통도 있다. "어떤 미디어를 통해서도 정보와 사상을 주고 받을" 수 있는 권리를 성문화한 세계 인권 선언 19조Article 19 of the Universal Declaration of Human Rights는 국제적 사례이다. 주로 소극적인 미국 담론에서도 형평의 원칙fairness doctrine에 관해 "가장 중요한 것은 방송인broadcasters이 아닌 시청자의 권리"라고 결정한 대법원의 1969년 **레드 라이온Red Lion• 판례** 같은 중요한 예외가 있다. 적극적 자유의 전통은 미디어 시스템에서 다양

• 1969년 레드 라이온 방송 대 연방통신위원회(Red Lion v. Federal Communication Commission) 사건에서 미국 연방대법원은 공정의 원칙은 방송 언론의 자유에 위배되지 않는다고 판결했다. - 옮긴이

한 목소리와 관점을 갖는 이상을 귀하게 여기는 경향이 있다. 또한 개인 또는 회사가 지닌 개인적 권리만큼이나 공동체, 수용자, 그리고 공중이 지닌 집단적 권리에도 주목한다(Pickard 2015a). 알렉산더 메클레존Alexander Meiklejohn(1948)의 자주 언급되는 주장, 즉 "핵심은 모든 사람이 발언해야 한다는 것이 아니라 발언할 가치가 있는 모든 것이 말해져야 한다"라는 주장에 이러한 원칙이 담겨 있다. 다시 말해, 풍부하고 다양한 정보 시스템에 접근할 수 있는 사회의 자유가 개인의 발언권보다 중요하다. 그리고 특히 이 주장은 이러한 "개인들"이 사실은 대형 미디어 기업일 때 들어맞는 말이다.

적극적 자유에 대한 주목이 갖는 위험은 공중을 단순히 뉴스 상품의 소비자로 축소시키는 것을 가릴 수 있다는 점이다. 아래에서 이러한 "시장 존재론market ontology"에 대해 더 설명하겠지만, 여기에서 제시된 규범적 입장은 소비자 만족에 대한 수단과 시장 거래에 반영되지 않은 민주적 관심사의 존재를 당연시 한다는 점을 언급할 필요가 있다. 참여적 정치조직의 시민이 아닌 소비자로 수용자를 간주하는 것은 사회 전체의 이로움보다는 개인에 대한 관심을 중히 여기는 것이다. "생비자prosumer"뿐만 아니라 이용자-제작 콘텐츠와 시민 저널리즘 같은 이용자 행위와 뉴스 생산의 다른 혼합combination의 등장에 주목하는 것은 이러한 구분을 더욱 혼란스럽게 할 뿐이다.

저널리즘 연구는 "언론자유"에 대한 가정에 대해 탐문할 뿐만 아니라 보다 광범위한 규범적 질문을 제시할 역할이 있다. 언론을 상업적 기업으로 당연시 하는 지배적인 담론에 대한 대안을 발견함으로써, 저널리즘 연구는 개인의 자유는 소중히 하고 정부나 공중의 감독으로부터 미디어 기업을 보호하는 가정들에 대해 의문을 제기할 수 있다. 이와 같은 암묵적 관계에 주목하는 것은 정부, 미디어 기관, 그리고 공중을 하나로 묶는 "사회적 계약social contract"과 관련한 질문을 제기한다. 이러한 질문들이 저널리즘 연구의 두 번째 맹점인 미디어 정책에 성문화되어야 할 것이다.

__ 저널리즘 정책

"저널리즘 정책"은 흔치 않은 표현이자 개념이다. 저널리즘과 미디어 정책은 서로 대화할 기회가 거의 없을 정도로 양자 모두에게 취약한 부분이다. 이러한 문제의 일부는 정부는 저널리즘에 관여하지 않는다는 자유주의 신화에서 기인한다. 그러나, 역사는 이와는 다른 것을 보여준다. 우편제도를 둘러싼 초기 논쟁부터 전신과 인터넷 같은 새로운 매체의 설립까지, 정부정책은 항상 저널리즘과 미디어 기관과 불가분하게 연결되었다. 저작권, 전파관리, 초기 인터넷 개발에 대한 지원, 그리고 독점금지법antitrust laws의 집행(또는 미집행) 같은 다양한 이슈를 둘러싸고 정부 정책은 미디어 시스템의 도입, 소유, 그리고 운영에 있어서 핵심적 역할을 한다. 이와 다르게 생각하는 것은 위험한 오류로, 미디어 정책 논쟁에 있어서 대중의 참여를 제한하고 기업의 이익에 지나치게 치우친 미디어 시스템을 공고히 할 수 있다(Pickard 2015a).

저널리즘과 미디어 정책의 관계는 어느 때보다 지금 더욱 큰 관심사가 되어야 한다. 지적재산권, 사생활보호, 망중립성net neutrality을 다루는 법률과 정책은 저널리즘의 디지털 미래에 대한 기반을 다질 것이다. 미디어 전달자와 내용에 관련된 질문이 종종 따로 다뤄지는 반면, 최근 망중립성 논쟁은 이러한 분리의 책략artifice을 보여준다. 특히 이는 우리가 저널리즘의 디지털 미래를 고려할 경우 맞는 말이다. 망중립성 보호 없이, 머지않아 봉건적인 인터넷은 재정난에 처한 신문사부터 개인 블로거와 시민기자까지 인터넷 서비스 공급자에게 비용을 지불할 여력이 없어서 디지털

"저속차선slow lanes"으로 물러날 기자들에게 적대적인 환경이 될 것이다.

양질의 인터넷 접근의 부재는 뉴스 미디어의 미래를 위해 심각한 함의를 갖는 또 다른 사회기반시설infrastructure 문제인데, 저널리즘 연구에서 거의 다뤄지지 않고 있다. "디지털 격차digital divide"는 미국사회에서 여전히 주요 문제로, 미국 세대 중 거의 20퍼센트는 아직도 광대역 인터넷을 이용하지 못하고 있다(Federal Communication Commission 2015). 이에 접근하는 사람들도 다른 국가에 비해 수준이하의 값비싼 서비스를 받고 있다. 이러한 불균형은 우연도 필연도 아닌, 과점적 시장과 기업의 이익을 보다 일반적으로 반영하는 명시적 정책 때문이(McChesney 2013; Crawford 2013). 이와 같은 정책 이슈는 온라인 뉴스 미디어의 흐름에 직접적으로 영향을 미치기 때문에 저널리즘 연구의 주요한 관심이 되어야 한다.

저널리즘 제도를 지속시키는데 있어서 정책의 역할은 디지털 사회기반시설과 내용규제에 대한 질문과 관련된다. 적극적 언론자유를 신장시키기 위한 공공 정책적 접근은 공공미디어에 대한 다양한 형태의 보조금 같은 지원체계를 고려한다. 공공 서비스 저널리즘 지원에 대한 주장은 공공 서비스 저널리즘을 보호하는 다양한 저널리즘 관련 보고서들이 나온 2009년부터 2011년 사이 짧게나마 토론의 기회가 있었다(Pickard, Stearns, and Aaron 2009; Downie and Schudson 2009; Knight Foundation 2009; Federal Trade Commission 2010). 그러나 국가 개입에 대한 주장은 연방통신위원회Federal Communication Commission의 "공동체를 위한 정보 필요Information Needs of Communities" 보고서(Waldman 2011)에 잘 드러났듯이, 시장실패에 대한 시정을 회피하는(Pickard 2014a) "불안한 자유주의자nervous liberals"(Pickard 2015b)들의 반격에 의해 곧 인기를 잃었다. 그럼에도 불구하고, 현재 보조금 관련한 주장은 이전 못지않은 관련성이 있음에도 불구하고, 불행히 이에 대한 계획을 다루는 논의는 예상보다 일찍 마감되었다.

확실히 미국에서 미디어 지원금에 대한 경험적 기록은 다른 민주주의 국가에서 만큼 다양하지 않고 또한 이를 실행하기에는 잠재적인 제한점들이 있다. 그러나 다양한 수준에서 성공한 수많은 사례를 찾기 위해 국제적 그리고 역사적으로 접근할 수 있다(Pickard 2011). 비록 이러한 개입이 저널리즘을 병들게 하는 것에 대한 확실한 처방은 아닐지라도-그리고 어느 정도로 이러한 개입이 장기간에 걸쳐 수용자 선호를 바꾸는지에 대한 면밀한 연구가 필요함에 불구하고-미디어 기관에 대한 시장 압력을 줄이기 위한 것을 목표로 한 정책 개혁은 미디어 기관으로 하여금 보다 적대적adversarial 보도와 다양한 공동체에 책임감을 갖도록 할 수 있다. 저널리즘을 재창조하는 것은 확장된 공공 미디어 시스템에 대한 보조금, 고전하는 미디어 기관들로 하여금 낮은 이윤과 비영리 기관으로 전환할 수 있는 세금 혜택, 그리고 공공/사립 혼합을 포함한 새로운 디지털 모델을 위한 정부 후원 연구와 개발 노력을 포함한다(나는 우체국을 커뮤니티 미디어 센터로 전환하는 것을 포함해 보조금을 위한 잠재적 방안을 논하고 예를 제시한바 있다[Pickard 2015a, 212-231 참조]). 종합적으로 이러한 노력은 왜곡된 시장 압력을 없애거나 줄이고 저널리즘의 공공 서비스 사명을 회복할 수 있다. 두 갈래 접근a two-pronged approach은 독점적 인터넷 서비스 제공업자를 억제하기 위한 구조적 개입과 함께 공공 저널리즘 대안들에 대한 지원을 필요로 한다. 이는 망중립성 같은 공공 이익 보호를 강화하고 공동체로 하여금 자신만의 광대역 서비스를 제공함으로써 경쟁을 장려할 필요도 있다. 상업 저널리즘에 대한 구조적 대안과 관련한 질문 그리고 정부와 미디어 기관의 관계는 세 번째 맹점, 즉 저널리즘의 경제 이론으로 이어진다.

__ 저널리즘의 경제학

많은 뉴스 미디어 연구는 당연히 저널리즘의 문화적 및 기술적 발전에 주목한다. 이러한 분야가 가장 흥미롭고, 역동적이며, 가시적이기 때문이다. 그러나, 뉴스 미디어의 현 상태를 언급할 때 재정지원 원리와 비즈니스 모델에 대한 필수적 사항을 넘어선 경제적 질문이 조금 더 저널리즘의 미래에 대한 대화의 중심이 되어야 한다. 이러한 중심 이동은 뉴스 작업이 점점 디지털, 비물질적, 비정규직의, 불안정한 노동이 되고 있는지를 보여줄 수 있다. 이러한 분야에 대한 연구가 점점 관심을 끌고 있지만, 훨씬 더 많은 작업이 필요하다. 저널리즘의 미래와 관련해 면밀한 주의가 필요한 다른 경제적 이슈로는 미디어 독점, 사회기본구조로서의 저널리즘, 공공/가치/정보 상품, 그리고 미디어 시장 실패를 들 수 있다.

뉴스 미디어에 의해 생산된 정보가 공공재로 취급되어야 한다는 주장이 특히 저널리즘 위기가 악화되는 최근 많은 주목을 받고 있다(Baker 2002, 8; Hamilton 2006, 8-9; Pickard, Stearns, and Aaron 2009, 1-9; McChesney and Nichols 2010, 101-1-3; Pickard 2015a, 212-231). 공공재는(한 사람의 소비가 다른 사람의 소비를 빼앗지 않는) 비경합적nonrivalrous이고(“무임 승차자free riders”를 막기 어려운) 비배타적nonexcludable인 성격을 갖기 때문에 자본주의 경제 내의 차나 옷같은 다른 상품과는 차이가 있다(Samuelson 1954). 인공광artificial light, 깨끗한 공기, 지식 같은 많은 공공재는 또한 건강한 사회를 위해 필요한 긍정적 외부효과, 즉 직접적인 경제 거래 외부 당사자에게 이득이 갈 수 있다. 저널리즘 실천행위에 의해 생산된 정보는 매출원을 넘어 사회적 혜택을 줄 수 있기 때문에 커다란 긍정적 외부효과를 지닌 공공 상품이다. 필수 공공 서비스로서, 이상적인 뉴스 미디어는 권력에 대한 적대적 감시견, 다양한 목소리와 시각을 위한 포럼, 그리고 시민이 선거권을 행사할 중요한 사회적 이슈에 대한 풍부한 정보원의 기능을 한다.

긍정적 외부효과를 낳는 공공재로서, 대부분의 저널리즘은 직접적인 시장 거래로부터는 오로지 제한된 지원만을 받는다. 특히 인쇄 저널리즘은 거의 항상 (방송 뉴스 미디어의 수익성을 위해, 소콜로브Socolow 2010 참조) 일정정도의 보조금을 받아 왔다. 19세기 후반 이래로, 인쇄 저널리즘은 주로 광고 매출의 이득으로 양질의 저널리즘을 보조하는 형식으로 운영됐다. 다른 민주주의 국가보다 훨씬 더(Benson 2013) 미국의 인쇄 미디어 기관은 광고 지원에 특히 의존적이다. 광고주는 오로지 신문사만이 도달할 수 있는 수용자를 찾고, 뉴스 자체는 다양한 방식으로 이러한 거래의 부산물-일종의 긍정적 외부효과-이 되었다. 특히 인쇄 저널리즘은 이러한 모델이 점점 지속가능하지 않은데, 왜냐하면 신문 광고 게재비의 극히 일부만을 받는 인터넷으로 독자와 광고주가 옮겨가고 있기 때문이다.

이러한 경향에도 불구하고, 디지털 광고 수입이 전통적 광고 수입의 큰 손실을 만회하지 못하고 있다. 2012년 퓨 리서치 센터의 연구에 의하면, 2003년 이래로 50퍼센트 이상 하락한 인쇄광고의 수입 하락폭은 온라인 디지털 수입 총액을 한자리 수 이상 초과하는 것으로 나타났다(Edmonds et al. 2012). 2013년경 디지털 광고 수익 증가가 있었지만 여전히 "인쇄 광고 손실을 만회할 수준은 아닌" 것으로 나타났다(Edmonds et al. 2013). 이를 포함한 다른 자료에 근거해 광고에 의존하는 저널리즘 수익 모델은 점점 성장가능성이 없어 보일 뿐만 아니라 온라인 구독(Pickard and Williams 2014)과 같은 다른 상업 모델도 역시 이러한 공백을 채우지 못하고 있다. 지속적인 뉴스 제작에 대한 투자 중단은 직원 감축과 클리블랜드 소재 더 플레인 딜러*The Plain Dealer*와 뉴올리언스 소재 타임즈-피카윤*The Times-Picayune* 같은 주요 지역 신문사에서 가정배달을 축소하는 것과 같은 극단적 조치로 가시화되고 있다(Pickard 2014a).

이러한 점에서 저널리즘 연구 그리고 좀 더 일반적으로 뉴스 미디어의 미래에 대한 담론에 있어서 공공연한 문제는 뉴스 미디어를 위한 상업적으로 성공할 수 있는 모델이 존재하지 않거나 또는 이는 민주주의가 요구하는 미디어는 아니라는 사실이다. 민주주의를 지속하는데 필요한 사회기반구조에 대한 상업적 지원의 부적절함은 이제까지 드러난 문제, 즉 저널리즘에 기반한 미디어journalistic media와 접근가능하고, 누구나 이용할 수 있고, 그리고 신뢰할 수 있는 광대역 인터넷 서비스 같은 필수적인 커뮤니케이션 시스템의 부족함을 잘 보여준 시장실패market failure의 사례를 반복한다는 점이다. "시장실패"는 일반적으로 효율적으로 중요한 상품과 서비스를 할당하는 시장의 무능력을 말하고(Taylor 2007, 15), 사기업이 지출에 합당한 수익을 회수할 수 없기 때문에 중요한 사회적 서비스에 대한 투자를 중단하거나 소비자들이 이러한 서비스의 모든 사회적 혜택에 지불을 할 수 없을 때 전형적으로 일어나는 현상이다. 이러한 분석틀이 규범으로부터의 드문 일탈로 흔히 간주되는 신고전경제학 이론에 유래할지라도, 시장실패는 또한 미디어의 규범적 토대에 주목해 구체적으로 미디어에 영향을 미친 많은 시장실패를 목격한 비판 정치경제학자의 관심사이기도 하다. 예를 들어, 상업적 미디어 시장은 소유가 집중되고 정부 규제를 통해 관리되어야 할 부정적 및 긍정적 외부효과를 동시에 낳는다(Freedman 2008, 8-9). 긍정적 외부효과는 "가치재merit goods", 즉 사회는 필요로 하지만 개인들은 전형적으로 저평가하기 때문에(이러한 상품에 지불을 할 수 없거나 그럴 의사가 없다) 결국 비규제 시장에서는 적게 생산되는 상품을 검토할 때 특히 중요하다(Musgrave 1959, 13-15; Leys 2001, 97-98; Ali 2013).

미국 미디어의 역사는 다양한 방식의 시장실패의 역사지만(Pickard

2015a), 이러한 지속된 패턴이 주류 정책 담론에서는 거의 인지되지 않았다. 미디어 상품과 서비스의 특수성 때문에, 이러한 상품과 서비스를 제공하는데 있어서의 시장실패는 민주적 정부운영을 위해 특히 해롭다. 미디어가 갖는 "공공재public good" 특성 그리고 다른 본질적 성격은 말끔히 해소될 수 없는 체계적인 시장실패를 초래한다. 그러나, 이러한 시장실패는 건강한 미디어 시스템과 관련된 보다 큰 공공 이익을 인식하는 공공정책을 통해 축소되거나 보완될 수 있다. 교과서적 시나리오에 의하면, 시장실패 사례는 주로 공공 정책의 개입을 필요로 한다. 그러나 이러한 필요는 흔히 앞서 언급된 "기업 자유주의", 즉 일반적으로 기업의 자유이자 구체적으로는 미디어 회사의 특권과 수정헌법 1조의 보호 같은 개인의 자유를 등치시키는 이념적 기획에 의해 가려진다. 이러한 주장은 공공의 이익을 보호하기 위한 국가개입을 선험적으로 불법으로 만든다. 그래서, 시장실패를 말하는 것은 정부개입을 정당화하는 것이기에 시장실패에 대해 언급조차 않게 된다.

구체적으로 많은 시장실패가 미디어 산업에 영향을 미친다. 공공재에 대한 지원의 결여 이외에도, 미국 미디어 시스템에서 자주 발생하는 또 다른 시장실패는 과점적 소유집중oligopolistic concentrations과 이윤 극대화 같은 구조적 결함과 관련이 있다. 비경쟁적 시장은 왜곡된 유인perverse incentive과 미디어 대기업에 의한 시장 지배력의 남용을 불러올 수 있고, 이는 전체 미디어 시스템의 하락을 초래한다(접근의 제한, 지나친 상업화, 중요한 사회적 이슈의 와전misrepresentation, 저질 정보의 범람 등). 독점, 공공재, 그리고 외부효과와 관련된 문제 외에도, 상업적 미디어 시장은 핵심 커뮤니케이션 사회기반구조를 지탱하기에는 이상적 수단이 아니다. 예를 들어, 상업적 미디어 시장은 네트워크간의 연결을 확보해 사회 전구성원에게 커뮤니케이션 서비스를 제공하지 못하고, 이는 특히 시골과 도시의 빈민구역 같은 소외된 시장과 공동체보다는 이윤을 낳는 시장과 공동체를 우선하게 되는 특혜를 낳게 된다(Cooper 2011). 미디어 시장은 회사로 하여금 규모의 경제를 실현하게 함으로써 자연 독점을 낳는 정보비대칭과 높은 초기비용first-copy costs을 포함한 다른 실패도 낳는다(Backer 2002, 9).

미국 미디어 시스템에서 시장실패가 점점 늘어나는 반면, 이러한 구조적 문제를 드러내는 어휘는 여전히 빈약하다. 시장에 의해 충분히 제공되지 않는 필수 서비스와 사회기반구조에 대한 공공 접근public access을 보장하기 위해 국가의 개입을 필요로 하는 다른 분야로는 공립 교육, 상비군, 전국 고속도로 시스템이 있다. 정부가 이러한 서비스를 제공하는 것은 주로 당연시되기에 정당화할 필요가 거의 없다. 그러나 미디어 시장에서의 실패를 바로잡기 위한 공공 정책 실시를 정당화 하는데 같은 근거를 사용하면 여전히 난관에 봉착하게 된다. 시장실패와의 관련이 명시되지 않았을지라도, 공영방송 시스템의 설립은 이러한 논리를 적용한 사례이다. 마찬가지로, "공익public interest" 정책의 존재는 상업 미디어의 고질적 시장실패를 암묵적으로 인정하는 셈이다. 그럼에도 불구하고, 이러한 정치경제학적 관계에 대한 솔직한 토론은 거의 없다. 지역 저널리즘에 대한 지원이 부족한지 또는 누구나 사용할 수 있고 신뢰할 수 있는 인터넷 서비스를 제공하지 못하는지를 평가하기 위해서라도 시장실패는 저널리즘 담론에서 더 많은 주목을 받아야 한다.

시장실패가 담론수준에서 받아들여진다면, 공공 정책적 개입이 정당한 사회적 문제로 간주될 수 있다. 그러나, 신고전주의 경제학자가 원하는 결과를 창출하기 위해 단지 더 많은 경쟁을 부추기는 반면에, 나의 주장은 "체계적인 미디어 시장 실패systematic media market failure"를 바로잡고 미디어 시스템의 긍정적 외부효과를 지원하고 늘리기 위해 추가적인 정책 개입이 필요하다는 것이다. 잠재적 해결책은 독점을 해체하고 경쟁을 늘리는 구조적 반독점 개입과 구조적 다양성을 증진시키는 대안적, 비영리, 비상업적 커뮤니케이션 사회 인프라에 대한 획기적인 투자를 들 수 있다. 이러한 관점에 의하면, 강력한 정책 접근이 요구되는데, 왜냐하면 과점적 미디어 기업은 광대역 시장의 불충분한 수용력capacity과 같은 구조적 문제를 바로잡는데 직접 투자를 할 경제적 이윤가치가 거의 없기 때문이다(Pickard 2014a).

새로운 디지털 미디어 시스템으로의 전환은 자유주의로부터 미디어의 공공재 특성과 긍정적 외부효과를 인정하고 또 사회의 커뮤니케이션 요구에 부응하는 정부의 적극적 역할을 수용하는 방향으로의 패러다임 전환을 요구한다. 그러나 이러한 개선이 일어나기 전에, 뉴스 미디어 기관의 미래에 대한 담론이 구조적 시장실패를 인정하는 쪽으로 우선 모아져야 한다. 그리고 이러한 담론이 형성되기 전에, 저널리즘에 대한 기본 가정들에 만연한 시장 존재론market ontology을 가능하게 했던 수많은 "담론 방해자discursive inhibitors"들과 타협해야 한다.

__ 저널리즘 담론의 시장 존재론에 도전하기

학자들은 저널리즘의 근본적 속성에 대한 여러 암묵적 가정을 거의 인정하지 않는다. 이러한 가정들은 본질적으로 언론에 의해 생산된 정보를 시장의 다른 상품들과 비슷한 상업적 속성을 가진 장치widget로 간주한다. 물론, 미디어 상품은 단순한 장치가 아니다. 앞서 언급했듯이, 미디어는 특별한 속성을 지니고 상업적 가치로 환원될 수 없는 사회에서 중요한 역할을 담당한다. 더구나, 규제없는 자유시장의 공급과 수요는 늘 사회적 가치를 제대로 반영하지 않는다. 첫째, 미디어 시장은 실제로 거의 "자유

시장"이 아니다. 미디어 시장은 경쟁이 거의 없는 독점적 시장이다. 더구나, 상업적 뉴스는 소비 공중의 이익뿐만 아니라, 광고주와 투자자의 영향 또한 반영한다. 그래서 양질의 저널리즘에 대한 공중의 수요가 없을지라도, 국회에서의 관료적 행위, 저수지, 도로, 교량 같은 핵심 사회 인프라, 그리고 지역 공공 사안의 진부함과 같은 재미없는 이야기도 식견있는 informed 정치체제가 운영되기 위해 필수적이다. 이러한 이야기는 거부할 수 없는 리스트 형식의 기사, 유명인 뉴스, 당파적 논쟁, 그리고 광고를 팔기에 적합하고 생산 비용이 적게 드는 다른 형태의 "낚시성click bait" 기사들에게 자주 자리를 내준다. 그럼에도 불구하고, 민주주의는 여전히 이윤과 인기와는 무관한 공익 저널리즘public interest journalism을 필요로 한다. 초등교육primary education에 대한 요란한 수요가 없기 때문에 이를 중단하지는 않을 것과 마찬가지이다.

그러나 이러한 기본적 이해가 저널리즘에 대한 대중 담론 속에서 결여되어 있다. 그리고 다양한 수준에서, 특수성을 지닌 뉴스 미디어 경제학에 대한 관심의 부족은 저널리즘에 대한 학문적 담론을 제한하고 왜곡시키기도 한다. 최근, 다수의 중요한 연구가 있었다(예를 들어, Anderson 2013; Boczkowski and Mitchelstein 2013; Herndon 2012; Patterson 2013; Ryfe 2012; Starkman 2014; Usher 2014를 참조). 이와 같은 훌륭한 작업들의 대부분은 전통적 저널리즘의 하락이 갖는 규범적 그리고 경제적 함의를 다루고 있다. 하지만, 내가 보기에, 우리가 무엇을 잃어가고 있는 것인지 그리고 새로운 디지털 기술과 경제가 제공할 것 같지 않을지라도 민주주의를 위해 필요한 저널리즘이 무엇인지를 이해하기 위한 이론적 틀은 아직 정립되지 않았다(좀 더 정확히는, 결코 이러한 연구는 충분한 양과 질을 가져보지 못했다). 이러한 구조적 비판을 적절하게 바로잡지 않는다면 당연히 귀결될 "정책 표류policy drift"가 미국에서의 커뮤니케이션 불평등을 지속적으로 악화시킬 수 있다(Pickard 2015a).

뉴스 미디어의 현재 상태에 대한 진단은 흔히 뉴스 독자를 정치체제의 시민이 아닌 소비자로 간주하고 기자들은 새로운 기술을 이용해 자신의 콘텐츠로 수익을 창출하는데 요령이 부족하다는 비판이 주를 이루는 상업적 관계를 상정한다. 뉴스 노동자 자신이 대중이 실제로 원하는 저널리즘과 자신이 원하는 저널리즘간의 불일치에 대해 책임이 있는 것으로 간주되기도 한다. 이와 같은 저널리즘에 내재한 상업적 속성에 대한 당연한 가정은 암묵적으로 시장이 공공 서비스 저널리즘을 더 이상 지원하지 않는다면(다시 말해, 사람들 또는 광고주가 경성뉴스를 제작할 수 있을 정도로 충분히 지불할 의사가 없다면), 더 이상 할 게 없다는 것을 시사하는 것이다. 그러나 미디어 가치는 돈으로 환산되지 않는 다양한 방식으로 가늠할 수 있다는 것도 알고 있다(Picard 2010, 17). 불행히도 이와 같은 중요한 구분이 지속가능한 저널리즘에 대한 논의에서 일반적으로 간과되고 있다.

이러한 시장 존재론은 시장 실패를 가리고 정부 개입을 막는 기업 자유주의 패러다임을 강화할 뿐이다. 저널리즘 담론에서 오랫동안 자리를 차지한 미국 예외주의는 미디어 시장에서 사업자 이익을 위한 것을 제외하고는 정부 개입에 대한 정당한 역할을 거의 가정하지 않고 있다. 기술적 해결책, 자애로운 억만장자의 자선, 그리고 시장이 최종적인 중재자인 대담한 기업가 정신이 민주주의가 요구하는 저널리즘을 지원하는데 결합될 것이라는 암묵적 가정이 지배적 담론의 위치를 점하고 있다. 저널리즘 연구는 이러한 오해를 반박하는데 중요한 역할을 할 수 있다.

새로운 초점을 위하여

저널리즘 연구를 위한 나의 소박한 제안은 저널리즘 연구가 뉴스 미디어 기관의 미래와 관련한 규범적, 정책지향적, 그리고 경제적 질문에 좀 더 초점을 맞춰야 한다는 것이다. 이와 같은 초점 변경을 통해서 벤슨Benson(2014)같은 비판학자가 개탄한 점증하는 "신기술주의"를 바로잡고 또한 저널리즘의 미래에 대한 많은 논쟁에 부정적 영향을 미치는 기술적 열광에도 이의를 제기할 수 있다. 더구나, 내가 여기서 제시한 비판적 정치경제학 틀은 디지털 저널리즘의 미래에 대한 논의를 제한하는 "시장존재론market ontology"에 의문을 제기한다. 시장이 저널리즘을 위한 새로운 기술에 기반한 상업적 모델을 유기적으로 만들 것인가 또는 저널리즘의 생존여부가 소비자의 욕구와 미디어 기업의 이윤적 필요에 달려있는 것으로 이해해야 하는가의 질문을 넘어선 더 큰 중요한 고려사항이 있다. 하지만 이러한 질문에 답하는 것은 디지털 저널리즘의 미래 궤적을 이해-나아가 필요할 경우 개입-하는데 있어서 규범적이고 구조적으로 깊은 접근을 요구한다. 이와 같이 흔히 경시되는 질문을 좀 더 부각시키는 것은 향후 저널리즘 연구의 지적 튼튼함과 관련성을 늘릴 것이다.

4

뉴스룸 민속지학과 역사적 맥락[1)]

크리스토퍼 앤더슨C. W. Anderson

디지털 뉴스 공간의 과거 흔적

__ 첫째 장면

뉴스 스토리를 창의적인 방식으로 보여주기 위해 인터랙티브 정보 그래픽interactive informational graphics 사용을 선도하고 있는 작은 디지털 미디어 회사에서 몰입형immersive 민속지학 연구 프로젝트가 진행 중이다. 해당 연구자는 통계 정보를 모아서, 분석하고, 시각화하기 위해 공개적으로 이용 가능한 광범위한 데이터를 사용하는 다양한 방식을 연구 중이다. 이 회사에 일하는 종업원의 대부분은 20대와 30대로 다양한 디지털 시각화 소프트웨어를 사용할 줄 안다. 이 회사의 편집자와 간부들은 자신의 "데이터 저널리즘"이 새로운 영역을 개척하고 있는 다양한 방식에 대해 소셜 미디어를 통해 정기적으로 고지를 한다. 한편 이 민속지학자는 1960년대까지 거슬러 올라가는 "정밀 저널리즘"에 대해 얘기하는 나이 든 기자도 한두 명 만난다. 그들은 이 연구자가 "NICAR• 리스트서브listserv"에 가입할 것을 권유한다. 여기에 가입하자마자, 이 연구자는 1910년에서 1920년대까지 거슬러 올라가는 데이터 저널리즘의 전체적인 과거 역사와 뉴스 인포그래픽의 초기 역사에 대해 알게 된다. 그러나 동시에 해당 연구자의 민속지학 프로젝트는 매일 떠오르는 새로운 정보와 조직내부의 복잡한 사정으로 뒤죽박죽이다. 역사성을 갖춘 리스트서브와는 달리, 연구자는 생산현장의 분주함과 디지털 뉴스룸이 바쁘게 돌아가는 속도를 맥락화시키기 위해 노력한다.

__ 둘째 장면

한 팀의 연구자들이 기자와 편집자들이 어떻게 자신이 작성한 뉴스의 영향력을 이해하기 위해 이용자-추적 기술과 온라인 메트릭스를 사용하는지를 조사 중이다. 디지털 행동유발성affordance이 예전에 비해 뉴스 독자 측정을 훨씬 쉽게 만들었고, 뉴스룸도 뉴스가 이를 소비하는 사람들에게 어떠한 효과를 미치는지를 분석하기 위한 혁신적인 방법을 지속적으로 개발 중이다. 뉴스룸 메트릭스에 대한 학술적 문헌과 현장 노동자 모두 수용자 측정 수단에 있어서 이와 같은 변화가 뉴스 소비자와 생산자 관계의 새로운 시대를 나타내고 있다는 데 확고한 인식을 갖고 있다. 몇몇은 이러한 변화가 언론사로 하여금 수용자의 필요와 바람에 더욱 맞춤으로써 뉴스가 보다 민주적으로 되는데 한 발짝 가까워졌다고 주장한다.

• The National Institute for Computer-Assisted Reporting. - 옮긴이

그러나, 이 팀의 한 연구자는 1980년대와 1990년대 초기부터 신문사 독자 조사 관련 업무 경험이 있다. 연구팀의 다른 동료들과는 달리, 이 연구자는 신문사가 **차트비트**Chartbeat•를 통해 갑자기 자신의 독자를 "발견"한 것이 아니라, 늘 뉴스 소비와 뉴스 소비자의 선호도를 계량화하기 위해 다양한 방식으로 노력해 왔다는 점을 알고 있다. 이 연구자는 자신의 동료들에게 이러한 오래된 조사방식에 대해 얘기 했으나, 이러한 주장은 약간의 실망을 불러 일으켰다. 다른 동료들은 오늘날 기자와 수용자의 관계는 질적으로 다르다고 주장한다. 게다가, 옛날 방식의 존재가 지금의 민속지학 뉴스룸 연구에 어떠한 관련성이 있을까?

__ 셋째 장면

한 민속지학자가 조그만 북동쪽의 도시에 있는 공영 라디오 방송국에서 뉴스룸 혁신을 연구 중이다. 이 연구자의 주요한 현장조사 대상 중 하나는 소위 "혁신 랩innovation lab"으로, 이는 일상의 뉴스룸 행위를 실천하는 정상적인 제약조건을 벗어나 저널리즘에 대한 창의적 발상을 불러일으키기 위해 방송국 내에 설치됐다. 이 랩의 구성원은 대단히 미래 지향적이어서, 현재의 뉴스룸 행위에 대해 매우 비판적이고 현재의 "뉴스룸 문화"와 "뉴스룸 작업과정workflow"을 저널리즘 변화를 위한 장애물로 지목한다. 하루는 맥주를 들며 이 랩에 대해 농담을 하는 몇몇 방송국 베테랑들을 만났는데, 한 프로듀서가 "이번 것이 지난번에 했던 것과 어떻게 다를지 궁금해?"라며 능글맞게 웃었다. 이에 흥미를 느낀 연구자가 "지난번?"

• 온라인 시스템 차트비트Chartbeat는 미디어 사이트 화면에 간단한 계기판을 띄워 사이트에서 가장 인기있는 페이지, 접속 경로, 접속한 기기 같은 자료를 실시간으로 제공한다. - 옮긴이

이 무엇을 의미하는지 재차 물었다. 다른 기자가 자신의 머리를 절레절레 흔들며 "여기선 몇 년에 한 번씩 이러한 팀을 꾸려요. 컨설턴트 몇 사람이 오고 일장 연설을 하며 많은 메모를 작성해요. 그리고는 어느 날, 그들이 사라지고 모든 것이 이전의 상태로 돌아가요." 당황한 이 연구자는 이러한 대화에 대해 자신의 동료학자들에게 묻는다. 한 동료가 "아, 과거의 실패에 대한 이런 집착이 당신이 연구해야 할 대상으로 보이지 않나요? 이런 뉴스룸 막장들dead-enders은 자신이 이미 하고 있는 것에 어떠한 변화도 주지 않는 것을 정당화하기 위한 방식으로 역사에 의지해요. 방송국을 둘러싼 환경이 실제로 변했고 당분간은 계속 변할 겁니다!" 이제 이 젊은 민속지학자는 정말로 혼란스럽다. 많은 사람들이 이 뉴스룸의 역사에 대해 얘기하고 있지만, 다들 다른 방식이다. 그리고 이 연구자가 이러고 있을 시간이 있나? 내일 아침 준비해야할 비즈니스 전략 회의가 있다. 민속지학 연구를 위해, 5년 또는 10년 전에 일어난 일이 정말로 중요한가?

이상과 같은 세 개의 가상 장면은 모든 뉴스룸의 역사성historicity과 관련된 질문, 그리고 전통적으로 알려진 민속지학이 어떻게 하면 흔히 예언실현적presentist 연구에 역사적 관점을 접목시킬 수 있는지에 대해 고심하고 있다. 이에 대해, 이 장에서 내 주장은 간단하다: 뉴스에 대한 민속지학 연구는(몇몇 예외가 있지만) 지금까지와는 다른 강한 역사적 감수성을 개발할 필요가 있다. 우리는 뉴스룸을 세월을 거쳐 온 공간이자 조직적 집합으로 볼 필요가 있다. 역사적 맥락에 대한 인식은 학자와 일상의 미디어 이용자 모두 역사없는 기술의 문화속에서 살고 있는 것처럼 보이는 디지털 시대에 특히 중요하다. 일상의 미디어 이용자에게 새로운 정보, 새로운 소셜 미디어 스타트업, 새로운 앱, 그리고 우리의 주목을 끄는 새로운 기술적 수요들이 넘쳐난다. 커뮤니케이션 학자는, 분석의 시선을 한 새로운 장치와 소프트웨어에서 급히 다른 것으로 옮김으로써, 종종 다른 기술의 근본 또는 이들 간 계보적 연결을 고려하지 못하는 우를 범할 위험이 있다. 커뮤니케이션 역사학계에서 이러한 경향에 대한 중요한 균형추가 있었던 반면에(예를 들어, Abbate 1999; Dunbar-Hester 2014; Gitelman 2014; Marvin 1988), 역사적 기억상실historical amnesia은 저널리즘 연구에서 특히 심각한데, 대부분의 연구가 "차세대 빅 기술" 또는 "현재의 뉴스 위기"를 분석하는데 몰두함으로써 중장기적으로 저널리즘 변화가 진행되는 과정에서 거대한 사회구조와 기술적 선행요인의 역할을 간과해 왔다.

이와 같은 일이 일어난 이유는 무엇이고, 뉴스룸 변화와 혁신의 속도를 잘 따라잡기 위해 우리의 사고를 어떻게 조정할 수 있을까? 이 장에서는 세 개의 고전적 뉴스룸 민속지학-허버트 갠즈Herber Gans의 *뉴스 결정하기Deciding What's News*, 게이 터크만Gay Tuchman의 *뉴스 만들기Making News*, 그리고 파블로 보즈코브스키Pablo Boczkowski의 *뉴스 디지털화하기 Digitizing the News*-을 비교하는 것으로 시작해 이들이 뉴스룸의 역사성에 대해 각기 다른 관점, 즉 각각의 저술이 쓰여지던 시기와 저자 개인의 학문적 몰두commitment와 연관된 관점들을 먼저 보여준다. 그리고 나서 디지털 시대에 적합한 계보적 민속지학genealogical ethnography이 무엇인지를 보여주는 예시로 필라델피아의 뉴스룸 협력을 다룬 나의 과거 연구에 대한 논의와 저널리즘에서의 데이터 사용에 대한 현재의 연구를 소개한다. 급속한 변화의 시대에 디지털 뉴스 작업을 가장 생산적으로 연구하기 위해 필요하다고 생각되는 포괄적인 이론 및 방법론적 관심을 잘 반영하는 민속지학적 계보학이라는 주제로 이 장을 마무리 한다. 민속지학적 연구는 연구대상에 대해 비판적이면서도 참여적 입장을 유지할 때만이 성공할 수 있다. 이러한 입장은 디지털 시간의 흐름을 늦출 뿐만 아니라 뉴스룸이 엎치락 뒤치락 전속력으로 질주하면서 기술technology, 수사학rhetorics, 그리고 대중적 키워드의 각기 다른 버전으로 뉴스룸 생산이 후기산업 시대로 변환되는 과정을 추적한다(Anderson, Bell, and Shirky 2012).

역사와 민속지학의 관계에 대한 나의 논의는 2장에서 벤슨Benson이 명쾌하게 제시한 인과성과 구조에 대한 주장의 일부를 이해하는데 도움이 될 것으로 생각한다. 내 생각에는 벤슨 같은 학자와 나의 거리가 매우 적다는 점을 밝히는 게 중요할 것 같다. 왜냐하면 서로 방법론과 연구목표가 확실히 가까울 만큼 사회 발전의 객관적 인과 법칙을 학문적으로 찾는데 있어서 둘 중 누군가는 주류 양적 사회학과 정치커뮤니케이션에 가깝다. 그럼에도 불구하고, 두 장을 자세히 읽으면 우리가 안정stasis과 변화 간의 균형 그리고 저널리즘 기술, 체계, 그리고 편집된 상품의 발달에 있어서 우연성contingency이 차지하는 큰 역할을 이해하는데 있어서의 차이가 보일 것이다. 거칠게 말하면, 벤슨은 저널리즘 구조와 이러한 시스템에 대해 역사가 어떻게 제약요인으로 작용하는지에 대한 비교분석과 이러한 분석을 통해 어떻게 구조가 많은 형태의 미디어 발전을 제한했는지에 더 관심이 있는 것 같다. 반면에, 나는(적어도 방법론적 출발점으로서) 현재 미디어 구조의 우연성contingency의 가능성, 역사가 이러한 우연성을 보여주는 방식, 그리고 특수한 역사적 경향의 "기원origin"을 결정하는 것의 어려움에 대해 더 열린 자세를 갖고 있다. 토마스 세웰Thomas Sewell에 의지한 다니엘 크라이스Daniel Kreiss(2013)의 말을 빌리면, 우리의 차이는 구조, 인과성, 그리고 일시성temporality의 관계에 대해 "실험적experimental" (벤슨)인지 "사건적eventful"(나 자신)인지의 여부에 달려 있다. 이러한 미세한 이론적 구분이 차이를 만들어 낼 정도로 충분히 유익한 것인지의 여부는 물론 독자들이 결정할 일이다.

__ 뉴스룸 민속지학과 역사 : 1970년대와 1980년대

모든 뉴스룸에 대한 심층 민속지학은 불가피하게 뉴스 조직이 현재 일어나고 있는 일을 어떻게 보도하는지에 대한 논의를 하게 된다. 이 점에 있어서, 모든 뉴스룸 연구는 날짜와 사건들로 꽉 들어찬다. 예를 들어 닉슨이 사임을 발표한 후 백악관 밖에서의 항의 시위 같은 사건(Gans 1979, 55), 1968년 대통령 선거에 출마하지 않겠다는 존슨 대통령의 조기발표(Tuchman 1978, 60), 심지어 1995년 텍사스 휴스턴에서 개최된 제8회 예술 자동차 주간Art Car Week(Boczkowski 2004, 105)을 들 수 있다. 그러나 단지 날짜와 특정 사건의 제시만이 내가 여기서 말하는 역사성을 의미하지는 않는다. 내가 보여주려는 관점을 "계보적 민속지학genealogical ethnography"으로 개념화 할 수 있다. 내가 말하는 계보적 민속지학이란 일종의 민속지학적 감수성으로 뉴스룸을 시간의 흐름에 내재하고 시간 흐름에 조건적인 것으로 간주하며, 다른 기술, 물질적 형태의 증거, 조직적 과정, 문화적 가치, 그리고 미사여구의 사용이 시간이 경과함에 따라 어떻게 변했고, 그리고 현재 다른 공간과 제도적 관행 속에 어떻게 자리잡고 있는지를 보여주고자 하는 것이다.

다음 섹션은 다양한 고전 및 현대 뉴스룸 민속지학 연구(Epstein, 1973; Fishman, 1980; Schleisinger, 1978; Eliasoph, 1988; Born 2005; Kleinenberg 2005)에 대한 맥락적 개관과 이들 중 세 연구, 즉 *뉴스 만들기: 현실의 구성에 대한 연구Making News: A Study in the Construction of Reality*(Tuchman 1978), *뉴스 결정하기: CBS 저녁뉴스, NBC 밤뉴스, 뉴스위크, 그리고 타임에 대한 연구Deciding What's News: A Study of CBS Evening News, NBC Nightly News, Newsweek, and Time*(Gans, 1979), 그리고 *뉴스 디지털화하기: 온라인 신문의 혁신Digitizing the News: Innovation in Online Newspapers*

*(Boczkowski, 2004)*에 대한 철저한 독해에 기반한다. 이 섹션의 주장은 다음과 같이 요약할 수 있다. 지난 50년간 민속지학적 뉴스룸 연구에 대한 면밀한 분석은 어떤 뉴스룸 민속지학도 문화내부적emic 수준의 논의에 만족하지 않고, 소규모 단위를 넘어선 인식론적 설명을 포함하고 있다는 점을 보여준다. 그러나, 1970년대와 1980년대 뉴스룸 민속지학의 보다 큰 포부는 최근의 경향과 다르다. 뉴스룸 민속지학의 초기에는 현장수준의 관찰을 구조적이고 보다 광범위한 문화적 경향과 연결시켜 "찾아보려는" 경향이 있었다. 그러나 구조에 대한 이러한 천착은 1960년대와 1970년대 뉴스룸을 역사적 위치로부터 급진적으로 탈맥락화시켰다. 새로운 경향의 민속지학적 연구를 보면 이러한 차이를 보다 명확히 알 수 있는데, 현재는 뉴스룸을 휩쓸고 있는 디지털 변화 물결에 적응하기 위해 조직 혁신, 기술 채택, 그리고 제도적institutional 변화에 대해 대단히 주목을 하고 있다. 뉴스룸 연구는 역사적 우연성을 훨씬 더 자각하고, 이러한 과정에서 일세대 뉴스룸 연구를 강력히 지속하게 했던 설명력의 일부를 잃었다. 동시에, 뉴스룸을 과거에 비해 훨씬 더 불안정한 인공물artifact로 이해하기 시작했다.

세 연구의 관계를 지나치게 단순화할 위험이 있지만, 이들 연구를 다음의 표를 이용해 요약한 후 조금 더 자세히 설명할 것이다. 이는 일종의 민속지학 연구에 대한 "메타이론", 즉 다른 연구의 초점이 흔히 특수한 역사적 순간에서 기인하고 다른 민속지학 연구자의 목표와 학문적 배경 또한 다른 연구 초점이 도출된 시간과 함께 채택된 관점에도 영향을 미친다는 주장으로 간주할 수 있다. 결국, 민속지학에 대한 한 가지 매력적인 사실은 사회학자부터 인류학자 그리고 비즈니스 스쿨의 사례 발굴자case builder까지 많은 참여자들이 있고 각자의 학문영역이 미디어 연구라는 다학제적인 분야와 접목되고 있다. 이러한 과정에서 이들 연구자가

"민속지학이 무엇을 위한 것인가"에 대한 각기 다른 이해를 견지하고 있다. 아래 표에서 보듯이, 연구목표의 민감성은 "가치에 대한 초점focus on values"과 "조직적 과정에 대한 초점focus on organizational processes" 간의 차이로 구분할 수 있다. 시간의 맥락은 뉴스 비즈니스에 있어서 "저널리즘 안정기periods of journalistic stasis"와 "저널리즘 변화기periods of journalistic change"로 구분된다. 허버트 갠즈의 *뉴스 정하기*는 가치에 초점을 두고 확실히 뉴스룸이 안정적일 때 쓰였다. 반면에 게이 터크만의 *뉴스 만들기*와 파블로 보즈코브스키의 *뉴스 디지털화하기*는 주로 조직적 과정에 관심을 갖는데, 주요한 차이로는 보즈코브스키가 급속한 기술적 변화의 시기 동안 뉴스룸 과정에 천착했다면 터크만은 여성운동과 같은 외부 사회단체의 도전에 직면했을 때조차도 어떻게 이러한 과정이 안정을 유지해 왔는가를 연구했다는 점을 들 수 있다.

역사적 우연성에 대한 감각이 고전 뉴스룸 민속지학으로부터 대부분 실종되었다는 점은 갠즈가 *뉴스 정하기*를 위해 두 개의 다른 시기에 걸쳐 현장조사를 했지만, 1960년대와 1975년이라는 시간상의 차이가 대부분 무관하다는 사실을 갠즈가 직접 논의하는 대목에서 쉽게 확인할 수 있다. 갠즈는 "1970년대 초반에 이 책의 두 가지 초고를 두고, 데이터가 너무 오래됐다고 생각했다. 그래서 1975년 *엔비시NBC*, *뉴스위크Newsweek*, 그리고 *타임Time*에서 한 달을 보냈고, *씨비에스CBS*에서 인터뷰를 했다. 나중에 안 일이지만, 두 개의 현장조사 기간 사이에 세상은 변했지만 기자들이 일하는 방식은 변하지 않았다. 그래서 이 책은 두 가지 현장조사 데이터와 1978년에 업데이트를 위해 실시된 마지막 인터뷰 일부에 근거한 것이다"(xii). 이러한 주장은 *뉴스 정하기*에서 갠즈가 취하는 전반적인 주장의 경향을 보여준다. 즉, 시간과 기술에 관계없이 특정 저널리즘 가치와 저널리즘 업무 실천행위가 뉴스 업계에 만연한다; 그리고 이러한 가치는 전체적으로 미국 사회의 가치와 대부분 일치한다; 이러한 가치는 기자들이 작성하는 전반적 콘텐츠에 영향을 미치면서 스스로 강화된다; 그리고, 미국 사회와 문화의 훨씬 더 큰 변동 없이는 뉴스 가치 또는 뉴스 콘텐츠에 있어서 의미있는 변화를 볼 것 같지 않다. 결국, *뉴스 정하기* 1부의 핵심 주제 제목은 "지속적인 뉴스 가치"이고, 그가 찾아낸 가치들은 20여년에 걸쳐 변하지 않았을 뿐만 아니라 "아마 훨씬 더 소중히 간직되고 있는 것"(41)이라는 게 갠즈의 주장이다.

표 4.1. 안정, 변화, 가치, 그리고 관행에 대한 민속지학적 개념화

	저널리즘 안정기	저널리즘 변화기
조직적 과정에 대한 초점	게이 터크만, *뉴스 만들기*	보즈코브스키, *뉴스 디지털화하기*
가치에 대한 초점	허버트 갠즈, *뉴스 정하기*	찰스 앤더슨, *뉴스 다시 세우기*

*뉴스 정하기*의 더 긴 섹션인 "기자들"의 구조도 비슷하다. 갠즈는 다시 한 번 자신이 두 개의 다른 시기동안 현장조사를 했고 "내가 현장조사를 할 때의 역사적 순간들이 나의 연구결과에 영향을 미쳤을 수 있다"(74)라고 인정하고 있다. 하지만, 이야기 선택, 뉴스 정보원, 이야기 적합성, 객관성과 저널리즘의 관계, 그리고 기자-수용자 역학에 대한 그의 논의는 비교적 안정적인 뉴스룸 행위에 대한 개념화를 보여주고 있다. 한마디로 이러한 과정들이 매우 탈맥락화 되었다. 이와 같은 비역사적 경향에 대한 한 가지 주요한 예외를 스토리 포맷의 변화에 대한 갠즈의 분석에서 볼 수 있는데, 그가 인정하듯이 이는 비교적 규칙적으로 일어나는 과정이다. 하지만, 이에 대한 논의조차도 몇 가지 중요한 점에서 제약이 있다: "뉴스 미디어의 기본 포맷은 놀랍게도 고정적이다," 1964년 이래로 "저녁 뉴

스 프로그램은 근본적으로 변하지 않았다," "대부분의 포맷 변화는 경미하다," 그리고 "급격한 포맷 변화는 드물다"(164). 갠즈는 대부분의 포맷 변화가 일어난 배경은 경제적 난관이라고 주장한다: "뉴스 미디어가 심각한 경제적 어려움을 겪을 때 ... 보다 급격한 포맷 변화가 시작될 수 있다"(같은책ibid). 그러나, 갠즈가 스토리 포맷이 어떻게 그리고 왜 변해왔는지에 대한 유용한 개요를 제공하고 있을지라도 이는 예외적인 것으로, 일반적인 경향, 즉 정보원 이용, 마감, 이야기 선택, 그리고 뉴스 수용자에 부합하는 분석이 부족하다는 점은 뉴스룸 지속성continuity 개념이 갠즈의 분석의 중심이었음을 잘 보여준다.

지속성에 관해 초점을 맞추었다는 가장 단순한 정황은 갠즈가 뉴스룸 변화의 가능성에 열려 있었지만 이에 대한 경험적 증거를 관찰하지 못했다는 것이다. 1965년과 1975년의 저널리즘 간에 별 차이가 없다는 그의 주장은 아마도 액면 그대로 받아들여야 할 것이다. 그러나 갠즈가 논의한 시기에 뉴스가 거의 변하지 않았다는 게 사실일지라도 그의 초점은 여전히 지나치게 구조적이다. 비교적 안정적인 시기 동안 실시한 민속지학 연구도 시간에 따른 조직적 변화의 가능성을 더 받아들일 수 있다. 실제로, 같은 시기를 다룬 터크만의 민속지학 결과를 보면, 비록 그녀 역시 비교적 뉴스룸이 안정적인 시기를 다루고 있을지라도, 구조, 뉴스룸 가치, 그리고 역사의 관계에 대한 약간 상이한 인식을 엿볼 수 있다. 이러한 차이는 여성운동에 대한 뉴스보도에 관심이 있는 터크만이 사회가치 및 기술적 사회 인프라의 변화가 실제로 조직의 과정에 영향을 미친다는 사실에 좀 더 민감했던 것에서 기인한다. 반면에, 갠즈에게 비교적 고정적인 문화적 가치들은 고정적인 조직의 과정에 그대로 반영된 고정적 저널리즘 가치들과 경험적으로 연결될 수 있는 것이었다.

갠즈의 전반적으로 저널리즘에 대한 탈역사적 분석과는 달리, 터크만은 한 챕터, 즉 "사실, 발언의 자유, 그리고 이데올로기Facts, Freedom of Speech, and Ideology"를 통해 뉴스 역사를 자신의 민속지방법론적ethnomethodological 분석에 적용시켰다. 부분적으로 역사에 대한 다른 이해는 강조점이 바뀐 데서 기인한다. 즉, 갠즈가 어떻게 고정적인 사회수준의 뉴스 가치가 관행화 되는지를 보여주고 싶었던 반면에, 터크만은 특정 뉴스 가치가 조직의 과정과 관행과 어떻게 교차하는지를 보여주는데 더 관심이 있었다. 아마도 앞서 언급한 변화하는 여성운동의 운명fortune에 대한 민감성 때문에, 터크만은 뉴스 조직이 운영되는 시기에 영향을 받는다는 기본 인식, 즉 사회가치가 바뀌는 것은 비교적 고정적인 조직의 관행과 과정과의 변증법적 관계의 일부라는 점에 대해 갠즈보다 더 민감했던 것으로 보인다. 그리고 8장에서 역사적 맥락을 보여 주려했던 그녀의 주요한 시도가 약간 힘을 잃긴 했지만, 6장의 뉴스 내러티브에 대한 그녀의 논의는 향후 뉴스 민속지학이 어떻게 뉴스룸이 역사에 착근embeddedness하는지 살피는 방식을 제시한다. 8장, "사실, 발언의 자유, 그리고 이데올로기"의 하위섹션인 "산업 질서의 문화적 부문The Cultural Arm of the Industrial Order"은 두 개의 저널리즘 역사물, 셧슨Schudson의 *뉴스 발견하기 Discovering the News*와 저널리즘과 국가의 관계에 대한 달그렌Dahlgren의 박사학위 논문 문헌 고찰의 일부이다. 터크만은 이러한 역사를 소개하는데, 왜냐하면 자신이 인정하듯이 그녀의 민속지학은 "역사적 또는 비교문화적 일반화를 허용하지 않기" 때문이다. 또한, 그녀는 "현대의 뉴스 프레임들이 다른 기관과 협력하여 개발되고 역사적으로 서로 연결되어 있다"는 것을 보여주지도 않는다(157). 이러한 역사에 대한 개관이 그녀로 하여금 뉴스를 특정한 형태의 이데올로기로 간주하고 현재와의 관련성을 보다 명확하게 할 것이라는 점이 터크만의 희망사항이었다. 돌이켜보면, 터크만의 이러한 시도는 굉장히 성공적이었던 게 분명하며, 특히 그녀의 저작은 같은 시기의 뉴스룸 민속지학과 잘 어울리는 것으로 간주된다. 그러나 이러한 관련성이 그녀의 실제적인 민속지학 연구에서는 보이지 않는다. 마지막 두 장에서 터크만은 이론, 특히 슈츠Schutz, 버거Berger, 그리고 루크만Luckmann같은 사회적 지향을 갖는 현상학을 이용해 저널리즘 역사와 현실의 사회적 구성, 그리고 뉴스의 이데올로기적 기능 간의 관계를 보여주고자 한다. 그러나 그녀가 관찰한 뉴스룸은 실제로는 역사적 흐름 속에 놓이질 않았다. 역사를 다룬 장은 그녀가 다른 장들에서 분석한 뉴스 조직들에 대한 언급 없이 주로 진공상태에서 논의됐다.

*뉴스 만들기*에서 역사에 대해 가장 민감한 부분은 당연히 텔레비전 기술과 내러티브 형식의 관계를 다룬 6장이다(104-109). 터크만은 "뉴스 내러티브는 고유한 역사를 갖고 있다"고 선언한다. "텔레비전에서 필름과 비디오테이프의 사용은 지난 20여 년 동안 진화했고 ... [그리고] 신문은 짧은 문장과 더 하얀whiter 페이지를 받아들인다." 그리고 내러티브가 시간이 지남에 따라 어떻게 변했는지에 대해 토론이 뒤따른다. 그러나, 여기서 터크만이 기술적 시각, 특히 종이신문 형식style의 변화가 텔레비전의 매력에 대응하기 위한 노력의 일환이라는 결론에 주목하자. 즉 역사는 기술이 관련될 때 연관성이 있게 된다. 기술적 혁신에 대한 이와 같은 초점은 디지털 시대 뉴스룸 민속지학으로 눈을 돌릴 때 드러나는 역사적 맥락화로의 전환을 설명하는 핵심중의 하나가 될 것이다.

정리하면, 터크만과 갠즈는 자신들이 연구한 뉴스룸이 역사적으로 조건 지어진다는 점을 간과했다. 갠즈는 명시적으로 그렇게 한 반면 터크만은 현재의 과정과 관행에 집중한 결과에 더 가깝다. 내 생각에 구조적 안정성을 이처럼 강조한 주요한 이유는 이들의 저작이 쓰여진 맥락, 즉 겉보기에 그리고 사회의 다른 분야에서 벌어지고 있는 큰 변화와 비교했을 때, 뉴스룸에서는 변화가 거의 없어 보이는 시기라는 점 때문인 것 같다.

비록 여성운동에 대한 그녀의 초점에 나타나듯이 보다 큰 변화에 대한 초점이 터크만으로 하여금 뉴스 실천행위의 역사성에 좀 더 민감하게 만들었지만, 이는 정도의 문제에 불과하다. 갠즈와 터크만은 안정적인 뉴스 생산의 세계를 주로 보여줬는데, 차이가 있다면 갠즈는 저널리즘을 추동한 가치들에 초점을 뒀고 터크만은 이러한 가치들을 구현하는 조직 과정에 관심을 둔 점이다.

보즈코브스키의 *뉴스 디지털화하기: 온라인 신문의 혁신Digitizing the News: Innovation in Online Newspapers*은 수십 년 간의 공백 후 민속지학 연구를 다시 소환한 공로가 있다(Stonebely 2014); 여기서 우리의 목적상, 이 연구가 민속지학적 현장 연구가 역사적으로 맥락화되는 방식에 큰 변화를 보여준다는 점을 언급할 필요가 있다. 이러한 변화를 보여주는 증거는 눈에 쉽게 띄는데, 즉 이 책의 부제가 *온라인 신문의 혁신*으로, 혁신은 어떤 사건의 혁신 이전과 이후 사이 연대기적 시간의 경과를 의미하거나 심지어 이를 필요로 한다. 또한 보즈코브스키는 방법론 섹션에서 이 연구가 "온라인 신문에 의한 혁신 노력에 대한 민속지학적 사례연구와 소비자 지향적 전자 출판에 대한 문헌 연구를 결합한 것"이라는 점을 명확히 했다. 앞선 시기 민속지학 연구와의 비교는(Cottle 2000) 이러한 변화가 얼마나 중요한지 납득시키고 보즈코브스키에 의해 시작된 연구 초점에 있어서의 다양한 변화를 명확히 보여준다. 근본적인 변화는 뉴스룸과 뉴스룸 실천행위의 역사성에 대해 민감성, 혁신의 물질성에 대한 강조, 그리고 이에 상응하는 저널리즘 가치에 대한 경시를 들 수 있다.

*뉴스 디지털화하기*의 2장과 3장은 거의 전적으로 역사적인 서술로, 이 장들은 4, 5, 6장에서 이어질 세 가지 사례 연구의 서문의 역할을 한다. 처음 출간된 이후 10년 이상 지나서 이 책을 다시 읽는 학자들이나 학생들에게, 이 2장과 3장은 이 책의 가장 가치있는 부분 중의 하나이다. 이

장들은 우리로 하여금 *뉴스 디지털화하기*를 1997, 1998, 1999년의 뉴스룸에 대한 민속지학적 역사를 읽을 뿐만 아니라, 보즈코브스키가 "소비자-지향적 전자 출판consumer-oriented electronic publishing"이라 부르는 첫 번째 20년, 즉 1980년대까지 거슬러 올라가는 역사를 읽을 수 있게 한다. 어떤 점에서, 우리는 이 책이 시작하는 장들을 터크만이 "산업 질서의 문화적 부문The Cultural Arm of the Industrial Order"에서 보여준 뉴스의 일반화된 역사에 비교할 수 있지만, 보즈코브스키의 분석이 가까운 실제 사례와 더욱 직접 관련이 있다. 게다가, 보즈코브스키는 그의 역사기록학historiography을 해당 장에만 국한시키지 않고 개별 사례연구를 시작할 때마다 조직 역사의 맥락적 설명을 포함시켰다. 이러한 배경정보가 조직 혁신(또는 이의 실패)과 관련한 논의를 단지 거시-수준의 구조적 영향력의 결과로 보기보다는 역사의 흐름 내에 위치시킬 수 있다.

뉴스 디지털화하기 또한 저널리즘 연구가 지금은 광범위한 커뮤니케이션 분야에서 진행 중인 **과학기술학**science and technology studies (STS)• 과 교차하기 시작한 시기를 보여준다(Gillespie, Bozkowski, and Foot 2014). 그래서 이 책은 뉴스룸 작업에서 이전에 간과되었던 물질적-공간적 측면에 대해 초점을 맞추는 조짐을 보인다. "앞선 뉴스룸 현장조사의 소중한 기여에도 불구하고, 이 분야 연구는 지난 몇 십년간 뉴스룸의 컴퓨터화computerization 관점에서, 특히 긴급한 이슈인 뉴스 제작의 물질적 차원에 대해 이해하는데 별로 성공적이지 못했다"(80)고 보즈코브스키는 파악하고 있다. STS와 조직 사회학에 근거해, *뉴스 디지털화하기*는(비록 보즈코브스키와는 달리, 이 장의 초반부에서 이 점을 간과했다기보다는 뉴스

• 과학기술학(Science and Technology Studies, STS)은 과학기술에 대해 역사적, 철학적, 사회학적 접근을 통해 과학기술과 사회의 상호작용을 분석하는 학제적 학문 분야이다. - 옮긴이

제작과 뉴스 가치에 대한 기술의 영향력이 지극히 제한적이었다는 솔직한 결론을 분명히 했을지라도) 이러한 간과를 개선하고자 했다. 그래서 STS와 저널리즘 연구의 결합은(고전적 사회학에 뿌리를 둔) 초기 뉴스룸 민속지학과 *뉴스 디지털화하기*간의 두 번째 주요한 차이를 보여준다.

더크만의 작업, 그리고 특히 갠즈의 작업이 저널리즘 행위를 추동하는 가치에 초점을 둔 반면, 보즈코브스키는 가치를 거의 논의하지 않는다. "세 개의 사례연구에서 일관된 온라인 경로online paths를 형성하는 요인"(177)에 대한 그의 마지막 논의를 예로 들어 보자. 이러한 결정 기준은 "종이와 온라인 편집국의 관계," "이용자 각인inscriptions," 그리고 "뉴스룸 실천행위의 특징"으로 요약된다(같은책). 이러한 기준으로부터 가치들을 찾아낼 수 있지만(예를 들어, 이용자의 "각인"은 이용자가 뉴스를 갖고 무엇을 하는지에 대한 특별한 이해를 명확히 암시할지라도), 가치들은 *뉴스 디지털화하기*의 핵심 초점이 결코 아니다. 보즈코브스키가 후속 작업에서 그의 초점을 약간 옮겼지만, 가치들이 대부분 다뤄지지 않았다는 점에서 가치들은 뉴스 조직 자체가 겪는 동일한 역사적 변화를 겪지 않는다-또는 그런 일이 있더라도 그러한 가치의 역사는 대부분 이 책의 관심 밖이다. 즉, 뉴스 비즈니스는 시간을 겪지만 뉴스 가치 자체는 그렇지 않다.

*뉴스 디지털화하기*는 그래서 앞선 민속지학적 연구와는 차이를 드러낸다. 주류 사회학 자체보다는 과학기술학 및 조직 사회학에 기반을 두고 있기에, 이 책은 조직적 과정과 절차 그리고 이러한 것들을 배경으로 한 물질적 기술에 대해 보다 초점을 맞춘다. 이 책의 연구문제는 더 이상 "바깥세상의 명백한 이데올로기적 격변을 고려했을 때 왜 뉴스룸은 거의 변하지 않았을까?"를 묻지 않는다. 오히려, "왜 뉴스 조직 내부의 실험, 특히 이를 수반하는 기술적 변화를 고려했을 때 왜 뉴스룸은 거의 변하지

않는지?"를 질문한다. 이전 연구보다 더욱 신문의 진화와 계보를 추적하면서 신문에서의 기술적 진화에 대한 상황을 이해하려고 노력했는데, 특히 기술이 다른 시기의 다른 사람에게 다른 것을 의미하며 뉴스룸 실천행위에서 큰 변화를 일으키지 못한 방식에 관심을 뒀다. 물질적 행위와 의미의 계보학적 변화에 대한 이와 같은 관심은 주류 STS의 요점이고, 기술과 뉴스라는 광범위한 문헌에서 드러난 기술 결정론적 경향에 대해 반론을 제기하는데 유용하다. 결국, 이는 이전 세대 뉴스룸 민속지학자에게 공통적인 뉴스 가치에 대한 초점을 대부분 제거하면서, 확고한 운영 분석 operational analysis의 수준에 머문다.

계보학적 민속지학Genealogical Ethnography

필라델피아 미디어 생태계에 대한 민속지학에서, 나는 뉴스룸 가치와 관행에 (1970년대 초기 뉴스룸 민속지학자들이 그랬던 것처럼) 초점을 뒀지만 기술 및 시간과 무관하지 않은 뉴스룸에 대한 역사적 이해의 역할에 대한 보즈코브스키의 미묘한 이해도 받아들였다. 이러한 일반적 틀 내에서 나는 몇몇 "디지털 시대" 저널리즘 가치(Kreiss and Brennan 2015), 즉 시민참여, 조직간 협력, 디지털 증거의 표준standards of digital evidence, 수용자에 대한 아이디어, 그리고 "공중the public"에 대한 기자 이해의 진화과정을 검토했다. 이들이 1997년과 2008년 사이의 저널리즘 관행, 경제적 영향력, 그리고 기술적 변화에 의해 매개되기 때문이다. 표 4.2-옮긴이에서 보이듯이 내 책은(보즈코브스키처럼) 저널리즘 변화의 시기에 쓰여졌지만(갠즈처럼) 조직 관행보다는 가치에 좀 더 초점을 뒀다. 이러한 초점에 대한 적절한 이름이 계보학적 민속지학이다.

계보학적 민속지학이 어떻게 구현되는지를 좀 더 명확히 보기 위해, 짧게나마 *뉴스 다시 세우기Rebuilding the news*에서 조사했던 조직간 협력의 예와 내가 현재 진행 중인 데이터 저널리즘의 역사 연구의 일부인 뉴스가치가 있는 증거에 대한 기자 이해에 있어서 문서의 역할을 논의하고자 한다.

표 4.2. 안정, 변화, 가치, 그리고 관행에 대한 민속지학적 개념화

	저널리즘 안정기	저널리즘 변화기
조직적 과정에 대한 초점	게이 터크만, *뉴스 만들기*	보즈코브스키, *뉴스 디지털화하기*
가치에 대한 초점	허버트 갠즈, *뉴스 정하기*	찰스 앤더슨, *뉴스 다시 세우기*

__ 뉴스 다시 세우기에서 저널리즘 협력의 계보학

가치 있는 미디어 콘텐츠를 생산하기 위해 뉴스 조직이 다른 뉴스 조직과 협력하는 능력은 디지털 시대에 명시된 저널리즘 가치가 되었다. 링크links를 통한 뉴스룸 협력에 대한 생각을 대중화하기 위해 웹 전문가 제프 자비스Jeff Jarvis는 "가장 잘 할 수 있는 것을 보도하고 나머지는 연결하라"라는 문구를 만들었는데, 다음과 같다.

> (그리고 이미 존재하는 것을 반복하면서) "우리가 이 [뉴스]를 [보도]해야 한다"라고 말하는 대신에, [뉴스 조직은] "우리가 잘 하는 게 뭐지?"를 얘기해야 한다. 즉, "무엇이 우리의 고유한 가치인가?" 이 말은 다른 사람이 이미 보도한 뉴스를 보기 위해 자리에 앉았을 때 여러분은 "우리가 더 낫게 할 수 있을까?" 라는 질문을 해야 한다. 그렇지 않을 때는, 그냥 링크를 걸어라. 그리고 여러분이 잘 할 수 있는 일에 전념하라. (Jarvis 2007)

뉴스룸이 뉴스를 생산하는데 더욱 협력을 해야 한다는 생각은 다양한 주장에 근거한다. 협력에 대한 경제적 논리(제한된 재원의 시기에, 다른 사람의 뉴스를 반복하지 않음으로써 비용을 절약할 수 있다), 기술적 주장(하이퍼링크와 분업화된 업무는 협업을 이전 보다 훨씬 쉽게 만들었다), 그리고 기술문화적 주장(디지털 시대는 본질적으로 네트워크 협력의 시대이다)이 있다. *뉴스 다시 세우기Rebuilding the news*에서 내 목표 중 하나는 다양한 기술적 그리고 경제적 영향력이 이와 같은 협업을 점점 가능하고 훨씬 바람직하게 만들고 있기 때문에 조직간 저널리즘 협력이 실제로 어떻게 작동하고 있는지를 이해하는 것이었다.

내 연구결과는 꽤 냉혹한 편이다. 내가 가장 몰입했던 현장조사시기 동안(2007-2010) 필라델피아 뉴스 조직 간의 협업은 드물 뿐만 아니라, 실제로 일어난 경우도 상당한 정도의 공식적인 기관institutional 계획과 오랜 관료적 협상의 산물이었다. 2015년의 관점에서 이러한 결과가 놀랍지 않을지라도, 당시에 디지털 미디어 생산의 미래로 구상되던 즉각적이고 네트워크화된 업무와는 전혀 반대되는 결과였다. 몇몇 뉴스 조직은 가장 사소한 디지털 행위로 떠올릴 수 있는 다른 뉴스 회사에 링크를 거는 것조차 꺼려했다. 그들은 공식적인 협력 가이드라인과 수개월에 걸친 기획과 조직을 통해 다른 회사와의 작은 일회성 프로젝트를 제도화 하는 것을 더욱 선호했다.

왜 그랬을까? 현장조사에 근거한 나의 주요한 해답은 콘텐츠 관리 시스템content management systems(CMSs)이 하이퍼링크를 막는 것으로 보였다. 다시 말해, 기술적 시스템에 장애물이 있었다. 그러나 나는 링킹linking과의 협력을 보다 역사적 관점에서 들여다보기를 원했다. 이를 위해, 공영 라디오 방송 와이와이WHYY•와 *필라델피아 데일리뉴스Philidelphia Daily*

• 필라델피아 공영 FM 라디오 방송. - 옮긴이

*News*에 의해 실시된 2007년 선거 보도 프로젝트 "차기 시장The Next Mayor"의 역사에 대한 분석에 착수했는데, 이는 해당 프로젝트 웹사이트에 대한 분석과 이 사이트의 기획과 실행을 담당한 주요 관계자에 대한 인터뷰를 포함한다. 또한 필라델피아의 다양한 "웹 기반web-native" 저널리즘 프로젝트에 의한 링킹의 보다 거시적 역사도 조사했다. 필라델피아에서 링킹 행위에 대한 역사 분석은 블로그의 경우를 제외하면 기술적으로 가능함에도 불구하고 소수의 언론사만이 많은 링크를 걸었다는 점을 알게 됐다. "차기 시장" 프로젝트의 역사는 해당 프로젝트에 직접적으로 관련되지 않는 회사와의 적극적 협력은 해당 기관만의 뉴스 형식임에도 불구하고 독창적 보도original reporting 같은 다른 저널리즘 관행에 뒤처지는 것으로 여겨졌다.

다시 말해, 다른 뉴스 조직 내의 저널리즘 업무의 역사에 대해 더욱 민감한 계보학적 분석은 내가 처음에 순전히 기술적 문제-형편없이 디자인된 신문 CMSs-라고 생각했던 것이 실은 훨씬 깊은 문화적 뉴스 가치들의 징후였고 이는 오로지 시간에 걸쳐 이러한 가치들의 역사를 살펴봄으로써 온전히 이해할 수 있다. 필라델피아 뉴스 생태계 역사에 대한 감수성이 없었다면, *뉴스 다시 세우기*는 이러한 협력의 가장 흥미로운 부분을 놓쳤을 것이고, 협력에 대한 제도적 혐오가 디지털 시대의 뉴스룸 진화에 대해 많은 것을 얘기하는 방식을 오해했을 것이다. 이 지점에서 내가 계보학적 민속지학이라는 용어를 사용했을 때 고려했던 작업 유형에 대한 잠재적 모델을 본다. 가치들은 상정되고(이 경우, 디지털 협력의 가치) 이러한 가치들은 구체적인 조직 형식(조직간 협력 팀)과 물질적 인공물(하이퍼링크)에 내재된 것으로 보인다. 이러한 가치들의 배치는 민속지학적으로 분석되지만, 또한 작업 절차, 기술적 인프라, 그리고 시간에 걸쳐 변화하는 열정적으로 지녀왔던 신념의 집합체constellation이기도 하다.

저널리즘, 문서, 그리고 증거의 대상

__ 네 번째 장면

맨하튼 시내 공동작업 장소 위워크WeWork의 아침 한 때, 세 명의 젊은 기자들이 뉴스 가치가 있는 "사건"의 정의에 대해 논쟁 중이다. 이들은 구조화된 뉴스Structured News라고 불리는 실험적 뉴스 프로젝트를 위해 여름을 할애하고 있는 중으로, 이 프로젝트에서는 뉴스가 인간에 의해 창의적으로 다뤄지고manipulated 컴퓨터에 의해 대량으로 읽히는 게 가능한 언어로 일련의 한 문장 뉴스 "사건" 목록을 만들기 위해 전형적인 800자 뉴스를 없앴다. 구조화된 이야기를 만드는 과정의 핵심은 신호signal 정하기 즉, 스토리 데이터베이스에 저장되어야 할 뉴스 "사건"으로 시작하는 것이다. 그래서 다음과 같은 질문을 할 수 있다: 뉴욕시 정치인의 보도자료가 특별한 이야기를 위한 핵심 사건인지, 아니면 몇 시간 뒤에 보도자료에서 다뤄진 내용에 대해 얘기할 기자회견인가? 당신이 사건에 질문을 할 수 없다는 점에서, 한 문서의 인식론적 위치는 무엇인가? 하지만, 문서는 링크하기 쉽고, 데이터베이스를 유용하게 만든다. ... 이들의 논쟁은 몇 분 더 지속된다.

나는 어느 여름 뉴욕시에서 21세기 컴퓨터 연산 저널리즘computational journalism을 둘러싼 주요한 이슈를 연구할 목적으로 실시한 현장조사에서 위와 같은 일을 목격했다. 구조화된 뉴스 프로젝트에서 보낸 몇 주 동안, 기계가 읽을 수 있는 이야기 데이터베이스를 구축하는 물질적 증거의 역할에 매료됐는데, 기자와 프로젝트 고문들이 생각하기에 자신들이 제공할 수 있는 이야기의 직접적 증거로 가능한 많은 링크를 이야기에 거는 것은 필수적이었다. 기자들이 종종 자신이 보도하는 이야기의 현장에 있지 않다는 점에서, 링크는 디지털 투명성과 진실여부를 평가할 때 인식론적 가중치를 제공한다. 문서, 보도자료, 온라인 비디오의 이용은 방대한 문서의 종합이 증거 자료로 가장 중요했던 나의 이전 데이터 저널리즘 프로젝트와는 대조적이었다. 진실을 입증하기 위한 물질적 증거를 사용하는 두 가지 사례의 차이는 21세기 데이터 및 컴퓨터 연산 저널리즘과 일반적인 디지털 저널리즘에서 인식론적 이슈가 어떤 작용을 하는지에 대한 흥미로운 통찰을 제공할 수 있다.

다시 말해, 문서들은 구조화된 뉴스에서 일하는 기자들에게 어떠한 종류의 포괄적 증거 맥락을 제공했는가? 이러한 방식으로 질문에 대해 생각하는 것은 앞서 제시한 표(표 2-옮긴이)의 제4사분면에 적합한 민속지학을 수행할 수 있는 방식을 다시 한 번 제시한다. 우리는 현재 디지털 저널리즘의 증거 기준과 저널리즘 맥락을 제공하는 기술적 및 내러티브적 인프라가 급속히 변하고 있는 시기에 살고 있다. 그래서 데이터 및 컴퓨터 연산 저널리스트는 그들이 아는 것을 실제로 알고 있다고 어떻게 정당화하고, 저널리즘 역사에 걸쳐 이러한 주장을 어떻게 정당화해 왔고, 그리고 "저널리즘적 진실 말하기journalistic truth telling"의 가치가 오랜 시간 동안 어떻게 변했는가? 문서는 내가 구조화된 뉴스에서 연구한 컴퓨터 연산 저널리스트들에게 매우 중요했을 뿐만 아니라, 문서 증거는 저널리즘의 초창기 이래로 저널리즘 보도과정에서 중요한 역할을 했다. 그래서 이러한 역사적 연결은 문서와 다른 형태의 증거가 저널리즘 맥락을 제공한 다양한 방식에 대해 연구하는 것이 오랜 시간에 걸친 저널리즘 진실 말하기의 진화과정을 연구하는데 있어서 지적으로 생산적인 것이다.

결론 : 민속지학, 계보학, 역사

이 장은 "계보학적 민속지학"이라는 개념을 제기했다. 이는 민속지학 연구의 공간적, 현실론적presentist, 그리고 성찰적 방법론과 지속되는 현실에 기반을 둔 작업 공간을 역사적으로 조건지어지고 시간을 관통하는 것으로 간주하는 현상학적 및 비판적 관점과 결합을 시도한 방법론적 및 이론적 관점이다. 이 장의 첫째 부분이 제시한 대로, 이러한 관점은 새로운 것이 아니다. 오히려, 뉴스룸 문화와 실천행위의 역사성은 지금과 같이 기술적, 경제적, 그리고 정치적으로 급속히 변하는 시기에 더욱 분명하다. 특히, 보즈코브스키는 2004년 그의 책 *뉴스 디지털화하기Digitizing the News*에서 역사적 변화에 민감한 민속지학적 프로젝트의 가치를 입증했다. 이 장에서 내 목표는 역사적 우연성의 개념을 직업적 실천행위에 대한 연구를 지나 저널리즘 가치와 신념에 대한 연구로까지 확장시키는 것이었다. 이 점에서 이 장의 목표는 갠즈의 초점을 보다 최근의 저널리즘 연구의 맥락적 감수성과 융합시키는 것이다.

잘 알려진 푸코의 정의와 같이, 계보학적 방법은 "잿빛의, 세심한, 그리고 끈기있는 다큐멘터리로 얼기설기 얽히고 혼란스러운 양피지parchments 현장, 즉 오랜 동안 긁힌 서류뭉치를 다룬다"(Foucault 1971, 76). 우리가 인간 문화와 기술적 인공물을 일종의 평평한 유사-텍스트quasi-text로 보는 능력을 갖는다면, 이와 같은 다큐멘터리적 자극을 민속지학적 자극과 융합할 수 있다고 생각한다. 이를 위해, 푸코가 자신의 방법에 대한 언급 중 가장 중요한 것은 "가치, 도덕, 금욕주의, 그리고 지식의 계보학은 이들의 '기원들origins'에 대한 탐구와 혼동하지 않고, 역사의 우여곡절을 접근 불가능한 것으로 경시하지 않을 것이다. 오히려, 계보학은 모든 시작에 따른 세세한 사항과 사건을 배양한다cultivate"(80)라는 것으로 모아진다. 본질적으로, 푸코는-니체Nietzsche처럼-지식체계와 가치 주장의 우연한 때론 무계획적인 기원과 진화과정을 이해하는데 가장 큰 관심이 있었다.

디지털 시대 저널리즘 작업과 가치를 연구하는데 있어서 이와 같은 특별한 방식에 의해 어떠한 가치가 더해지는가? 미디어 역사학이나 뉴스룸 민속지학 둘 중의 하나를 그냥 하는 것은 왜 안 되는가? 분명 이러한 신뢰할 수 있는 연구방법론에는 아무 문제가 없고, 이들은 독립된 분야로 존재할 수 있지만, 내가 하고 싶은 말은, 가능하다면, 진지하게 고민하는 민속지학자들은 역사적, 계보학적 시각을 자신들의 작업 속에 포함시키는 것에서 큰 가치를 발견할 것이라는 점이다. 이러한 가치 중 네 가지를 논의하는 것으로 이 장을 마무리 하고자 한다. 첫째, 뉴스룸에 대한 역사적 접근은 겉으로 계속 가속화되고 있는 현재의 속도를 "줄이는" 유익한 효과가 있다. 둘째, 계보학은 과거에서 현재의 기원을 찾거나 현재에서 과거를 찾는 경향을 피할 수 있다. 셋째, 계보학과 민속지학적 접근을 결합하는 것은 미디어 인프라의 중요성을 상기시킨다. 마지막으로 네 번째, 민속지학은 간혹 미디어 이론과 문화적 비판의 붕뜬 경향에 대해 실제 기관에 소속돼 실재하는 인간과의 대화를 가능하게 한다.

다른 기회를 통해(Anderson 2015) 디지털 시대의 연구가 때때로 우리를 숨 가쁘게 하고, 분석대상(디지털)은 영원히 우리의 손아귀를 벗어날까봐 늘 두려울 정도인 상황에 대해 언급한 적이 있다. 불쌍한 **아킬레우스와 그의 거북이처럼,**• 디지털 기술은 수평선 위에 위치해 늘 관심 밖에 있는

• 제논의 역설Zeno's paradoxes 중에서 가장 유명한 것으로, 제논은 아킬레우스가 거북이와 경주를 하는데 아킬레우스에 비해 거북이가 훨씬 느리므로 거북이가 아킬레우스보다 앞선 위치에서 출발한다고 가정했다. - 옮긴이

것으로 보인다. 이러한 경향을 보완하는 방법은 시간 속으로 우리의 분석 지평을 확장시키는 것이다. 현재를 관리할 수 있는 크기로 축소시킴으로써 우리는 현재의 디지털 흐름을 인간 역사에서 전례가 없는 획기적인 발전으로 간주하는 경향을 배제할 뿐만 아니라 저널리즘의 현재를 단지 다른 많은 순간 중의 한 순간-물론 중요하지만, 이야기의 전부가 아닌 것으로 간주하게 만드는 한 겹의 맥락을 더하게 된다.

기자 또는 공적 지식인들이 현시대의 디지털 발전과의 관계에서 미디어 역사에 대해 말하기를 꺼릴 때, 그들의 가장 흔한 전략은 하늘 아래 새로운 것은 없다("19세기 후반 신문의 뉴스를 무작위로 짧게 모은 것이 트위터의 원조격이다")고 주장하거나 디지털 시대는 단지 오랜 커뮤니케이션 형태(예를 들어, 소위 "**구텐베르크 괄호치기**Gutenberg Parenthesis•"에 대한 주장)로의 회복을 나타내는 징표일 뿐이라고 주장하는 것이다. 그러나 푸코의 계보학적 방법에 대한 저작물은 이러한 경향을 우려한다. "계보학은 잊혀진 것들의 분산을 넘어 작동하는 끊어지지 않는 연속성을 복원하기 위해 시간상 과거로 돌아가는 척 하지 않는다; 계보학의 의무는 과거가 현재에도 여전히 존재하고, 모든 우여곡절에 대해 미리 결정된 형식을 부과하는 방식으로 계속해서 보이지 않게 현재에 활기를 불어 넣고 있다는 점을 보여주는 것이 아니다"(81). 저널리즘 신념과 인식론적 헌신을 드러내기 위해 역사를 이용하기 보다는, 계보학적 흐름을 따르는 연구는 현재와 과거에서 보이는 연결은 특별한 권력 관계에서 기인한 결과이거나 깨지기 쉽고 잠정적인 가치들의 일시적 정돈이라고 주장하는 편이다.

• 2010년 MIT에서 열린 포럼에서 덴마크의 학자 토마스 프띠뜨Thomas Pettitt가 내놓은 생각으로 그는 구텐베르크의 인쇄혁명이 만들어낸 책의 지배로, 지난 500여 년 동안 구술문화가 차단되었고, 이제 디지털문화와 이의 구술성에 의해 책의 지배가 도전 받는 현상에 주목합니다. 구텐베르크 괄호치기는 책의 종말 시대에 다시금 책의 시작 이전을 반추해 보자는 아이디어다(안찬수, 2015). — 옮긴이

이러한 종류의 저널리즘 연구에 대해 생각하는 또 다른 방식은 제오프 보커Geoff Bowker와 수잔 레이 스타Susan Leigh Starr가 한때 미디어 인프라 이론(Bowker and Starr 2002)이라 명명한 민속지학 연구의 한 예로 간주하는 것이다. 이 접근법은 과학기술학과 과학 전통사history of science tradition의 활동과 밀접하게 관련되고, 인프라 연구는 본질적으로 계보학적 정신이 깃든 것으로 사회기술적 세상을 형성하는 배경의 체계와 기술적 운영을 이해하고자 한다. 푸코가 썼을 것으로 짐작되는 한 문장에, 피터스Peters는 인프라 연구에 대한 비판적 전환을 추가한다; 인프라구조주의infrastructuralism는 "기본적이고, 지루하고, 일상적인, 현장 뒤에서 행해지는 모든 짓궂은 작업"에 매료됐다(Peters 2015a, 33). 그러나 인프라구조주의의 중요성은 질서와 권력의 미묘한 조직에 대한 주목을 이끄는 방식을 넘어선다고 피터스는 주장한다. "기술적 인프라는 우리 인류에 대한 한계가 아니라, 조건이다"라고 다른 곳에서 언급하고 있다(Peters 2015b). 명백히 일상적인 기술과 분류 시스템의 역사에 대한 계보학적 감수성은 민속지학적 연구를 재미있는 방향으로 이끌 수 있다. 이는 지금 현재 일어나고 있는 순간에 대해 민속지학이 보이는 새로움과 휘황찬란한 기술과 사회 조직에 경도되는 것에 대한 방어막의 기능을 할 수 있다.

이러한 모든 것은 비판적 역사 연구를 하는 미디어 학자에게 훌륭한 주장으로 보인다. 그렇다면, 민속지학의 요점은 무엇인가? 나는 앞선 페이지에서 심판과 비판의 대상이었던(아마도 부당했을지 모르지만) 민속지학적 자극에 대해 성찰함으로써 이 장을 마무리 하고자 한다. 우리는 역사만이 저널리즘과 디지털 미디어 작업에 대해 알아야 할 모든 것에 대해 얘기해 줄 것이라고 기대할 수 없다. 가장 핵심적으로는, 현장에 대한 몰입immersion은 이채로운 이론, 사려 깊게 구성된 역사적 종합, 그리고 인간과 조직 행동에 대한 아름다운 모델이 실제 생활, 호흡, 그리고 인간 존재의 비판을 감내하도록 한다. 디지털 미디어 연구는 이러한 터 짓기 grounding를 필요로 하고 미디어 이론은 아마 훨씬 더 이를 필요할 것이다. 다른 어떤 분야보다도, 커뮤니케이션과 미디어 연구가 절충된 자극은 이 채로운 상상의 비행을 시작하게 한다. 이러한 상상의 비행은 우리 학문분야를 흥미롭게 하지만(Havelock 1982; Innis 1950; Ong 1982), 현실세계로부터 전적으로 괴리될 수 있는 위험 또한 있다. 학문에서 일상의 작업공간을 지배하는 관료적 세부사항과 사소한 논쟁을 다루는 것보다 더 중요한 것은 없다. 먹기, 마시기, 시시덕거리기, 벽에 포스트잇 붙이기, 회의 소집하기, 사무용품 고르기, 화상회의 참여하기, 그리고 통화중간에 집에 있는 가족 돌보기와 같은 인간 행위 자체에 대해 민속지학적으로 참여하는 것보다 더 문헌과 실제세계 사이의 간극을 보여주는 것은 없다. 역사는 모든 형태의 저널리즘 작업에 존재하는 불가항력drag이고, 인간은 역사의 끌림을 훨씬 넘어서는 방식으로 저널리즘 작업에 생기를 불어 넣는다. 이상적으로, 새로운 형태의 저널리즘에 대한 연구는 이러한 당김drag과 끌림pull을 해결하도록 노력하고 21세기 미디어 생산의 속성에 가장 밝은 빛을 비추는 방식이어야 한다.

Notes

1) 노스웨스턴 대학에서 2015년 4월 개최된 "디지털 뉴스 다시 만들기Remaking Digital News" 컨퍼런스에 이 글의 초고에 대해 조언을 해 준 참여자와 파블로 보즈코브스키Pablo Boczkowski, 빌 더튼Bill Dutton, 그리고 엘리자베스 한센Elizabeth Hansen에게 감사를 표한다.

논평:
온라인 뉴스 연구하기에 대한 성찰

윌리엄 더튼William H. Dutton

첫 번째 섹션에 참여한 저자들은 인터넷 연구 같은 다른 관련 분야와 저널리즘 연구 전반에 잘 어울리는 온라인 뉴스 분야의 학문 경향을 판단하기 위한 기준들을 밝히고 있다. 이 논평은 온라인 뉴스의 학문적 연구에 대한 기준들을 밝히는 각각의 장에 대한 것이다.

성숙한 분야를 위한 새로운 도전들

__ 양방향 도로 만들기

보즈코브스키와 미첼스타인(1장)은 다른 학문과 분야로 아이디어를 수출하기보다는 수입하는-저자들이 일방도로라고 칭한-이 분야의 경향에 대해 우려해야 하는 이유에 주목한다. 이와 같은 학문적 불균형은 해당 분야 이외의 연구자들로부터 관심을 끌지 못하는 분야의 한 징후로 간주해야 하는가? 아이디어 교류의 균형은 다른 성장 중인 분야의 핵심 관심사항이다. 예를 들어, 커뮤니케이션과 정보학 분야, 보다 일반적으로는, 이 두 분야 간 인용의 균형에 대한 연구(Rice and Crawford 1992)에서도 불균형이 문제로 인식되었다. 이러한 불균형은 다른 분야의 연구자들이 디지털 저널리즘을 고무적으로 보지 않는 정도를 반영하는 것일 수 있다. 다른 관점에서, 이는 학문 분야의 위계에서 저널리즘의 위치라기보다는 비교적 새롭고 학제적인interdisciplinary 분야의 경향을 반영한 것일 수 있다. 보즈코브스키와 미첼스타인은 관련 학문분야와 연구 대상과의 교류를 통해 최대한 이득을 보기위해 이러한 불균형을 바로잡아야 한다고 주장한다.

이러한 경향이 이미 바뀌고 있다는 몇몇 증거가 있는데, 인터넷 연구의 증가와 함께 인터넷 연구에 대한 인용이 다른 주요 분야를 능가하기 시작했다(Peng et al. 2013). 다른 분야에 대한 인터넷 연구의 영향력을 증가시키는 길을 모색하는데 있어서 디지털 저널리즘은 가치가 있다. 모든 학자들의 주요한 도전과제는 자신이 연구하는 세상에 대한 사람들의 사고방식에 영향을 미치는 것이다. 이러한 영향력이 학문세계에 있어서 주요한 업적의 지표이고, 이는 관련 분야와 "지적 다리를 연결"하는데 더욱 집중함으로써 늘어 날 수 있다.

__ 기술description과 설명

로드니 벤슨(2장)은 디지털 저널리즘 분야에서 설명보다는 기술이 두드러진다는 점에 주목했다. 블로깅부터 스마트폰을 이용한 영상중계까지 혁신적 행위의 속성과 확산에 대한 질문을 불러일으키는 디지털 저널리즘의 새로움을 고려했을 때 기술description에 대한 초점이 예견된다는 점을 인정한다. 그러나, 설명보다는 기술의 유행은 디지털 저널리즘에만 한정되는 것이 아니다. 사회과학 및 행동과학에서 종종 기술은 설명보다 더 쉽다. 그래서 벤슨 자신이 명명한 "신기술주의"에 대해 의문을 제기하고 디지털 저널리즘이 기술보다는 설명적 질문과 관련된 연구를 추구해야 한다는 주장은 타당하다.

동시에, 이론과 설명에 대한 주장은 이론보다는 사실이 더 필요하다는 생각에서 기인한, **존 케네스 갤브레이스John Kenneth Galbraith의 논쟁적인 반론**•을 떠올리게 한다. 이 관점에서 보면, 경제학자와 다른 사회과학자는 흔히 사건과 과정의 설명을 제공하는데 기민하지만, 너무 자주 그 사례의 실제 사실에 대한 확고한 기반을 결여하고 있다. 좋은 기술주의 연구에서 추구되는 사실을 모으는 것은 그 자체로 소중한 목표일 수 있고 귀납적 이론을 만들어 낼 수 있다. 이 주장은 설명과 기술의 상호의존성, 그리고 우리가 사회과학에 대해 아는 대부분이 연역적 뿐만 아니라 귀납적 이론으로부터 도출되는 방식을 강조한다.

__ 설명적 연구의 가치

벤슨은 기술적descriptive 연구의 중요성을 부정하지 않고, 기술에 대해 설명이 수반될 것을 요구한다. 좋은 설명적 틀이란 무엇일까? 벤슨은 온라인 저널리즘에 적용될 수 있는 중요한 이론적 관점들을 검토했다. 그의 추천들은 학자들로 하여금 기술주의로부터 설명적 연구로 옮겨갈 수 있도록 하는 다음과 같은 유용한 질문을 제기했다: 무엇이 중요한가? 매우 복잡하고 이질적임에도 불구하고, 사례를 가로지르는 체계적 변이가 있는가? 그리고, 왜?

• 하버드 대학 경제학 교수. 대중적으로 잘 알려진 『불확실성의 시대, The Age of Uncertainty』(1977)는 1970년대 그가 강연자로 나선 BBC의 TV 강연회 프로그램을 책으로 집필한 것이다. 이 방송은 선풍적인 인기를 끌며 그에게 세계적인 명성을 가져다 주었다. 이 책은 약 200년 간의 경제학사를 조망하며 경제사적 인물과 그들의 사상을 역사적인 관점에서 정리한 교양서적으로 경제사 뿐만 아니라 사회사상사도 함께 다루고 있다 (최민정, 2006). - 옮긴이

설명에 우선권을 두자는 이와 같은 일반적인 호소에 동의할 수 있지만, 몇 가지 잠재적인 경고와 위험을 인식할 필요가 있다. 첫째, 사회과학에서 설명에 대한 독려는 때때로 연구를 지나치게 협소한 문제와 질문들-설명에 수정을 할 수 있는 것-로 몰고 갈 수 있다. 그래서 자신에게 항상 다음과 같은 질문을 하라는 머레이 데이비스Murray Davis(1971, 309)의 현명한 조언을 받아들이는 것 또한 중요하다: 이 연구는 해당 이론들이 "독자의 특정 가정들을 부인"할 정도로 "흥미로운가"? 즉, 예를 들어, 해당 이론들이 중요한 주제에 대한 전통적 지혜에 도전할 수 있다. 이것이 스티브 울거Steve Woolgar(1999)가 말한 "분석적 회의주의analytic scepticism"의 입장이다.

둘째, 많은 기술주의 연구는 참여-관찰형 사례연구 또는 연관된 질적인 접근을 기반으로 하기에 해당 사례를 넘어서는 일반화가 주요한 목표는 아닐지라도 해당사례와 관련된 패턴이나 주제들을 제시하고, 사례들에 걸쳐 시간이 경과함에 따라 어느 정도의 타당성과 일반화를 성립할 수 있다(Diesing 1971). 이러한 사례의 이점은 몇몇 인류학자들이 "두껍게 쓰기thick description"라고 명명했듯이 어떤 행위에 대한 많은 세세한 것을 발견하는데 있다. 아마, 이것이 벤슨이 의미하는 설명에 가까울지 모르지만, 이것이 반드시 사례들 간의 변이에 대한 단순한 인과적 설명을 제시하는 것은 아니다. 분명히, 많은 질적 민속지학과 참여관찰 그리고 역사적 사례 연구가 연구대상의 패턴에 대한 설명을 제시할 수 있다. 관계의 복잡한 패턴을 밝히는 것은 질적 연구자에게 가치 있는 설명을 제공하는 것이고, 외견상 몇몇 기술주의 작업은 마뉴엘 카스텔Manuel Castells(1996)의 네트워크 사회라는 개념처럼 용어가 갖는 보다 폭넓은 의미에서 설명적이라고 주장할 수 있다.

끝으로, 설명을 찾는데 있어서, 저널리즘 방식에 빠질 위험을 경계해야 한다. 대중적인 뉴스 잡지의 한 편집장이 기자들에 대한 자신의 조언은 이야기를 단순화해서 과장하라는 것이라고 내게 말 한 적이 있다. 사회과학 연구는 저널리즘이 아니다. 설명하고, 읽히고, 그리고 인용에 대한 압박에도 불구하고, 때때로 나무들 속에서 숲을 보지 못할 수도 있지만 학문에서는 이러한 자세를 피하는 게 중요하다.

__ 역사적 관점의 가치

찰스 앤더슨(4장)의 "역사없는 기술technology"에 대한 논의는 커뮤니케이션 분야의 기술에 대한 많은 연구와, 특히 디지털 시대 뉴스룸에 대한 민속지학적 연구의 비역사적 성격에 대해 안타깝게 여긴다. 이 문제는 보즈코브스키와 미첼스타인에 의해서도 제기되었고, 기술과 사회를 다루는 많은 다른 신생 학문분야의 경험과도 일치한다. 예를 들어, 인터넷 연구도 매우 비슷한 문제에 직면했다(Haigh et al. 2015).

디지털 저널리즘과 인터넷 연구에 있어서, 역사적 맥락의 결여는 흔히 두 가지 잘못된 가정과 관련이 있다. 하나는 이러한 기술이 아주 새로운 것이라 얘기할 역사가 없다는 것인데, 이 가정은 어떠한 혁신의 기원을 이해하고자 하는 노력에 좀처럼 맞지 않는다. 두 번째는 미래에 대한 초점을 두는 기술 결정론적 시각을 반영하는 것이다. 대부분의 질문이 디지털 저널리즘이 무엇을 가져올 것인지에 대한 것, 즉 디지털 저널리즘이 어디로부터 왔는지에 대한 것이 아니라 디지털 저널리즘이 저널리즘의 미래를 어떻게 만들 것인가로 모아진다. 그러나, 기술의 역사는 현재와 미래를 구상하는데 좋은 시점을 제공할 수 있다.

이 문제 이면에는 기술사학자들이 종종 새로운 기술을 둘러싼 미래주의futurism를 경시한다는 점이 있다. 그러나, 미래에 대한 시각이 현재의 행위와 미래의 방향을 결정하는 한 요소이기 때문에 이는 매우 중요하고 역사가들에 의해 주목 받을 필요가 있다. 디지털 저널리즘의 비역사적 설명은 이 분야가 점점 더 중요해 짐에 따라 줄어들 것이다. 인터넷 연구에서도 비슷한 경향을 볼 수 있는데, 10년 이상의 연구가 축적된 후, 인터넷 역사가 이제 막 중요하게 여겨지기 시작했다(Haigh et al. 2015).

커뮤니케이션 기술에 대한 나 자신의 연구를 통해 비즈니스와 정부영역에서 일하는 사람들이 이와 같은 비역사적 관점을 갖고 있다는 것을 알고 있다. 내가 "혁신 기억상실innovation amnesia"(Dutton 1995)라고 명한 현상이 매우 두드러진다. 한 가지 예로 화상전화videophone를 들 수 있는데, 이는 반복되는 실패에도 불구하고 주로 앞선 실패에 대해 전혀 모르는 사람들에 의해 계속해서 다시 만들어지고 있다. 내 생각에 이러한 실패가 혁신과정에서 매우 효과적인데 왜냐하면 기술이 시간이 지남에 따라 실패하게 된 여러 이유와의 관련성이 줄어들기 때문이다. 아시다시피, 화상전화는 결국 스카이프Skype 및 유사한 영상 커뮤니케이션video communication 서비스를 통해 놀라울 정도로 성공했다.

__ 뉴스룸 혁신과 민속지학에 역사적 맥락을 부여하기

앤더슨은 많은 현시대 뉴스룸 민속지학이 갖는 비역사적인 경향에 대해 한발 더 나아갔다. 그가 명명한 "역사적 기억상실증"의 해결책에 대한 그의 접근법은 뉴스에 대한 민속지학으로 가장 유력한 세 가지 저작물에 대한 읽기에서 출발한다. 이들 각각의 저작은 뉴스룸을 역사적 맥락에 놓고 있는데, 뉴스룸의 지속되는 가치 및 문화에 집중했는지 아니면 변화하는 사회 및 기술적 변화에 달린 일시적인 조직 과정에 집중했는가의 정도에서 차이가 있었다.

혹자는 민속지학자가 주로 현재에 입각해 지속적인 과정, 동기, 그리고 결과에 주목한다는 점에서 민속지학적 연구가 좀 더 현재 지향적이기를 바랄 수 있다. 역사는 현재에 소환될 수 있지만, 현재만큼 의식적으로 연구된 적은 거의 없다. 앤더슨이 사례를 통해 보여주듯이, 그는 "시간의 흐름에 내재하면서도 이 흐름에 따라 바뀌는 것으로 뉴스룸을 보는 감수성"인 "계보학적 민속지학" 접근법을 제시한다. 이러한 방식으로 민속지학을 접근할 경우 비역사적 경향을 거스르는 방식으로 현재를 형성하는 역사적 그리고 사회적 맥락에 조금 더 민감해질 수 있다.

__ 맹점 찾기

빅터 피카드(3장)는 기술적 변화에 대해 충분히 비판적인 관점을 보이지 못하고 있는 디지털 저널리즘 연구를 비판하기 위해 매우 효과적인 형태의 절제된 표현을 이용했다. 디지털 저널리즘 분야에서의 주요한 공백은 민주적 담론에 대한 저널리즘의 기여와 같이 일반적 저널리즘 연구에서 소중히 여겼던 전통을 포함한다. 저널리즘에서의 혁신, 특히 기술적 진보를 찬양하는 연구의 대열, 즉 피카드의 표현을 빌리면 "디지털 예찬exuberance"에 참여하기보다는, 학자들은 저널리즘의 규범적 토대, 커뮤니케이션, 미디어, 그리고 정보 정책 이슈, 그리고 저널리즘 경제학의 변화에 초점을 맞춰야 한다. 더 나아가, 그는 뉴스의 비판 정치경제학이 관심을 갖는 보다 근본적인 규범적, 경제적, 그리고 정책적 이슈에 집중하지 않고 디지털 기술의 변화에 초점을 맞춤으로써 뉴스의 민주적 역할이 축소될 수 있는 세 가지 "맹점"과 관련된 많은 연결고리를 제공한다.

기술적 혁신에 대한 초점이 의도하지 않는 잠재적 결과는 주로 목적보다는 수단에 집중하는 기술과 사회에 대한 연구의 일반적인 문제를 들 수 있다. 1980년대, 레오 막스Leo Marx(1987)가 "기술의 향상이 진보를 의미하는가"라는 질문을 던짐으로써 이를 잘 표현했다. 이러한 질문은 기술이 사용되어야 할 목적과 정책 및 경제적 이슈가 이러한 목적을 어떻게 달성하고 있는지와 같은 규범적 이슈에 보다 주의를 기울이게 한다. 이러한 목적은 주로 뒷전에 놓여 소셜 미디어가 뉴스에 대한 접근을 늘리는지 아니면 줄이는지와 같은 기술적인 질문이 넘친다. 그러나, 디지털 저널리즘 연구가 언론의 민주적 역할에 대해 지속적으로 환기시키지 않는다면, 기술적 혁신에 대한 연구의 흥분 속에 규범적 질문을 놓칠 실질적인 위험이 있다.

결론 : 학문의 의미 정하기

학문적 연구 경향에 대한 리트머스 시험 통과여부를 결정하자면, 허버트 갠즈(1979)의 주요저작인 *뉴스 정하기Decidng what's News*를 이용하는 게 좋을 것 같다. 물론, 갠즈는 뉴스 구성과정에서 게이트키핑 과정에 주로 관심이 있었지만, 이번 섹션에서 논의된 장들은 디지털 미디어에 대한 양질의 연구 기준-학문하기scholarship-에 대해 주로 이야기 했다. 그러나, 각각의 장 및 이와 관련된 심포지엄 또한 게이트키핑 질문 하나를 던진다.

온라인 뉴스와 디지털 저널리즘의 초기에, 주류 저널리즘 연구자 및 교육받은 일반대중에게 혁신의 속성을 알리는 것은 중요한 일이었다. 뉴스를 온라인으로 얻고 뉴스룸을 전혀 색다른 방식으로 조직하는 것이 의미하는 바가 무엇인지에 대한 인식을 제고하는 것은 유익한 것이었다. 2016년 시점에서, 이러한 역할은 이제 더 이상 성장하고 있는 다학제적인 분야에서 학문적 인정을 받기에 충분하지 않다. 이 섹션의 저자들은 이 분야와 관련된 학문을 하는데 있어서 각자 필수적이라고 생각하는 여러 가지 핵심 속성을 상정했다. 이들이 각기 다른 이슈에 초점을 맞췄지만, 따로 또 같이 보면, 모두 디지털 저널리즘 연구를 저해하는 것으로 인식되는 공백을 바로잡으려고 한다.

이들의 주요한 주장을 모두 모아 요약하기 위한 방법으로, 학제적disciplinary 연구와 학제간interdisciplinary 연구라고 명명할 두 개의 주요한 연구 전통으로 분류할 수 있다(표 4a.1 참조). 많은 연구가 사회과학의 학제적 연구와 결부된 오래된 전통이 갖는 핵심 속성에 초점을 두고 있다. 다시 말해, 학제간 디지털 저널리즘 연구는 다양한 학문분야의 주류연구로 부터 핵심 요구사항을 다뤄야 한다. 이러한 속성은 이 분야의 지식에 기여하는데 실질적인 진전을 도모하기 위해 방법론적으로 견고하면서도 혁신적일 필요가 있다.

표 4a.1. 디지털 저널리즘 학제간 학문의 속성

전통	속성	설명
학제적Disciplinary	방법론	혁신적인 방식으로 강화되고 방법론적으로 견고함
	이론	설명적 대 “기술주의descriptivist” : “왜”라는 질문에 답하기
	흥미 있음	기존 가정에 도전하기
학제간Interdisciplinary	문제지향적	저널리즘의 핵심적 문제를 해결하는데 집중
	다학제적	사회과학내외적으로 하나 이상의 학문적 관점에 기반하기
	사회역사적 맥락	기술결정론적 시각을 피하면서 기술을 사회 및 역사적 맥락에 놓기
	중요성	민주적 거버넌스에서의 역할 같은 저널리즘의 목적에 중요함

학제적 연구는 주로 한 분야에서 특정한 이론적 개념 또는 분석틀을 개발하는데 초점을 맞춘다. 학제간 연구가 문제에 좀 더 초점을 둘지라도, 이론에 덜 관심을 두거나 단지 디지털 저널리즘만을 기술 하는 것은 아니다.

디지털 저널리즘 연구는 이 분야의 전통적인 지혜를 뒷받침하는 가정에 도전하는 연구를 통해 "흥미로워야" 한다는 데이비스Davis(1971)의 호소에 귀 기울일 필요가 있다. 많은 훌륭한 연구 저작물이 이 "흥미성" 시험을 통과하지 못할 수 있지만, 이를 통과한다면 이 분야에서 두각을 나타내고 후속 연구와 실천행위에 큰 영향력을 가질 수 있다.

그러나, 이 장들에서 다뤄진 다른 많은 속성들은 학제간 연구에 보다 적합하고, 몇몇은 저널리즘 연구에 특별한 것이다(표 4a.1 참조). 이미 언급했듯이, 학제간 연구의 핵심 속성은 문제에 초점을 맞춘다는 점이다. 이 점이 아마도 이론 발전에 치중하는 학제연구와의 주요한 차이점일 것이다. 연구자들은 다양한 혁신, 실천행위, 또는 디지털 저널리즘의 구조를 연구하는데 왜냐하면 이것이 대중에게 정보를 제공하거나 또는 현장에서의 사건전개와 관찰에 대한 양질의 정보를 획득하는 것과 같은 저널리즘의 목적과 관련이 있다고 믿기 때문이다. 한 이론이 이러한 문제를 바로잡는데 관련이 있다면, 이 이론을 이용해야 한다. 한 이론이 혁신 또는 과정에 대한 두껍게 쓰기로부터 과정에 대한 구조화된 설명의 형태로 드러난다면, 이 또한 후속 연구를 위해 가치가 있다.

문제 지향의 관점에서 보면, 하나의 학제적 관점으로부터 주요한 연구문제를 해결하기란 거의 불가능하다. 문제지향적 연구에 전념하기 위해서는 보통 팀으로 구성된 다학제적 연구가 필요하다.

디지털 저널리즘 연구는 본질적으로 기술에 입각한다. 디지털 기술의 사용이 차이를 만들 것이라는 가정에 기반하기 때문이다. 기술이 중요하지 않다면 왜 디지털 저널리즘을 연구하겠는가? 그러나, 이것이 기술 결정론적 시각의 채택을 의미하는 것은 아니다. 반대로, 이 섹션의 저작물들은 기술적 변화를 포함해 결과를 낳는 광범위한 사회적 요인을 이해하기 위해 기술에 대한 연구를 폭 넓은 사회적 및 역사적 맥락에 놓을 것을 주장하고 있다. 이 분야의 초기 연구는 이미 살펴본 것처럼 주로 비역사적이었지만, 디지털 저널리즘의 중요성과 구심력이 점점 부각됨에 따라, 이의 역사적 기원과 궤적에 대한 연구뿐만 아니라 일반적으로 이의 사회적 구성에 대한 연구는 더욱 중요해질 것이다.

끝으로, 이 섹션은 문제에 기반한 연구를 넘어 디지털 저널리즘이 기여해야 할 더 큰 목적을 달성하기 위한 중요한 작업을 요구한다. 이러한 목적을 염두에 두면서도 동시에 보다 큰 저널리즘의 정치경제학을 다루지 않는 문제에만 매몰되지 않는 것이 어쩌면 디지털 저널리즘 연구 공동체의 가장 힘든 도전과제이다. 혁신이 저널리즘의 질 또는 저널리즘에 대한 정부, 상업적, 그리고 대중영합주의 영향력의 간섭으로부터 어떠한 차이를 만들 것인가? 이것이 마이클 델리 카피니가 이 책의 마지막 논평에서 다시 제기할 질문이다.

제2부

핵심 개념 재고하기

5

지식으로서의 디지털 뉴스: 지식 사회학의 새로운 장

라스무스 클라이스 닐슨Rasmus Kleis Nielsen

[뉴스]는 무슨 일이 일어나고 있는지에 대한 단편적 그리고 총체적 정보를 통해, 대중이 알게 하기inform **보다는 지향하게**orient **한다.**
— 로버트 팍 Robert E. Park(1940, 677)

한 사물에 대한 지식은 그것을 둘러싼 관계들relations**에 대한 지식이다. 사물에 익숙해진다는 것은 이것이 만드는 민낯**bare impression**에 국한한다.**
— 윌리암 제임스 William James(1890, 259)

뉴스는 지식과 밀접하게 관련된다. 뉴스가 사람들로 하여금 자신 주변의 세상을 이해하도록 돕는다는 것이 저널리즘이 스스로를 이해하는 일부이다. 세상에 대해 더 알고자 하는 것이 뉴스를 이용하는 중요한 동기이다. 뉴스를 이용하는 사람들이 실제로 자신을 둘러싼 세상에 대해 더 많이 안다는 가설이 뉴스에 대한 학문적 분석의 주요한 논점이었다. 뉴스가 보다 식견있고 지적인 시민을 만들고 그로 인해 훨씬 제대로 작동하는 사회와 더욱 강력한 민주주의를 만든다는 생각은 저널리즘과 관련한 대부분의 규범적 이론의 핵심이었다. 이와 같이 다양한 자기이해, 개인적 동기들, 학문적 가설, 그리고 규범적 이론은 뉴스와 지식의 연결connection에 달려 있다.

뉴스란 어떤 종류의 지식을 말하는가? 그리고 사회적 행위, 조직의 형태, 그리고 뉴스를 만들고 구성하는 미디어 기술이 시간에 걸쳐 변함에 따라 지식으로서의 뉴스가 어떻게 변하고 있는가? 로버트 팍Robert E. Park의 1940년 에세이 "지식의 한 형식으로서 뉴스: 지식 사회학의 한 장News as a Form of Knowledge: A Chapter in the Sociology of Knowledge"은 이러한 질문을 최초로 다루고 있다. 이 글은 매우 *사회학적인* 분석으로 개별 뉴스에 포함된 정보 또는 이러한 정보가 미디어 이용자에게 미치는 영향력이 아니라, "뉴스"라는 포괄적 범주의 중요성과 이를 구성하는 사회적, 조직적, 그리고 기술적 요인에 초점을 맞추고 있다. 팍은 사회학의 시카고학파 설립자 중 한사람으로서 학문적 성과를 개척하기 전, 신문사 기자와 터스키 연구소Tuskegee Institute의 흑인 교육자이자 정치 활동가인 부커 워싱턴 Booker T. Washington을 위한 공보담당자와 연구원으로 일한 바 있기에, 어떤 면에서 이러한 주제에 대해 글을 쓰기에 매우 적합한 인물이었다. 무엇보다 그는 학문적 연구, 직업적 실천행위, 그리고 지식이 어떻게 만들어지고 인정받아 회자되는지에 대한 일생의 관심사와 지식이 다양한 방식으로 공동체를 지향하고, 참여시켜, 함께 결속시키는 방식을 연결시킨 인물이었다.

이 장의 목적은 오늘날 디지털 뉴스가 어떤 종류의 지식을 일컫는지와 관련된 질문에 답하고, 팍이 "지식 사회학의 한 장"이라 명명한 것에 대해 현재 시점에서 속편을 제공하는 것이다(저널리즘 인식론 또는 기자 지식의 타당성이 아니라 다양한 종류의 뉴스로 알려진 지식이 만들어지고, 작동하며, 변하는 실제로 존재하는 조건에 초점을 맞춘다).[1] 나는 여기서 뉴스 콘텐츠, 뉴스 조직, 그리고 뉴스를 생산하고 전달하는 것과 관련된 기술의 변화가 지식으로서의 뉴스에 의미하는 바가 무엇인지에 관심을 두며, 구체적으로는 미국의 과거와 현재 경험에 근거해 논의 할 것이다. 이 장의 첫 번째 부분에서, 나는 팍이 최초로 뉴스를 공식적이고 체계적인 "지식knowledge of"과 보다 직관적이고 비체계적인 "앎acquaintance with"의 사이에 있는(실용주의 철학자이자 심리학자인 윌리엄 제임스William James가 구상한 스펙트럼) *일종의* 지식형식으로 분석했던 1940년 미국의 과거로 돌아간다. 두 번째 부분에서는 오늘날 미국의 매우 다른 미디어 환경에서 *다양한* 형식의 지식으로 디지털 뉴스를 분석한다. 세 번째이자 마지막 부분에서, 지식 사회학의 새로운 장으로서 디지털 뉴스가 갖는 광의의 함의를 논의한다.

전반적으로 내 주장은, 1940년 팍이 일종의 지식으로 뉴스를 이해하는 하나의 포괄적이고 이상적인 유형을 그럴듯하게 제시할 수 있었지만, 이러한 단일한 시각은 오늘날 그다지 유용하지 않다는 점에서, 뉴스를 이러한 식으로 일반화하는 분석 또는 논평을 점차 경계할 필요가 있다는 점이다. 뉴스는 역사적 현상이고, 공간에 따라 다양한 모습을 띠듯이 시간에 따라 이의 형식도 변해왔다(Barnhurst and Mutz 1997). 오늘날 많은 뉴스가 여전히 팍이 제시한 특성들을 지니고 있지만, 디지털 미디어 환경은 훨씬 다양한 형식의 뉴스를 제공하며 제임스가 제시한 "앎acquaintance with"과 "지식knowledge about"의 극단에 더 가까울 정도로 실질적으로 다른 유형의 뉴스가 만들어지고 있다. 오늘날, 우리는 예언 실현론자presentist 같은 분단위, 그리고 초단위의 속보에 대한 역점을 두면서도 동시에 롱폼 저널리즘long-form journalism, 설명 저널리즘explanatory journalism, 그리고 이전 형식의 뉴스가 갖는 인식론적 단점의 일부를 극복하기 위한 데이터 저널리즘과 같은 다양한 형식의 뉴스-콘텐츠로서 더욱 큰 저력과 디지털 미디어의 기술적 특성 때문에 가능해진 지식으로서의 새로운 유형의 뉴스-가 늘어나는 것을 목도하고 있다. 팍과 그가 제임스로부터 얻은 영감에 근거해, 디지털 뉴스가 오늘날 적어도 매개된 공적 지식의 세 가지 다른 이상적-전형성ideal-typical forms과 관련이 있는 것으로 생각할 수 있음을 제안하고자 한다. 첫째, 헤드라인 서비스, 뉴스 경보, 생방송 자막, 그리고 검색엔진, 소셜 미디어, 그리고 메시징 앱 같은 다양한 새로운 디지털 중개자를 통해 전해지는 탈맥락화된 단편적인 정보를 포함하는 인상으로서의 뉴스news-as-impressions 형식이 늘어나고 있다. 둘째, 전형적인 20세기 후반의 뉴스 형식이 눈에 띄게 줄었음에도 불구하고 여전히 중요한, 즉 신문, 방송, 웹, 또는 앱에서 원칙적으로 독립적인 개별 기사와 뉴스 스토리가 함께 묶여서 발간되는 아이템으로서의 뉴스news-as-items를 들 수 있다. 셋째, 무엇을 아는 것으로부터 무엇에 대한 지식을 축으로 하는 제임스 스펙트럼의 한 끝에서, 몇몇 20세기 신문, 잡지, 그리고 시사 프로그램을 통해 잘 알려진 롱폼의 "맥락적" 또는 "설명적" 형식의 저널리즘(Fink and Schudson 2014)과 새로운 형식의 데이터 저널리즘, 시각화, 그리고 디지털 기술에 의해 가능해지고 강화된 상호작용성(Fink and Anderson 2015)을 결합한 관계에 대한 뉴스news-about-relations가 늘어나고 있다.

디지털 뉴스는 인상으로서의 뉴스의 증가와 오래된 아이템으로서의 뉴스의 잠재적 공동화-1940년에 팍이 "그럴듯한 현재specious present"라고 부른 일시적transient 정보가 더 많아지는-와 관련이 있다. 기자, 학자, 그리고 공적 인물을 포함한 많은 비평가들은 디지털 뉴스의 "보도자료에 의존하는churnalistic" 속성에 대해 불평을 토로한다. 하지만 디지털 뉴스는 이러한 속성을 훨씬 뛰어 넘는 것으로 오늘날 뉴스의 속성에 대한 지나친 일반화를 의심해야 할 정도로 관계에 대한 뉴스, 즉 제임스가 무엇에 대한 지식이라 칭한 것을 제공하는 것에 가깝고 옛날보다 훨씬 접근성이 높고, 시의적절하며, 자세하고, 자료에 기반한 뉴스의 괄목할 만한 증가와도 관련이 있다. 디지털 뉴스의 속성을 *다른* 형식의 지식-지식의 *한* 형식이기 보다-으로 받아들이는 것은 저널리즘의 자기 이해, 저널리즘에 대한 대중의 개념, 저널리즘에 대한 학문적 가설, 그리고 저널리즘에 대한 규범적 이해를 포함한 모든 것이 시간이 지남에 따라 암묵적으로 변해온 뉴스와 지식의 기본 연결들을 재고할 필요가 있다는 점을 보여준다.

__ 지식의 한 형식으로서 뉴스

지식의 한 형식으로서 뉴스를 다룬 1940년 에세이에서, 팍은 특정한 방식으로 매개되고 공개적으로 이용가능한 현상으로서 뉴스에 관심이 있었다. 혹자는 좁은 의미에서 출판 또는 방송되고 공적인 기록으로서의 뉴스와, 넓은 의미에서 새 것, 진기한 것, 그리고 주로 개인적이고 사적인 소식tidings으로서의 뉴스로 구분할 수 있다. 초기 뉴스는 소문, 가십, 그리고 개인적 대화를 포함한 광의의 비공식적 형식의 사회적 커뮤니케이션과 깊은 관련이 있었다-뉴스는 사람들로 하여금 말을 하게 하는 것이다(Shibutani 1960). 그러나 뉴스는 이와는 다른 것이다. 왜냐하면 뉴스는 매개되고, 공적인 성격을 띠며, 그리고 "뉴스"라는 카테고리는 중요하고 독특해 *보이기* 때문이다. 이상적 유형-주어진 현상에 대한 하나 이상의 현저한 특성을 강조함으로써 분류와 분석을 위한 일반화가 가능하게 귀납적으로 구성된 개념적 구성물-을 개발하는 사회학적 전통에 따라, 팍의 에세이는 우리가 구체적으로 저널리즘이라고 부르는 뉴스의 공통된 특성과 뉴스가 어떠한 지식을 보여줘야 하는지를 밝히고자 했다.

위에 언급했듯이, 팍이 지식의 한 형식으로 뉴스를 분석한 것은 철학자이자 심리학자인 윌리엄 제임스William James(1890)가 *심리학의 원리The*

*Principle of Psychology*에서 "앎acquaintance with"과 "지식knowledge about"을 구분한데서 시작한다. 제임스의 저작에서, "앎"은 보다 비공식적, 직관적, 비체계적인 지식인 반면, "지식"은 비교적 공식적, 이론적, 그리고 체계적이다(이러한 구분은 절대적이라기보다는 정도의 문제로 상대적이다). "앎"은 이용과 습관적인 것으로 주로 직접 경험에 근거하고, "지식"은 체계적인 조사와 적극적인 추구행위로 주로 부분적으로는 2차 자료에 근거한다. 여기서 제임스의 말을 상세히 인용할 가치가 있다(1890, 221~259):

> 대략적이고 실질적으로 구분할 수 있는 두 가지 종류의 지식이 있다: 이를 각각 앎으로서의 지식과 무엇에 관한 지식으로 부를 수 있다. 대부분의 언어가 이를 구분해 쓰고 있다: γνώναι/εἴδομαι; noscere/scire; kennen/wissen; connaître/ savior. 나는 내가 직접 접했던 곳에서의 존재를 제외하고는 거의 아는 바가 없는 많은 사람과 사물을 알고 있다. 나는 내가 본 파란색을 알고, 내가 맛본 배의 맛을 안다; 나는 손가락을 살짝 움직임으로써 인치inch를 알고; 시간이 흐를 때 초를 안다; 내가 기울이는 주의집중의 노력을 안다; 내가 주목을 할 때 두 가지의 차이를 안다; 하지만 이러한 사실들에 대한 내적 속성, 즉 무엇이 이들을 그렇게 보이도록 만드는지에 대해, 내가 말할 수 있는 것은 아무것도 없다. [...] 하지만 일반적으로, 사물을 분석하지 않고 이들의 관계에 대해 덜 지각할수록, 사물에 대해 적게 알고 이에 대해 친숙한 앎의 형식acquaintance-type이 되기 쉽다. 사실상 인간 마음이 실질적으로는 상대적으로 작용하기에, 두 가지 유형의 지식이 존재한다. 즉, 한 사물에 대한 같은 사고thought가 단순한 사고에 견줬을 때는 무엇에 대한 지식이 되기도 하지만, 보다 분명하고 명확한 사고에 비해서는 앎에 불과하다. [...] 우리에게 단지 익숙한 것은 우리 마음속에 드러난다; 이것 또는 이에 대한 생각을 갖고 있다. 하지만 우리가 그것에 대해 안다는 것은 단지 생각을 갖고 있는 것 이상이다; 이들의 관계에 대해 생각하게 되면서, 우리는 일종의 대처를 하고 생각을 갖고 조작을 하게 된다. [...] 한 사물에 대한 지식은 그것을 둘러싼 관계들에 대한 지식이다. 사물에 익숙해진다는 것은 이것이 만드는 민낯bare impression에 국한한다.

제임스의 주장과 관련, 팍에게 이러한 구분이 위계를 의미하지는 않았지만, 사람들의 삶 속에서 다른 역할을 하는 지식의 유형과 지식을 획득하는 다른 방식을 의미했다. 스펙트럼의 "앎" 쪽에 위치한 암묵적 지식과 실제 경험은 무엇을 하거나 다른 사람을 알고자 할 때 흔히 "지식"보다 더 나은 노하우다. 물론 심각한 질병을 치료하고 글로벌 경제 위기의 원인과 결과를 이해하는 데는 보다 체계적인 지식 형식이 더 나을 것이다. 우크라이나에 러시아 군대가 있다는 것을 아는 것은 인상에 대한 것이고, 왜 그들이 거기에 있고 이것이 의미하는 바가 무엇인지를 아는 것은 관계에 대한 것이다.

팍의 기본 주장은 우리가 제임스의 "앎"과 "지식"을 "모든 종류의 지식을 포함한" 연속선상으로 여긴다면, 뉴스란 양 극단 사이 어디쯤에 위치한다는 것이다(Park 1940, 675). 팍이 뉴스의 특성으로 간주한 것을 개괄할 필요가 있는데, 왜냐하면 많은 특성들이 여전히 눈에 띄고 관련이 있기 때문이다(반면 역사적 분석은 일반적으로 미국 뉴스가 시간이 경과함에 따라 더 길어졌고, 더 분석적이며, 더욱 추상적이라고 밝히고 있다; 예를 들어, 반허스Barnhurst와 머츠Mutz 1997를 참조). 팍에 의하면, 지식의 한 형식으로서의 뉴스는 "앎"보다는 더 공식적이고 체계적인 것이고, 암묵적 지식과는 다른 방식으로 소통되기 때문에 개인적 경험을 넘는 세상에 대한 지식을 제공한다. 그러나 "지식"과 동일한 것은 아닌데, 왜냐하면 뉴스는 과정, 사건들 간의 관계, 또는 사건의 원인과 의미 보다는 여전히 사건에 집중하기 때문이다. 이 점에서, 뉴스는 유명한 저널리즘의 "다섯 개의 더블유w" 중 첫 번째 네 개의 더블유에 훨씬 적합하다(이는 여전히 공통적인 현상이다)-뉴스는 다섯 번째 더블유인 *왜why*(그래서 뭐라고?*so what?*는 말할 것도 없이)보다는 *무엇이what*, *누가who*, *언제when*, *어디where*에서 일어났는지를 더 많이 제시한다.

에세이 전반에 걸쳐, 팍은 뉴스가 본질적으로 사건지향적이고, 인과성과 목적론의 관계가 현재에 도움이 되는 것으로 인식될 때만 과거와 미래에 관심을 둔다는 점을 강조한다(논평과 의견은 단언컨대 항상 이 점에 있어서 변이인데, 아마도 사건에 대해 알리는 것 보다는 해석지향적이거나 인과성과 목적론을 더 주장하기 때문이다). 오늘날 여전히 공통적인 또 다른 점으로, 팍은 뉴스란 자신이 "그럴듯한 현재specious present"라고 부르는 것에서만 존재할 수 있다는 점이다-지금에 대한 것이므로 "현재"이고, 현재 뉴스로 자격이 있는 것은 본질적 중요성은 말할 것도 없고 사실성actuality 뿐만 아니라 기자의 고려, 조직 관행, 발행인의 상업적 또는 다른 관심, 그리고 사람들이 관심이 갖는 다양한 생각에 의해서도 결정된다는 점에서 "그럴 듯"하다. 이 같은 결합이 뉴스를 권위적인 것, 재미있는 것, 평범하지 않고 뜻밖의 것에 집중하게 한다(물론 실재 현실의 대부분은 오히려 변변치 않고, 재미없고, 흔하고, 그리고 예측되는 것이다). 팍의 관점에서, 사건과 현재에 대한 초점은 뉴스를 "일시적이고 덧없는" 것, 즉 개인적 경험의 세계가 아닌 보다 넓은 세계에 대해 익숙해지지만, 일상과 일을 하면서 다른 형식의 지식("앎"과 "지식"의 양쪽에 가까운)에 여전히 의존하는 사람들에 의해 쉽고 빠르게 이해되는 작은 독립적인 커뮤니케이션의 지속적인 흐름으로 만든다. 이 점에서, 뉴스는 우리로 하여금 세상, 특히 개인 및 직업적 경험을 초월한 세상을 "지향하도록" 돕지만, 이것이 반드시 사물에 대한 앎과 지식을 가져다주는 것은 아니다. 우크라이나에 주둔한 러시아 군대에 대해 읽는 것은 자신의 뒷마당에 있는 러시아 군대를 보는 것 또는 그들의 목적과 계획에 대해 아는 것과는 다르다.

팍이 묘사한 뉴스는 (a) 과정보다는 사건 지향적 (b) 인과론 또는 목적론에 대한 논의 부족, (c) 일시적이고 단발적인 특성을 갖는데, 이러한 경향은 오늘날에도 받아들여질 정도로 관련이 있어서, 팍의 분석이 오늘날과 전혀 다른 미디어 환경에 근거하고 있다는 것을 망각하기 쉽다. 간략히 살펴보면, 1940년대 미국은 전국 미디어라는 것이(국제 미디어는 말할 것도 없고) 거의 존재하지 않는 지역 미디어 시스템이 지배적이었고, 뉴스는 주로 신문과 라디오(그리고 일부 잡지와 뉴스영화newsreels)에 의해 전달되었다. 팍 시대의 가장 흔한 미디어 기술technologies은 사건으로 도배된 일간 신문과 전파 속으로 순간 사라지는 라디오 방송으로, 이는 일시적이고 단발적인 뉴스에 대한 그의 생각을 실질적으로 보여준다. 대공황 시기를 견뎌낸 신문산업은 높은 판매부수로(평일 100가구당 약 115부수) 활기가 있었다. 미국 전역에 지역신문이 있었고, 광역 대도시 지역은 다른 지향과 정치적 설득을 위해 서로 경쟁하는 조간과 석간체제를 유지했다. 시카고의 경우 트리뷴*Tribune*뿐만 아니라, 데일리뉴스*Daily News*, 타임즈*Times*, 썬*Sun*, 그리고 가장 유명한 흑인 신문 시카고 디펜더*Chicago Defender* 외에도 다양한 주간신문, 커뮤니티신문, 교외신문suburban papers, 그리고 외국어로 발행된 신문이 존재했다. 1940년경, 라디오는 80퍼센트의 가구에 보급되었지만 1920년대처럼 모든 사람에게 자유롭게 열려있지는 않았다. 1930년대는 독립적이고 다른 다양한 이유로 방송하며 서로 주목을 위해 경쟁하던 수많은 송신타워가 전미에 걸친 수많은 방송사를 연결하는 소수의 대형 네트워크에 의해 지배되어 소유가 집중된 상업적 비즈니스로 바뀌게 됐다(Barnouw 1968).

이러한 미디어 환경은 같은 신문과 방송 내용에 주목하는 개별 미디어 이용자들로 구성된 수많은 수용자의 관점에서 분명히 "대중" 미디어 환경이었다. 그러나 전후 라디오와 텔레비전 방송을 특징짓는 전국적인 지향을 갖는 매스 미디어 환경은 아니었다. 1940년 프랭클린 루즈벨트의 유명한 "노변담화fireside chats"는 25퍼센트의 라디오 수용자에게 도달했는데, 이는 1960년대와 70년대 동안 텔레비전을 통해 대통령 연설을 본 수용자의 절반에 해당하는 비율이다(Craig 2000; Eshbaug-Soha and Peake 2011). 또한 1960년대와 70년대 특히 대부분의 석간신문의 몰락과 함께 등장한 지역local과 지방regional 독점적인 신문 미디어 환경도 아니었다. 이 장의 목적을 위해 가장 중요한 점은, 당시의 미디어 환경에는 오늘날 미디어 환경에서 가장 중요한 두 개의 뉴스 미디어 플랫폼-텔레비전과 인터넷-이 없고 미디어가 오늘날보다 대부분 사람들의 일상에 더욱 협소한 부분을 차지해서, 오늘날 텔레비전과 웹처럼 늘 켜져 있거나 대기모드인 상황이 아니었다.

__ 지식의 형식들로서 디지털 뉴스

팍이 뉴스를 사건 지향적이고, 인과성(왜 일어났는지)과 목적론(무엇을 의미하는지)에 대한 논의가 빈약하며, 일시적이고 단발적이라고 기술한 것이 오늘날 대부분의 뉴스의 핵심적 특성을 포착하고 있다는 점에서 놀라울 지라도, 물론 지금의 미디어 환경은 전혀 다르다. 오늘날 미국은 16,000개 이상의 라디오 방송국, 2,000개 이상의 텔레비전 방송국, 그리고 1,300개 이상의 일간 신문과 수천 개가 넘는 다양한 종류의 디지털 뉴스 사이트로 지역화된regionalized 미디어 구조를 갖고 있다.2) 지역 및 지방 미디어가 여전히 대부분의 사람들의 미디어 레퍼토리의 중요한 부분을 차지하는 미디어 시장이지만, 실질적으로 다양한 전국 뉴스 미디어, 즉 텔레비전 네트워크 뉴스, 케이블 뉴스 채널, 그리고 뉴욕타임스와 허핑턴포스트처럼 세간의 이목을 끄는 소수의 웹사이트도 존재한다(1940년대 미국은 지역미디어는 많고 전국미디어는 소수였지만, 2015년 현재 전국미디어가 증가하고 지역미디어는 줄고 있다). 지금은 인터넷 디지털 미디어 환경으로 점점 브랜드가 된 웹사이트branded website뿐만 아니라 검색엔진과 소셜 미디어를 통해 뉴스를 접하고 있다.

대중 수용자가 같은 미디어 콘텐츠를 보려고 하는 수많은 개인들을 의미한다면, 팍이 논의한 시대적 환경과 동일하게 수많은 대중 수용자를 갖는 미디어 환경이다. 하지만, 팍 시대 그리고 1970년대와 80년대에도 비슷한 방식으로 집계되듯이, 대중 수용자가 *전국* 대중 수용자와 등치되는 미디어 환경이 아니다. 버락 오바마 대통령의 2015년 연두회견은 3천만 시청자와 (13개 텔레비전 채널을 통해) 20퍼센트의 합산 점유율을 보였다. 루즈벨트 대통령의 노변담화를 시청한 수치에도 못 미치고, 1993년 1월 빌 클린턴 대통령 연두회견 때의 6천 7백만 시청자와 44퍼센트의 시청자 점유율에서 현저히 떨어진 수치이다.[3] 슈퍼볼과 올림픽 같은 미디어 이벤트가 여전히 대규모 전국 시청자를 갖고 있지만, 일상의 뉴스 미디어 이용은 소수의 미디어 주변에 모인 몇몇 대규모 수용자라기보다 수용자 파편화와 수용자 중복audience duplication이 결합된 특성을 갖는다(Weber, 2014). 디지털 등장 이전의 주류 미디어가 대부분의 사람들에게 여전히 가중 중요한 뉴스 정보원이자 생산자로 남아있지만, 이들의 비즈니스 모델은 광고주의 디지털 플랫폼으로의 이동과 수용자 주목을 둘러싼 경쟁 과열로 인해 심각하게 훼손됐다. 뉴스를 위한 가장 중요한 미디어 플랫폼이 텔레비전과 인터넷으로(Newman et al. 2015), 이는 팍 시대의 지배적 뉴스 미디어와는 매우 다른 환경이다.

지금까지 뉴스가 보여 온 특정 시각을 가진 학자와 논평가들은 오늘날 텔레비전 뉴스와 디지털 뉴스가 제공하는 것에 대단히 비판적이다. 간략히 요약하면, 많은 이들이 상업적 압력의 증가와 수용자 경쟁의 강화가 인포테인먼트, 독선적인 콘텐츠, 그리고 센세이셔널리즘의 증가를 가져왔다고 주장한다(e.g., Fenton 2010). 제임스 팔로스James Follows-기자, 작가, 그리고 지미 카터 대통령의 연설 작가-는 디지털 뉴스에 대한 종합적인 평가를 "얕고, 분열을 초래하고, 신뢰할 수 없는"것으로 요약했다(Fallows 2011). (영국에서는 이러한 경향을 저널리즘에서 "처널리즘churnalism"으로의 변화로 요약한다.) 오바마 대통령도 이러한 평가를 공유하는 것으로 보인다. 2010년 조지워싱턴대학 학생으로부터 취임 첫해 그를 가장 놀라게 한 것이 무엇이냐는 질문에, 대통령은 다음과 같이 답했다:

> 글쎄, 어디서 시작해야 할까요? (웃음) 짧게 얘기를 해 볼까요. 워싱턴에서의 뉴스 사이클이 월간, 연간에 걸쳐 일어난 것이 아닌 분단위로 일어난 일에 집중하는 것에 놀랐어요. 24시간 뉴스 사이클은 너무 빨라서 주목도 역시 너무 짧고 장기적으로 사람들의 관심을 유지하기가 힘들어요. 돌이켜 보면 지금으로부터 향후 20년 미국의 성공을 위해 앞으로 중요한 일은 특정한 날 텔레비전에서 얘기하거나 블로그 또는 인터넷에 올라온 것이 아닐 겁니다.[4)]

학계, 논평가, 그리고 다양한 공적 인물들로부터의 비난은 분명하다. 뉴스 조직은 "**셔블웨어**shovelware•"(Barnhurst 2010)처럼 단순히 아날로그 콘텐츠를 디지털 플랫폼으로 옮기는 것을 선호하면서, 뉴스의 형식을 재창조하고 디지털 환경에 적응하는데 처음에는 늦었다. 하지만 지금은 진정으로 디지털 뉴스라고 할 만한 새로운 형식이 개발되고 있지만, 많은 비평가들에게 인상을 주고 있지 못하다. 저널리즘이 전통적으로 중요한 것을 재밌게 그리고 재밌는 것을 중요하게 만들어 사람들에게 정보를 제공하고자 했다면, 오늘날 비판은, 상업적 및 경쟁 압력과 기술 발전에 따라, 주목을 위해 재미있는 것을 가능하면 재미있게만 하려고 한다는, 그래서 중요한 것을 여전히 뒷전으로 한다는 점이다. 간단히 말해, 오늘날

• 책이나 신문에 인쇄된 정보를 무더로 인터넷이나 CD-ROM에 담은 것. - 옮긴이

뉴스가 팍이 1940년대 언급한 뉴스와 같거나 더 하다는 것이 비판의 요지이다. 즉, 사건에 더 집중하고, 인과성과 목적론에는 덜 집중하며(더 많은 논평과 분석을 제공할지라도, 이들 중의 몇몇은 독선적이고 추측에 근거한다), 훨씬 더 일시적이고 단발적이라는 것이다. 인식론적으로 잘 보면, 이러한 형식의 뉴스는 매개된, 간접적인 형식의 "앎"(이것, 저것, 그리고 다른 것)을 제공할지 모른다. 나쁘게 보면, 지식의 관점에서 아무런 의미가 없고, 그냥 인상-의미signal없는 소음-이 쏟아지는 것에 불과하다(Gitlin 2001).

처음부터 분명히 했듯이, 비평가들이 부분적으로는 옳다고 생각하지만, 우리가 가장 폭넓고, 다양하며, 그리고 풍부한 오늘날 뉴스의 방대한 형식을 오해한다면 이러한 비난 또한 잘못의 소지가 있다. 1940년에 팍은 "앎"과 "지식" 사이에 있는 지식의 *한* 형식으로 뉴스를 분석할 것을 그럴듯하게 제안했다. 그의 이상적인 형식은 이제 더 이상 모든 뉴스에 상응하지 않지만, 이는 대부분의 뉴스의 핵심 특성과 가장 중요한 뉴스의 형식들을 포착하고 있다. 하지만 이와 같은 단일한 시각은 오늘날 더 이상 유용하지 않다. 우리는 지금 팍이 제시한 몇몇 특성이 강화되어 속보와 가벼운 뉴스가 윌리엄 제임스가 제시한 스펙트럼에서 일종의 "앎"쪽으로 이동하는 발전뿐만 아니라, 마찬가지로 제임스 스펙트럼의 "지식"쪽에 가까운 뉴스 형식의 발전과 동시에 여전히 매우 많은 뉴스-매개되고, 공적으로 이용가능하고, (과학자에 의해서 제공되는 뉴스처럼) 다른 형식의 "지식"보다 훨씬 시의성이 높은 뉴스-가 존재하는 상황을 목격하고 있다. 디지털 뉴스는 실시간으로 트윗되고, 블로깅되며, 텔레비전으로 속보가 생방송되기에, 종종 우리는 뉴스가 지식의 형식이 아니라고 생각할 정도이다. 하지만 디지털 뉴스는 또한 롱폼 저널리즘, 심층적으로 세밀하고, 데이터에 입각한 상호작용적 특성을 가지며, 주문형 스트리밍과 다운로

드가 가능한, 잘 연구해서 만들어진 시사 및 다큐멘터리 프로그램이기도 하다. 뉴스가 훨씬 더 다양해짐에 따라, 이러한 특성을 잘 담기 위한 이상적 분류 유형이 필요하고, 모든 형식의 뉴스에 공통적인 하나의 일반적 경향만을 다루는 분석과 논평에 유의할 필요가 있다.

제임스 스펙트럼의 "앎" 극단에는, 점차적으로 무엇, 누가, 언제, 그리고 어디를 다루면서, 왜 그리고 그래서 어떤 의미가 있는지에 대해 덜 주목하거나 여지가 없어짐에 따라, 직접 경험처럼 뉴스를 일종의 지식으로 바꾸기 위해 콘텐츠의 지속적인 흐름을 이해하는 것이 미디어 이용자의 몫으로 남겨진 채, 비체계적으로 보도하는 뉴스 형식이 점차 중요해지고 있다. 페이스북 포스팅, 140자 트윗, 스마트폰과 스마트워치의 뉴스 알림, 인스타그램에 공유된 57초 동영상 또는 이미지 등은 일종의 인상을 주지만, 이들 배후에서 뉴스 조직이 아무리 진지하고 견고할지라도, 관계, 인과성, 또는 목적론에 대해서는 많은 것을 제공할 수 없다. 24시간 텔레비전 뉴스 채널은 이러한 경향을 가장 잘 보여준다. 관계를 보도할 시간과 공간이 없기 때문이 아니라(24시간 채널이다), 실시간으로 속보를 전달하고 생방송을 해야 한다는 필요가 지식의 관점에서 이러한 전반적인 기획의 가치를 의문시하는 상황을 초래하는 형식으로 만들어지기 때문이다. 미국의 다른 케이블 뉴스 채널보다 뉴스 저널리즘의 전통적인 형식을 더욱 따르는 CNN의 몇몇 예를 들어보자: 2012년 6월 28일, CNN은 방송, 웹사이트, 트위터에 "고등법원이 비헌법성을 발견한 조치High court finds measure unconstitutional"라는 부제와 함께 "폐지된 권한Mandate struck down"이라는 기사를 대서특필 했는데, 이는 대법원이 건강보험개혁법("오바마케어Obamacare")이 위헌이라고 판결했다고 잘못된 암시를 주고 있다. 실제로 대법원은 5-4 판결로 이를 지지했다. 2013년 4월 18일, 추적이 계속 진행 중에도 불구하고, CNN은 보스턴 마라톤 폭파사고 이후에 피의자가 체포

됐다고 오보를 했다. 이 두 사건은 케이블 텔레비전 뉴스 시청자의 이목을 끄는 사건이면서, 동시에 오보를 낳은 사례이다.

텔레비전 뉴스 속보만이 뉴스 같은 콘텐츠를 끊임없이 제공하는 것은 아니다. 웹사이트에서 지속적으로 업데이트되는 뉴스 피드, 세간의 이목을 끄는 정치 연설, 제품 출시, 또는 스포츠 이벤트 같은 개별 사건을 다루기 위한 라이브 블로그, 그리고 페이스북과 트위터부터 인스타그램과 스냅챗까지 써드파티third-party 소셜네트워킹 사이트를 통해 퍼트려지는 수많은 콘텐츠 흐름도 이에 해당한다. 알프레드 허미다Alfred Hermida (2010)는 "편재된 뉴스ambient news"라는 용어를 통해 어떻게 트위터 같은 마이크로 블로깅 플랫폼이 다양한 정보원으로부터 단편적인 정보를 온라인으로 지속적으로 제공하는 "알림 시스템awareness system"으로 작동하는지를 설명한다. 이는 미디어 산업에 종사하는 사람들이 광범위한 현상으로 간주하는 것의 일부로, 여기서는 디지털 정보가, 에릭 숀펠드Eric Schonfel의 말대로, "점차 특정 웹페이지가 아닌 곳에서 실시간으로 전달된다."5) 이는, 텔레비전 속보처럼, 현재성nowness과 정보의 중단없는 흐름을 토대로 시간 역순으로 구성된 웹이다. 페이스북과, 특히 트위터 같은 소셜 네트워킹 사이트에서, 뉴스 브랜드 등이 소셜네트워킹 사이트를 이용해 어떻게 자신의 콘텐츠를 전달하는지(한 추정에 의하면, 평균적으로 해당 링크에 대해 약 1퍼센트의 이용자 클릭을 보임[Thompson 2015])를, 그리고 버즈피드Buzzfeed와 타임즈 와이어Times Wire 같은 선도적인 디지털 뉴스에서도 이러한 현상을 목격하고 있다(Madrigal 2013). 이와 같은 콘텐츠의 흐름이 학계, 논평가, 그리고 공적 인물이 개탄하는 현상에 해당한다. 이들은, 기자들에 의해 생산되고 넓은 의미에서 "나에게 새로운" 것과는 다른 의미에서 "뉴스"로 분류할 수 있다는 점에서, 여전히 뉴스이고, 매개되며, 공적으로publicly 이용가능하지만, 많은 면에서 비체계적이라는 점에서, 텔레비전 단신 뉴스와 신문의 전통적인 형식을 띠는 윌리엄 제임스가 말한 "앎"쪽에 더 가깝다. 이는 (매개되어 간접적인) 인상을 주지만, 관계를 전달하지는 않는다. 그리고 많은 것이 여백으로 남아 있다.

하지만 이것이 전부가 아니다. 이 점은 단순하지만 중요하다.6) 제임스가 말한 "지식"에 훨씬 더 가깝게 더욱 매개되고 공개적으로 이용가능한 뉴스가 오늘날 역시 존재한다. 뉴스 산업의 위축으로 전반적으로 특집 보도가 줄었지만, 지난 수십 년 동안 24시간 뉴스 채널과 다양한 디지털 뉴스에서 제공되는 즉각적이고 비체계적인 뉴스와는 확연히 다르고 또한 팍 시대의 뉴스의 형식과도 다른 다양한 형식의 롱폼 저널리즘 long-form journalism, 설명 저널리즘explanatory journalism, 그리고 새로운 형식의 데이터 저널리즘을 접하고 있다. (캐터린 핑크Katherine Fink와 마이클 셧슨Michael Schudson[2013]은 이러한 현상을 "맥락 저널리즘contextual journalism의 등장"이라 불렀다.) 다나 프리스트Dana Priest와 윌리엄 아킨스William Arkins의 탐사보도로 워싱턴 포스트가 "일급 비밀 미국Top Secret America"이라는 기사를 통해 9/11이후 국가 안보와 정보 서비스의 성장에 대한 방대한 보도를 한 예로 들어 보자. 이 프로젝트는 거의 2년에 걸쳐 27명의 다른 조력자가 참여해 총 4부로 구성된 신문 기사, 추가 이야기, 비디오, 멀티미디어 인터랙티브 그래픽, 그리고 검색이 가능한 데이터베이스를 포함한 프로젝트 전용 웹사이트, 프로젝트 블로그, 페이스북 페이지, 트위터 계정, 공영방송PBS의 한 시간 분량의 다큐멘터리 프로그램인 *프런트라인 Frontline*(과 후속편)뿐만 아니라 책이 여기서 만들어졌다. 이것이 무엇이든 간에, 이는 "앎"도 아니고, "홍보성기사churnalism"도 아니다. (이는 수용자와 그들의 일상적인 관심 혹은 세상의 관점 등을 연결하지 않았다는 점에서 매개된 공공public 지식의 형식으로서 다른 단점이 있을 수 있다.)

또는 이라크와 이슬람국가의 갈등에 대해 현재 만들어진 뉴욕타임스의 시각 안내서의 경우, 지속적으로 업데이트와 최신 디지털 기술을 이용해 그 지역에 대한 전통적인 보도(텍스트와 사진)와 멀티미디어 인터렉티브 맵, 주석이 달린 유프라테스와 티그리스 강 인공위성 이미지, 미국의 공중폭격 지형도, 이슬람국가 전사들의 출신지에 대한 데이터 시각화, 오스만 제국까지 거슬러 올라가는 해당 지역의 역사적 지도, 기타 많은 것을 함께 제공하고 있다. 이는 훨씬 체계적인 보도로, 여전히 무엇, 누가, 언제, 어디서에 주로 관심을 두지만, 왜와 그래서 어떤 의미가 있는지에 훨씬 더 많은 관심을 두며 개별 뉴스 기사를 뛰어 넘는 스토리텔링 형식 또는 새로운 형식의 디지털 표현 양식을 받아들인 복수의 시리즈물이다. 이는 인상주의적impressionistic이지 않다. 이는 관계에 대한 것으로, 제임스가 말한 "지식"에 더 가깝지만, 여전히 매개되고 공공적으로 이용가능하다. 이는 비영리기구, 씽크탱크, 그리고 학계에 의해 생산된 "지식"보다 훨씬 시의성이 높다. 여기서의 논점은 이런 종류의 심층 보도가 케이블 뉴스와 디지털 뉴스 피드에 의해 제공되어 편재하는 뉴스보다 본질적으로 우수하다는 것이 아니다. 또한 이런 종류의 보도가 완벽하다는 것도 아니다(예를 들어, 데이터 저널리즘은 검증하기 어려운 데이터 묶음에 지나치게 의존하고, 좋은 자료를 갖고 있는 탐사보도 기자 또한 실수를 한다). 논점은 이러한 보도가 기존의 형태와 다르고, 더 다양하고, 다른 종류의 뉴스가 공존하며 그리고 이 모두가 오늘날 다른 형식의 지식으로서 뉴스의 특징을 보여준다는 것이다.

업계 전문가가 제기한 디지털 뉴스 논의 중, 미국 작가 로빈 슬론Robin Sloan은 인상의 줄기the stream of impression(그가 "흐름flow"이라 부른)와 보다 지속가능한 것인 "쌓아두기stock"를 구분할 것을 제안했다.

흐름은 공급feed이다. 이는 게시글이고 트윗이다. 사람들로 하여금 그들이 존재하고 있음을 알려주는 일상 그리고 시시각각sub-daily 업데이트의 줄기이다.

쌓아두기는 지속가능한 것이다. 이는 오늘만큼이나 두 달(또는 두 해)이 지나서도 흥미있는 콘텐츠다. 검색을 통해 사람들이 찾을 수 있다. 이는 천천히 하지만 확실히 퍼지는 것으로 시간이 흐름에 따라 팬을 형성한다.7)

1940년, 팍은 지식의 한 형식으로서 뉴스를 윌리엄 제임스가 제시한 스펙트럼의 양 극단 사이, 즉 직관적, 비체계적, 직접적인 "앎"과 보다 공식적, 체계적, 그리고 주로 간접적인 "지식" 사이에서 지식의 한 형식으로 자리잡아, 매개되고 공공적으로 이용가능하며 (1) 사건과 과정 지향적 (2) 인과성 또는 목적론에 대한 논의 부족, 그리고 (3) 일시적이고 단발적인 속성으로 특징지을 수 있다고 주장했다. 이러한 점의 대부분이 여전히 많은 뉴스에 그대로 적용된다. 하지만, 팍이 제시한 이 같은 단편적 시각은 디지털 뉴스에는 점점 유용하지 않다. 하나의 이상적 유형은 점점 다양해지고 변하는 현상을 드러내기에 더 이상 적합하지 않다. (이상형의 지적 유용성은 그들이 늘 혼란스러운 현실에 조응하느냐가 아니라 이러한 어지러운 현실을 정리하고 가장 중요한 측면을 이해하는데 도움이 되느냐에 달려 있다.) 많은 사람이 주장하는 것처럼, 뉴스의 일부-분량으로는 대부분-는 제임스가 말한 "앎"에 보다 가깝고, 고정적인 텔레비전 뉴스와 디지털 뉴스 피드의 줄기가 자유롭고 지속적으로 흐르고 인상을 제공하지만, 이야기 구조 또는 관계에 대한 점에서는 아무것도 제공하지 못한다. 이러한 현상을 인상으로서의 뉴스news-as-impression라 부를 수 있다. 이의 일부는 팍이 19세기 중반에 분석한 것과 거의 유사하지만, 그가 제시한 몇몇 측면은 더 강화됐을 수 있다. 이러한 현상은 아이템으로서의 뉴스news-as-item로, 개별 기사와 이야기의 형식으로 존재한다. 하지만 동시에, 헤드라인과 이야기를 넘어선 롱폼, 설명적, 그리고 데이터 저널리즘의 혼합이 등장했다. 몇몇 종류의 뉴스는 점점 보다 공식적, 체계적, 그리고 제임스가 얘기한 간접적 "지식"에 가까운 지식을 제공하지만, 부분적으로 현장보도와 증언(대리로 매개된 직접 경험)에 기반하고 시사에 대한 다른 형식의 "지식", 예를 들면, 사회과학과 인문학보다는 훨씬 시의성이 높다는 점에서, 두말할 것 없는 뉴스다. 이를 관계에 대한 뉴스news-about-relations라 부를 수 있다. 뉴스는 여전히 역사의 초고를 제공하지만, 이 원고는 갈겨 쓴 즉흥적인 인상과 흐름 속에 공유되는 것부터 20세기 뉴스가 제공했던 것을 훨씬 넘어 보다 자세하고, 데이터에 입각해, 체계적인 형식의 설명적 저널리즘까지 아우르면서 점점 다양한 형식을 띄고 있다.

이러한 전개-20세기 앎과 지식 사이에 있는 지식의 한 형식으로서의 뉴스로부터 더 많은 앎과 더 많은 지식을 포함한 보다 다양한 형식으로서의 지식인 디지털 뉴스로-의 일부는 버즈피드의 조나 페레티Jonah Peretti와 복스 미디어의 멜리사 벨Melisa Bell같은 선구자와 CNN과 *뉴욕타임스* 같은 기성미디어에 의한 진화적 사고와 관련된 직업적 혁신과 저널리즘적 야망에 드러난다. 이러한 경향이 저널리즘 직업 실천행위와 뉴스 미디어의 작업과정에 접목되면서 점점 뉴스 조직이 빠른 저널리즘fast journalism 뿐만 아니라 느린 저널리즘slow journalism도 추구하고 있다. 공유하기에 너무 긴 내용과 너무 짧아 심층적이지 않은 내용의 제작을 피하기도 한다. 하지만, 보다 근본적 수준에서, 이러한 경향은 뉴스가 생산되고 출판되는 보다 큰 기술적 시스템 내 발전에 의해서도 영향을 받고 있다. 이는 위에서 슬론Sloan이 언급한 "검색"에 잘 나타나 있고, 뉴스가 "일시적이고 단발적"인지 그리고 어떻게 그러한지에 대한 질문과 직접적으로 관계가 있다. 정보 콘텐츠의 관점에서, 많은 디지털 뉴스는 아마도 일시적일 것이다. 하지만 이것이 어떻게 매개되고 공공적으로 이용가능하게 되는지에 관해서는, 디지털 출판과 검색엔진, 특히 구글의 발전과 함께 이들 중의 대부분은 더욱 덜 일시적이다. 디지털 인문학자 레브 마노비치Lev Manovich는 일찍 이러한 핵심적인 변화를 포착했다. 2001년, "컴퓨터화중인 문화a culture undergoing computerization"의 다섯 가지 경향을 강조했다(Manovich 2001, 27-48).

1. 수학적 재현Numerical representation : 뉴미디어 대상은 데이터로 존재한다.
2. 모듈성Modularity : 뉴미디어의 개별 요인은 독립적으로 존재한다.
3. 자동화Automation : 뉴미디어 대상은 자동적으로 만들어지고 수정될 수 있다.
4. 가변성Variability : 뉴미디어 대상은 복수의 버전으로 존재한다.
5. 변환부호화Transcoding : 컴퓨터의 논리가 우리가 우리 자신을 이해하고 재현하는데 영향을 미친다.

이러한 모든 발전을 뉴스에서도 관찰 할 수 있다. 뉴스의 생산과정과 점차적으로 이용 시점에서 디지털 데이터라는 물리적 형식을 취하고, 모아서, 공유하고, 변형remix할 수 있으며, 그리고 뉴스를 새로운 디지털 방식으로 이용할 수 있게 하는 기술의 문화적 렌즈를 통해 드러난다. 이보다 앞서, 마노비치(1999)는 어떻게 인터넷이 이야기보다 데이터베이스에 우위를 두게 됐는지를 강조했는데, 이는 검색엔진이 의미론적 원칙보다는 링크 패턴과 페이지 순위에 기반해 웹을 탐색하게 한다는 점에서 선견지명을 보여 준다(그의 분석에서, 이러한 발전은 **신태그마**syntagm•와 패러다임paradigm의 관계에 있어서 기본적 전도를 보여주는 것으로, 즉 이야기

• 통사적 관계를 갖는 어구, 형태소, 단어, 그리고 구로 이뤄진 연속체. - 옮긴이

대로 흘러가고 데이터는 가려지는 상황에서 데이터베이스 패러다임이 중심이 되고 신태그마[이야기]는 덜 중심적인 상황으로 바뀌고 있다). 부분적으로는 미디어 콘텐츠의 수학적 재현(디지털 데이터의 형식)과 이의 모듈성(서로 독립적인 요인들) 때문에 검색엔진과 소셜 미디어 같은 새롭고 점점 중요해지는 디지털 중개자를 통해 새로운 방식으로 뉴스를 접할 수 있다(Bell 2014; van Dijck 2013). 체계적인 데이터에 공개적으로 접근할 수 없지만, 디지털 편집자와의 대화는 검색엔진과 소셜 미디어가 뉴스에 대한 웹 트래픽의 많은 부분을 차지할 뿐만 아니라 홈페이지에 대한 직접 방문, 검색엔진, 그리고 소셜 미디어를 통한 트레픽은 흥미롭게도 다른 시간적 지향을 보여주는데, 즉 홈페이지는 뉴스 업데이트에 의해, 검색엔진은 오래된 기사(이중 대부분은 몇 주 또는 심지어 몇 달이 지난 뉴스)에 의해, 그리고 소셜 미디어는 속보는 아니지만 최근 뉴스에 의해 트래픽이 발생했다.

가장 기본적인 수준에서, 마노비치가 기술한 디지털 미디어 등장의 특성들은 매우 일시적인 뉴스 콘텐츠조차도 이에 접근할 수 있다는 점에서 더 이상 단발적인 것이 아니다. 아무런 주제나 웹에서 검색하면 간혹 수년이 지난 뉴스도 포함해 전 세계 유수의 뉴스 조직으로부터 뉴스를 찾을 수 있다. 시사문제에 대해 소셜 미디어를 통해 공유된 링크를 클릭하면, 단순 속보 뉴스가 아닌 역사적 맥락을 제공할 수도 있다. 뉴스 미디어 조직 스스로 이 점을 점차 인식하고 있고-디지털 미디어가 우리가 하는 일을 이해하고 세상에 보여주는 방식에 영향을 미칠 것이라는 마노비치의 요점대로-다른 형식의 유통과 콘텐츠 제작을 위해 노력하며, 기존자료를 마케팅하고(간혹 수십 년 또는 심지어 한 세기 전까지 거슬러 올라가는), 뉴스 콘텐츠의 “유통기한”을 늘리기 위한 수단을 강구하며, 한 기사(옛 기사이건 새 기사이건 간에)에서 다른 기사(옛 기사이건 새 기사이건 간에)로 안내하기 위한 다양한 수단과 기술을 사용하고 있다. 이는 뉴스를 만나고, 경험하며, 탐색하는 새로운 방식으로, 우리 대부분이 뉴스와 관계를 맺을 수 있는 변화이다. 이러한 발전은 이제 막 초기 단계로, 검색엔진, 데이터베이스 내비게이션의 기술적 한계와 저장과 전송 비용 때문에 "발견가능성findability"의 차원에서 여전히 이미지, 오디오, 비디오보다는 텍스트 콘텐츠를 선호하지만, (2014년 유럽재판소European Court of Justice의 구글에 대한 전례없는 "잊혀질 권리Right to Be Forgotten" 판결에서처럼 누군가가 이것이 사라지길 원하지 않고, 소유권이 있는 데이터베이스에 보관하고 싶고, 사이트와 앱을 유지하기를 중단하지 않고, 또 찾기 어렵게 만들 필요가 없는 한) 뉴스로 만들어진 것이 결코 사라질 리가 없는 미래를 보여준다.

__ 지식 사회학의 새로운 장?

오늘날 디지털 뉴스는 사회적 실천행위, 조직 형태, 그리고 뉴스를 만들고 구성하는 미디어 기술의 변화로 인해 다양한 다른 형식의 지식을 보여주고 있다. 1940년대 로버트 팍의 분석이 여전히 우리가 뉴스라고 생각하는 대부분의 핵심 특성, 즉 과정보다는 사건지향적이고, 인과성 또는 목적론을 거의 체계적으로 다루지 않으며, 내용은 대개 일시적이지만 뉴스는 또한 조금씩 다양해지고 이들 대부분은 결코 일시적이지 않다.

디지털 뉴스의 몇몇 형식은-양으로는 아마 대부분의 디지털 뉴스- 우리의 직접 경험을 넘어선 세상에서 일어난 일들에 대한 매개된 인상을 제공하지만 왜 그러한 일이 일어났고 무슨 의미가 있는지에 대한 폭넓은 과정과의 관계 속에 이러한 사건을 거의 위치시키지 않는, 윌리엄 제임스가 말한 "앎"쪽으로 움직이고 있는 것으로 보인다. 이러한 뉴스-흐름news-flows

은 버즈피드 같은 디지털 미디어 조직뿐만 아니라 CNN(생방송과 온라인)과 *뉴욕타임스*(타임 와이어Time Wire, 트위터 계정, 스마트 워치의 헤드라인 서비스 등) 같은 기성 미디어 조직에 의해서도 만들어진다. 많은 비평가들은 이러한 형식의 뉴스를 개탄하는데, 몇몇은 그럴듯한 이유가 있다.

하지만, 이러한 전개는 사건간의 관계와 인과론과 목적론의 질문에 매우 많은 관심을 갖으며 시사에 "관한 지식"의 다른 어떤 형식보다 접근가능하고 시의적절하게 매개되고, 공개적으로 이용가능한 뉴스를 제공하는, 롱폼, 설명적, 데이터로 강화된 저널리즘, 즉 제임스가 말한 "지식"에 훨씬 가까운 디지털 뉴스의 형식이 동시에 성장하고 있는 것에 눈을 감아서는 안된다. CNN과 *뉴욕타임스* 같은 기성 미디어 조직은 심층적이고, 상세하며, 지속적인 탐사보도를 제작하는데 많은 자원을 투자하고 있고, 버즈피드 같은 사이트도 최근 미국과 영국에 탐사저널리즘 팀을 만들었다.

내가 인상으로서의 뉴스, 아이템으로서의 뉴스, 그리고 관계에 대한 뉴스라고 생각하는 다양한 형식의 디지털 뉴스 또한 팍 시대의 뉴스보다 현저히 덜 일시적이고 단발적이다. 이는 부분적으로 생산되는 콘텐츠의 특성에 관한 것이다-인상으로서 뉴스의 시간적 지향은 주로 "지금"이고, "아이템으로서의 뉴스"는 신문과 텔레비전 저녁뉴스와 관련해 대략 24시간 지속되지만, 관계로서의 뉴스의 경우 시간적 지향은 훨씬 길고 보다 지속적인 뉴스를 위해 뉴스 사이클과 단절한다. 이는 또한 기술과도 관련이 있는데, 뉴스 조직에 의해 디지털로 만들어져 온라인으로 남겨진 콘텐츠와 다양한 데이터베이스 검색, 검색엔진, 그리고 뉴스에 관여하는 전혀 새로운 방식을 제공하는 소셜 미디어를 통해 접근할 수 있는 뉴스, 즉 어제 또는 과년yesteryear으로부터의 뉴스가 있다. (덜 일시적이고 덜 단발적이고자 하는 뉴스의 형식을 위해 특히 중요하다.)

지식으로서의 뉴스에 대한 이와 같은 변화는 지식사회학의 새로운 장과 뉴스가 오늘날 제공하는 다양한 지식 형식에 대해 평가 할 가치가 있어 보인다. 물론, 이러한 변화의 함의를 이해하기 위해서는, 지식의 형식으로서의 디지털 뉴스는 다른 자기이해, 대중의 생각, 학문적 가설, 그리고 우리가 지니고 있는 규범적 이론과의 관계 속에서 이해되어야 한다. 아주 간략히 말하면, 지금까지의 증거는 뉴스가 보다 다양해지고 광범위한 일상의 미디어 행위 속에 깊숙이 자리 잡은 새로운 방식으로 접근할지라도(소셜 미디어 피드의 일부로 버스 정류장에서 폰으로 잠깐 보는 것과 같은), 대부분의 사람은 여전히 "뉴스"의 범주를 중요하고, 포괄적인 의미에서 "나에게만 새로운news to me"것과는 다른 것으로 간주한다. 하지만 엄청나게 많은 뉴스가 제공되어 점점 초선택high-choice 미디어 환경이 되어갈 때 사람들이 뉴스를 접근하는 방식은 뉴스 생산(기자의 자기이해를 포함해)과 뉴스 이용(대중의 생각, 뉴스의 사회적 의미, 뉴스의 이용 동기 등)간의 관계가 바뀌었음을 이해하는 것을 중요하게 부각시킨다(Prior 2007; Neuman et al. 2012; Boczkowski and Mitchelstein 2010). 알렉시스 마드리갈Alexis Mardrigal(2013)이 지적한 것처럼, 우리가 직면한 질문은 콘텐츠 생산자가 업계에 있는 사람들이 "쌓아두기stock"와 "흐름flow"이라고 일컫는 것 사이에서 어떻게 자신을 자리매김 할 것인지, 다른 중개자들이 어떻게 쌓아두기와 흐름을 조절하고 이들을 다룰 수 있는 방법을 제공하는지, 마지막으로 미디어 이용자로서 우리가 어떻게 쌓아두기와 흐름을 혼합하는지에 관한 것이다. (인상으로서의 뉴스, 아이템으로서의 뉴스, 그리고 관계로서의 뉴스의 공급 측면이 중요하지만, 수요 측면도 마찬가지로 중요하다.) 선도적인 디지털 뉴스 전문가들은 이러한 차이를 잘 인식하고 있고 다른 저널리즘적(상업 및 기타) 목적에 따라 각각의 형식이 갖는 이점을 살리며 저널리즘을 실천하는 새로운 방식을 실험하고 있다.

사람들이 아는 것에 미치는 뉴스의 영향력에 관심을 두는 학계에서, 디지털 뉴스의 새로운 형식의 발달은 흥미로운 방식으로 기존 이론 및 방법론적 디자인에 도전을 주고 있다. 뉴스와 지식의 관계를 연구하는 가장 중요한 세 가지 방식-서베이, 실험, 그리고 내용분석-을 떠올려 보자. 미디어 노출에 대한 자기 보고식 데이터에 의존하는 서베이 연구는 많은 점에서 이점이 있지만, 6초짜리 바인Vine 뉴스 비디오 또는 세밀하고 상호작용적인 멀티미디어 저널리즘 뉴스의 영향력을 포착하는 데는 그다지 적절하지 않다. 통제된 상황하의 실험연구는 뉴스의 내용과 형식에서 특정 변이가 갖는 중요성을 훨씬 잘 이해할 수 있지만, 뉴스 이용이 더욱 개별적인 행위가 되고 뉴스 콘텐츠가 더욱 유동적이고 다양한 카테고리가 되면서 외적타당도와 일반화의 문제에 점차 직면하고 있다. 아이템으로서의 뉴스에 대한 분석을 위한 내용분석 또한 방대한 분량을 매우 간결한 인상으로서의 뉴스와 개별 기사 또는 이야기를 넘어선 관계에 대한 늘어난 뉴스 형식을 코딩해야 하는 도전에 직면에 있는데, 이러한 도전은 더욱 현저해질 것이다. 왜냐하면 뉴스 조직이 보다 반응적인 형식의 디자인을 사용하기 시작하고 앞으로 자동적으로 개인화된 텍스트, 이미지, 비디오를 이용자 데이터에 기반해 개별 이용자에게 제공하게 될 것이 때문이다.

1940년 이래로 뉴스가 변했고, 또한 지식과의 관계에 있어서도 변화가 있음을 지적하는 게 그 자체로 놀랍거나 재미있는 일은 아니다. 뉴스는 역사적 현상이고, 시간에 따라 늘 변화했기 때문이다. 마찬가지로 뉴스는 사회적 맥락과 공간에 따라 다른 모습을 띈다. 하지만 이 장을 관통하는 두 가지 핵심을 강조하고 싶다. 첫째, 로버트 팍은 뉴스와 지식과의 관계, 즉 "무슨 일이 일어나고 있는지에 대해 모든 정보를 제공하며, 대중을 알게 하기 보다는 지향하는" 것으로서 (변화하는) 특성에 대해 여전히 통찰력 있는 논평을 제공하는 그의 1940년 분석은 다른 형식의 지식과는 달리 매개되고 공개적으로 이용가능한 정보로 뉴스를 정의하는 어떤 핵심 특질을 여전히 잡아내고 있다. 둘째, 팍의 미디어 환경 또한 물론 복잡하고 다양했지만, 오늘날의 미디어 환경은 훨씬 더하다. 비록 20세기 신문 저널리즘과 방송 정규 뉴스 형식(아이템으로서의 뉴스)의 중간지대가 허물어지고 있을지라도, 뉴스를 지식의 *한 형식*으로 생각하기 보다는 팍이 뉴스를 위치 지을 때 사용한, "지식"(관계에 대한 뉴스)과 "앎"(인상으로서의 뉴스) 양극단 사이에 존재하는 *다양한 형식의* 지식으로 뉴스를 파악할 필요가 있다.

Notes

1) 저널리즘 인식론은 터크만Tuchman(1978)과 에테마Ettema와 글레서Glaser (1998)을 포함해 약간의 주목을 받았다. 저널리즘의 타당성은 팩트체킹 기관들로부터 점점 메타-저널리즘적 보도의 한 주제가 되고 있다(Graves 2016).

2) 연방통신위원회FCC, 미국 신문 협회NAA, 그리고 저널리즘 수월성 프로젝트Project for Excellence in Journalism 2014 미디어 현황 보고서 자료.

3) http://www.nielsen.com/us/en/insights/news/2015/31-7-million-viewers-tune-in-to-watch-pres-obamas-state-of-the-union-address.html (accessed March 10, 2015).

4) http://www.whitehouse.gov/the-press-office/2010/10/12remarks-president-a-moving-america-forward-town-hall (accessed March 10, 2015).

5) http://techcrunch.com/2009/05/17/jump-into-the-stream/(accessed March 16, 2015).

6) 허버트 갠즈(1974)가 주목하듯이, "단순화dumbing down"에 관심있는 문화 비평가들은 종종 "단정화smartening up"라는 병렬 과정을 간과한다.

7) http://snarkmarket.com/2010/4890 (accessed March 13, 2015).

6 저널리즘 세계에 관하여

셋 루이스Seth C. Lewis
로드리고 자미스Rodrigo Zamith

마이클 셧슨Michael Schudson(2013)이 바란 대로, 우리가 저널리즘을 잠시 동안 멈추게 할 수 있다면, 그때서야 비로소 끊임없이 격변하는 변화의 시기 동안 직업 분야이자 패러다임 형식으로서의 저널리즘에 무슨 일이 일어났는지 평가할 수 있을 것이다. 그 다음에 디지털 미디어 기술이 넘쳐나는 세상에서 무엇이 뉴스가 되는지-어떻게 만들어져, 공유되고, 사용되는지-에 대해 감을 잡을 수 있을 것이다. 디지털 기술은 생산과 소비, 전문가와 아마추어, 공과 사 등 전통적인 구분을 복잡하게 하는 네트워크 체계를 가져왔다. 하지만 셧슨의 바람이 단지 농담조였을지라도, 이는 사실 훨씬 큰 우려, 즉 기술technologies이 공공의 삶에 대한 초고를 제공하고자 하는 직업이자 실천행위로 우리가 익히 알고 있는 것을 어지럽게 하는 이때 저널리즘을 이해한다는 것의 어려움을 표현한 것이다.

특히, 커뮤니케이션(Gillespie, Boczkowski, and Foot 2014)과 미디어 생활media life(Deuze 2012)에서처럼, 기술은 저널리즘의 모든 측면(Anderson, Bell, and Shirky 2012; Lewis and Westlund 2015)에서 점점 중요한 역할을 하고 있다. 물론, 기술이 저널리즘처럼 단일하고 안정적인 "대상thing"은

아니지만, 그럼에도 불구하고 저널리즘과 관련된 상당부분에서 최근 변화는 기술과 관련이 있다: 많은 뉴스룸에서 규범이 되고 있는 "융합convergence"과 "디지털 퍼스트digital first"같은 생각부터 소프트웨어 코드를 쓸 수 있도록 저널리즘 전공생을 교육시키는 것에 대한 토론(Creech and Mendelson 2015), 기자와 컴퓨터 프로그래머가 함께 일하게 하는 풀뿌리 운동(Lewis and Usher 2014), 뉴스 앱과 인터페이스의 역할 증가(Ananny and Crawford 2015), 소셜 미디어 환경의 논리와 흐름에 맞도록 뉴스를 고치는 것(Belair-Gagnon 2015), 디지털 메트릭스를 통한 이용자 선호도에 대한 인식제고(Peter 2015), 그리고 방대한 디지털 데이터를 모아서 분석할 줄 알고 저널리즘을 위한 알고리즘과 자동화를 실행할 수 있을 정도의 컴퓨터 연산computational 마인드와 솜씨를 갖춘 기술적으로 뛰어난 사람을 찾는 구인광고의 범람(Lewis and Usher 2013) 등을 변화의 예로 들 수 있다.

기술이 보다 이목을 끌게 되면서, 뉴스 조직의 주변부 또는 외부에 있던 다른 행위자들이 중심으로 가깝게 이동했다(Nielsen 2012; Westund 2011). 예를 들어, 이메일 문제를 해결하고 웹사이트에 콘텐츠를 옮기던 컴퓨터광computer nerd이 이제는 뉴스를 보다 상호작용적으로 만드는 것과 같은 새로운 스토리텔링 기법을 고안하는데 관여하고 있다(Usher 2016). 이러한 기술자들의 일부는 코더coders가 된 기자이고 다른 기술자는 뉴스룸에 고용된 외부 웹 개발자와 데이터 과학자들이다. 이들이 누구든 간에, 이러한 변화는 저널리즘이 사회 시스템으로 이해되고 직업 행위로 적용되는 새로운 맥락에 기여한다. 결국, 이러한 변화는 다양한 형식의 뉴스 작업의 사회적 의미를 계속해서 재정의하는 새로운 종류의 상징적 상호작용symbolic interactions을 가능하게 한다. 결국 이러한 현상은 저널리즘 자체에 대한 재해석과 저널리즘 영역과 관련된 경계boundaries에 대한 논의를 끌어낸다(Carlson and Lewis 2015).

이 장에서 우리의 목적은 이러한 전개가 저널리즘의 개념화 및 기술과 저널리즘의 관계에 대해 어떠한 의미가 있는지를 고려하는 것이다. 특수한 경험적 사례를 분석하기 보다는, 이 장은 우리가 저널리즘 "세계worlds"라 부르는 것에 대한 폭넓은 개념적 자극을 불러일으키고자 한다. 저널리즘의 기술적 변화 속성을 제대로 이해하기 위해서는 저널리즘의 *집합적collective* 속성-서로 관련된 사람, 과정, 그리고 산물-과 특정 행위자와 행위에 부여된 상대적 지위, 즉 *가치평가valuation*에 초점을 두는 사회학적 시각을 갖는 게 중요하다. 상징적 상호작용주의symbolic interactionism를 이론적 틀로 삼고, 특히 벡커Becker(1982/2008)가 이를 "예술세계art worlds"에 적용한 것을 근거로, 우리는 저널리즘-구체적으로 편재ambient, 데이터, 그리고 알고리즘 저널리즘algorithmic journalism-을 일련의 독자적이지만 서로 연관된 "세계"로 간주하길 요구한다. 이러한 세계는 사회적 행위자, 노동 행위, 물리적 인프라, 그리고 생산물의 유형을 나타내고 이들이 집합적으로 특별한 형식의 저널리즘을 가능하게 하고 정당화한다.[1)] 다시 말해, 행위자, 관습, 그리고 협동적 행위들의 특수하지만 끊임없이 변하는 배열configuration이 특정한 형식의 저널리즘을 가능케 하고 제한하기도 하며, 이들 개인, 과정, 그리고 산물에 특정 지위를 부여하는데, 이는 이러한 정렬arrangements, 즉 세계worlds의 유연하고 틈이 있는 경계를 완전히 초월 할 수는 없다.

저널리즘을 세계의 관점으로 보면 적어도 세 가지를 강조할 수 있다: (1) 사회적 행위자들actors(인간들), 기술적 행위소들actants(기계들), 그리고 그들의 행위들 속에 존재하는 이질성heterogeneity; (2) 어떤 창의적 작업을 형성하게 하는 다양한 관습들의 발전과 협상; 그리고 (3) 비록 지속해서 바뀔지라도, 결과적으로 특정 사람, 행위, 그리고 생산물에 독특한 가치

(그리고 이에 따른 지위)를 부여하는 정렬arrangements. 이와 같은 가치평가는 점차 기계적인 지향이 증가하는 사회적 기획enterprise으로서의 저널리즘에 대한 기대와 이해를 구성하는데 궁극적으로 중요하다.

__ 분석틀로서의 세계

벡커Becker(2008)의 생각은 많은 점에서 상징적 상호작용주의, 즉 인간 행위와 사회적 과정의 주관적 의미를 강조하는 사회학의 주요한 이론적 관점에 근거하고 있다. 상징적 상호작용주의는 인간은 타인을 포함한 사물에 대하여 사회적 상호작용을 통해 개발된 의미에 근거해 행위를 하고, 이러한 의미는 해석적인 의미-만들기sense-making 과정을 통해 지속적으로 재구성된다(Blumer 1986; Snow 2001). 이러한 이론적 토대로부터, 벡커는 집합적 생산이 달성되고 의미가 부여되는 관습, 행위자, 그리고 행위의 사회적 세계를 조직하는 일반적인 개요를 보여주며, 예술적 생산, 유통, 소비, 그리고, 예술과 이를 넘어선 영역에 적용될 수 있는 정당화에 대해 생각하는 한 방식을 설명한다. 벡커에 의하면, 예술 세계는 이의 구성원들이 *예술art*이라고 간주하는 특수한 작업들의 창조와 유통을 둘러싸고 있는 행위자들의 협동적 네트워크를 가리킨다.

예술세계는 분명하고 안정적인 경계들을 갖고 있지 않지만, 서로 또는 사회의 다른 부분으로부터 완전히 다르지도 않다. 한 개인은 동시에 여러 예술세계에 속하면서, 각각의 협동적 네트워크에서 다른 기능을 하고, 더 나아가, 다른 정도의 인정-또는 불인정-을 받을 수 있다. 특히, 한 예술세계의 경계들과 특정 개인들과 이들의 기여에 대한 가치평가 또한 새로운 기술, 새로운 사고방식, 새로운 수용자의 출현 등에 따라 변한다.

벡커의 관점에서, 예술세계는 사회 시스템, 즉 "사물을 대하는 관습적 수단에 대한 공통적 지식을 통해 조직된 협동적 행위가 예술 세계에 두드러진 예술 작품을 만들어내는"(2008, xxiv) 사람들의 네트워크로 이해해야 한다. 반 마넨van Maanen(2009)이 주목한 것처럼, 집합적 (또는 협동적) 행위와 관습은 벡커 분석의 쌍생아적 핵심 개념이다. 그러나, 이 같은 두 가지 핵심 개념에, 암묵적이지만 덜 중요하지 않은 명성과 지위의 문제, 즉 예술세계에서 특정 사람, 과정, 생산물에 부여된 상대적 정당성에 대한 강조를 추가할 수 있다. 벡커의 마지막 장들은 "예술세계에서의 변화"와 "명성"에 대한 것으로, 지위는 이러한 변동fluctuations과 협상negotiations을 통해서 현저한 관심사가 된다. 예술계에서 변화가 어떻게 일어났고, 예술과 예술가의 명성과 관련해 어떠한 함의를 갖는지와 같은 문제는 격변의 시기에 저널리즘에 대해 생각하는데 있어서 대단히 중요하다.

비록 벡커가 그의 책에서 "예술art"과 "공예craft"의 구분에 많은 주의를 기울였지만, 이에 대한 논의는 이 장의 목적에는 그다지 중요하지 않다. 우리는 예술(또는, 보다 광의에서, 예외적 작업)은 어떤 심미적 요소를 보여주는 게 아니라 특정 세상의 구성원들이 특정 행위 또는 생산물을 예술적인 속성이 있는 것으로 간주하느냐에 의해 정의된다는 벡커의 제안을 따른다. 다시 말해, 벡커가 주장한 것처럼, 분석가들은, 특정 속성을 찾을 게 아니라, "적어도 자신들이 예술이라 부를 만한 것을 만들기 위해 협동하는 사람들의 무리를 찾아야"(2008, 35) 한다. 많은 기자들이 자신의 작업을 일종의 예술로 간주한다는 많은 증거가 있지만, 이 장에서 가장 중요한 것은 무엇 그리고 누가 평범하고 비범한 것으로 간주되는지, 즉 무엇이 일상적인 지원 작업이고 이를 넘어선 작업으로 간주되는지, 또는 무엇이 "창의적"이고 단지 "기술적technical"이라 불리는지에 대한 결정이다. 이러한 핵심 목표로부터 벗어나지 않기 위해, 이 장에서는 벡커의 통찰에 주목하고 저널리즘의 기술 지향적 형식에서의 변화를 연구하는데 있어서 그의 통찰을 사용하며 "예술세계art worlds"보다는 간명하게 "세계worlds"에 초점을 맞춘다.

__ 세계를 이해하기 위한 핵심 개념들

벡커의 분석 틀에서 핵심적인 것은 *집합적 행위collective activity,* 즉 예술은 복수의 개인들에 의한 협동의 결과라는 생각이다. 그는 "어떤 예술 작업도 최종적인 모습을 드러내기 전까지 수행해야할" 일련의 행위들이 있다고 주장한다(Becker 2008, 2). 달리 말해, 어떤 행위가 이뤄지지 않는다면, 그 작업이 다른 방식으로 일어날지언정, 이는 같은 작업이 아니다. 벡커는 예술의 생산과 관련한 통상적인 행위의 잠정적인 목록을 제시하는데, 이는 아이디어의 개발부터, 보조 행위(예를 들어, 카피 에디팅)의 확보, 수용자의 평가를 받는 것까지를 포함한다. 이러한 과정은 이러한 행위가 그럴듯하고 행할 만한 가치가 있다는 근거를 수립하고 유지하는데서 절정에 이른다. 이는 왜 어떤 것이 예술, 아마도 심지어는 좋은 예술인지에 대한 정당성을 제공하고 사회에서의 가치를 설명하는 마지막 행위이다. 궁극적으로, 이와 같은 일련의 행위들은 주목할 만한 작업 생산에 핵심인 협동적 연결고리를 만든다. 벡커가 말하길, "그래서 예술가는, 최종 결과물에 필수적인 사람들의 협동 네트워크의 중심에서 일한다. 그가 다른 누구에게 의존하더라도, 협동적 연결고리는 존재한다" (2008, 25).

필수적인 상호의존을 촉진하기 위해, *관습conventions*이 개발되어야 한다. 벡커는 관습을 "이제는 상례가 된 초기 협정"으로 "생산하는 작업과 관련한 모든 결정을 포괄하는"것 또는 "협동적 행위를 낳기 위해 공통적으로 지니고 있는 생각과 이해"로 정의한다(2008, 30). 규범과 관련이 될 수 있는 관습은 사용될 물질과 추상화abstractions 뿐만 아니라 이러한 물질과 추상화가 결합될 형식을 "지배하고," 그리고 주요한 작업의 생산자와 이의 수용자간의 관계를 "규제하기" 때문에 중요하다(Becker 2008, 29). 예술가와 같이 특정 세계에 있는 행위자들은 독립적 혹은 덜 제한받기 위해 흔히 관습을 깨기도 한다. 그러나 자신을 분리시킴으로써, 이러한 행위자들은 소외될 위험에 처하거나, 자신의 작품이 제한적으로 배포되고, 자신의 재능에 대한 가치valorization를 떨어뜨릴 수 있다.

벡커의 분석에서 핵심적인 마지막 개념은 *명성reputation*이다. 명성은 관련된 세상 내의 의견-일치과정consensus-building에서 나온다. 즉, 한 개인의 명성은 그 개인에 의해 만들어진 것이 아니라, 해당 세상에 속한 다양한 구성원들 사이 합의에 의한 것이다. 벡커가 말하길, 작업, 제작자, 학교, 장르, 그리고 미디어에게, 명성은 "개별 작업이 동일한 종류로서 얼마나 좋은지, 예술가가 얼마나 재능이 있는지, 학교가 유익한 기록을 갖고 있는지, 그리고 장르와 미디어가 예술인지에 대한 지름길" 같은 기능을 한다(2008, 362). 달리 말해, 개인의 명성은 개인과 개인의 작품에 부여하는 가치의 중심이기 때문에 중요하다.

__ 벡커에 기반하기 : 명성에서 지위로 이동하기

명성이라는 개념은 유용한 출발점을 제공하지만, 아마도 *지위status*라는 보다 큰 시각을 채택하는 게 신중해 보인다. 구체적으로, 명성은 자신을 동료들로부터 분리시키는 중요한 부분이다. 하지만, 한 사람이 협동적 네트워크 내에서 하는 기능 또한 그 가치를 정하는데 중요하다. 예를 들어, 한 네트워크에서 평범한 첼리스트와 그의 능력에 부여된 가치가 어느 유명한 음향 공학자의 것을 능가할 수 있다. 그래서 지위는 한 네트워트 구성원들이 특정한 형식의 작업을 다른 것보다 더 가치있는 것으로 분류함으로써 부여된다. 결국, 특정 행위자practitioners와 그의 재능을 다른 사람보다 더 필수적인 것으로 간주한다. 주요한 작품의 생산은, 모든 사람과 모든 사물을 중요히 여기면서, 공유된 관습을 둘러싼 협력을 요구하지만, 지위라는 개념은 모든 일과 기능이 똑같지 않다는 점을 강조한다. 한 세상의 구성원들은 다른 형식의 작품과 이 작품에 관련된 행위자에게 다른 가치평가를 부여한다.

결국, 지위는 가장 중요한 물리적 자원(예, 재원, 장비, 물리적 공간)과 사회적 자원(예, 핵심 직원과 조력자의 구분, 전문지식의 가치평가)의 할당과 관리에 영향을 미친다. 이는 누가 어떤 종류의 자원에 접근하고, 어떻게 이러한 자원이 "주목할 만한 작품"을 생산해서 유통시키는데 쓰이고, 어떤 방식으로 미래의 자원이 특정 과정을 추구하면서 확보될 수 있는지를 결정한다. 궁극적으로, 지위는 작품이 어떻게 보일지 뿐만 아니라, 특출한지 아닌지를 결정한다. 주목할 것은, 그리고 상징적 상호작용과 예술 세계에 대한 벡커의 적용과 일치하듯이, 지위는 아주 소유되는 게 아니라 오히려 특출한 것으로 보이게 되는 사물의 생산, 전시, 그리고 수용과 관련된 당사자들 간의 끊임없는 협상의 산물이라는 것이다.

__ 기술 지향적 저널리즘 세계

벡커의 렌즈로 보면, 저널리즘은 다양한 장르와 행위 주변에 형성된 독특한 세계로 구성되어 있다. 예를 들어, 스포츠저널리즘은 탐사저널리즘과 비교해 특별한 종류의 저널리즘으로, 다른 전문가 협회를 갖는데, 스포츠 기자들의 경우 스포츠 편집인 협회Associated Press Sports Editors(APSE)로 탐사보도 기자와 편집인Investigative Reporters and Editors(IRE)과 구분된다.

마찬가지로, 이러한 구분이 다른 종류의 저널리즘에 걸쳐있는 기능과 행위들에도 적용되어, 디자이너를 위한 뉴스 디자인 협회Society for News Design(SND)와 컴퓨터를 이용하는 기자를 위한 전국 컴퓨터를 이용한 보도 협회National Institute for Computer-Assisted Reporting(NICAR)같은 전문가 협회가 존재한다.

이와 같은 다른 세계가 틀림없이 특정 요소components와 구성원constituents을 공유할지라도-예를 들어, 분야를 초월해 기자를 연결하는 기자협회Society of Professional Journalists(SPJ)같은 네트워크를 통해-그들의 관습은 독특할 뿐만 아니라 행위자들에게 부여된 명성과 지위도 다양하다. 예를 들어, 네이트 실버Nate Silver와 그의 파이브서티에잇FiveThirtyEight 웹사이트는, 데이터 저널리즘 영역에서는 높은 관심을 받을지라도, 내러티브 또는 문학 저널리즘literary journalism에 대한 지향을 가진 세계에서는 별다른 주목을 끌지 못한다. 마찬가지로, 역삼각형 이야기 구조는 데이터 저널리즘 세계에서는 관습적일지 몰라도, 내러티브 저널리즘 세계에서는 대부분 받아들여지지 않는다.

이러한 세계가 역동적이고 끊임없이 변화하고 있다는 점을 주목하는 게 중요하다. 이들은 때론 협동적 구조와 행위들의 현저한 재조직이 필요하지 않은 경미한 방식이든 또는 다른 것을 배워 실행할 필요가 있을 정도로 보다 실질적인 방식이든 간에 점차적으로 변한다. 때때로, 이러한 세계는 갑자기 그리고 파괴적인 방식으로 변해, 생산되는 작업의 성격 또는 이행 중인 관습에 주요한 변화가 요구되는 혁명적 과정도 있다. "나머지는 그대로임에도 불구하고, 두어 개의 집단이 변화에 의해 대체될 때"(Becker 2008, 307)의 변화도 혁명적이라 할 수 있다. 벡커는 혁명적인 변화가 일어나기 위해 모든 협력적 행위의 패턴이 바뀔 필요는 없고, 그리고 특정 세계의 몇몇 구성원들에게 이러한 변화는 전혀 혁명적이지 않을 수도 있다는 점을 분명히 하고 있다.

몇몇의 경우에, 변화가 전적으로 새로운 세계의 창조가 필요할 정도로 포괄적일 수 있고 몇몇 세계는 존재하는데 다른 세계는 사라질 수도 있다. 특히, 세계는 새로운 개념과 사고방식의 발전과 함께 등장할 수 있는데, 픽션에서 담론의 한 형식인 "형식적 현실주의formal realism"의 부분적인 결과로 나타난 소설과 쌍안사진경stereoscope의 결과로 나타난 3차원 사진술을 예로 들 수 있다(Becker 2008). 세계는 예술 작품 자체는 대부분 변하지 않았지만 새로운 시장이 형성될 새로운 유통구조와 "이전 것을 닮은 1960년대의 새로운 락 뮤직"의 등장처럼 새로운 수용자의 등장과 함께 올 수도 있다(Becker 2008, 313).

__ 저널리즘에서의 기술 변화

세계의 등장과 몰락에서 한 가지 핵심 동인이 기술인데, 비록 불가피한 것은 아닐지라도 혁신은 새로운 예술 작품과 유통망을 만든다(Becker 2008). 학자들이 주지하다시피, 저널리즘은 최근 몇 가지 근본적인 변화를 겪어 왔는데, 벡커의 개념에 따르면 점진적이기보다는 혁명적인 변화이다. 예를 들어, 오랫동안 기자들의 가장 큰 고용주였던 많은 선진국 신문사들이 2000년대 중반 위기 동안 갑자기 고수익 효자 상품에서 대량 실직, 재구조화의 대상, 적은 비용으로 많은 일을 해야 하는 업무 부담 등으로 인해 위험 직종으로 변했다(Picard 2011; Soloski 2013). 한편, 미디어 환경에서 수용자 주목을 위한 경쟁은 디지털-네이티브 뉴스 사이트, 모바일과 소셜 미디어, 그리고 바이럴 콘텐츠 제공자의 증가 속에 한층 격화되었고, 뉴스 이용자 자신이 자신의 뉴스 경험을 집단적이고 감동적으로 형성할 수 있는 더 많은 기회를 갖게 됐다(Papacharissi 2015).

피카드Picard(2014)가 언급했듯이, 이런 저런 변화들-기술적 혁신에 의해 많은 영향을 받은 변화들-은 뉴스 작업의 본질을 근본적으로 바꾸고 있고, 제도의 논리를 재구성하며, 새로운 뉴스 생산 양식의 출현을 가져오고 있다. 예를 들어, 피카드는 서비스 양식의 등장을 지목한다: 뉴스 상품이 뉴스 서비스로 변하고, 콘텐츠가 다양한 플랫폼에 유통되며, 배급된 syndicated 소재, 이용자 제작 콘텐츠, 그리고 다른 뉴스 제공자와의 연결 등이 점점 뉴스 조직 운영에 있어서 중요해지고 있다.

__ 편재, 데이터, 그리고 알고리즘 저널리즘 세계

서비스 양식으로의 변화는 디지털 큐레이션curation과 애그리게이션aggregation 기술의 중요성이 높아지는 것에 의해 감지되고 있다. 편재 저널리즘 ambient journalism, 즉 집단 지성의 흐름에서 기인한 뉴스 정보를 모아서 소통하는데 초점을 둔 저널리즘 형식(Hermida 2010)이 정당성legitimacy을 얻었고, 소셜 미디어가 점점 중요한 뉴스원이 되면서(Anderson and Caumont 2014), 독특한 세계가 만들어지고 있다고 할 수 있다. 이 세계에서는 방대한 분량의 정보를 효과적으로 살펴 추려내고 신속하게 질을 평가하는 능력이 기술의 입증이고, 그리고 범람하는 정보를 종합해 잡음을 극복하는 간단한 메시지-때로는 140자 미만-가 독보적인 작업이 된다. 이러한 능력이 구인광고에서 바람직한 것으로 늘어나고 있고, 기자들은 가상 공동체를 관리하면서, 자신이 작성한 뉴스에 대한 대화를 이끌고 이를 널리 퍼지도록 할 뿐만 아니라 뉴스 소재도 발굴하기를 어느 때보다 기대하고 있다(Bakker 2014).

또 다른 주목할 만한 기술적인 발전은 데이터 저널리즘의 성장이다(Fink and Anderson 2015; Howard 2014). 코딩턴Coddington(2015, 343)이

설명한대로, "데이터 저널리즘의 목적은 기자들의 역할은 공중을 대신해 데이터에 접근하고 이를 제시함으로써 공중들이 데이터를 분석하고 스스로 이해를 할 수 있도록 하는 것"이다. 이런 식으로, 데이터 저널리스트들은 데이터에서 이야기를 찾고 데이터를 통해 이야기를 한다. 이러한 과정은 기자들로 하여금 전통적인 기술인 스토리텔링 기술뿐만 아니라, 데이터 구조와 데이터베이스, 통계와 관련 소프트웨어, 그리고 많은 경우에 디자인과 시각화 프로그램에 익숙해질 것을 요구한다. 이러한 발전에 맞춰, 데이터 저널리즘 과목들이 저널리즘 스쿨의 교과과정에 도입되었다(Splendore et al., 2015). 이들 교과과정은 기교technical skills, 즉 데이터를 구하고, **에스큐엘 쿼리SQL queries**•를 작성하며, 구글 퓨전Google Fusion, 타블로Tableau, 그리고 관련 소프트웨어를 이용한 시각화를 강조한다.

이러한 발전은 뉴스작업 전반에 걸쳐 디지털 기술에 대한 의존이 심화된 과정의 일부로 볼 수 있다(Lewis and Westlund 2016). 기술적 *지원* 요소의 증가에 덧붙여, 저널리즘 분야는 알고리즘(또는 컴퓨터 연산computational)저널리즘 같은 기술 *지향적인* 발전의 등장 또한 접하고 있다(Anderson 2013; Young and Hermida 2015). 알고리즘 저널리즘은 "정보수집, 조직과 의미 찾기, 소통과 표현, 그리고 배포와 뉴스 정보에 대한 공중의 반응과 같은 저널리즘 행위에 컴퓨팅과 컴퓨팅 사고를 적용"시키고(Diakopoulos 2011, 1), 작업의 추상화와 자동화를 강조한다(Coddington 2015; Stavelin 2014 참조). 정보의 컴퓨터적 재현을 통해 자연어를 자동적으로 생성함으로써, 알고리즘은 스포츠 이벤트와 공개적인 자산공개와 같은 스토리를 만드는 스타트업에 의해 이용된 바 있다(Dörr 2015; van

• 관계형 데이터베이스 관리 시스템의 데이터를 관리하기 위해 설계된 특수 목적의 프로그래밍 언어이다. – 옮긴이

Dalen 2012). 로스앤젤레스타임즈 같은 주류 뉴스 조직 또한 해당 지역의 살인범죄에 대한 블로그 포스트를 자동적으로 작성하고 역동적인 지도로 만드는데 알고리즘을 사용했다(Young and Hermida 2015). 이들 모두, 점점 기술에 의존하는 작업 형식의 도입 뉴스 작업에서 인간과 기계의 교차점에서 전통적인 노동 역학을 복잡하게 만들면서 저널리즘에 새롭게 등장하는 사회적 행위자actors와 기술적 행위소actants간의 관계를 어떻게 개념화할 것인가에 대한 질문을 제기한다(Lewis and Westlund 2015; Lewis and Westlund 2016).

__ 지위 변화

편재 저널리즘, 데이터 저널리즘, 그리고 알고리즘 저널리즘은 비록 세상사가 그러하듯이, 서로 중첩될지라도 모두 독특한 세계로 보일 수 있다(표 6.1 참조). 구체적으로, 이들은 특정한 논리와 기술을 수반하고, 이들의 능력과 기여는 독특한 보상을 받는다. 이들 각각의 세계에 있는 주요한 행위자들은 각자의 세계에서 높은 지위가 부여되고 그들의 조직에서 보다 가치있는 사람으로 간주된다. 예를 들어, 앤디 카빈Andy Carvin이 컨퍼런스 연사로 많이 초청되었다는 것은 편재 저널리즘 세상에서 그의 지위가 올라갔다는 것을 보여준다(Hermida, Lewis, and Zamith 2014 참조). 마찬가지로, 가디언의 폴 루이스Paul Lewis와 뉴욕타임스의 라비 소마이야Ravi Somaiya는 런던 폭동 당시 소셜 미디어를 보도수단으로 사용해 주목을 받았다(Vis 2013). 더구나, 쇼티 상Shorty Award의 소셜 미디어 부문 베스트 기자상과 *프레스 가젯*Press Gazette의 소셜 미디어 저널리즘 상Social Media Journalism Award 뿐만 아니라 뉴욕 시립대학의 새로운 소셜저널리즘 석사학위의 등장은 독특한 세계를 만들고 정당성을 부여하는데 기여하고 있다.

표 6.1. 새롭게 등장하는 기술적 지향의 저널리즘 "세계들"의 예

	편재 저널리즘	데이터 저널리즘	알고리즘 저널리즘
집합적 행위	뉴스를 소셜 미디어 환경에 최적화함	데이터를 보다 공개적이고, 투명하며, 상호작용적으로 만듬	뉴스 생산의 공간을 확대시키는데 자동화를 적용함
관습	뉴스를 모으고, 검증하고, 공유하는 핵심 틀로 소셜 미디어를 사용함	데이터 셋에서 패턴을 밝히기 위해 사회과학적 방법론을 적용함	
지위	예) 앤디 카빈Andy Carvin의 트위터 기반의 아랍의 봄 보도	예) 네이트 실버Nate Silver의 파이브서티에잇FiveThirtyEight	예) 어소시에이트 프레스Associate Press가 계간 경제 보고서를 보도하는데 의존한 자동화 보도

비슷한 방식으로, 데이터 저널리즘을 둘러싼 독특한 뉴스 사이트도 등장해, 뉴욕타임스의 업샷The Upshot 블로그와 가디언의 데이터 블로그Data Blog 처럼 대형 미디어 조직의 하위단위부터 파이브서티에잇FiveThirtyEight와 복스Vox 같은 웹사이트를 예로 들 수 있다. 특히, 파이브서티에잇의 설립자인 네이트 실버Nate Silver는 데이터를 효과적으로 이용하고 맥락을 설정해서 기사를 작성하는 그의 능력에 대해 니만 저널리즘 재단Nieman Foundation for Journalism과 국제 디지털 예술과 과학 아카데미International Academic of Digital Arts and Science같은 조직으로부터 폭넓은 찬사를 들었다. 추가적으로, *콜롬비아 저널리즘 리뷰Columbia Journalism Review*는 토우 디지털 저널리즘 센터Tow Center for Digital Journalism와 함께 2012년 데이터 저널리즘 분야에서 "새로운 작업을 분석하고, 질문하고, 탐구"하기 위한

칼럼을 시작했다(Codrea-Rado 2012). 매년 봄에 열리는 전국 컴퓨터를 이용한 보도 협회NICAR의 연례 학술대회에서 데이터 저널리즘을 이끄는 모범적인 인물들이-대부분 프로퍼블리카ProPublica, *시카고트리뷴*The Chicago Tribune, 그리고 전국공영라디오NPR 같은 조직의 뉴스 어플리케이션 팀에서 일을 하는 기술자로 있다 저널리스트가 된 사람들- 차세대 컴퓨터를 이용한 기자Computer-assisted reporters, 즉 데이터가 스토리텔링을 만난 세상의 예술가들이라는 극찬을 받았다.

알고리즘 저널리즘의 영역에서, *뉴욕타임스*의 켄 슈벤케Ken Schwencke 사례가 뉴스의 일부를 자동화 할 수 있는 기자(그리고 기자가 아닌 사람)에 대한 가치가 증가하는 것을 보여준다. 로스앤젤레스 타임스에 일할 당시, 슈벤케는 미국 지질조사의 정보를 토대로 알고리즘을 프로그램화하고, 뉴스 가치가 있는 지진을 찾아내고, 이에 대해 지도를 첨부해 헤드라인과 스토리를 자동적으로 작성해서, 신문사의 블로그에 게시한 것으로 유명하다. 통신사 뉴스 같은 안내문을 이용해, 슈벤케는 잠을 자면서도 그의 경쟁자를 이길 수 있었다. 편집장들의 모임인 국제 편집자 네트워크Global Editors Network는 최근 연례회의에서 "로봇 저널리즘: 너무 늦게까지 기다리지 마라"라는 세션을 포함해 알고리즘 저널리즘에 대한 관심을 보였다. 마찬가지로, 2015년 "개발자, 인터랙티브 디자이너, 그리고 뉴스룸에서 코드를 좋아하는 사람들을 위한 컨퍼런스"(srccon.org 참조)인 소스컨퍼런스SRCCON 연례회의도 저널리즘에서 컴퓨터 연산 방법computational methods(예, 기계학습machine learning)을 이용하는 해당 세계의 선구적 이론가들을 선별해 복수의 세션을 마련했다. 특히, APAssociate Press는 기업의 수익보고서 데이터를 이용해 한해 12,000건 이상의 기사를 작성하는데 알고리즘을 이용해 큰 주목을 받았다. 또한 미국의 시라큐스 대학과 영국의 카디프 대학 같은 권위있는 저널리즘 스쿨에 컴퓨터 연산 저널리즘

computational journalism 대학원 프로그램이 개설됐다. 몇 년 이내에 컴퓨터 프로그램이 퓰리처 상-저널리즘 분야에서 명실상부한 예술성의 증표-을 받게 될 것이라는 선언은 저널리즘 작업을 하는데 있어서 알고리즘을 프로그램하는 능력의 가치가 높아지고 있는 것을 그대로 보여준다(Lohr 2011). 더 나아가, 이러한 전개양상은 저널리즘의 이상을 구체화 할 수 있는 알고리즘을 만들려고 하는 세계의 등장을 시사한다.

이상과 같은 예에서 보이는 공통점은 이러한 세계와 보다 넓게는 저널리즘 내에서 기술적 행위자의 숙달이 점점 중요한 것으로 간주되고 있고, 이러한 기술을 소유한 사람들의 지위가 올라가고 있다는 것이다. 벡커가 사운드 믹싱이 예술의 형식으로 진화하는 것을 짧게 기술한 것처럼 전통적인 예술세계에서도 이와 비슷한 전개양상을 찾아 볼 수 있다. 벡커는 한때 주로 공연의 음향을 기록하는 능력으로 기술 수준을 가늠하며 기술지원 스텝으로 간주되던 녹음 기술자와 음향 믹서의 예를 들었다. 그러나, 벡커가 언급했듯이, 고해상도 녹음과 복수의 트랙을 갖는 녹음 장치의 등장으로 이들은 다른 음향의 구성요소를 별도로 녹음하고, 조정하며, 다른 방식으로 혼합할 수 있게 되었다. 머지않아 음향 믹서가 레코드 앨범에서 주목을 받았고, 음향 믹싱 자체가 특별한 재능을 요하는 독특한 예술적 행위로 간주되기 시작했다. 벡커(2008, 18)에 따르면, "한때 단순한 기술적 장기speciality였던 음향 믹싱이 예술 과정에서 핵심이 되었고 그만한 인정을 받았다."

저널리즘 영역에서도, 비슷한 변화가 생겨서 기술적 능력을 가진 개인들이 뉴스 조직의 주변부에서 보다 핵심적인 위치로 옮겨가고 있다. 예를 들어, 애론 필호퍼Aron Pilhofer 같은 인물은 "회사의 구석진 곳에 위치해 스프레드시트와 이메일 문제로 도움을 청하는 괴짜"(Pilhofer 2010, para. 4)에서 가디언의 디지털 부문 편집장이 된 것처럼, 이러한 변화는 기술적 행위소actants를 효과적으로 이용할 줄 아는 능력에 대한 인정을 보여준다. 특히, 이러한 능력은 이를 소유한 뉴스 제작자가 개인적 노동 또는 대형 팀에서 중요한 역할을 하는 형태로, 범람하는 시장에서 보다 쉽게 차별화될 수 있는 뉴스 생산물-상호작용적 데이터 기반 시각화-을 만들게 한다. 그리고, 이러한 기교에 대한 수요는 "뉴스 비즈니스는 공익적으로 코딩을 할 수 있고 미래의 디지털 뉴스 생산물을 만들 수 있는 사람을 필요로 합니다. 당신이 코딩을 할 수 있으면, 당신을 위한 일자리가 있습니다" 라고 전면에 기재한, 뉴스 광 일자리News Nerd Jobs 같은 구인광고에 반영된다. 이러한 기술적 작업이 예술 또는 유사예술art-like 자격이 있는지는 확실히 논란이 있을 수 있다. 하지만, 그럼에도 불구하고 이러한 개인들에게 부여된 현저함과 명망-사실상, 지위-은 분명하다. 뉴스작업은 공유된 관습을 둘러싼 협동적 행위에 의존하지만, 어떤 특정 역할과 관련된 인기는 늘 유동적이다-그리고, 현재로서는, 비록 저널리즘 훈련을 받지 않았을지라도, 이들의 기술이 매우 탐이 날정도로 소위 컴퓨터광과 은둔자ninja들에게 우호적인 상황이다. 당연히 자원지원도 늘고 있는데, 예를 들어, 주요 뉴스 조직은 최고의 개발자를 모시기 위한 경쟁을 하고 데이터 시각화를 통해 뉴스를 구현하는 예술을 실현하고자 하는 "데이터 분석가grinder와 디자이너"(Phelps 2012, para. 1) 팀을 구성하고 있다(Howard 2014).

추가적으로, 주로 빅데이터big data를 둘러싼 담론의 등장과 공개적으로 이용가능한 데이터의 증가로 인해(Lewis 2015), 기술적 노하우를 가진 개인들이 예외적인 사례에 초점을 두는 비전형적 보도로부터 중심 경향에 초점을 두는 보다 일반화된 보도로 변화를 이끌 수 있다. 예를 들어, *로스앤젤레스타임스Los Angeles Times*의 한 기자는 영과 허미다Young and Hermida (2015, 390)에게 다음과 같이 말한다: "아웃라이어가 범죄뉴스에서 정말로 자주 보도될 수 있다. ... 하지만 아시다시피, 이는 범죄의 아주 작은 부분에 지나지 않는다. ... 그러나 데이터가 우리에게 제시해 줄 수 있는 것은 ... 도시의 한 현상인 범죄에 대해 전체적으로 파악하기 위해 노력하는 것이다." 사건을 정확하게 그리고 뉴스가치가 있는 사건의 상대적 중요성을 반영해 종합적으로 뉴스를 만드는 능력이 비록 예술은 아닐지라도 가치있는 노동으로 점점 인식되고 있다.

끝으로, 기술은 뉴스의 상품화에 기여했고, 그래서 대화체의 뉴스 내러티브와 관련된 지위를 바꿨다. 분단위로 모니터링을 하는 미디어 환경에서 뉴스 조직의 동일화isomorphic 경향이 늘었고, 이는 점점 비슷한 뉴스를 만들어냈다(Boczkowski 2010). 이러한 동질성의 결과 중 하나는 주요한 이벤트에 대한 구글 검색결과가 보여주듯이, 현재 역피라미드 구조인 뉴스 스토리는 상당히 중복됐고 서로 구분이 안 된다는 점이다. 뉴스 관행이 크게 바뀌지는 않았지만-팩저널리즘pack journalism은 수십년 동안 존재했었다-웹 플랫폼이 뉴스 생산의 제도적 속성을 좀 더 자세히 드러내고 있다(Ryfe 2012). 최종 결론은 관습적으로 뉴스를 작성하는 능력만이 더 이상 중요한 것이 아닐지 모른다; 이러한 지위는 차별화가 사라지면서 떨어지기 시작했다. 전통적인 기자에게 도움이 안 되는 것은 컴퓨터가 작성하는 저널리즘automated journalism 또는 "초기 프로그램 선택을 넘어서는 인간의 개입을 제한하면서 데이터를 내러티브로 전환하는 알고리즘 과정"(Carlson 2015, 417)의 등장이다. 칼슨Carlson이 보여준 것처럼, 내러티브 사이언스Narrative Science와 로봇이 작성한 뉴스를 제공하는 다른 업체들이 증가하는 과정에서 펼쳐진 드라마는 기존의 관습이 해체될 때 무슨 일이 일어날지를 보여주는데 즉, 특정한 형식의 인간 노동(그리고 이의 지위)에 대한 상대적 필요성이 의문시되고, 저널리즘의 권위와 광의에서 저널리즘의 규범적 역할에 대한 우려를 낳고 있다.

__ 분석틀로서의 세계의 기여

우리가 편재, 데이터, 그리고 알고리즘저널리즘 세계에 대해 가정한 것은 문헌뿐만 아니라 직접 관찰과 2011부터 2015년에 걸쳐 실시된 다양한 단계에서의 현장조사로부터 개발된 일련의 "*가설적인hypothesized*" 개념이라는 점을 감안해야 한다. 게다가, 현재 존재하거나 또는 새롭게 등장하는 것 중에서도, 여기서 가정한 저널리즘 세계는 이들의 실제적인 경계, 구성성분, 그리고 함의를 밝히는 조사가 필요하다. 하지만, 비록 가설적인 형태이긴 하지만, 이들 개념은 저널리즘과-기술의 교차에 대한 새로운 사고를 자극한다. 즉, 이들은 집합적 행위, 관습, 그리고 지위부여의 독특하지만 서로 관련된 영역이 구성하는 영향력(그리고 이에 의해 구성된 영향력)에 대한 주의를 끈다. 이러한 방식으로, "세계"라는 관점은 저널리즘 연구에서 적어도 세 가지 핵심 사항에 대해 더욱 주목을 하게 한다:

1. 모범적인 작업을 포함해 저널리즘 생산물은 문헌에서 전형적으로 고찰된 것보다 더욱 이질적인 사회적 행위자actor와 기술적 행위소actant로 구성된 협업의 결과이다.
2. 이러한 협력은 특정한 작업의 출현을 용이하게 또는 제한하기도 하는 관습에 의해 가능해진다.
3. 수반된 합의는, 비록 저널리즘에 대한 일반적인 이해에 기여할지라도, 특정한 행위자, 작업들, 그리고 세계 사이에 차이가 있는 노동의 형식에 대한 가치평가와 함께, 끊임없이 바뀐다.

*예술세계Art Worlds*에서 벡커(2008)의 핵심 기여 중 하나는 혼자 힘들게 일하는 예술가의 신화에 구멍을 낸 것이다. 그가 보여주듯이, 예술가

는 기술자와 예술로 간주되는 사물을 다루는데 사용된 기술을 포함해 (그리고 이 장을 위해서도 반드시 포함되어야 할) 다양한 혼합의 사회적 및 물질적 형식의 지원을 받는다. 루이스Lewis와 웨스트룬드Westlund(2015)가 제안했듯이, 저널리즘의 변화를 이끄는 과정에 대한 질문은 평범한 그리고 뛰어난 저널리즘 작품을 만드는데 결부된 적어도 사회적 *행위자* *actor*, 기술적 *행위소actant*, *수용자audience* 유형, 그리고 작업 실천 *행위* *activities* 즉, 네 개의 A에 대해 의식해야 한다. 예를 들어, 브라운Braun (2015)이 보여주듯이, MSNBC.com에서 한 영상의 제작과 유통은 뉴스 생산자와 소비자에 적합한 특정 행동유발성affordance-이들 대부분은 의도하지 않았고 얼핏 반직관적이다-을 낳는 다양한 행위자들에 의해 개발된 복수의 기술을 사용한다. 처리과정 외에도, 상호작용적 범죄 지형도처럼 단순한 것도 다양한 전문지식을 필요로 한다. 예를 들어, 커크Kirk(2012)는 데이터 시각화를 위해 필요한 여덟 가지 직책을 제시했다: 제안자, 데이터 과학자, 기자, 컴퓨터 과학자, 디자이너, 인지 과학자, 커뮤니케이터, 프로젝트 매니저. 여덟 개의 모든 직책을 효과적으로 할 수 있는 전문지식을 갖고 있는 사람은 거의 없다. 오히려, 스밋Smit, 한de Hann, 그리고 부이스Buijs(2014)가 언급했듯이, 이러한 인물들-일반적으로 다른 배경과 우선권을 갖는-간의 협업이 성공적인 시각화의 핵심이다.

저널리즘은 언제나 수많은 인간 행위자actor와 비인간 행위소actant에 의해 수행된 다양한 행위들을 수반한다. 그럼에도 불구하고, 편재, 데이터, 그리고 알고리즘 저널리즘처럼 기술 지향적인 세계는 상호작용적 그래픽을 만들기 위해 자바스크립트 코드를 작성하거나 관련 데이터베이스에 저장된 수많은 자료로부터 핵심 정보를 추출하는 머신러닝을 이용하는 프로그래머형 기자처럼, 문헌에서 제한된 관심을 받은 행위자, 비인간 행위소, 그리고 행위를 종종 수반한다(이에 대한 예와 논의는 어셔Usher

2016을 참조). 더구나, 이러한 세계는 주로 특정한 수용자를 대상으로 한 것으로, 이들의 평가는 비목적적 피드백(예, 수용자 분석으로부터 얻게 된 기사 조회수; Zamith 2015 참조)과 목적적 피드백의 형식(기사에 대한 독자 댓글; 자미스Zamith와 루이스Lewis 2014 참조)을 통해 기꺼이 측정될 수 있다. 이러한 피드백은 이들 세계를 구분하고 이끄는 특정 논리를 정당화하는데 이용될 수 있다.

예술적 작품 생산에 본질적인 협업적 성격을 강조하는 것에 덧붙여, 벡커(2008)는 관습-한 세계의 행위자들 사이 상호작용으로부터 형성된 어떻게 할 것인지에 대한 합의-의 역할도 강조한다. 학자들이 저널리즘 생산에 있어서 관행의 중요성에 대해 오래전부터 관심을 가져왔지만(예, 터크만Tuchman 1978), 세계 관점은 관습이 세계를 넘어서지 않는다는, 즉 같은 행위에 적합한 동일한 행위자와 비인간적 행위소의 앙상블에 의해 결정된다는 점을 강조한다. 실제로, 루이스Lewis와 어셔Usher(2013; 2014)가 제시했듯이, 기술적 지향의 세계에 들어온 많은 행위자들은 반복과 "땜질tinkering", 그럼으로써 안정적이고 빛나는 산물을 위해 주의 깊게 고려하기보다는 신속한 개발, 유동성, 실험을 강조하는 논리를 따른다. 마찬가지로, 이러한 논리들은 상호작용이 가능하고 늘어나는 집단적 지성을 이용하는 것이 중요함을 강조한다. 다시 언급하겠지만, 기술 지향적인 세계를 이끄는 것은 최선의 실천행위와 시스템을 꾸준히 발전시키고 관습을 만드는 개인-그들 대부분은 저널리즘 배경이 거의 없다-이라는 점이다.

마지막으로, 벡커(2008)는 이러한 조합arrangement이 갖는 매우 유동적인 성격과 저널리즘 각각의 부문에 걸친 개인과 생산물에 주어진 평판적 요소에서의 불일치를 언급한다. 이는 저널리즘에서 특정한 발전을 이해하는데 핵심적이며, 특히 이러한 발전이 특정한 정렬에 관련된 다른 역할을 설명하도록 확장될 때 더욱 그러하다. 이러한 통찰을 저널리즘과 저널리즘의 점증하는 기술적 지향에 적용하면, 미디어 기술의 변화(예, 알고리즘과 자동화의 등장, 그리고 세분화된 웹 분석틀의 발전)와 이러한 변화에 관련된 인물(예, 이러한 기술의 이용을 최대화 할 수 있는 기술자의 필요)이 독특한 창조의 형식과 독특한 창조자에 대한 새로운 관점을 만들어 낼 수 있다.

물론, 이러한 발전이 대체(재)displacement일 필요는 없다. 문학 저널리즘 같은 오랜 뉴스 작성 양식이 갑자기 유행에서 뒤떨어지진 않는다. 그리고 각자의 저널리즘 세계에서, 각각의 저널리즘은 동일한 관습과 평판있는 권위의 대부분을 유지한다. 그러나 많은 뉴스 기관이 정보 기술에 주목을 하면서, 한때 저널리즘 영역에서 "지원" 또는 "기술"로 등한시되던 행위자와 행위가 점점 뉴스를 생산하는 핵심적인 위치에 가까워지고 있다. 특히 편재, 데이터, 알고리즘, 그리고 기타 기술 지향적 저널리즘 형식이 인기와 신뢰도를 얻어감에 따라, 이러한 움직임은 이들 개인들이 갖고 있는 경제적 그리고 상징적 자원을 강화시킨다. 동시에 이러한 움직임은 또한 다른 저널리즘 세계에 대해 기술 지향적인 행위자와 그들이 하는 "기술적" 작업에 부여되어야 하는 상대적 존경과 심미적 평가를 요구한다. 실제로, 닐슨Nielsen(2012, 975)이 지적한 것처럼, 점점 "기술자들은 기자와 매니저에 의해 이미 결정된 것만을 수행하지는 않는다. 이들은 기술적 노하우뿐만 아니라 ... [저널리즘과 기술]이 어떠한 역할을 해야 하는지에 대한 자신의 가치와 관점을 가져오면서 적극적 역할을 한다."

세계 관점a worlds perspective은 그래서 가치와 평가 그리고 심미적 찬사와 권위에 대한 이러한 결정이 지속적으로 협의되고 특정 세계의 구성원 사이 상호작용의 결과라는 점을 강조한다. 기술 지향적 저널리즘 세계에서, 이 시각은 뉴스를 위한 오픈소스 혁신을 개발하기 위해 기자와 기술자가 함께 하도록 만들어진 온라인 학습 공간 같은 공식적인 모임(Lewis and Usher 2016)과 전 세계 큰 도시에서 글쟁이(기자)와 해커(코더)간의 "우연한 만남" 같은 보다 비공식적 모임(Lewis and Usher 2016)을 연구할 필요성을 제기한다. 제도의 경계 내와 경계를 가로질러, 온라인과 오프라인에서 가능한 이러한 상호작용은 세계의 핵심 구성원들을 결속시키고, 이러한 상호작용을 통해, 거장을 찾고, 관습을 변경하며, 궁극적으로 독보적인 작업을 인정한다. 그러나 이러한 협상은 가까운 그룹을 넘어 콘텐츠 전달 네트워크의 서버 관리자부터 뉴스를 소비하는 사람을 포함한 행위자들 간의 상징적 상호작용을 포함할 수 있다는 점을 밝힐 필요가 있다. 이러한 광범위한 협상은 저널리즘을 정의하고, 뉴스란 무엇이고 기자란 누구인가를 둘러싼 사회적 경계를 지으며, 이러한 직업이 왜 민주적으로 유용할 수 있는지에 대한 지속적인 고민의 과정이다.

그래서 저널리즘 세계에서 기인한 가치평가는, 비록 각각은 지엽일 수 있지만, 집합적으로는 중요하다. 전체적으로, 독자적이지만 서로 연결된 세계의 네트워크에서, 한 세계에서 만들어진 의미구성과 공유된 해석은 다른 세계의 비슷한 과정에 영향을 주기도 하고 또 이에 영향을 받는다. 저널리즘이라 불리는 것의 폭넓은 특성을 저널리즘 내의 다양한 세계의 **브리콜라주**bricolage•라 할 수 있는데, 각각의 세계는 특별한 집합적 행위, 관습, 그리고 다른 세계와 관련해(비록 늘 조화로운 것은 아니지만) 주어지는 지위를 형성한다. 이처럼, 저널리즘이 기술적 지향을 갖는다는 것은 단지 어떤 작업 수단의 등장과 성장이 아니라 *이러한 발전의 저변에 있는 사람, 행위, 그리고 산물에 상징적 의미를 부여하는 기술적으로 지향된 세계*를 인정하는 것이다. 어떤 사회적 행위자, 기술적 행위소, 그리고 작업 행위가 다른 것에 비해 더 큰 위신과 위치를 획득함에

• 손에 닿는 대로 아무것이나 이용하는 예술 기법을 말한다. – 옮긴이

따라, 기존 세계의 변화와 새로운 세계의 등장이 시야에 들어오고, 이는 기술적인 지향이 저널리즘 속성의 변화, 즉 당연시 되던 가정들, 제도적 영향, 그리고 사회에서 규범적 목적에 대해 의미하는 바가 무엇인지를 탐구할 출발점을 제공한다.

"세계" 관점은 저널리즘을 연구하는 학자들에게 한때 전적으로 기술적이고technical 보완적으로 간주되던 특정한 행위자, 비인간적 행위소, 그리고 행위의 가치와 창조적 속성에 대한 바뀐 관점을 조사하고 해석하며, 동시에 저널리즘이 이러한 작업을 수행하고 이에 정당성을 부여하는 특정 관습에 의한 노동과 노동자의 복잡한 네트워크로 구성되어 있다는 점을 강조하는 시각을 제공한다. 그러나 이미 설명했듯이, 벡커의 통찰에 개선의 여지는 있다. 예를 들어, 벡커는 모든 행위자와 행위가 그들 세상에서 동등하게 중요하다는 것을 강조하며 예술은 네트워크에 있는 각각의 구성요소의 기여가 없이는 불가능하다고 그럴 듯하게 주장한다. 우리가 보기에 세계 내외적인 변동은 보다 넓은 시각을 통해서 더 잘 이해될 수 있다. 구체적으로, 우리가 제안한 시각은 명예보다는 지위가 어떻게 상징적 의미가 해석되고, 관습과 가치판단으로 바뀌며, 그래서 궁극적으로 자원의 할당을 가능하게 하는지를 이해하는데 특히 중요하다는 점을 시사한다. 실제로, 예술 또는 다른 세계를 이해하는 것은 그들의 집합적 행위와 관습뿐만 아니라 네트워크 내 특정 행위자, 비인간적 행위소, 그리고 행위간의 위치와 지위(실제적이든 상징적이든)를 둘러싼 주고받기 형식을 분석하는 것이다. 즉, 세계가 특정 사람, 행위, 그리고 산물에 지위를 부여하는 방식이 궁극적로 이들 세계가 *누구를, 어떻게, 그리고 무엇이* 뛰어나고 따를 가치가 있는지를 보여주고, 이어서 세계가 근본적으로 추구해야할 방향과 사회적 삶의 서로 밀접하게 관련된 측면에 끼치는 함의를 형성한다.

Notes

1) 벡커(1982/2008)는 "예술세계"를 *집합적*collective 행위, 즉 뒤에 논의하겠지만, 예술적으로 간주되는 무엇인가를 가져오는 사람과 과정으로 구성된 협력적 네트워크를 일컫는 것으로 설명하고자 한다. 그의 틀에 의거해, 비슷한 용어를 사용해 저널리즘의 "세계"를 기술한다. 그러나, *집합적*이라는 말이 어느 정도의 조직된 기획organized planning을 의미할 수 있고 이는 새롭게 등장하는 저널리즘(이 장에서 논의되는 세 가지 유형: 편재, 데이터, 그리고 알고리즘 저널리즘)에서 다양한 행위자와 행위들이 서로 접촉하면서 발생하는 보다 우발적인 *협력*collaboration 또는 *연결*connection에는 분명하지 않을 수 있다는 점을 알고 있다. 이와 같은 상호작용, 특히 새롭게 등장하는 세계와 기존 세계 접경의 상호작용은 즉석에서 마련되고ad hoc 자발적일 수 있다. 그러나, 시간이 반복됨에 따라, 부르디외가 말한 아비투스habitus에 가까운 보다 공식적인 관습으로 발전할 수 있다(Benson and Neveu 2005). 이와 관련해, 사회운동과 정치적 조직의 맥락에 초점을 두었을 지라도, 베넷Bennett과 세게버그Segeberg(2012)는 디지털 미디어 맥락에서, 집단과 개인들이 사회 네트워크를 통해 보다 느슨하게 서로 관여함에 따라 *집합적* 행위와 비슷한 논리가 *연결적*connective 행위 논리로 바뀔 수 있음을 시사했다. 마찬가지로, 저널리즘 세계는 소셜 미디어 같은 연결 기술로 촉진된 다양한 사회적 행위자들 간의 연결로 특징될 수 있다; 그럼에도 불구하고, 이들 세계는 벡커가 사용한 집합적이라는 용어에 담긴 공유된 의도를 둘러싼 일종의 협력적cooperative 노력 또한 보이고 있다.

7

여백 언론:
네트워크 뉴스의 의미 있는 부재

마이크 애나니Mike Ananny[1)]

이 장은 네트워크 언론에서 부재absence라는 아이디어를 검토한다. 세 가지 목적이 있는데, 공중의 들을 권리를 확보할 책임을 담당하는 제도로서 언론의 규범적 모델로 부재-만들어진 여백과 침묵-라는 개념의 기초를 다지고, 다른 장-건축학과 그래픽 디자인부터 음악학과 도시계획까지-이 자신의 장fields을 강화하고 가정에 도전하기 위해 부재를 어떻게 이용하는지 조사하며, 끝으로 역사적으로 저널리즘이 어떻게 공중이 듣게 하는 데 부재의 사용을 간과했는지 보여주고서 오늘날 이를 실현할 수 있는 방법을 제안하고자 한다.

내 말은 언론이 검열을 받아야 하거나 비이성적으로 누군가와 함께, 누군가를 위해, 그리고 누군가에게 얘기를 하지 말라는 것이 아니다. 네트워크 언론이 자신의 고유한 역할과 중요성을 의문시하는 이때, 여백은 오히려 말하는 것만큼 듣는 것을 중시하는 새로운 형식의 저널리즘을 만드는 기회로, 공중의 들을 권리와 자치self-govern 권리를 확보하게 할 수 있다.

__ 민주적 자치로서 의미 있는 부재

1948년, 법 철학자 알렉산더 메이클레존Alexander Meiklejohn은 우리가 한 민주적 제도가 자치를 계속하기 위해 필요한 지혜를 만드는 "상호 이해와 소통 행위를 함께"하도록 할 때만 자신에 대한 이 제도의 통제에 동의할 수 있다고 주장했다(Meiklejohn 1948, 17). 이러한 제도들은 일치 또는 합의를 만드는 것을 목적으로 해선 안 되고 오히려 이의 초점은 "일반적 선을 도모하는데" 중요한 "정보, 의견, 의심, 불신, 또는 비판"을 불러일으키는 데 모아져야 한다(Meiklejohn 1948, 26). 이것이 우리가 정부에 동의하는 조건에 대한 끝없는 대화를 이상적으로 만드는 표현의 자유 *시스템*을 만든다(Emerson 1970).

메이클레존과 에머슨Emerson은 언론 같은 민주적 제도가 발언speech을 하고 이를 순환시키는 수단일 뿐만 아니라, 사람들이 공공선을 추구하는 과정의 일부로 발언을 하고, 규제하며, 순환시키고, 이해를 하는 조건을 형성하는 방식이라고 보는, 비록 소규모이긴 하나 영향력 있는 학파의 설립자이다(Baker 1989; Christians, Glasser, McQuail, Nordenstreng, and White 2009; Fiss 1966; Scanlon 1972; Schauer 1998; Sunstein 1994). 이들은 개인의 발화speaking행위와 발언의 공적 가치의 미세한 차이를 "발언을 빼앗는 것을 금하지는 않는다....[하지만] 발언의 *자유*를 빼앗는 것은 금지한다"는 미국 수정헌법 1조에서 찾았다(Meiklejohn 1948, 19, 강조추가). "의견의 표출을 막는 이상한 악행"을 금하고 "오류 간 충돌"을 통해 진실로 나아가는 발언의 제한이 없는 시장을 믿는 서구문화는 대부분 *발언*에 대한 보호와 개인 발언권에 대한 보호를 동일시한다. 시장이 나머지 일을 할 것으로 간주한다. 하지만 이러한 가정은 발언이 의미가 있고 강력하려면 *말하기*와 *듣기*를 모두 필요로 한다는 사실을 위험스럽게 간과한다.

말할 자유freedom to speak와 *발언의*of speech 자유를 구분하고 동시에 두 가지 중요한 조치가 필요하다. 첫째, 어떻게 표현의 *시스템*이 어떤 발언이 다른 것보다 더 많이 행해지고, 순환되며, 고려되게 하는지 밝혀야 한다. 둘째, 정보를 받을 법적 권리(Kennedy 2005)와 정보를 추구할 개인의 관심이 발언을 하고, 행동을 유발하며, 권력을 얻게 되는 사회적 그리고 문화적 과정으로 오인될 수 있다는 점을 인정해야 한다. 정보를 수신하는 누군가의 권리와 정보를 듣는데 대한 그들의 관심은 항상 개인의 통제 밖에 있는 힘의 작용에 의해 만들어진다. 자치 구조에 관심이 있는 *민주적* 제도를 위해, "최종 관심사는 발화자speakers의 말이 아니라, 청자hearers의 마음"(Meiklejohn 1948, 25), 즉 말할 자유와 발언의 자유를 구조화하는 체제에 의해 개발된 마음이다.

수용자 증대, 광고수입, 그리고 경쟁적 우위에 초점을 두는 상업 커뮤니케이션 체제는 경제적 목적을 달성하는 메시지의 생산, 유통, 그리고 해석을 중히 여긴다. 발언의 시장에서 흥행도하고 실패도 한다. 그러나 *민주적* 커뮤니케이션을 위한 제도는 다른 보완적 목표를 갖는다. 이상적으로, 민주적 커뮤니케이션 제도의 구성원들은 소비자 선택을 제시할 뿐만 아니라, 사람, 생각, 그리고 시장이 드러낼 수 없는 대안들을 맞닥뜨린다. 이러한 대안들은 발언을 하고 다른 존재 방식을 제안해 줄 다른 사람이 필요 하지만, 사람들이 이러한 것을 마주하고, 해석하며, 공감하고, 이러한 발언 때문에 행동을 취할 수 있는 환경 *또한* 필요하다. 자신을 알고 동시에 누군가 되기 위해, 사람들은 *말할* 자유와 *발언의* 자유를 확보한 커뮤니케이션 시스템이 필요하다. 이 점이 언론처럼 경제적 그리고 민주적 논리에 의해 운영되는 환경에서 말하기speaking*와* 듣기listening를 촉진해야 하는, 즉 상업적 목적과 공적 목적을 모두 갖고 있는 혼합hybrid 제도의 큰 과제이다(Baker 2002).

최근 문헌들은 이러한 도전과제를 검토했다. 마음을 바꾸고 행동을 자극할 힘을 갖는 정치적 행위로서, 민주적 듣기는 노출, 즉 발언을 듣고hear *경청*할listen *in* 사회적 기회(Lacey 2011, 6)와 법적으로 "정보를 받을 권리"(Lacey 2011, 18)를 필요로 한다. 듣기는 누군가의 현실에 대한 생각을 고려하겠다는 의지로(Eliasoph 1998), "다른 사람이 나를 위해 구성한.....간주관적intersubjective 세상"에 참여하는 개방성openness(Bickford 1996, 147)을 의미한다. 듣기는 또한 내면과 외부의 소리를 듣는 것뿐만 아니라, "듣는 것이 우리로부터 변화를 요구할 것이라는 가능성"(149), 즉 행동하고 발전할 자유는 발언이 우리가 사고하는 방식을 바꿀 수 있다는 위험을 받아들일 필요가 있다.

따라서 개인의 자율성은 개인의존in-dependence과 상호의존inter-dependence뿐만 아니라, 내적의존intra-dependence과도 관련이 있다. 이는 우리자신의 내면을 들여다봄으로써 행동을 이끄는 개인의 역량을 찾고 육성하는 것을 의미한다. 이는 "자기지시self-direction 관점에서 자유"를 유지하고자 하는 우리가 "자기인식, 자기이해, 도덕적 차별성, 그리고 자기통제력"을 개발하는데 필수적이다(Taylor 1979, 179). 자유란 자신과 다른 목소리에 귀를 기울이게 하는 "불완전함의 가능성"(Bickford 1996, 151), 즉 발언할 기대로부터 "피난처"가 되는 침묵의 기간(Brown 1998, 315)으로 성찰과 개방성이 요구하는 의식적인 "자기 중지stilling of the self"(Bickford 1996, 145)와 "인식의 공백emptiness of awareness"(Lipari 2010, 348) 상태를 인정하는 것을 의미한다. 그러나 주의할 필요가 있는 것은 성찰 또는 "틀릴 수 있다는 두려움"에 압도된 나머지 침묵을 하거나 *당신이* 꼭 해야 할 말을 삼가서는 안 된다. 이처럼 복잡한 민주적 듣기 이론은 집단적 결정에 커다란 정당성을 부여한다. 시장이 제공하지 않고, 새로운 타협점을 찾는 방식에 차이가 있으며, 혼자서는 결코 찾을 수 없는 새로운 생각을 갖게 하는 실험적인 생각을 제시하기 때문이다(Dobson 2012).

언론의 민주적 과제는 발언뿐만 아니라 듣기를 위한 구조를 만드는데도 있다. 만일 "듣기가 사적이기보다는 정치적 현상으로 이해된다면, 어떤 식으로든 세상에 드러나야 한다"(Bickford 1996, 153). 언론이 듣기가 드러나게 함으로써-듣기를 수반하는 부재를 만들고, 가시화하고, 가치를 부여하는 방식으로-정치적 사명을 다할 수 있을까? 침묵과 여백은 저널리즘에서 거의 논의되지 않기에, 다른 분야에서는 어떻게 의미있는 부재를 이해하고 만드는지 알아볼 필요가 있다. 어떻게 하면 *그들의* 여백을 자치적인 공중의 들을 권리를 중시하는 제도로서 언론을 위한 영감으로 이해할 수 있을까?

__ 다른 영역에서의 의미 있는 부재로서의 여백

일본 디자인 철학자 켄야 하라Kenya Hara는 "텅빔emptiness"을 "미래에 콘텐츠를 채울 수 있는 조건, 즉 *키젠kizen*"(Hara 2009, 36)을 가능하게 하는 의도적 부재로 정의한다. 에너지가 없는 "무*nothingness*"와는 달리, *키젠*은 "모든 가능한 의미에 대해 무한한 상상이 가능하다"(ii). *와비 사비wabi sabi* 심미학이 보여주듯, 이러한 의미는 중요하지 않아 보이는 부재를 보다 가시적이고 물리적인 요소와 대조시키고 보완함으로써 힘을 얻게 한다(Juniper 2003).

이 점에서 여백은 종종 *의도적intentional*이고 늘 *관계적relational*인데, 즉 디자이너의 의도된 의미를 표현하는 단위 속으로 재현, 사람, 생각, 또는 기간을 분리시킨다. "가장 필수적인 것에 고정하면서 차이를 조절"하는데 있어서(Hara 2009. 19), 디자이너는 주목을 끌고 해석을 이끌어 내기위해 수용자를 *활성화시키는*activate 여백을 이용한다(Rand 2014, 48-73). 예를 들어, 그래픽 디자이너는 "고요한 페이지serenity to the page," 즉 "[독자]가 [한] 메시지를 더 크고 분명히 들을 수 있는 침묵"을 가져오는 소극적 공간negative space을 창조하기 위해 여백, 장식, 꼬리kerning, 그리고 글씨크기 등을 이용한다(Vignelli 2010, 92).

가장 흔한 인쇄기술로 보일지라도, 여백은 많은 매체에 등장한다. 수메르인이 고안한 제로를 위한 표기법은 숫자의 부재를 위한 표시이자 향후 수학적 연산을 기대하는 방식을 의미한다(Kaplan 1999). 음악가들은 지휘자와 연주자 사이 오케스트라 합주 중 함께 연주를 중단할 수 있는 쉼표를 만들어, 동시에 침묵을 하게 할 수 없었던 초기 표기 시스템과 관련된 "공간적 불확실성spatial uncertainty" (Slobod 1981, 107)을 감소시켰다.

그러나 존 케이지John Cage(1961)가 그의 작품 ***4'33"*** •에서 보여줬듯이 표준화된 생각으로 통일된 전문 음악가조차도 침묵을 달성할 수 없다. "무nothing"를 연주하기 위해 콘서트홀에 모인 오케스트라는 실제로 다른 종류의 어디에나 있는 은은한 음악, 즉 환호하는 팬들, 기침, 움직임, 문 여는 소리, 신경을 거슬리는 웃음을 드러낸다. 침묵을 보여주고자 했던 재미있는 시도에서 케이지는 이것이 불가능하다는 점을 보여줬지만(Kahn 1997), 이렇게 하지 않았으면 들을 수 없었던 전혀 새로운 "음악적 파노라마soundscape"(Schafer 1993)를 드러냈다. 실제로, 음향 역사의 많은 부분이 다른 유형의 침묵을 찾으면서 소리를 제한하고 다루는 도

• 존 케이지의 대표작이고 소리가 없는 음악이다. 연주시간은 4분 33초이고 연주자는 연주를 하면 안 된다. 하지만, 4분 33초 전체를 3악장으로 나눠 연주해야 한다. 이 곡의 출현으로 '음악이란 도대체 무엇인가?'라는 근본적인 질문을 하게 만들었다. 그리고 이 음악은 '우연성의 음악(Chance Music)'으로서 아방가르드(전위예술)로 분류되었다. - 옮긴이

구나 행위를 고안해낸 사람들의 이야기다. 1850년대 방음실을 만든 칼리Carlyle부터 무자크muzak의 백색 소음(Jones and Schumacher 1992), 소음-제거 헤드폰(Hagood 2011), 아이팟iPod(Bull 2012), 음향 조명audion spotlight(Yoneyama, Fujimoto, Kawamo, and Sasabe 1983), 그리고 이명tinnitus-fighting 치료제(Hagood 2012)까지, 사람들은 소리로부터 자신을 분리시키려 노력해왔다. "음향학sound studies"(Keeling and Kun 2011) 분야는 음향의 부재는 단지 음파를 막는 기술을 고안하는 게 아니라, 침묵을 채우고 "소리의 상상력sonic imagination"(Sterne 2012)을 만드는 사회, 정치, 경제, 그리고 물질적 영향력과의 고군분투라는 점을 보여준다. 침묵을 추구한다는 것은 들리고자 하는 힘에 맞서 저항하고 발견하며 힘을 발휘하는 것을 의미한다.

이러한 노력은 건축과 도시계획에서도 일어난다. 물리적 환경에 대한 디자이너가 구성요소를 연결시키고 분리시킴에 따라, 이들은 사람들이 물질의 부재를 어떻게 해석하고 받아들일지 기대하며 물질의 *부재*를 창조한다. 예를 들어, 유목민 바사와Basarwa, 나바호족, 유럽계미국인은 *개념적으로* 공간을 나누는 의식과 습관을 이용한다. *물리적으로* 자신의 집을 분리하는 대신 외부인들은 거의 알 수 없는 정형화된 동작을 통해 부재를 창조한다: 따라서 외부인들은 문화적으로 중요하지만 물리적으로는 눈에 띄지 않는 여백을 적절히 통과하지 못함으로써 무지와 구성원이 아니라는 점을 보여준다(Kent 1991). 마찬가지로, 일본 건축에 대한 명상록 *음영에 대한 찬양In Praise of Shadow*에서, 타니자키Tanizaki(1977)는 "끊임없이 더 밝은 빛을 찾"기 위해 "촛불에서 석유램프, 석유램프에서 가스불, 가스불에서 전기불"로 옮겨가면서 음영의 가치를 무시한 "진보적 서구인progressive Westerner"을 비판한다(31). 실제로 20세기 초반, 전혀 새로운 음향과 조명 기구를 선보였지만, 이들은 항상 다른 사람에 의해 물리적 공간에 저항하고 재구성하는 마찬가지로 새로운 방식에 의해 보완되었다(Thompson 2002).

도시에서도 유사하게 부재를 만들기 위해 애를 쓰고 있는데, 침묵이 사설 음향 공간을 만들기에 충분한 재력이 있는 사람뿐만 아니라 모든 사람이 이용할 수 있는 *공공재*라는 인식에서(Dyos 1982) "반소음antinoise 캠페인, 반소음 컨퍼런스, 반소음 전시회, 그리고 '침묵 주간silence weeks'"(Bijsterveld 2008, 2)을 조직했다. 그러나 이러한 노력은 침묵보다 경제적 성장을 중요시하는 산업혁명, 원치 않는 소음과 바라는 소음의 정의를 둘러싼 충돌, 도시민들의 자율을 선호하는 입법자들, 청각보다 시각의 지배; 소음공해보다 공기 및 수질에 대한 초점; 라디오와 텔레비전 같은 개인 음향 장치의 대량생산; 그리고 의도적인 불협화음을 통해 중앙집중적인 통제에 도전했던 아방가르드적 미학의 등장에 의해 지체된다(Bijsterveld 2008). *공공* 음향 파노라마라는 생각은 항상 관심을 모으려 노력했다. 그러나 초기의 건축학 운동은 "레링고스relingos", 즉 두 개 이상의 빌딩, 고속도로, 인프라가 불완전하게 충돌할 때 우연히 만들어진 구멍으로 주변 구조를 의도해서 만드는 "합리적 행위자" 이기보다는, "다른 목적으로 사용되고 재활용되는 ... 상상력에 의해 사로잡힌 ... 모호한 공간"으로 남아있는 도시 부재를 발견해 복원하려 노력했다(Luiselli 2014, 74).

마찬가지로, 부재는 사회적 상호작용에서도 가능하다. 자기계발 관련 도서들이 점점 단순함(Maeda 2006), 내적성찰(Cain 2012), 정돈(Mckeown 2014), 분리(Maitland 2014), 고독(Johnson 2015), 그리고 단절(Harris 2014)의 힘을 강조하고 있다. 이러한 대중적 움직임은 최고의 정신 건강 행위, 즉 침묵이 공감을 불러오고, 성찰을 가능하게 하며 또는 환자와 치료자가 다음에 무슨 말을 할지 고려할 시간을 벌 수 있음을 상기시킨다(Ladany, Hill, Thompson, and O'Brien 2004). 마찬가지로, 많은 예술가들이 침묵의 중요성을 다음과 같이 다양하게 언급하고 있다: 최종 결과물이 저절로 얘기할 수 있도록 "공개적으로 침묵"하기(Kenny 2011, 87); 가시적 작품을 만들 만한 경제적 지원 또는 영감이 없을 때 비생산적으로 보인 세월에 대해 설명하기(Olsen 1965); 그리고 후원자와 경제적 안정을 확보하기 위해 충분한 가시성을 가져야 함에도 불구하고 누군가 또는 시장의 신세를 지지 않으려는 지속적인 투쟁(Star and Strauss 1999).

실제로, 침묵이 모두가 얻고자 하는 것은 아니다. 이는 종종 힘, 고통, 윤리적 위반, 또는 영적인 불안의 증거이다. 침묵에 대한 비판적 문화연구는 침묵을 무언의 규범을 통한 엘리트 통치로 간주한다(Foucault 1994). 정치학자는 자신의 의견이 소수이기(또는 그렇게 될 것이기) 때문에 발언을 하지 않는 "침묵의 나선"(Noelle-Neumann 1984)을 말한다. 수사학자와 페미니스트 학자들은 여성, 유색인, 성적 소수자, 또는 구조적으로 불리한 위치에 있는 사람들의 침묵을 체계적인 억압의 증거로 본다(Glenn 2004). 몇몇 홀로코스트 생존자는 여전히 침묵하고 자신들이 목격한 것이 너무나 잔혹해 기억하고 싶지 않기 때문에 자신의 기억을 기록하는 것을 거부한다(Frosh and Pinchevski 2011). 몇몇 기록보관소는 몇몇 사람이 수집에서 배제되었기 때문에 또는 체계적인 부재에 도전했던 역사의 알맹이를 읽는데 실패했기 때문에 주제에 대해 침묵을 한다(Carter 2006). 끝으로, 종교적 침묵도 마찬가지로 복잡하다. 몇몇 신앙에서, 침묵은 영적인 자신감과 공동의 명상을 의미한다. 다른 신앙에서는, 신앙의 부재, 즉 자신의 믿음에 확신을 주는 증거를 찾는 사람들이 보이는 상당한 회의주의에 의한 징후로 간주한다(Lawson 2014).

지금까지 짧지만 불완전한 요약은 여백의 다양한 의미를 보여준다. 침묵은 단순히 만들어지거나 전달되지 못한 내용이 아니라, 오히려 이는 커뮤니케이션 의식을 통해 바라고, 만들어지고, 견디고, 해석되고, 그리고 저항이 될 수 있다(Carey 1989). 이러한 의식은 너무 다양해서 도움이 안 돼 보일 수 있지만, 종합적으로는 *저널리즘적* 여백, 즉 언론으로 하여금 공중의 들을 권리 확보라는 민주적 사명을 달성하는데 이로운 부재를 만들고 알리는 방식의 창조와 이의 흔적을 찾는데 도움이 되는 목적이 있는 부재의 유형을 제시한다.

__ 언론에서 부재의 역사적 의미

주류 제도로서 언론은 부재를 만들기도 하고 이를 거부하기도 한다. 가장 분명한 사례는 검열, 즉 출판 전 저자 텍스트의 "삭제와 재배치" 또는 저자가 의도한 수용자에 도달하지 못하도록 출판 후 보다 교묘한 "묵살dispersal과 힘빼기displacement"(Burt 1998, 17)를 들 수 있다. 이러한 기술적 사항과 관계없이, 기자들은 역사적으로 검열을 불편한 진실을 보도함으로써 권력에 책임을 묻는 비판 감시견의 역할을 막는 주요한 행위로 간주했다.

그러나 기자들은 가끔 자기검열을 한다(Anthonissen 2003). 기자들은 정보가 공익을 해칠 수 있다는 국가의 입장에 동의할 수 있다-이스라엘 기자들이 정부 대표와 함께 탐사보도의 영역을 정할 때(Christians et al. 2009, 206~211), 그리고 미국 기자들이 "이라크 해방 작전Operation Iraqi Freedom"동안 미군을 동행하며 군을 비판하는 것을 삼갔다(Pfau et al., 2004). 뉴욕타임스의 빌 켈러Bill Keller가 대량 살상 무기 또는 테러와의 전쟁 전술에 대한 정보를 보도하지 말아달라는 부시 행정부의 요구에 동의한 것처럼(Boyd-Barrett 2004), 발행인과 편집장이 출판을 피하거나 늦춰달라는 국가의 요구를 받아들일 수 있다. 자기 검열을 막는 미 연방 대법원의 결정에도 불구하고(D. A. Anderson 1975), 많은 발행인들이 명예훼

손의 두려움 때문에 보도를 계속해서 제한하고 있다. 드물게, 바카빌레 교도소Vacaville Prison 신문 *바카 밸리 스타Vaca Valley Star*의 수감된 발행인이 교도소장이 보기에 "교도관들에게 지나치게 비판적으로 보이는" 네 개의 기사가 실릴 곳을 여백으로 둔 채 "검열됨"이라는 단어를 극적으로 게재한 경우처럼, 부재가 검열에 대한 언론사의 항의를 나타내기도 한다(Truter 1984, 605).

검열과 자기검열 외에도, 조직의 압력이 저널리즘적 부재를 만들 수 있다. 뉴스 조직은 "특종과 따돌리기" 경쟁에 참여를 하는데, 왜냐하면 누군가 자신보다 먼저 보도를 하면 이를 "김샜다tainted"(Levy 1981, 24)고 여기기 때문이다. 뉴스 조직은 보도의 *결핍lack*을 통해 경쟁사와 다르다는 점을 알리게 된다. 부재는 또한 출입처 보도 관행과 의식에서도 발생한다(Molotch and Lester 1974; Tuchman 1978). 뉴스의 출처는 기자나 독자들이 뉴스가 나올 것이라 기대하는 곳(정부기관, 유명인, 주식시장)과 광고주가 후원하는 상업적 이익(자동차, 부동산, 스포츠)으로부터 만들어진다. 기자 개인들은 일반적으로 이러한 영향력을 무시하고 보도가 많이 되지 않는 곳으로 관심을 돌리기가 어렵다(Murdock 1977). 비록 기자들이 자신의 출입처를 확장시킬 수 있지만, 많은 곳-예, 교도소, 군사기지, 회사 사무실-은 접근이 어렵고, 대부분의 나라가 외국 지사가 없다. 그리고 잦은 독립적 탐사보도로 유명해지면 해당 기자의 고용가능성을 줄일 수 있다. 결과적으로 많은 사람, 조직, 그리고 지역이 규칙적으로 그리고 예측가능한 방식으로 보도에서 배제되고 있다.

부재는 공적 규범 또는 뉴스룸 문화에서 너무 벗어난 이슈로 간주돼 보도가 잘 되는 않는 시스템에서도 기인할 수 있다(Hallin 1986a). 예를 들어, 게이 언론을 제외하고 대부분의 언론은 의제설정 영향력이 있는 언론사에서 보도를 하고 이러한 보도의 허용여부에 대한 신호를 보낼 때까지 에이즈HIV/AIDS 위기를 무시했다(Rogers, Dearing, and Chang 1991). 그리고 자살 보도가 특정 독자들의 자살 취약성과 상관관계가 있다는 증거를 기반으로(Stack 2000), 많은 언론사가 개별 자살 보도를 금하거나 자세한 내용을 생략하는 정책을 뒀다(Jamieson, Jamieson, and Romer 2003). 기자들은 또한 자신-기자들 사이의 "침묵 협상과 침묵 관행silent bargains and silent routines"이 자기에 대한 보도를 드물게 함(Turow 1994)-또는 사주가 신호를 보내는 훌륭한 인물(Chomsky 2006) 혹은 보도를 하기에 너무 부담이 되는 인물(Castle and Dalby 2015)에 대한 보도를 하지 않는 경향이 있다.

보도와 방송이 이루어지는 동안 다른 형식의 부재가 일어난다. 기자들은 세부사항을 확인하고, 글을 다듬으며, 취재원을 만들거나, 자신의 안전을 확보하는 등 최종 결과물만을 보는 외부인에게는 무지하거나 한가한 것으로 보일 수 있는 가려진 일에 시간이 필요하다. 취재원은 숨어서 얘기를 하거나, 익명을 요구하며, 귀인을 제한하고, 또는 가명을 사용하기 때문에 언론사로 하여금 책임을 지기 어렵게 만드는 "취재원 정체의 부재"를 만든다(Carlson 2011, 2). 그리고 "라디오에 종사하는 우리 모두가 방송중단의 순간에 직면할 두려움 속에 살지라도," NPR 인터뷰어 테리 그로스Terry Gross는 청취자들로 하여금 "게스트가 생각을 하고, 게스트가 생각하는 *과정*을 듣기" 원하기 때문에 게스트가 적당한 속도를 *유지하는 게* 좋을 것 같다는 점을 편집자에 권했다(*This American Life*, nd). 텔레비전 뉴스 또한 의도적으로 텅빈 "블랙홀" 화면을 사용한다. 비록 "시청자가 볼 만한 행위가 일어나지 않았을 지라도," 블랙홀 화면이 "생방중"이고 "과거에 일어났던 혹은 앞으로 일어날" 사건 "현장" 이미지인 이상, 방송제작자는 시청자의 주목을 끌 수 있다(Casella 2012, 364). 끝으로, 이야기는 종종 궁극의 부재를 만드는 미완의 설명으로 끝난다. 언론이 갑자기 침묵을 하고 기자와 수용자가 다른 화제로 옮겨감에 따라 이러한 이야기는 설명할 수 없지만 "마무리" 된 또는 더 이상 관련이 없는 것으로 판단된다.

원하는 것은 무엇이든 그리고 간섭없이 언제든 출판할 수 있다는 자유언론의 지배적인 시각에도 불구하고, 부재는 저널리즘의 흔한 목적, 결과, 그리고 사건 중의 하나에 해당한다. 검열, 자기검열, 조직 관행, 암묵적 협력, 경쟁, 접근 제한, 금기, 그리고 보도 스타일을 포함한 모든 것이 저널리즘 여백을 만든다. 어떤 여백은 이상적인 민주주의 언론이 해야 할 듣기를 가능하게 하지만 다른 여백은 공중이 청취를 통해 자치를 할 수 있게 돕는 언론의 능력을 제한하는 압력, 습관, 그리고 의식rituals을 나타낸다. 더 나아가, 이러한 부재를 염두에 두고, *현대의 네트워크 언론*을 구성하는 관계, 실천행위, 그리고 자료들에서 침묵이 어떻게 드러나는지, 즉 이러한 네트워크 관계속의 부재가 공중의 들을 권리를 어떻게 돕고 또는 방해하는지를 고려할 수 있다.

__ 네트워크 언론 부재의 원천

현대 네트워크 언론이 듣는 기관이 되기 위해서는 온라인 출판을 지배하는 영향력 가운데서 공적 가치를 지니는 침묵을 개척할 필요가 있다. 이제 뉴스가 언론사만이 아닌 "기술, 장르, 규범, 행위, 그리고 조직 형식"이 혼합된 시스템에서 나오는데, 이러한 혼합시스템은 인간과 비인간 행위자가(Anderson and De Maeyer 2015; Boczkowski 2014) 정보에 접근하고, 새로운 지식을 만들며, 주목을 끌고, 수용자에게 파는 주도권을 위해 경쟁하는 영향력의 장(Benson and Neveu 2005)을 규정한다.

네트워크 언론에서 다섯 개의 부재의 원천, 즉 *전문가 규범professional*

*norms, 미디어 회피media avoidance, 보이지 않는 수용자invisible audience, 조직적 공개organizational openings, 그리고 인프라적 공백infrastructural holes*을 강조하고자 한다. 완벽한 분류가 아닐지라도, 네트워크 언론에서 부재가 일어나는 곳에 대한 윤곽을 그리고 네트워크 저널리즘 여백의 기원, 복잡성, 그리고 기회를 설명하는데 목적이 있다.

__ 전문가 규범

많은 네트워크 저널리스트는 "사실확인 훈련" 과정에 관여하지만(Kovach and Rosenstiel 2014, 98), 이러한 훈련은 중단없는 소셜 미디어와 경쟁해야 하는 부재를 만든다. 주목도가 높은 속보의 경우에도, 어떤 언론사는 침묵을 유지한다. 예를 들어, 2013년 보스턴 마라톤 테러 사건 직후, 뉴욕타임스는 "혐의자가 체포되었다던가 감금되었다"는 보도를 하는 다른 언론사를 따르지 않기로 했다(Sullivan 2013). *브레이킹 뉴스Breaking News* (2013)는 구체적인 내용을 반복하기 전 적어도 두 개의 다른 언론사가 정보를 확인해주기 전까지 기다렸고 WNYC•의 브라이언 레러Brian Lehrer는 메타-기자meta-reporter로 변신해서 자신이 보도하지 않을 것에 대해 얘기하면서 생긴 침묵을 채웠다(On The Media 2013). 유럽 저널리즘 센터는 해당 테러 보도를 기자와 소셜 미디어 이용자가 위기상황에서 경찰 수사자료 또는 소셜 미디어에 올라온 비디오를 해석하지 말아야 한다는 것을 보여주는 사례연구로 이용했다(Silverman 2014). 이 테러에 대한 보도는 초기에는 조용했지만 나중에는 가장 성숙하고 신뢰할 정보원이 되는 언

• 뉴욕의 대표적 공영라디오 방송. - 옮긴이

론사가 보여준 저널리즘적 자제력을 보여준 훌륭한 사례이다. 언론사가 보여준 보도의 자제는 계산된 주의, 즉 루머를 내보내고 침묵을 우습게 여기는 소란스러운 네트워크 속에서 돋보인 전문가적 자제력이었다(Ananny 2013a).

이와는 달리, 아랍의 봄 당시, NPR의 앤디 카빈Andy Carvin(2013)은 자신이 확인할 수 없는 정보를 공개적으로 공유하면서 일종의 검증 네트워크인 팔로워들followers의 힘을 빌릴 수 있고 허위 정보를 퍼트릴 위험보다는 침묵을 하는 것이 더 해롭다고 생각했다(Hermida, Lewis, and Zamith 2014). 카빈에게 침묵과 주의가 투명성, 속도, 그리고 자신의 네트워크에 대한 신뢰에 밀렸다. 실제로, 새로운 위기는 전문 기자와 소셜 미디어 사이 새로운 역학을 보여주며 개별 기자는 검증에 필요한 침묵을 감당하는 데 필요한 전문가적 입장과 시간이 있는지를 스스로 결정해야 한다. 침묵은 오로지 자기 조직으로부터 시간 압박을 견딜 수 있거나(Reich and Godler 2014) 완화된 보도를 귀하게 여기는 "슬로우 뉴스slow news" 운동(Le Masurier 2014)에 참여하는 기자에게만 가능한 특권이자 사치로 보인다. 끝으로, 뉴스가 "종료된" 시기를 정하기 위한 패턴이 등장한다. 소수의 온라인 뉴스가 최초 보도가 나가고 두 시간 뒤에 업데이트되고(Saltzis 2012) 더 적은 수의 뉴스만이 보도가 계속되고 있다는 것을 밝히고 있다. 예를 들어, KPCC•는 "이 뉴스는 업데이트 될 것입니다"라는 문구를 몇몇 온라인 뉴스에 덧붙인다. 그리고 뉴욕타임스는 "토론이 갈 때까지 가서 해당 기사에 대해 더 이상의 댓글에서 얻을 만한 내용이 없을 때" 댓글을 닫는다(Sullivan 2012).

• 캘리포니아 파세데나시의 공영라디오 방송. - 옮긴이

침묵은 부재의 중요성이 불확실하기 때문에 기자와 수용자의 관계를 이해하는데 중요한 영역이다. 침묵은 소셜 미디어에 저항하며 시간을 갖기에 충분한 특권을 가진 사람들의 사려깊게 눈에 띄지 않는 보도, 사실 확인 또는 이야기를 전개할 수 있는 신뢰할만한 네트워크의 결여, 뉴스의 결론 또는 다른 화제로의 전환, 또는 더 많은 정보에 대한 기대를 의미할 수 있다.

__ 미디어 회피

가디언에 기고한대로, 제시 암스트롱Jesse Armstrong(2015)은 한 달 동안 스스로 중단했던 뉴스 소비를 끝내면서 "우리가 읽고 보는 것이 우리가 무엇에 관심이 있고 우리가 누구인지에 대한 반영이며, 뉴스를 피하기는 상당히 어렵다"고 밝혔다. 실제로, 점점 연구자들이 의도적인 미디어 및 미디어 테크놀로지의 비이용과 회피를 연구하고 있다. 많은 TV 시청자들이 "TV에는 볼거리가 많아 거의 뉴스를 보지 않"고 "뉴스보다 나의 흥미를 끄는 프로그램이 항상 있다"라는 문항에 동의하며(Ksiazek, Malthouse, and Webster 2010) 적극적으로 뉴스를 회피하고 있다. 이와 같은 뉴스 회피가 인터넷 이용자들 중에는 덜 흔하지만, 시사 뉴스를 회피하는 경향은 엔터테인먼트 뉴스에 관심있는 사람들 사이에서는 여전히 만연해 있다(Trilling and Schoenbach 2013). 이러한 연구결과는 "기자들이 가장 뉴스가치가 있는 주제로 공공사안에 대한 뉴스에 대한 강한 선호를 보이는 반면, 뉴스 소비자들은 비공공사안 주제를 가장 많이 클릭하는 경향을 보인다"는 관찰과 일치한다(Boczkowski and Mitschelstein 2013, 16).

네트워크 기술, 즉 점점 늘어나는 뉴스를 전달하는 수단과 플랫폼에 대한 비이용에서 비슷한 패턴이 발견된다. 어떤 사람들은 우선 디지털 기술

(Oudshoorn and Pinch 2003; Selwyn 2003) 또는 소셜 미디어(Hargittai 2007)를 전혀 수용하지 않고, 어떤 사람들은 디지털 단식, 이별, 그리고 귀환을 반복하고 있다(Brunbaker, Ananny, and Crawford 2014; Lee and Katz 2014). 사람들은 다양한 이유, 예를 들어, 프라이버시에 대한 염려, 진부한 소셜 미디어, 인터넷 중독 근절, 생산성을 회복하기 위한 노력(Baumer et al. 2013)으로 기술을 단절하고 있지만, 이러한 경향은 사람들이 "침묵을 개척하는"(Plaut 2015, np)것을 미디어 기술을 회피하는 것을 포함한 커뮤니케이션의 중요한 일부로 본다는 것을 의미한다.

이러한 비이용은 언론사에게 새로운 도전이다. 언론사로서는 *언론사가* 생산하는 것 때문이 아니라 뉴스를 유통시키기 위해 사용하는 *플랫폼*이 회피, 비이용, 거부, 단절, 그리고 귀환의 복잡한 패턴에 빠져있기 때문에 수용자에게 도달을 못할 수 있고 따라서 들을 권리를 보장하지 못할 수 있다.

비록 암스트롱은 자신의 직업이 뉴스의 이용에 달려있기 때문에 곧장 자신의 규칙적인 뉴스 이용 관행으로 돌아갔지만, 다른 사람들은 단절이 *자신의* 정체성에 중요하기 때문에 미디어와 미디어 기술을 회피한다. 어떤 이들은 "합리적 무지rational ignorance"(Downs 1957), 즉 '당신의 투표가 단지 수많은 표 중의 하나에 불과한데 무엇하러 정치에 관심을 두는가?'와 같은 태도를 보이고 **아그노톨로지**agnotology•라는 새로운 분야는 사람들이 다양한 방식, 즉 모르는 "순수한 상태native state"(빈 판blank slate), 아는 것을 "잃어버린 영역"(인정된 무지를 개선하는데 점잖은 무관

• 미국 스탠퍼드대학교 로버트 프록토 교수가 논쟁적인 주제에서 뭔가 뉴스는 많은데 정보는 없는 현재의 미디어 상황을 정의한 용어로, 정확하지 않거나 오해의 소지가 있는 과학적 정보에 대한 사람들의 사회 문화적 무지와 의심을 탐구하는 학문. - 옮긴이

심), 또는 모른 채 있고 싶은 "의도적으로 기획된 전략적 계획"(학습에 대한 적극적 저항)(Proctor 2008, 3)으로 지식을 거부한다는 것을 알았다. 지식의 결여 또는 비이용을 부주의한 이탈 또는 수용자 도달에 대한 실패로 보기 보다는-이에 스페인 연구자들은 최근 이용자들이 "지루하다"는 점을 알게 됐을 때 버즈피드 콘텐츠를 보내는 시스템을 개발했다(Owen 2015)-언론은 사람들이 미디어와 미디어 기술에 저항하는 다양한 이유에 *관심을 갖고* 실제로 이를 지지할 수 있는데, 왜냐하면 언론의 사명 중 일부는 때때로 침묵을 필요로 하는 공중의 들을 권리를 보장하는 것이기 때문이다. 비이용, 회피, 그리고 외견상 비참여는 교육된 무지거나 독자 또는 수입을 잃는 언론의 증거일지 모르나, 이는 또한 듣고 이미 들은 것에 대해 성찰하기 위한 여유를 만드는 증거일 수 있다.

_ 보이지 않는 수용자

부재란 존재는 하지만 결코 드러나지 않는 수용자의 형태로도 존재한다. 대부분의 소셜 미디어 이용자들은 몇 가지 분명한 흔적만을 남기고(Hampton, Goulet, Marlow, and Rainie 2012) 여전히 비밀스럽거나 비사회적 의도를 갖는 "눈팅만하는 사람lurkers"(Nonnecke and Preece 2000)이라는 비난을 듣는다. 그러나 "다른 사람들로 하여금 공적인 기여를" 하게 만드는 "듣는 이"로 대신 개념화를 하면(Crawford 2009, 527), 이들은 상상의 타자로 소셜 미디어 플랫폼을 대화dialogue 대 독백monologue이라는 공간으로 만든다. 이들이 데이터베이스 기록을 제외한 다른 곳에는 드러나지 않을지라도, 이들이 없이 인터넷-그리고 네트워크 뉴스-은 담론에 필요한 관계를 결여하게 된다. 드물게, 미디어 이벤트가 마음을 사로잡아서 소셜 미디어에서 주로 떠드는 소수의 사람들을 침묵하게 했을 때, 적극적 수용이 무엇인지를 일별할 수 있다. 예를 들어, 2014년 브라질과 칠레 월드컵 경기 동안 가장 많은 트윗을 하던 사람들이 경기를 보기 위해 중단을 했기 때문에 트위터가 대부분 조용했다(Rios 2014).

수용자는 또한 기술적, 사회적, 그리고 법적 조건들이 이들을 드러내게 하지 못하기 때문에 보이지 않을 수 있다. 예를 들어, 트위터 뉴스 수용자는 시간상 일시적이고 파편화되었다(Lehmann, Castillo, Lammas, and Zuckerman 2013). 이들은 잠시 존재하고(방송 저녁 뉴스 또는 아침 신문과 달리) 언론사가 하나의 통일된 단위로 다시 모으거나, 업데이트하거나, 정정하는게 사실상 불가능하다. 온라인 수용자는 또한 실제보다 훨씬 커 보일 수 있다. 사람들은 실제보다 뉴스를 더 많이 소비한다고 관행적으로 보고하고(Prior 2009), 몇몇 이슈에 한정된 수용자는 국가가 자신의 온라인 의견과 존재를 감시한다고 생각하면 추적이 불가능한 곳으로 사라진다(Hampton et al. 2014; Rainie and Madden 2015). 끝으로, 몇몇 뉴스 수용자들은 다른 사람들보다 더욱 드러나 보일 수 있는 위험이 있다. 어떤 곳에서는 온라인 뉴스 스토리에 댓글을 다는 사람들의 신원이 방패법Shield Laws에 의해 보호되지만 다른 곳에서는 이러한 익명성이 보장되지 않는다(Bayard 2009).

이러한 부재-듣기, 파편화, 사라짐, 해산, 거짓, 이전relocating, 익명성-는 수용자가 자신을 더욱 또는 덜 드러나 보이게 만드는 정치적, 사회적, 그리고 법률적 영향력을 헤쳐가고 또 흔들린다는 것을 보여주며, 이러한 영향력은 공중의 들을 권리를 보장하는데 초점을 맞추는 네트워크 언론에 의해 지지되거나 또는 저항에 부딪힐 수 있다.

__ 조직적 공개

때때로, 온라인 언론사는 의도적으로 부재와 단절을 만들어 그들의 임무를 수행하고자 한다. 가입자-기반의 페이월paywalls(Pickard and Williams 2014)에서는 모든 수용자가 뉴스를 볼 수 는 없지만, 때때로 페이월이 만든 희소성을 전략적으로 다루기 위해 이러한 벽을 언론사가 선별적으로 연다(Ananny and Bighash 2016). 예를 들어, 뉴욕타임스는 비가입자로 하여금 한달에 10건까지(20건에서 하향)의 기사를 허용하고 있어 독자가 불특정 "검색엔진, 블로그, 그리고 소셜 미디어"를 통해서 접하거나(이용자가 월간 한계에 도달했을지라도 이러한 채널을 통해 기사에 접근할 수 있다)(New York Times 2015), 스타벅스에 있거나(하루에 15건의 기사가 허용됨)(Soper 2013), 허리케인 샌디 또는 선거 같은 이벤트가 일시적으로 페이월을 내려 무제한 읽기를 가능하게 하는 경우(Beaujon and Moos 2013)를 *제외*하고는 10건을 넘어서면 볼 수가 없다. 희소성을 이끄는 페이월 디자인 전략은 수용자에게 뉴스를 어떻게 그리고 왜 접근하지 못하게 해야 하는지 실험 중인 네트워크 언론을 보여준다.

뉴스 조직은 또한 기술적 인프라를 통해 그들 업무의 가시성을 통제한다. 뉴욕타임스, 가디언, 그리고 NPR은 모두 응용 프로그램 프로그래밍 인터페이스Application Programming Interface, 즉 면허와 보안 시스템을 통해 외부인이 뉴스룸 콘텐츠에 선별적으로 접근하게 하는 소프트웨어 장치를 사용해 데이터를 보여주기도 하고 감추기도 한다(Ananny 2013b). 이러한 전략적 공개와 폐쇄는 뉴스 조직이 어떠한 정보를 공유하고 또 어떤 정보는 대중의 시야로부터 감출지에 대한 실마리를 준다. 가디언의 "공개 뉴스목록Open Newslist"은 데이터가 아닌 실제행위를 공개한 대담한 실험 중 하나였다. 가디언은 짧게나마 공개적으로 접근 가능한 구글 다큐멘트를 이용해 출판전 기자가 작업 중인 소스, 주제, 이야기를 보여줬으나(Roberts 2011), 해당 프로젝트는 현재 대부분 중지된 채로 예전처럼 배경 정보를 다시 감추고 있다. 뉴욕타임스의 "타임 내부자Times Insider"도 비슷하게 뉴스가 어떻게 그리고 왜 만들어지는지에 대한 막후의 정보를 제공하지만, 오로지 유료 가입자만 볼 수 있다.

끝으로, *바카 밸리 스타*Vaca Valley Star가 교도소 검열에 대해 항의하기 위해 여백을 사용한 것처럼, 와이어드Wired.com를 포함한 몇몇 온라인 언론사는 2012년 제안된 SOPA/PIPA• 법안에 항의하는 의미로 웹사이트를 보이지 않게 했다(Wortham 2012). 이는 만일 법안이 통과된다면 인터넷이 어떤 모습일지를 보여주기 위해 *완벽한* 부재를 가상으로 보여준 것이었다.

전략적으로 고안된 페이월부터 API, 유료 가입자, 그리고 항의성 암전까지, 언론사는 조직의 임무를 달성하기 위해 부재를 이용한다. 이러한 부재는 뉴스 조직이 어떻게 그리고 왜 독자의 관심을 끌고, 수익을 내며, 접근을 제한하는 여백을 만드는지를 이해하기 위한 강력한 방식이 될 수 있다.

인프라적 공백

다른 여백은 전략적 및 조직적 의도가 아닌 부재를 낳기까지 서로 얽히고 주로 드러나지 않는 영향력들의 결합에 기인한다. 특별히 강력한 유형의 침묵은 뉴스가 소셜 미디어 개인화를 접했을 때 생긴다. 플랫폼 알고리즘의 컴퓨터 연산 규칙은 언론사의 수용자들이 고려하길 원하는 사람 또는 생각을 체계적으로 포함하거나 배제할 수 있지만, 실질적으로는 뉴스 알고리즘이 이를 드러내는데 실패했기 때문에 보이지 않을 수도 있다(Ananny Crawford 2014). 언론사는 데이터수집가들crawlers이 해당 사이트

• 온라인 저작권 침해 금지 법안(SOPA)과 지식재산권 보호 법안(PIPA). - 옮긴이

를 검색하는 것을 막기 위해 robots.txt 파일을 사용함으로써 데이터를 의도적으로 검색엔진의 도달 범위를 넘어선 곳에 놓을 수 있다. "빅데이터" 기자들 또한 인프라 부재에 걸릴 수 있다. "이들이 빅데이터가 포착하도록 고안된 행위에 일상적으로 관여하지 않기 때문에, 정보가 정규적으로 모이거나 분석되지 않는" 사람을 위해 설명을 못한다면 데이터 자료에서 배제된 이야기를 만들 위험이 있다(Lerman 2013, 55). 이같은 알고리즘에 의한 배제는 심지어 물리적 여백을 만든다. 예를 들어, 언론사가 비행금지 구역을 입력시키기 시작한 드론 제작사처럼, 드론이 백악관 근처에 너무 가까워지면 자동적으로 드론을 착륙시키는 방식이다(Sydell 2015).

이러한 부재가 왜 존재하는지에 대한 설명이 없다면, 사람들은 여백에 대해, 자신의 페이스북 뉴스피드에서 누군가가 없는 것을 설명하는데 있어서 이를 복잡한 인프라적 결합의 결과라기보다는 "나는 사실 그녀와 그렇게 가깝지 않다고 늘 생각했어"(Eslami et al. 2015)라고 말하는 식의 민속이론folk theories(Mills 1959/2000)을 개발한다. 이상적으로 여백 언론이 책임을 져야할 일부는 왜 자신의 콘텐츠가 해당 언론의 제휴 플랫폼에 제공되지 않는 것인지에 대한 이유에 대한 설명을 포함하는 것이다.

소셜 미디어 부재는 인프라가 시간을 조직하는 방식 때문에도 생길 수 있다. 트위터 이용자는 차선의 시간에 트위터를 방문할 수 있다(클릭을 원한다면 오후 12시와 6시, 리트윗을 원한다면 오후 5시[Bennett 2015]). 언론사가 작성한 트윗은 너무 빨리 사라져-BBC 트윗은 다른 언론사의 트윗보다 오래 지속된다(Bhattacharya and Ram 2012)-대부분의 뉴스 트윗은 실질적으로 게시된 후 2시간이 지나면 보이지 않는다(Asur, Huberman, Szabo, and Wang 2011). 디그Digg에 게시된 글의 인기는 재빨리 안정되는 경향을 보이지만, 같은 콘텐츠가 유튜브에서는 약 30일 지나 인기가 있다(Szabo and Huberman 2010). 언론사가 점점 메트릭스에 익숙해지고(Petre 2015; Tandoc 2014), 나아가 메트릭스가 편집장이 해당 언론사의 수용자를 개념화하는데 미치는 영향(C. W. Anderson 2011; Vu 2014)을 고려했을 때, 소셜 미디어 행위의 *결여*는 무관심 또는 유통 실패뿐만 아니라, 비동시적인 출판 리듬을 통한 플랫폼 간의 교차를 반영한다. 실제로, 몇몇 온라인 뉴스는 소셜 미디어상에 전혀 나타나지 않는 대신 이메일과 인스턴트 메시징과 같은 "어두운 소셜dark social" 도메인에서 사적으로만 유통되고 있다(Madrigal 2012).

끝으로, 어떤 콘텐츠는 발행이 되지만 실제로는 공적 담론2)에서 제외되고 있는데 왜냐하면 법 또는 정책이 명시적으로 써드파티third-party 및 유사 저널리즘 플랫폼에 올라오는 것을 금하고 있기 때문이다. 예를 들어, 콘텐츠가 해당 웹사이트에 남아있을 지라도, BBC(McIntosch 2015), 가디언(Ball 2014), 그리고 뉴욕타임스(Cohen and Scott 2014)는 모두 EU의 "잊혀질 권리" 조항에 따르기 위해 구글의 유럽 검색 인덱스에서 이들 모두를 제거했다. 그리고 트위터는 독립 언론인 가이 아담스Guy Adams가 NBC의 2012년 올림픽 중계에 대한 비판의 일부로, 트위터의 프라이버시 규정을 어기며, NBC 고위간부의 이메일 주소를 공개적으로 트위터에 올린 후 그의 계정을 막았다(Sherman and Womack, 2012). 이러한 부재-이야기, 링크, 기자들-는 알고리즘 사건 또는 플랫폼 특이성이 아닌 언론사가 의존은 하지만 통제는 할 수 없는 인프라의 사적 관리 방식의 결과이다.

결론

찾아 보면, 네트워크 언론에는 부재가 만연하다. 몇몇은 이전 저널리즘의 흔적, 즉 현재까지 지속적인 직업적 전통인 반면, 다른 것은 뉴스를 온라인으로 만들어 배포하는 새로운 기술과 관계에서 기인한다. 실제로, 기술혁신은 말하기와 듣기 사이에 늘 새로운 긴장을 제시했다. 1920년대 최초의 독일 뉴스 라디오 서비스 디렉터는 "청취자가 독자인 듯이 글을 쓴다는 것은 '바이올린으로 사진을 찍으려 하는 것과 같다고 경고했다"(Lacey 2011, 10에서 인용). 우리는 다시 한 번 전통적 행위와 기대가 현 시기와 미묘하게 잘 맞아떨어지지 않는 시기에 접어들었다. 듣기를 위한 공간을 디자인하지 않고 단지 *더 많은* 디지털 뉴스를 만들어 배포하는 것은-발언의 자유보다 말할 자유를 우선하며-네트워크 공간에 방송 논리를 잘못 적용하는 것이다. 이는 바이올린으로 사진을 찍으려는 것과 같다.

많은 노력이 소리와 표현의 조건을 갖추는데 주어졌지만, 여전히 라즈로고바Razlogova(2011, 55)가 말한 "청취자의 소리voice of the listener"-그리고 이것이 네트워크시대 청취자를 대상으로 하는 온라인 뉴스 조직에게 의미하는 바가 무엇인지-를 이해하는 초기 상태이다. 어떤 조건하에서 듣기가 말하기, 쓰기, 포스팅, 트윗, 좋아요, 그리고 태깅처럼 쉽게 식별가능한 행위와 동등하게 적극적이고 민주주의에 필요한 참여의 완벽한 자격을 갖추게 될 수 있을까? 어떻게 언론이 자신의 발언할 권리만큼 공중의 *들을* 권리에 가치를 부여할까? 학자, 실천가, 이용자, 그리고 네트워크 언론을 만드는 사람들은 듣는 공중의 필요성을 어떻게 보는가?

학자들은 네트워크 언론에서의 부재를 찾기 시작하면서, 언제 그리고 왜 이것이 중요하며, 어떤 종류의 권력관계가 여백을 만들고 유지하는지, 그리고 부재가 언론의 규범적 모델에 어떻게 도움이 되고 또는 방해되는지에 대해 질문할 수 있다. 네트워크 기자, 편집자, 발행인은 침묵이 *의도적*이고 잠재적으로 *생성적*generative인 것으로 간주하는 직업규범을 육성해, 당장 모든 것을 많은 사람에게 말하려 노력하기 보다는 수용자로 하여금 기존의 발언을 해석할 시간과 공간을 제공할 수 있다. 수용자는 그들의 움직임을 모델링하는 감시 분석에 의해 파악된 자신이 받고자 하는 욕구들을 그렇지 않았으면 생성적 침묵이었을 공백을 채우기 위한 미디어의 요청으로 간주할 수 있다. 수용자들이 콘텐츠 제작자와 광고주가 만들고, 귀속시켜, 급히 채우고자 하는 수요에 어떻게 저항할 수 있을까? 아마 네트워크 언론 기술을 만드는 사람들-디지털 미디어 회사, 소프트웨어 프로그래머, 알고리즘 디자이너, 그리고 벤처 캐피털리스트-이 급진적이고, 추측에 근거한, 대립적인 디자인 기술(DiSalvo 2012; Dunne and Raby 2013)을 사용해 온라인 스피치 범람을 단순히 견뎌내는 것이 아니라 이 속에서 번성할 수 있도록 하는 새로운 형태의 듣기를 만들어 낼지도 모른다.

네트워크 언론과 부재의 관계에서 많은 부분은 사람을 포함시킬 것인가 배제시킬 것인가의 여부, 경쟁에서 이기기, 실수를 피하기, 가시성 확보, 희소성 만들기, 정보과잉 극복, 그리고 감시로부터 숨기에 대한 것이다. 부재는 주로 새로운 콘텐츠를 더할 기회, 알고리즘 에러, 강압된 침묵, 또는 신속한 대응 실패-그리고 민주주의 자치를 위해 필요한 요소가 *아닌* 것-로 간주되었다. 이러한 관점의 변화를 위해, 네트워크 언론을 다루는 디자이너와 학자는 신뢰할 침묵과 거부할 침묵에 대한 기준, 생성적 침묵을 만드는 제도와 인프라, 그리고 침묵을 만들고 실험하는 디자인 언어를 만들 수 있다.

내 목표는 저널리즘적 침묵에 대한 민주주의 가치, 학제적 풍부함, 역사적 선례, 그리고 현대적 구성에 대한 윤곽을 그리는 것이었다. *음영 shadow*을 심미적이고 중요한 가치를 지닌 의도적인 건축 요소로 추켜세웠던 타니자키Tanizaki(1977)의 정신을 따라, 저널리즘도 사려 깊은 침묵과 생성적 부재가 어떻게 공중의 들을 권리를 확보할 수 있는지 보여주는 한 방법으로 *여백*을 받아들이고, 토론하며, 확장시켜, 새롭게 만들 수 있다.

Notes

1) 이 책의 편집자인 파블로 보즈코브스키와 찰스 앤더슨 외에, 초고를 자상하고도 사려깊게 읽거나 핵심 배경 자료를 제공해준 벤 프라이Ben Fry, 테드 글래서Ted Glasser, 제임스 그래디James Grady, 웰스 라슨Wells Lawson, 지지 파파차리시Zizi Papacharissi, 페리 팍스Perry Parks, 에단 플로트Ethan Plaut, 캐롤 스트로헥커Carol Strohecker, 그리고 마야 윌리엄스Maya Williams에게 감사를 표한다.

2) 계속해서 이러한 구분에 대해 티어도어 글래서Theodore L. Glasser에게 감사를 표한다.

논평 : 사건, 스토리텔링, 그리고 뉴스 다시 만들기

지지 파파차리시Zizi Papacharissi

스토리텔링 기술이 빨라지고 서로 연결되고 있다. 리프만Lippmann (1922)이 *바깥세상과 우리 머릿속의 그림the world outside and the picture in our heads*을 언급하기 훨씬 전에, 스토리텔링 기술 덕분에 우리는 집합적 시야에 들어오지 않고 집합적 기억에서 제외됐을 목소리, 사건, 그리고 이슈를 표현할 수 있었다. 스토리텔링은 앎을 가능케 하고, 스토리텔링 기술은 다른 양식의 앎을 만든다. 저널리즘은 스토리텔링과 관련해 자신만의 고유한 실천행위, 프로토콜, 그리고 플랫폼에 의해 정의되는 특별한 접근방식을 제공한다. 다른 방식처럼, 저널리즘도 진화하고, 다양한 역사적, 사회문화적, 정치적, 그리고 경제적 현실에 반응하는 맥락에 따른다. 스토리텔링의 양식도 진화하고 스토리텔링과 관련한 플랫폼과 접근방식도 당대 맥락에 맞추기 위해 양식과 함께 진화한다. 리프만이 바깥세상과 머릿속 그림간의 지속성을 유지하는데 있어서 스토리텔링의 중요성을 보여주기 위해 양자를 대비시킬 때 그는 여론과 저널리즘의 다른 위기에 대해 집필하는 중이었다. 이와는 달리, 지난 몇 년간 저널리즘이 맞닥뜨린 위기는 스토리텔링의 진화된 플랫폼과 낡은 실천행위가 맞물린 위기이다. 결과적으로 저널리즘에 만연한 스토리텔링 양식들이 적합성이 떨어진다는 점에서 이는 관련성의 위기이다. 이는 맥락의 위기이기도 한데, 왜냐하면 동반된 스토리텔링 양식이 더 이상 당대 사회문화적 맥락에 맞지 않기 때문이다. *디지털 저널리즘 연구 톺아보기*는 저널리즘의 형식을 새롭게 상상할 것을 요구한다. 앞선 장들은 궁극적으로 뉴스가 새로워 질 수 있는지, 그리고 그렇다면 어떻게 새로워 질 수 있는지에 대한 것이다. 저자들은 스토리텔링의 저널리즘 전통이 어떻게 재창조 될 수 있는지에 대해 구체적으로 추천하고 있다. 개인적으로 이들의 접근법에 공감하면서 뉴스를 새롭게 상상하고 뉴스를 다시 만드는 것에 대한 나 자신의 생각을 제시하고자 한다.

이 논평을 시작하면서 저널리즘을 직업이 아닌 스토리텔링에 대한 접근법으로 기술한 것은 우연이 아니다. 지금의 플랫폼은 저널리즘 전문가 및 아마추어 행위자와 비물질적 행위자 간의 거리를 제거하는 스토리텔링 양식으로 저널리즘을 생각하게 한다. 그리고 앞선 장의 저자들이 상징적 상호작용주의를 현대 저널리즘을 위한 열망과 가능한 구원으로 직접 언급한 것도 우연은 아니다. 상징적 상호작용주의에 대한 강조는 우리 학문분야의 초기단계에 대한 존경을 표하고 또한 우리 학문의 근원으로 완전히 돌아가는 것을 의미한다. 상징적 상호작용주의는 학계, 학자, 그리고 기자들이 바깥 세상, 즉 산업화, 도시화, 민주주의와 자유에 대한 거대한 질문들, 언론과 미디어의 역할, 사회적 진보주의와 사회복지의 위치, 경제적 진보주의의 가능성, 규제와 반독점 사고방식, 시민권리, 페미니즘/여성의 권리, 기술, 과학의 역할, 그리고 이들 모두가 바뀌는 세상을 이해하는데 있어서 안내 역할을 하는 윤리들이 궁금할 때 커뮤니케이션을 중심에 놓았던 진보적 노력이었다. 오늘날 우리는 비슷한 질문에 직면하고 있는데, 아마 우선은 이러한 질문에 대한 적절한 답을 찾지 못했거나 또는 이러한 질문이 인류에 관련된 질문이기 때문에, 우리는 항상 이러한 질문을 던지고, 답하며, 그리고 다시 돌아볼 운명이다.

상징적 상호작용주의처럼, 닐슨Nielsen, 루이스Lewis와 자미스Zamith, 그리고 애나니Ananny는 다른 방식이긴 하지만 커뮤니케이션을 중심에 놓았다. 닐슨의 장은 궁극적으로 커뮤니케이션 양식이 인상으로서의 뉴스를 앎으로서의 뉴스로 만드는지에 관한 것으로, "이슈에 익숙해"지는 것과 "이슈에 대한 지식"을 갖는 것의 차이를 구분한다. 이는 짧은 형식의 뉴스와 긴 형식의 뉴스, 보도의 즉시성과 슬로우 뉴스, 그리고 혼돈과 정돈curation간의 차이이다. 이는 비록 최초가 아닌 마지막이더라도 가장 종합적인 이야기를 하고 싶은 바람에서 나온다. 이러한 혼란 속 어딘가에 조망적인 지향(Schudson 1999)을 갖고, 과포화된 정보 환경(Gergen 1991)에서, 적극적인 관객성specatorship(Kreiss 2015)속에 압도된 시민들이 자리하고 있다. 일어나고 있는 것을 아는 방법은 많지만 이에 대해 제대로 아는 방법은 매우 적다. 루이스와 자미스가 보기에, 기자들은 이러한 세계를 해결하는데 도움을 줄 수 있고, 그들이 제시한 세계 틀은 직관적, 해석적 그리고 의미만들기 과정을 관통하는 저널리즘을 마음속에 그리고 있다. 지위, 과정, 그리고 관습은 정적인 것이 아니라 지속적으로 변하는데, 왜냐하면 저널리즘은 닐슨이 "처널리즘churnalism"이라 언급한 것이 아닌 바깥 세상에 대한 맥락에 따른 설명과 이를 우리 머릿속 그림에 연결시키는 방식의 스토리텔링 양식을 만들기 위한 것이기 때문이다. 다시 한 번, 커뮤니케이션이 중심에 있고, 이 자리를 차지하기 위해, 커뮤니케이션은 말하기와 듣기를 모두 수반해야 한다. 스토리텔링은 스토리텔링의 부재, 즉 애나니Ananny의 말대로, 특정 형식의 이야기를 가정하거나 지시하지 않는 진정한 *여백whitespace*으로부터 전개되어야 한다.

모든 장은 기술의 역할에 의지하고 있는데, 각각 플랫폼이 지식의 구조를 변형시키는 방식(Nielsen), 행위자, 행위소, 과정, 경계, 그리고 스토리텔링 양식(Lewis and Zamith), 그리고 스토리텔링에서 자율성의 특권에 초점을 맞추고 있다. 여기서 어느 누구도 기술을 결과를 결정할 수 있는 외부 영향력으로 인식하지 않는다는 점에 주목하는 게 중요하다. 정보와 지식 수집 메커니즘은 인간이 만든 것이다. 저널리즘 플랫폼은 인간에 의해 고안된 것이고 인간의 가정, 성향, 그리고 편견을 지닌다. 끝으로, 조직화된 알고리즘은 인간에 의해 구성되어, 정보를 정돈하는 고유의 논리를 코드로 바꾼다. 자동차, 주택, 가구, 책, 학위, 의류, 그리고 일상생활의 다른 인공물을 포함해 인간이 만든 많은 것들과 같은 방식처럼 기술이 우리의 행동을 정의하고, 제한하며, 가능하게 하는데 여전히 큰 영향력이 있지만, 역시 이 또한 인간이 만든 것이다.

하지만, 저널리즘 스토리텔링 프로젝트에서 기술이 차지하는 불가피한 부분이 저널리즘으로 하여금 성찰적이고 역사적으로 민감한 형식의 지식을 촉진하는 목표와 혼선을 일으켜서는 안 된다. 그리고 이러한 목표는 가능한 여백에 가까워지는 것을 수반하고, 여기서 순수하고 유기적인 형식의 스토리텔링이 가능하다. 이를 위해, 모든 저자들이 지식으로부터 앎을 구분하고(Nielsen), 혼돈에 관여하고, 컴퓨터 시스템의 한계를 넘어, 경계를 재구성하며(Lewis and Zamith), 그리고 여백이 생길 수 있는 "고요 stillness"한 환경을 만드는데 있어서(Annany) 행위자의 역할을 강조한다. 나의 입장은 늘 새로운 기술이란 이러한 모든 것에 적합하지만, 관습의 편리함을 버리는데 주저하는 인간 행위자인 우리가 기술이 의도하지 않은 스토리텔링 행위를 만든다는 것이다. 나는 많은 기술의 속성이 생성적이고 교정적인 것으로 알고 있다. 예를 들어, 뉴스는 고가의 상품을 의도했던 적이 없다. 물론, 지식에 값을 매길 수 없지만, 그날의 뉴스는 낮은 가격-필요하다면-으로 모두에게 열려있어야 하고, 소셜 미디어 플랫폼은 과하게 비용을 청구하는 경향을 바로잡고 있다. 마찬가지로, 저널리즘 전문화로 가는 길목 어딘가에서, 지위, 권력, 그리고 수입과 자율성을 바꾸는 게 쉬워졌다. 끝으로, 방송하는 사람과 방송하지 않는 사람간의 인위적 구분으로 등장한 방송 스토리텔링 관습이 광고 친화적으로 추상화된 수용자상을 만들고, 기자들이 말하는 것은 쉽지만 듣기는 어렵게 만들었다. 겉으로는 소위 작금의 저널리즘 위기를 만든 기술이 이러한 모든 경향을 바로잡고자 한다. 기술의 위치를 알아내서 이를 적재적소에 위치시키는 것은 행위자에 달려 있다. 이러한 기술의 핵심은 미디어 대기업에는 한 번도 기대되지 않았던 조직의 해체를 위한 것이자, 현존하는 틀과 권력의 위계질서에 이질적인 질서heterarchy를 다시 도입하며, 스토리텔링 자율성을 회복하기 위한 것이었다. 뉴스 조직은 뉴미디어 패러다임하의 저널리즘에서 돈과 관련된 문제로 자주 당황해 한다. 돈 문제는 잊어버리자. 뉴스 비즈니스는 비영리와 영리모델 사이 어딘가에 있고, 이들의 혼합형을 채택하는 게 이상적이다. 새롭게 등장하는 기술은 기업으로 하여금 큰 수익을 유지하게끔 고안되지도 않았거니와 저널리즘 또한 수백만 달러를 벌고자 하지도 않았다. 기술은 다양성을 높이고 소규모, 자율적, 그리고 독립적인 조직이 여전히 적지만 그래도 이윤을 낼 수 있게 할 것이다. 저널리즘의 문제는 기술적인 것이 아니다. 뉴스를 다시 만드는 것은 기술을 고치는 문제가 아니다.

뉴스 다시 만들기는 사회문화적이자 경제적인 것이다. 이러한 질문을 다루는 것은 저널리즘 규범과 실천행위에 대한 성향체계habitus를 재창조하고 뉴스 생산의 경제를 재구성할 필요가 있다. 세 장 모두가 살피고 있는 현대 저널리즘 패러다임에 대한 토대를 쌓은 상징적 상호작용주의자들은 결코 저널리즘을 수백만 달러 비즈니스 또는 관련된 사람들이 유명해지는 수단으로 생각하지 않았다. 그래서 뉴스를 다시 만드는 것은 뉴스 기관이 현재의 경제 현실에 맞춰 규모의 경제 사고방식을 버리는 것-

또는 적어도 규모를 조정할 필요가 있다. 이는 어렵지만, 불가능하지도 않다. 네트워크 방송사는 케이블 채널로 가득한 시장에서 살아남아야 했을 때 이를 실현했다. 음반산업은 비슷한 문제를 고심하고 있는 중이다. 그리고 영화산업이 비슷한 문제에 봉착하는 것은 시간문제다. 사정은 이러하고, 이것이 뉴스 다시 만들기, 즉 디지털 저널리즘 연구 톺아보기의 본질이다.

그래서, 뉴스를 다시 만드는 문제는 단지 기술에 대한 것이 아니다. 하지만, 이는 또한 기술에 대한 것이기도 하다. 구체적으로, 기술이 자신의 위치를 찾는 대신 우리가 기술의 위치를 찾는 것이 필요하다. 그러기 위해서, 스토리텔링 기술이 저널리즘에게 무엇을 했고, 이어서 저널리즘이 사회에 대한 스토리텔링을 위해 무슨 기능을 하는지 이해할 필요가 있다.

__ 사건과 이야기

사건이 있고, 사건에 대해 얘기하는 이야기가 있다. 나는 항상 사건을 이야기로 바꾸는 과정을 저널리즘이라고 생각해왔다. 하지만 한 사건에 대해 누구나 이야기를 할 수 있지만, 저널리즘은 뉴스 가치, 즉 기자들에 의해 사건이 이야기가 되는 것이다(Hartley 2002). 뉴스가치는 사건에 대한 이야기가 어떻게 구성되는지에 관한 것으로 학계에서 오랫동안 연구되어 왔고, 다음과 같이 요약될 수 있다:

- 뉴스 가치는 최신의, 갑작스럽고, 모호하지 않으며, 예측 가능한, 관련이 높은, 그리고(관련 문화/계급/지역에) 가까운 사건에 대한 이야기를 우선한다.
- 경제, 정치, 산업과 비즈니스, 외교와 갈등 또는 인간적 흥미, 재난, 그

리고 스포츠 같은 국내 이슈에 대한 이야기에 우선을 둔다.

- 엘리트 국가(미국, 영국, 유럽 등)와 엘리트 인물에 우선권이 주어진다.
- 뉴스 가치는 주로 지배 이데올로기와 담론에 대한 호소를 수반한다. 문화이고 역사적인 것이 자연스럽고 합의된 것으로 보이게 한다.
- 뉴스 이야기는 독자와 시청자에게 매력을 보일 필요가 있기에 상식적이고, 오락적, 극적(픽션처럼), 그리고 시각적이어야 한다(Hartley 2002, 166)

앞서 주장했듯이, 디지털 저널리즘 연구 톺아보기, 즉 뉴스 다시 만들기는 사회문화적이자 경제적 질문이다. 뉴스 다시 만들기는 뉴스 가치를 재구성하는 것이다. 뉴스가치의 재구성 없이, 뉴스 다시 만들기의 문제는 지속된다. 기술은 새로운 뉴스 가치를 재매개하고, 증폭시키거나, 또는 안내하기도 한다. 이러한 방법의 일부가 애나니, 루이스와 자미스, 그리고 닐슨에 의해 언급되거나 암시되었고, 조금 더 살펴볼 가치가 있다.

첫째, 소셜 미디어 플랫폼은 기자뿐만 아니라 저널리즘 행위에 전념하는 사람들로 하여금 사건을 즉시 이야기를 바꾸는 방식으로 사건을 관찰하고, 기록하며, 보도하는 것을 가능하게 한다. 이것이 소셜 미디어만의 특징이라는 것은 아니지만,[1] 소셜 미디어가 뉴스 보도에 있어서 즉시성의 문화를 배양하고 이에 더욱 기여하는 방식으로 이러한 능력을 배가시킨다는 점을 지적할 필요가 있다(Grusin 2010; Papacharissi 2014a; 이 책 닐슨의 5장). 이는 즉각적인 뉴스와 보다 사려 깊게 정돈된 뉴스를 구분해야 한다는 점을 시사하는데, 즉 속보와 슬로우 뉴스의 차이를 강조하며, 다양한 저널리즘의 존재 또는 최소한 결이 다른 저널리즘을 인정하고, 기자와 시민 모두가 이러한 차이를 처리하는데 필요한 리터러시를 계발할 필요가 있다는 것을 의미한다.

둘째, 소셜 미디어 플랫폼은 뉴스 가치와 뉴스 생산에 혼종성hybridity

을 도입하는 논리대로 움직인다(Chadwick 2013; Russell 2011). 이 논리는 기자에게 정보를 처리할 시간 또는 제일 먼저 보도하는 것의 특권을 부여하지 않는다. 이러한 변화가 반드시 대처할 수 없는 도전인 것은 아니지만, 기자가 더 이상 이야기를 하는 첫 번째 사람 또는 유일한 사람이 아니라는 것을 인정할 필요가 있다. 혼종성이라는 지배적인 조직 논리는 많은 저널리즘의 존재, 또는 최소한 저널리즘의 다양한 결layers의 존재를 인정하는 것이다. 이러한 결들은 흔히 혼종 형식, 즉 서로 뒤섞여 깔끔하게 정돈되지 않거나 사람들이 이전에 익숙하게 받던(그리고 기자들이 전달하는) 완벽하게 갖춰진 이야기가 아닌 방식으로 제시된다. 그래서 기자의 일은 이러한 결들을 풀어서 정리하고, 이야기의 진실성과 *복수* 이야기꾼의 관점을 해치지 않고 다시 이들을 서로 연결시키는 것이다.

셋째, 루이스와 자미스, 닐슨, 그리고 애나니를 포함해 많은 이들이 지적하듯이, 새로운 스토리텔링 플랫폼은 저널리즘을 보편적인 것, 즉 편재하고 상시적인 것으로 만든다(Hermida 2010). 소셜 미디어에 국한하는 것은 아니지만, 이러한 성향은 소셜 미디어에 의해 강화되어, 상시적인 듣기와 방송의 환경을 유지하게 된다. 이는 심지어 보도할 뉴스가 없을 때조차 뉴스가 존재하고 얘기된다는 것을 의미한다. 후자는 흔히 뉴스 보도 자체 말고는 어떠한 것도 더하지 못한 채 보도 강도intensity를 높이기만 하는 반복과 중복을 초래한다. 이는 특히 위기, 응급상황, 또는 미디어에 대한 접근이 통제되거나 신뢰할 수 없는 상황에서 해롭다. 이는 또한 폭력적인 사건, 총기사고, 테러관련 행위, 그리고 비슷한 성격을 갖는 사건 보도와 관련한 상황에서 특히 위험한데, 이러한 상황에서 부주의하게 반복되는 뉴스가 신중한 보도가 이뤄져야할 행위를 노출시키고 공교롭게 미화될 수도 있다. 신중한 보도가 필요한 곳에서, 극적인 요소, 의견, 뉴스 그리고 가공된 사실이 하나로 뒤섞여 서로 구분이 불가능한 지경에 이른다. 이 점은 각각의 플랫폼이 허용하는 스토리텔링의 형식과 관련한 다음 사항과 관련이 있다.

__ 매체성

즉시성, 혼종성, 그리고 편재성은 새로운 저널리즘 플랫폼에서 이야기가 말해지는 방식을 재구성하는데 나름의 역할을 하고 있다. 하지만 이들 각각의 플랫폼은 독특한 특성을 갖고 있어 플랫폼의 모양을 갖추는데 알고리즘적 구성을 포함한 다양한 행동유발성을 통해 이야기에 독특한 형식을 부여하고 있다. 그래서 각각의 플랫폼이 각각의 사건에 부여하는 매체성mediality에 대해 생각해 볼 수 있다. 예를 들어, 랑Lang과 랑Lang(1953)의 유명한 시카고 맥아더의 날 행진 연구는 TV 수상기로 사건을 보는 사람들은 거리 행진에 참여한 사람들이 경험한 것에 비해 훨씬 정돈되고, 개인적이고, 따뜻한 사건으로 경험한다는 사실을 발견했다. 마찬가지로, 사건에 직접 참여한 사람들과 이를 TV 수상기, 트위터, 뉴스 웹사이트, 라디오, 그리고 이들 모두를 혼합해 만들어진 다중미디어polymedia2) 환경을 통해서 경험한 현실이 다를 수 있다. 각각의 이야기의 구성texture은 이야기 형식과 전개 중인 사건에 "귀 기울이는" 사람들의 식별 감수성에 따라, 다른 사건이 될 수도 있다.

이제 남은 질문은, 한 사건이 이야기로 바뀔 때, 해당 플랫폼이 어떤 형식을 사건에 부여하는가? 이 이야기가, 주로 여성혐오를 암시하는 경계에 걸쳐있는 레딧Reddit과 달리, 트위터에서 얘기될 때 이 이야기의 모양, 구성, 그리고 느낌은 어떠한가? 뉴스의 모양, 스타일, 느낌인 형식은 역사와 사회문화적 맥락에 달려있다. 이는 또한 스토리텔링 맥락의 매체성에 달려있고, 이는 기자, 학자, 그리고 시민들이 단정적인 답을 찾기 위한 것이 아니라 늘 묻고 생각해야할 질문들이다.

__ 정서적 뉴스와 정체the Polity

끝으로, 새로운 저널리즘 플랫폼의 매체성과 결합된 즉시성, 편재성, 그리고 혼종성이라는 구성 원칙은 종종 내가 정서적affective[3)]이라 명명한 뉴스의 유형을 형성한다. 나는 *정서적 뉴스*를 주관적 경험, 의견, 그리고 감정emotion과 함께 구성돼, 서로를 구분하는 게 어렵거니와 구분하게 되면 요점을 놓치게 되는 뉴스로 정의한다(Papacharissi 2014b). 주창premediation의 특성을 갖는, 정서적 뉴스 흐름은 일어나고 있는 사건의 보도에 의한 것으로, 흔히 전개 중인 뉴스의 틀을 잡는 경향을 보이며, 이러한 과정에서 정서적이고 네트워크화된 잠재적 형식의 대리인의 소유권을 주장한다(Papacharissi and de Fatima Oliveira, 2013). 정서적 뉴스는 강렬하고, 의례적이며phatic, 감정을 자극한다. 이는 방송과 인간 스토리텔링의 대화적 관습을 결합한 것이다. 이는, 특히 보도할 새로운 뉴스가 없을 때, 강렬함으로 채워지고 흔히 같은 뉴스의 반복 또는 뉴스에 대한 의견을 제시하는 것으로 촉발된다. 이는 보다 심층 분석이 이뤄지거나, 새로운 뉴스, 또는 애나니의 말대로, 부재 또는 침묵이 필요한 곳에서 정서 또는 형식의 강렬함이 사건으로 보도될 때 문제가 된다. 닐슨의 분석대로, 정서적 뉴스는, 이슈를 알기보다는, 이슈에 익숙해지는 양식에 가깝다. 하지만, 이는 또한 저널리즘의 영역을 확장시키고, 루이스와 자미스의 말대로, "세계" 관점을 부여하는 한 방식이기도 하다, 왜냐하면 정서적 뉴스가 뉴스 스토리텔링에 다형식polyformity과 시민들이 이야기에서 자신의 길을 느낄 수 있는 한 방식을 제공하기 때문이다.

뉴스가 항상 편재하고 우리 곁에 있다는 사실은 뉴스가 어떻게 말해지고 또 어떻게 받아들여지는지와 관련해 정서적 연결을 불러오지 않을 수 없다(Beckett 2015). 그리고 뉴스의 감정적 측면을 이용하기가 쉬울지라도, 이러한 뉴스 스토리텔링의 새로운 플랫폼이 주는 감정상태affectivity는 실제로 기자들로 하여금 오랫동안 개별적, 협력적, 그리고 집단적으로 말할 수 있는 이야기를 정의하고 제한했던 주관성the subjective과 객관성the objective, 방송인과 수용자, 감정과 이성간의 분리를 마침내 조화시킬 수 있다. 감정과 이성, 그리고 주관적 및 객관적 지향은 상징적 작용이다. 방송인과 수용자는 실제로는(또한 당위적으로) 함께 대화하고 함께 진화하는 행위자에게 임의로 부여된 용어이다. 가장 기억에 남을 만한 보도에서 거장 기자들은 감정과 이성이 조화를 이루고 방송인과 수용자 간의 경계를 초월하는 이야기를 전하기 위해 기술을 사용했다.[4] 뉴스를 다시 만드는 것은 실은 사회가 사건을 이야기로 바꾸는 방식을 새롭게 하는 것이다. 기술이 부분적인 역할을 하지만, 불행하게도 역할이 적절하지 못했다. 기술의 역할은 우리로 하여금 뉴스 가치를 새롭게 구상하도록 돕는 것이다. 그것이 기술의 위치이자 뉴스 스토리텔링을 새롭게 하는 방식이다.

Notes

1) 24시간 TV 뉴스 사이클은 수십년 전부터 이러한 특성에 의존했다.

2) 다중미디어polymedia와 멀티미디어multimedia의 구분을 위해서는 마디아누와 밀러Madianou and Miller(2012)를 참조.

3) Z. Papacharissi “Toward New Journalism(s): Affective News, Hybridity, and Liminal Spaces,” Journalism Studies, published online March 2014 참조.

4) 이에 대해 추가적으로 다음을 참조: “The Return of Sentiment,” http://www.niemanlab.org/2012/12/the-return-of-sentiment.

제3부

직업적 문화와 실천행위 탐문하기

8

민주주의와 비즈니스 목표를 위한 뉴스룸 작업

나탈리 조미니 스트라우드Natalie Jomini Stroud

생각뉴스Thought News는 혁신적으로 새로운 형식의 저널리즘을 보여준다. 기자와 학자간의 협업인 이 새로운 저널리즘은 미시간 남부와 미전역이 직면한 중요한 이슈에 대한 날카로운 의견을 제공할 것이다. 학계 그리고 특히 철학 분야로부터의 관찰을 포함시킴으로써, 생각뉴스에 게재된 기사는 전형적인 신문뉴스의 초점과는 다른 새로운 시각을 제공할 것이다.

이 시도는 나이트 뉴스 챌린지Knight News Challenge(나이트 재단이 후원하는 보조금 경연대회)에서 우승했다. 하지만 생각뉴스는 나이트 챌린지보다 100년 이상을 거슬러 올라간다. 1892년 3월에 공표된 이 아이디어는 미국 철학자 존 듀이John Dewey와 전 신문 편집장 프랭클린 포드Franklin Ford의 협업으로부터 나왔다. 포드는 신문의 내용에 실망했었다. 그는 "보통 신문에 보도되는 산발적인 사실들을 진정한 의미와 중요성을 주는 심층적인 사회 흐름에 대한 분석으로 대체"하고 싶었다(Westbrook 1991, 52). 듀이에게, 생각뉴스는 "교실 밖 민주주의에 대한 그의 생각을 퍼트리"(51)고 "철학을 사회적 행위를 위한 도구로 만드는"(52) 한 방법이었다. 듀이가 설명한대로, 그의 동기는 "철학을 소개함으로써 신문을 바꾸기 위한" 노력이 아니라, 오히려 "작은 뉴스 비즈니스를 철학에 소개함으로써 철학을 일부 변화시키고자"(57) 하는 것이었다. 생각뉴스가 당시에 빛을 보지 못했지만, 이러한 제안을 불러일으킨 이슈는 여전히 지속되고 있다. 민주주의에서 저널리즘의 역할이 무엇인가? 학계가 어떻게 저널리즘 비즈니스에 관여할 수 있을까?

이 장에서, 나는 학계와 저널리즘 그리고 저널리즘 비즈니스와 민주주의 목적이 서로 만나는 지점을 고려할 것이다. 나는 존 듀이와 그의 동료 사상가 월터 리프만Walter Lippmann으로부터 영감을 얻었다. 이들 지적 동년배들은 사회에서 뉴스 미디어와 학계의 역할에 대해 할 말이 많았다. 학계의 철학자인 듀이는 시민을 교육하고 민주주의 공동체의 발전을 형성하는데 언론이 갖는 큰 잠재성에 주목했다. 현장 기자인 리프만은 미디어의 민주주의 기여에 좀 더 신중했다. 대신, 그는 학자들로 하여금 사회적 문제를 다루도록 하는데 민주주의 병폐에 대한 잠재적 해결책이 있다고 생각했다. 듀이의 저널리즘에 대한 학문적 희망과 리프만의 학문에 대한 저널리즘적 희망은 저널리즘과 학계의 역할에 대한 현재적 질문에 답하기 위한 귀중한 출발점을 제공한다. 또한 나는 듀이와 리프만이 강조한 생각의 일부를 실천에 옮긴 사회과학적 커뮤니케이션 연구의 선구자, 폴 라자스펠트Paul Lazarsfeld의 통찰도 포함시킬 것이다. 라자스펠트는 보다 실무적인, 즉 행정주의적인administrative 학자와 비판적이고 체계에 초점system-focused을 맞춘 학자들을 구분했다. 그의 미디어에 대한 관심과 학문적 그리고 실무적 연구 관여는 공적 생활에 있어서 학계의 역할에 대한 질문을 제기했다.

다음 섹션에서 잠재적으로 경쟁하는 목표들을 밝히는 것으로 논의를 시작할 것이다. 뉴스룸은 민주주의 또는 비즈니스 목표를 위해 노력할 수 있다. 학계는 실무적, 행정주의적 연구자 또는 비판학자일 수 있다. 비록 이러한 일종의 거래에 대해 생각하는 이점이 있지만, 한계 또한 있다. 이처럼 팽팽한 물살을 헤쳐 나가거나 또는 우회하기 위해, 나는 실용주의, 즉 듀이의 저작과 관련된 철학적 전통으로 각각의 유용성을 구분하는 접근법을 사용할 것이다. 자연스러운 경향을 보이는 대부분의 실용주의자들처럼, 듀이도 세상이 이것 아니면 저것으로 양분되는 것이 아니라 일련의 그늘이 있는 연속선으로 간주했다. 우리가 간주하는 대부부의 이분법은 우리 자신이 만든 것으로 상당부분이 개념적 수단으로서 문제를 해결하기 보다는 더 많은 문제를 일으킨다(S. Stroud 2011). 저널리즘의 역할과 학계의 역할을 고려할 때, 연속선에 대해 생각하는 게 유용하다. 비록 민주주의와 비즈니스 목적 그리고 비판연구와 행정주의적 연구 사이에 긴장이 있을지라도, 이러한 목적이 상충하지 않는 경우 또한 있다. 이 같은 제한적인 이분법을 제거함으로써 이 논란을 재설정하는 것이 이 장의 목적이다.

__ 미디어와 이의 문제들

뉴스 미디어는 이윤도 창출하면서 공중에게 알려야 하는 도전에 직면해 있다. 하지만 만일 공중에게 알리는 게 수익에 맞지 않다면 어쩔 것인가? 리프만(1922/2004)은 20세기 초반에 이 문제를 명확히 인식했다: "진실이 아무리 수익에 적합하지 않을지라도 우리는 신문이 진실을 제공해 줄 것으로 기대한다"(174). 리프만은 신문이 독자들의 관심을 반영해야 한다고 주장했다. 독자수가 많아질수록 광고 수입으로 운영이 가능하기 때문이다. 리프만은 신문이 곤경에 처해 있다고 언급했다. 공중은 신문이 공공 서비스를 제공하는 학교처럼 기능하기를 바란다. 하지만 신문은 세금에 의한 지원을 받지 않기 때문에 비즈니스처럼 운영되어야 한다. 이러한 비즈니스 현실은 민주주의에 함의를 갖는다. 듀이가 언급한대로(1927/1984), "대부분의 독자들은 정확한 탐사의 결과를 알거나 이해하는데 관심이 없다고 흔히들 주장한다. 신문이 읽히지 않는다면, 이들은 공중 구성원의 생각과 행동에 큰 영향을 끼칠 수 없다"(349). 그래서 언론은 대중mass public이 원하는 내용 또는 제한된 수용자만이 좋아할 경성 뉴스를 보도할지 선택에 직면한다. 이러한 이분법은 오늘날 더 이상 관련성이 없다. 실용주의 교본을 보면, 비즈니스와 민주주의 목적간의 갈등에만 주목하는 것은 한계가 있다. 대신에, 민주주의와 비즈니스 목적은 보다 종합적으로 고려될 수 있다. 그림 8.1에 제시했듯이, 양자의 목적이 약화되는 경우가 있다. 그러나 보다 유용한 점은, 양자의 목적이 성취될 수 있는 경우도 있다. 계속해서, 나는 그림 8.1의 각각의 사분면에 제시된 가능성을 탐구한다.

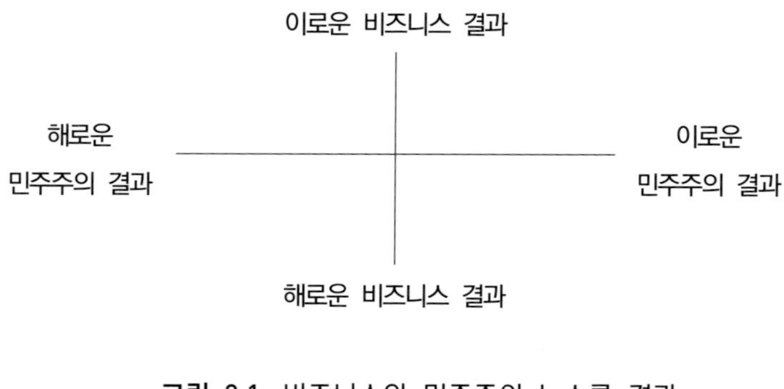

그림 8.1. 비즈니스와 민주주의 뉴스룸 결과

우울한 사분면The Depressing Quadrant : 해로운 비즈니스와 해로운 민주주의 결과

가장 우려스러운 사분면은 해로운 비즈니스와 민주주의 결과에 직면한 뉴스룸이다. 많은 연구는 뉴스 미디어 산업이 힘든 경제시기를 겪으면, 민주주의도 어려움을 겪는다는 점을 보여준다.

수용자들이 점점 디지털 형식의 뉴스로 옮겨감에 따라 뉴스룸 비즈니스 모델이 악화되는 징후를 드러내고 있다. 전통적인 재원확보 방식으로는 더 이상 십년 전 같은 수익도 만들어 내지 못한다. 뉴스 재원의 주요한 동인인 광고 수입이 하락했다. 2003년 인쇄 광고 수입은 총 44.9백만 달러였다. 2012년 광고 수입은 18.9백만 달러였다(Pew Research Center 2014a). 새로운 형식의 재원이 이러한 손실을 충당하지 못했다. 온라인 광고 수입은 2003년 1.2백만 달러에서 3.4백만 달러로 늘었을 뿐이다. 비록 지역 방송 뉴스가 신문보다 다소 나을 지라도, 퓨 리서치(2014a) 보고서에 의하면 2006년에서 2011년 사이에 지역 방송의 재원은 30퍼센트 이상 하락했다.

현대의 정보 채널이 비즈니스 전경을 바꾼 주된 이유이다. 수용자들은 점점 디지털 뉴스 소스에 의존하고 있다. 디지털 광고는 적은 이득을 낳기 때문에, 재원이 떨어지고 있다. 게다가, 새로운 디지털 경쟁자들이 뉴스 산업의 최종 수익을 삭감하고 있다. 2000년 19.6백만 달러였던 신문 안내 광고 수익은 2012년 4.7백만 달러로 하락했다(Pew Research Center 2014a). 이제 크래그리스트Craiglist 같은 다른 온라인 안내 광고 사이트가 이들 수익을 가져간다.

이러한 비즈니스 현실에 대응하기 위해, 언론사는 기존 비즈니스 모델을 재평가해야 했다. 회계 장부의 균형을 맞추기 위한 전략은 비용을 절감하는 것이다. 퓨 리서치 센터(2014a) 보고에 의하면 1989년에서 2011년 사이 거의 30퍼센트의 신문 종사자 감원이 있었다. 비용이 많이 드는 국제보도 또한 축소되었다(Enda 2011). 몇몇 언론사는 폐간하거나(예, 신시내티 포스트Cincinnati Post) 온라인 콘텐츠에 집중하는 것으로 방향을 바꿨다(예, 크리스천 사이언스 모니터Christian Science Monitor). 뉴스 공유 협약 또한 증가해서(Potter and Masta 2014), 언론사로 하여금 규모의 경제를 허용하고 있다.

또 다른 전략은 수익을 확보하는 새로운 방식을 찾는 것이다. 새로운 모델은 언론사의 브랜드를 이용해 부대사업에 투자하고(예, 달러스 모닝 뉴스Dollas Morning News가 운영하는 소셜 미디어 마케팅 회사인 디엠엔미디어DMNMedia), 크라우드펀딩 플랫폼 같은 새로운 서비스를 뉴스에 도입하거나(예, 아사히 신문 미디어 랩Asahi Shimbun Media Lab), 또는 이벤트를 개최하는 것(예, 텍사스 트리뷴Texas Tribune의 트라이페스트TribeFest)을 포함한다. 퓨 리서처 센터(2014b) 분석에 의하면, 이러한 새로운 재원 확보 방안은 뉴스 재원의 7퍼센트를 차지한다. 디지털 플랫폼에서, 언론사는 페이월, 네이티브 광고를 시도 중이고 언론사 사이트를 방문한 사람이 자신의 콘텐츠를 이용할 경우 언론사에 비용을 지불하는 소매상과도 협력한다(예, 디스쿠스Disqus, 아웃브레인Outbrain).

뉴스 비즈니스 측면에서의 혼돈은 민주주의와도 관련이 있다. 민주주의 효과는 시민들 사이와 선거에서 볼 수 있다. 시민차원에서, 시민 참여와 투표율은 지역 미디어 시장의 활기에 영향을 받는다. 지역 미디어가 미국 의원들을 적게 보도할 때, 시민들은 정치에 대해 잘 모르고 정치에 참여를 적게 했다(Hayes and Lawless 2015; Snyder and Strömberg 2010). 헤이스Hayes와 로리스Lawless(2015)는 2010년 중간 선거 시즌 동안 미국 하원 선거에 대한 6,000건 이상의 신문 뉴스를 내용분석했다. 이들은 내용

분석 결과를 서베이 자료와 합쳤다. 신문사가 하원 선거에 대한 기사를 더 많이 작성한 커뮤니티에 거주하는 응답자일수록 자신 지역구 의원의 업무수행에 대한 평가를 제공하고, 후보자의 이데올로기 스펙트럼을 묻는 질문에 답을 하며, 어떤 후보를 선호하는지 응답하는 경향이 높았다. 비록 이 분석이 시간 경과에 따른 경향을 추적하지는 않았지만, 한편으로는 유권자의 지식과 투표의향 그리고 정치보도량과의 상관관계를 보여준다. 지역 언론사가 문을 닫으면, 시민 참여와 투표율이 하락한다는 점을 시사하는 증거가 있다(Schulhofer-Wohl and Garrido 2013; Shaker 2014). 쉐이커Shaker(2014)는 시애틀 포스트-인텔리전스Seattle Post-Intelligence와 로키 마운틴 뉴스Rocky Mountain News가 폐간한 이후 시애틀과 덴버에서 시민 참여를 조사했다. 시애틀과 덴버에서의 시민 참여 하락은 전국적인 경향을 앞질렀다. 더구나, 시애틀과 덴버에서 보인 시민 참여의 하락은 지역 미디어 시장에서 급격한 변화가 없었던 여덟곳의 다른 시에서는 관찰되지 않았다. 미디어가 주의회에 신경 쓰지 않으면, 시민도 마찬가지로 신경을 안 쓴다.

허약한 미디어는 또한 선거와 정치인들에게도 나쁜 뉴스이다. 하원 의원들은 지역구에서 미디어 보도가 적으면 자신의 지역구를 위해 덜 적극적이다(Snyder and Strömberg 2010). 스나이더Snyder와 스트룀버거Strömberg는 한 신문사에 포함된 지역구의 수를 분석함으로써 이러한 결론에 도달했다. 단일 지역구를 관장하는 신문이 복수의 지역구를 관장하는 신문사보다 해당 지역구 의원을 더 자주 보도했다. 현실적 이유는 명확한데, 복수의 지역구를 관장하는 신문이 단일 의원을 보도하면, 해당 보도는 그 의원이 속한 지역구 독자에게만 관련이 있는 것이다. 이 신문사의 독자들을 위해 모든 의원을 보도하는데 필요한 재원을 투자할 가치가 없을 수도 있다. 신문사가 소수의 의원들에게만 초점을 맞출 수 있는 지역구 출신의원들은 높아진 경쟁에 영향을 받는다. 이들은 의회 청문회 증인으로 더욱 빈번히 등장하고 이데올로기적으로 극단적 투표를 자제한다. 더구나, 더 많은 연방정부 재원이 자신의 지역구로 유입된다. 뉴스 미디어의 붕괴된 비즈니스 모델이 의회보도를 축소하게 될 정도로 이러한 결과는 당황스럽다. 선출된 공무원이 언론의 감시를 덜 받는다면, 자신의 지역구를 위해 봉사에 태만할 수 있다. 선출직 공무원에 미치는 영향뿐만 아니라, 미디어 보도는 선거에 영향을 미친다. 슐호퍼-월Schulhofer-Wohl과 가리도Garrido(2013)는 신시내티 포스트Cincinnati Post 폐간에 따른 선거 결과를 조사해서 "이 신문의 부재는 몇 가지 차원, 즉 현직 우위, 투표율, 선거 비용, 그리고 후보자 수 등에서 지역 선거를 덜 경쟁적으로 만들었다"고 결론지었다(78). 이러한 연구가 보여주듯이, 지역 미디어 주목이 떨어지면 선거는 덜 민주적인 방식으로 이루어지고 공무원도 덜 비민주적인 방식으로 행동한다.

이 첫 번째 사분면과 관련한 연구는 뉴스 산업의 건강과 민주주의 건강 간의 연관성을 보여준다. 활기 있는 뉴스 미디어를 갖는 커뮤니티는 정치적으로 관여도가 높은 시민, 경쟁력 있는 선거, 그리고 즉각적으로 호응하는 선출된 공무원을 갖기 쉽다. 뉴스 미디어 재원의 하락은 자연적인 시장 교정 이상을 의미하며, 민주주의 기능과 관련한 함의를 갖는다.

비대각 사분면들

두 개의 비대각 사분면들은 뉴스룸이 직면하는 민주주의와 비즈니스 목표 사이의 고전적 긴장을 보여준다. 비즈니스 결과에 대한 초점은 경성뉴스보다는 오락 콘텐츠를 강조하면서 언론의 민주주의 역할을 축소시킬 수 있다. 반면에, 경성뉴스에 대한 초점은 언론사로 하여금 경영상태를 유지할 수용자를 찾지 못하게 할 수 있다. 이러한 상호교환의 증거는 많다.

비즈니스로서 언론사는 수익으로 전환할 수 있는 지표에 주의를 기울여야 한다. 다수의 언론사에게, 페이지 뷰와 방문자 수는 디지털 광고 수익으로 전환된다. 페이지 뷰를 늘릴 수 있는 언론사는 재정적으로 도움이 된다. 페이지 뷰를 늘리기 위한 속임수는 많다. 소셜 미디어에서 조회수를 늘리기 위해 자극적인 헤드라인으로 보도하는 웹사이트를 쉽게 찾을 수 있다. 대형 언론사 몇몇 직원의 일은 검색엔진 조회수를 늘리기 위해 헤드라인을 최적화하는 것이다. 이러한 행위의 목적은 조회수를 높이는 방법을 찾아 이에 맞추기 위해서이다. 이러한 지표의 존재가 언론사가 운영되는 방식을 바꿀 수 있다. 부Vu(2014)는 언론사 편집장들을 대상으로 디지털 지표 이용에 대한 설문조사를 실시했다. 온라인 뉴스 생산에 관련된 편집장들의 80퍼센트 이상은 조회수 지표에 정기적으로 주목한다고 했다. 강한 관계는 아닐지라도, 조회수를 모니터하는 것의 대가를 인지했다. "독자수를 늘리는 것이 언론사에 경제적 혜택을 가져다준다고 생각하는 편집장이 많아질수록, 온라인 독자 웹 분석에 기반해 편집 방침을 바꿀 가능성이 높다"(Vu, 1104). 이처럼 온라인 조회수가 새로운 게이트키퍼가 되어 무엇이 뉴스가 될지에 영향을 미친다.

재정적 압박과 페이지 뷰를 늘리고자 하는 바람은 언론사로 하여금 "투자수익률(ROI)"을 더 고려하게 한다. 오스틴 텍사스 대학의 참여 뉴스 프로젝트Engaging News Project에서 개최한 일련의 워크샵에서, 디지털 뉴스의 선도자들은 투자수익률을 계산하기를 바란다는 점을 반복했다. 만약 그들이 하나의 기사를 작성하는데 걸리는 인력의 시간과 자원을 안다면, 디지털 팀은 이 기사가 얼마나 많은 클릭을 유도했는지와 같은 실적을 자원 투입량에 비교할 수 있다(Scacco, Curry, and Stroud 2015). 이 메트릭metric은 비즈니스 차원에서 큰 의미가 있다. 언론사는 어떠한 유형의 기사가 가장 큰 투자수익률을 가져오는지 알아내고 이러한 기사를 더 많이 제공할 수 있다. 하지만 투자수익률이 계산되는 방식은 중요하다. 광고-주도형 페이지 뷰 메트릭은 유의할 필요가 있다. 만약 언론사가 이미 어느 정도 언론사에 실제로 도입된 방식인(Anderson 2011 참조) 어떤 콘텐츠가 가장 많은 클릭을 가져올지에 따라 뉴스 선택을 한다면, 이의 결과가 안 좋을 수 있다. 수용자 선호에 맞추는 방식은 민주주의 차원에서 의미있는 결과를 가져올 수 있다. 아프가니스탄에 대한 기사가 트래픽을 거의 유발하지 않는다는 것을 알게 되면, 편집장은 또 다른 아프가니스탄 기사에 자원을 사용할지를 신중하게 고려해야 할지도 모른다. 내가 간단히 보여준 것처럼, 현재의 자료는 자주 언급되는 민주주의적 규범과 늘 일치하지는 않는 콘텐츠에 대해 관심을 보인다는 사실을 입증하고 있다. 클릭에 초점을 맞춘 뉴스룸이 민주주의에 해가 되는지 그리고 민주주의에 초점을 맞춘 뉴스룸이 클릭에 해가되는지에 대한 분석에 앞서, 규범적으로 바람직한 민주주의 결과가 무엇인지를 우리 스스로 명확히 할 필요가 있다.

많은 민주주의 이상이 논의될 수 있지만, 듀이와 리프만은 리프만의 표현에 따르면 “완벽한 시민perfect citizen” 또는 듀이의 말을 빌리면 “위대한 공동체great community” 구성원의 속성에 대한 몇 가지 지침을 제공했다. 사람들로 하여금 이러한 이상으로부터 멀어지게 하는 콘텐츠는 틀림없이 민주주의에 부정적인 영향을 미친다. 리프만은 완벽한 시민이란 어떠한 사람인지를 보여주기 위해 교과서적인 정의에 따른다. 리프만(1927/2011)은 “인간이 자기 앞에 놓인 무한한 시간과 백과사전 편집자의 욕구를 가져야 한다는 결론을 피할 수 있는 방법을 모르겠다”(13)고 결론짓고 있다. 리프만의 이러한 불가능성에 대한 믿음에도 불구하고, 리프만이 말한 완벽한 시민이란 정치적으로 박식하고 이를 공공 정책과 관련한 문제에 대해 투표행위를 하는데 이용하는 사람을 의미한다. 개인적인 초점을 넘어, 듀이(1927/1984)는 다른 사람과 상호작용하는 개인의 차원에서 민주주의를 떠올린다. 그는 "민주주의 이상"을 다음과 같이 생각한다:

> 개인의 관점에서, 이는 자신이 속한 그룹의 행동을 조직해서 이끄는 능력의 차원에 따라 책임지는 몫을 가지면서 이 그룹이 지지하는 가치의 필요에 맞춰 참여하는 것이다. 그룹의 관점에서, 이는 공통의 이익과 재산의 조화를 위해 개별 구성원의 잠재력을 자제할 필요가 있다. 모든 개인은 많은 그룹의 한 구성원이기 때문에, 이러한 규정은 서로 다른 그룹이 융통성 있게 총체적으로 상호작용하지 않으면 달성하기 어렵다.(327-328)

듀이의 개념에 의한 이상적인 민주주의 시민은 공통의 목표를 위해 다른 사람 및 그룹과 함께 협력해야 한다는 점을 안다. 이는 다른 사람과 민주주의 제도나 기관에 대한 신뢰수준을 포함하며 그룹들로 하여금 공동의 목표를 함께 추구할 것을 필요로 한다. 듀이와 리프만의 영감을 이용해, 우리는 어떻게 뉴스 미디어가 공공 사안에 대한 지식, 공통의 목적을 위한 노력, 그리고 민주주의 시스템에 대한 신뢰에 영향을 미치는지 분석 할 수 있다. 더 나아가, 페이지 뷰 같은 비즈니스 결과를 중심으로 선택된 콘텐츠가 상기한 결과에 어떠한 영향을 미치는지 살펴볼 수 있다.

만일 언론사가 수용자 선호를 따른다면, 페이지 뷰를 늘리고자 하는 언론사는 어떠한 종류의 콘텐츠를 제공할까? 그리고 수용자 선호에 맞춘 콘텐츠가 민주주의에 미치는 효과는 무엇인가? 선거보도, 편파적이고 무례한uncivil 뉴스, 그리고 오락 프로그램과 관련된 수용자 행위는 정확히 비대각 사분면에서 제시된 것, 즉 페이지 뷰를 늘리는 콘텐츠와 민주주의 이상에 좀 더 가까운 콘텐츠간의 분명한 대조를 보여준다.

선거 시즌은 미디어가 정치에 폭넓은 주목을 보이는 대표적 기간이지만, 모든 선거 보도가 똑같이 공중의 관심을 모으는 것은 아니다. 초기의 사례이긴 하지만, 아옌가Iyengar, 노포트Norpoth, 그리고 한Hahn(2004)은 2000년 대통령 선거에 대한 정보가 담긴 CD를 검색할 때 사람들이 어떤 정보를 이용하는지 추적했다. 이 CD는 후보자의 배경과 이슈에 대한 입장 같은 많은 주제를 포함했다. 수용자들은 여론조사에서 어떤 후보가 앞서고 선거 승리를 위한 후보자의 전략을 기술하는 경마보도에 끌리는 것처럼 보였다. 이러한 결과를 오늘에도 재현할 수 있다는 점에서, 디지털 트래픽을 신중히 모니터하는 언론사는 선거기간 동안 경마보도를 늘려야 한다는 결론에 도달할 수 있다. 그러나 이러한 형식의 보도가 갖는 효과는 잠재적으로 골칫거리다. 카펠라Capella와 제이미슨Jamieson(1996)은 경마보도가 정치적 냉소주의, 즉 큰 공동체라는 듀이의 개념과는 먼 결과를 증가시키는 것을 발견했다. 페이지 뷰에 대한 초점은 이 같은 민주주의 결과를 눈치재치 못할 뿐만 아니라, 캠페인 홍보를 모아 전달하는 경마보도의 증가로 우리가 저널리즘 제도를 통해 보여주길 바라는 민주주의 이상을 해칠 수 있다.

편파적이고 무례한 콘텐츠 또한 민주주의 보다는 비즈니스 차원에서 의미가 있다. 뉴스 종사자와의 인터뷰에서 몇몇은 편파적이고 극단적인 뉴스가 언론사의 수익에 이로울 수 있다고 말했다(Scacco, Curry, and Stroud 2015). 선동적인 기사, 대립적인 정치인을 다룬 뉴스, 그리고 충돌하는 당파적 견해를 갖는 사람들 간에 싸움을 일으키는 댓글은 페이지 뷰, 재방문, 그리고 사이트 체류 시간을 극적으로 늘릴 수 있다. 예의바르고 무례한 뉴스 보도를 비교하기 위해 머츠Mutz와 리브스Reeves(2005)가 실시한 통제된 실험에 참여한 사람들은 무례한 뉴스를 더 즐긴다고 보고했다. 비즈니스 관점에서 무례하고 극단적인 콘텐츠는 좋은 생각이다. 하지만, 민주주의 관점에서 이는 분명하지 않다. 유유상종의 당파적 콘텐츠는 정치적 극화를 증가시킴으로써 시민들이 점점 다른 관점보다는 자신의 정치적 관점을 선호하게 된다(Levendusky 2013; Stroud 2011). 무례한 댓글 또한 태도를 극단화시킬 수 있고(Anderson et al. 2014) 사람들이 뉴스 정보원에 대해 생각하는 것에 부정적인 영향을 미칠 수 있다(Lee 2012). 머츠와 리브스는 무례한 뉴스가 같은 내용을 예의 바르게 작성한 뉴스에 비해 정치인과 의회에 대한 신뢰를 감소시킨다는 것을 입증했다. 하지만, 편파적이고 무례한 콘텐츠에 대한 페이지 뷰의 증가를 보이는 디지털 지표는 언론사로 하여금 이러한 콘텐츠를 생산하고 장려하는 재정적 혜택을 준다.

또한 연성뉴스와 오락도 수용자의 관심을 끈다. 한때 독자의 뉴스 관심을 이해하기 위한 지배적 방법인 설문조사에 의하면 공중이 공적 사안에 큰 관심이 있는 것으로 보인다. 하지만, 온라인에서 사람들의 행동을 추적하는 데이터는 공적 사안을 다룬 뉴스에 대한 관심이 훨씬 덜하다는 점을 보여준다(Tewksbury 2003). 뉴스룸에 보편적인 디지털 분석기법은 오로지 이러한 사실만을 보여준다. 보즈코브스키Boczkowski와 미첼스타인Mitchelstein(2013)은 사이트 방문자들이 가장 많이 읽는 뉴스 유형과 편집인들이 우선하는 뉴스의 유형을 비교했다. 방문자들은 편집자에 비해 인간적 흥미 이야기 같은 연성뉴스를 더 많이 봤다. 오락적인 요소에 치중해 뉴스를 보지 않을 때 민주주의에 영향을 미친다. 공적 사안을 다룬 뉴스보다는 오락을 선호하는 사람들이 자신의 선호대로 행동할 수 있을 때(인터넷에서 제공되는 다양한 콘텐츠에 노출될 때), 이들은 선호대로 행동하기 마련이다. 뉴스를 피하는 사람들이 오락 콘텐츠를 더 많이 선택할 수 있을 때 정치 지식 수준이 낮고 투표에 덜 참여했다(Prior 2007). 인간적 흥미 요소에 대한 선호가 경성뉴스에 대한 선호를 앞선다면, 지표에 근거하는 언론사는 전자를 더욱 많이 제공할 것이고, 만일 전반적으로 경성뉴스가 줄어든다면, 경성뉴스를 선호하는 사람조차도 이러한 뉴스를 접할 수 없다.

이 같은 잠재적 민주주의 결과는 많은 언론사가 페이지 뷰에 맞추는 방식을 채택할 때 가장 극명하게 드러난다. 공정하게 말하면, 대규모 수준에서는 이러한 일이 생길 것 같진 않다. 수용자 세분화로 인해 몇몇 언론사는 심층 이슈에 기반한 정치 보도를 제공할 것인데, 이는 이러한 사명에 대해 헌신하는 자세를 갖고 있거나 또는 이러한 콘텐츠 제공을 통해 재정적 이득을 볼 수 있기 때문이다. 하지만 경제적으로 힘든 시기에, 언론사는 어떻게든 수입을 늘리거나 적어도 유지할 수 있는 방안을 찾아야 한다. 여기에서 제시된 수용자 선호가 사실이라면, 중립적인 정치 뉴스는 경마보도, 편파적 보도, 그리고 오락적 콘텐츠에 비해 더 많은 트래픽을 가져올 확률이 훨씬 적다. 페이지 뷰에 집중함으로써, 저널리즘의 민주주의 영향력이 줄어든다는 증거가 있다. 페이지 뷰를 무시하면, 저널리즘은 이윤을 창출하지 못할 수 있다. 이 같은 실망스러운 교환은 타당하고 중요하지만, 이러한 교환에 너무 치중하는 것은 앞으로 살펴볼 마지막 사분면에 의해 가능해진 기회를 놓치는 것이다.

제4사분면 : 민주주의와 비즈니스에 이로운 결과들

지금까지 검토한 세 가지 사분면은 모두 바람직하지 않은 결과를 시사하지만, 실용주의자 접근을 이용하는 이점은 비즈니스와 민주주의 목적이 충돌하지 않는 어떤 순간이 있다는 점을 인식하는 것이다. 리프만과 듀이는 민주주의가 직면한 문제를 해결하는 방법에서 서로 동의하지 않은 것으로 유명하다. 리프만이 언론의 역할을 제한적으로 본 반면, 듀이는 미디어에 대해 훨씬 낙관적이었다. 듀이(1922/1983)가 리프만의 1922년 저작, 여론Public Opinion에 대해 찬사를 아끼지 않은 리뷰에서("이 책을 읽는 것은 계시를 얻는 경험이다"라고 듀이는 쓰고 있다, 337), 듀이는 조심스럽게 "해결책"을 제시한다(343). 듀이는 "리프만은 언론에 대해 너무 쉽게 굴복한 것으로 보인다"며, "언론이 무엇인지를 너무 쉽게 가정하기 위해서는 언론이 계속 그렇게 유지되어야 한다"(343). 대신에, 듀이는 뉴스가 뉴스를 보여주는 기교적 방식을 찾는 비즈니스가 되어야 한다고 제안한다. 그는 "'센세이셔널'이라는 말이 좋은 의미로 쓰일 수 있다면, 오늘날 뉴스에 대해 지속된 연구와 조직에 의한 실행 가능한 처방은 현재의 방식보다 더 센세이셔널한 것"이라고 덧붙였다. 센세이셔널한 뉴스를 만드는 법을 찾는 것은 언론사의 비즈니스와 민주주의 관심을 결합하는 유망한 기회를 제시한다.

정확히 이러한 도전에 착수한 언론사의 예는 많다. 예를 들어, 월 스트리트 저널Wall Street Journal은 다양한 의료보험 계획을 비교할 수 있는 상호작용적 의료보험탐구Health Care Explore를 성공적으로 개발했다. 신생 언론사들 또한 뉴스를 제시하는 혁신적인 방식을 찾고 있다. 복스Vox는 중요한 이슈에 대해 배경정보를 제시하는 카드뉴스를 도입해서 대량의 디지털 유입을 이끌어냈다. 스킴Skimm은 여성에 맞춤화된 일간 이메일 뉴스레터를 발행해 인상적인 구독률을 보이고 있다. 다음 섹션에서 얘기하겠지만, 학계 또한 수용자들이 배울 수 있는 방식으로 정보를 제시하는 방법에 대한 통찰을 제공했다. 예를 들어, 리Lee와 김Kim(2015)은 인포그래픽이 뉴스 정교화news elaboration를 가능하게 하는데, 특히 인포그래픽에 제시된 이슈를 중요하게 여기는 사람들에게 이러한 경향이 더했다. 폭넓게 공유되고 접근가능하다는 점에서, 인포그래픽은 비즈니스 이점을 가질 수 있다.

오늘날, 듀이의 도전을 지속할 많은 기회가 있다. 디지털 분석은 외교에 대한 기사가 낮은 트랙픽을 유발한다는 것을 드러낼 수 있다. 십중팔구, 신문에서도 외교뉴스는 아마 많은 주목을 끌지 못할 것이다. 그러나, 디지털 분석 없이는 이를 알지 못한다. 지금은 이를 할 수 있다. 앞부분에서는 비관적 자세, 즉 외교뉴스를 중단할 것이라는 점을 보여줬다. 낙관적 자세는 듀이의 도전, 즉 수용자의 관심을 모아 알릴 수 있는 새로운 방식의 스토리텔링을 실험하는 것이다. 이 점이 저평가된 제4사분면의 특징이다.

__ 뉴스, 학계, 그리고 해결책

어떻게 하면 센세이셔널한 뉴스를 만들 수 있을지 애쓰는 과정에서 학계가 기여를 할 수 있다. 실제로, 학계의 공적 역할은 어떻게 민주주의 시스템을 향상시킬지에 대한 것으로, 이는 리프만 생각의 핵심이다. 리프만은 시민이 공적 사안에 정통해야 한다는 비현실적 부담을 경감시키고 이를 위해 필요한 정보를 제공하라는 불가능한 임무로부터 미디어를 놓아줄 것을 제안했다. 미디어 대해 리프만(1922/2004)은 "만약 신문에 모든 성인이 모든 토픽에 대해 의견을 가질 수 있도록 인류의 모든 공적 삶을 옮겨야 할 의무가 주어진다면, 실패하고, 실패할 수 밖에 없고, 앞으로도 지속적으로 실패할 것이 자명하다"(228)고 언급했다. 이는 두 가지 의미, 즉 신문이 그렇게 많은 소재를 다룰 수 없고 설령 그렇다 하더라도, 대중은 하품을 하면서 무관심을 보일 것이라는 점에서 사실이다. 대신 리프만은 사회과학자로 구성된 기관에 공공 정책에 대한 체계적이고 편향되지 않은 연구를 책임지도록 위임해야 한다고 제안했다. 이 기관은 또한 관심있는 일부 공중에게 알릴 수 있는 언론에게도 정보를 전달할 수 있다.

리프만의 생각이 도발적이긴 하지만, 공적 영역에 있어서 학계 연구의 역할에 대한 논쟁이 없는 것은 아니다. 경험적 커뮤니케이션 연구의 조상인 폴 라자스펠트Paul Lazarsfeld(1941)는 두 가지 연구유형, 즉 "공적 또는 사적 성격을 갖는 일종의 행정 기관을 위한 서비스 차원"에서 실시되는 행정주의 연구와 "현재의 사회 시스템에서 커뮤니케이션 미디어의 일반적 역할"을 연구하는 비판적 연구를 구분했다(8-9). 좀 더 구체적으로, 행정주의 연구자는 어떤 광고가 상품을 파는데 가장 적합한지를 경험적으로 조사하고, 비판연구자는 소비주의에 대한 미국의 집중을 비판할 수 있다. 저널리스트의 민주주의와 비즈니스 목적이 다른 방향을 추구하는 것처럼, 행정주의와 비판학자의 목표도 역시 다르다. 이러한 학파는 서로 반대되는 것으로 간주되는데, 전자가 리프만의 시각에 좀 더 가깝다면, 후자는 비즈니스와 정부 시스템을 관찰하고 비판하는데 좀 더 나은 관점을 갖기 위해 이들로부터 거리를 두는 학자로 구성된다.

이 장의 실용주의 지향에 따르면, 이러한 구분은 재고가 필요하다. 라자스펠드(1941)와 뒤이어 로저스Rogers(1982)가 비판 및 행정주의 학자가 함께 일할 것을 촉구했지만, 나는 여기서 좀 더 나아가 학자를 비판적 또는 행정적이라고 생각하는 것은 생산적이지 않다는 점을 주장하고 싶다. 앞서처럼, 비판에서 비비판적 접근에 걸친 한축과 행정주의에서 비행정주의 지향에 걸친 두 번째 축으로 구성한 그림을 제시한다. 각각의 사분면을 차례대로 논의하면서, 아직 덜 개발된 사분면인 비판-행정주의 학자가 속한 사분면으로 마무리 짓고자 한다. 물론 각각의 사분면이 가치있는 기여를 하지만, 저널리즘 실천에 영향을 미치지만 아직 덜 주목을 받는 기회는 마지막 사분면에 있다(그림 8.2. 참조).

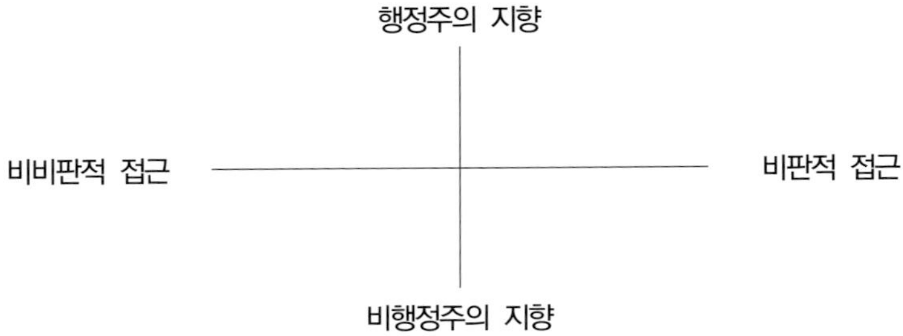

그림 8.2. 비판적 그리고 행정주의 학계 지향

행정주의 지향의 비비판적 접근

비판적 접근이 결여된 행정주의 학자들은 본질적으로 컨설턴트로 일하면서, 비즈니스와 정부 목적과 관련된 결과를 평가한다. 혹자에게 라자스펠트는 행정주의 연구자의 전형이다(Rogers 1982 참조). 그는 맥파든 출판사McFadden Publications와 CBS 라디오 같은 출판사로부터 연구비를 받아서 시장 연구와 마찬가지인 일을 했다. 그의 유명한 공저작인 개인적 영향Personal Influence은 비록 투표 의사 결정을 다룬 저작임에도 불구하고, 패션과 영화에 관한 의견 지도력에 대한 장도 포함했다(Katz and Lazarsfeld 1955/2006). 이 연구는 일상적 및 중요한 일에 대한 결정을 내리는데 무엇이 영향을 미치는지에 대한 매우 실용적인 질문에 답하고 있다.

이러한 접근에 대한 비판은 다양하다. 어떤이는 행정주의 학자는 "일반적으로 비즈니스 성격을 갖는 작은 문제를 해결"한다고 주장한다(Lazarsfeld 1941, 8). 비판 연구자는 라자스펠드 같은 행정주의 연구는 어떻게 전체적인 시스템 또는 산업이 사회에 영향을 미치는지 또는 어떻게 권력이 드러나는지에 대한 질문을 던지는 대신 현상유지를 위한 작은 질문에 집중한다고 비판한다. 이러한 사고방식은 적어도 부분적으로는 행정주의 연구자들이 자신의 연구를 재정적으로 지원하는 비즈니스와 정부 기관에 신세를 지고 있기 때문이다. 연구자들의 "설득, 선전, 그리고 일반적인 미디어 효과에 대한 심취는 이러한 연구를 지원하는 정부, 사기업, 그리고 재단의 의향에서 기인한다"(Rogers 1982, 127). 결국 업계와 함께 일하는 것은 이들을 비판하기 어렵다고 비판한다.

또한 이 사분면에 해당하는 학자들은 또 다른 도전, 즉 실용적 추천을 하는 것이 항상 학계의 문화에 일치하는 것은 아니지만, 행정주의 연구자는 이러한 요구를 받는다. 학계와 업계의 기준은 새로운 아이디어를 도입하기 위해 얼마나 많은 정보가 필요한지에 대해 다른 기준을 갖고 있다. 언론사는 절대적으로 비체계적인 연구에 근거해 매일 많은 결정을 내린다. 예를 들어, 일간신문이 페이월을 도입하는데 대해 결정을 내릴 때, 자문을 구하거나 연구를 하기 보다는 다른 언론사를 따라하기 쉽다(Jenner, Thorson, and Kim 2014). 이는 학계의 대응과는 대조적이다. 어떤 학자는 자신의 연구에 근거해 추천 하는 것을 꺼려한다. 추천을 위해서는 후속연구가 필요하다. 이 같은 조심스러운 접근이 학계의 특징이고, 나름의 장점을 갖고 있다. 모든 연구는 제한점이 있고 어떤 결론도 많은 다른 상황에서 재현되어야 강력해진다. 그러나 많은 연구가 재현을 거치지 않는다. 더구나, 연구자가 자신의 결과를 기반으로 추천하는데 안심하기 위해 어느 정도의 재현이 필요한지 확실치 않다. 그래서 누군가는 자신이 현재 갖고 있는 결과가 무엇이든, 항상 행동을 늦추고 더 많은 증거를 찾고 있다. 물론, 위험한 성급함과 무력한 조심스러움 사이 중간 지대가 있다. 학자들은 연구의 제한점을 기술하는 방식으로 신중하게 구성된 추천을 통해 다른 사람이 제시된 연구결과에 근거해 행동을 취할지를 스스로 결정하게 할 수 있다. 연구가 없이 의사결정을 하는데 익숙한 뉴스 업계의 구성원들도 약간의 연구가 전혀 없는 것 보다는 낫다. 업계와 함께 일하면서, 학계는 업계에 학술저널 출판사의 페이월에 감춰진 연구결과에 대해 알려 줄 수 있다. 물론, 이것이 전적으로 행정주의적인 연구자들이 직면한 다른 비판을 해결하는 것은 아니지만 행정주의 연구에 대한 이러한 비판에 맞서는 한 방법을 제시한다.

__ 비행정주의 사분면들

비행정주의 사분면들에 해당하는 학자들은 언론사 미래에 실행할 수 있는 추천을 제시하는 비즈니스에 관여하지 않는다. 비행정주의 접근과 비판적 지향을 갖는 비판 학자들은 통제, 갈등, 권력, 그리고 사회 계급 구조에 관심이 있다. 이들은 매스미디어를 "급진적 사회변화를 막는 사회적 통제의 기구"로 본다(Blumler 1980, 371).

이러한 접근이 언론의 광범위한 사회적 함의를 조망할 수 있는 점을 많이 제시할 수 있지만, 제한점 또한 있다. 이러한 접근에 대한 비판은 실제적으로 적용하는데 한계가 있고 비판의 대상인 사회 체계에 영향을 미칠 가능성이 적다는 점을 들고 있다. 가부장적 또는 소비중심적인 사회를 드러내는 것이 중요하지만, 이러한 통찰을 가지고 무엇을 할지 늘 명확한 것은 아니다. 더구나 비판적 접근법들은 자신들이 밝히고자 하는 현상을 미리 가정하고 있기 때문에 방법적으로도 비판을 받는다. 예를 들어, 라자스펠드(1941)는 "["장려하는 문화promotional culture"] 이론을 입증하고 가다듬기 위해 꾸준한 노력이 기울여지고 있지만 특별한 연구에 앞서 당연시 되고 있다"(12)고 지적한다.

행정주의도 비판적이지도 않은 또 다른 학문 접근법이 있다. 이러한 학문적 흐름은 순수하게 이론적 목적을 가지면서 분명한 실용적 함의 또는 평가적 또는 비판적 입장을 배제한다. 예를 들어, 미디어가 이슈를 어떻게 프레임 하는지에 대한 내용분석이 이러한 사분면에 해당한다. 이러한 분석이 한 이슈를 보도하는데 이용된 많은 프레임들에 대한 이해를 도울 수 있지만, 저자가 어떤 프레임이 공중 또는 언론사를 위한 것인지에 대한 평가를 하지 않는다면, 학계를 넘어 업계에 주는 실용적 유용성이 적다. 이는 또한 거시적 문화적 패턴 또는 권력 역학에 도전하지 못함으로써 비판적 의제를 진전시키지 못한다.

__ 행정주의 접근의 비판적 지향

비판적 그리고 행정주의 연구의 이분법을 분석하는데 있어서 마지막 사분면은 학계가 자신의 비판적 시각을 타협할 필요 없이 업계와 함께 일할 수 있는 기회를 제시한다. 학계와 업계의 협력은 특히 뉴스 업계가 비즈니스와 민주주의 잠재력을 유지하기 위한 도전에 직면해 있기에 생산적인 통찰을 제시할 수 있는 잠재력이 있다. 학계 종사자는 뉴스룸이 갖는 하루하루의 압박과 수익창출에 대한 부담이 없다. 대신 학계는 저널리즘의 민주주의 목표에 집중해 이러한 대의명분을 향상시킬 수 있는 사례들을 실험하기에 자유롭다. 그래서 학계는 비판학자들처럼 의제를 추진하면서도 행정주의 학자들처럼 실질적인 기여를 할 수 있다. 다음 섹션에서, 이러한 점을 염두에 둔 초기 단계의 몇 가지 사례를 소개하고자 한다.

댓글은 언론사에게 도전적일 수 있다. 비즈니스 관점에서, 댓글은 이득이 될 수 있다. 몇몇 댓글이 가능한 플랫폼에서는 누군가가 광고에 노출되면 매번 언론사에 수익을 지불한다. 더구나, 댓글을 다는 사람들은 자주 사이트를 방문하는 충성스러운 방문자이기 마련이고 댓글 섹션은 이러한 수용자들로 하여금 뉴스와 댓글을 다는 사람과 연계할 수 있는 공간을 제공한다. 하지만 이러한 비즈니스 기회는 문제를 동반한다. 댓글 섹션은 무례하고 혐오스러운 댓글로 가득 차, 언론사로 하여금 저널리즘의 수준을 떨어뜨리고 언론사의 브랜드를 훼손할 수 있다는 우려를 자아내고 있다(Singer and Ashman 2009). 로이터와 대중 과학Popular Science 같은 몇몇 저명한 곳에서는 댓글 섹션을 모두 없애기도 했다. 뉴욕타임스 같은 다른 곳에서는 댓글섹션 모니터를 전담하는 인력을 고용해서 편집기준을 충족시키는 댓글만을 게재하고 있다. 듀이의 렌즈로 보면, 댓글 섹션은 시민들이 큰 공동체를 위한 토대가 되는 대화에 관여할 수 있는 공간이 될 수 있다.

학계는 이러한 공간을 이해하는데 덧붙일 것을 많이 갖고 있다. 숙의를 이해하기 위해 학문적으로 풍성한 논의가 있었고(Delli Carpini, Cook, and Jacobs 2004 참조), 이러한 지적 전통은 어떻게 하면 댓글 공간이 민주주의에 유익할 수 있는지 생각하는데 통찰력을 제공할 수 있다. 이에 대한 연구는 이미 시작됐고, 여기서 몇 가지 유망한 프로젝트를 언급하고자 한다. 예를 들어, 산타나Santana (2014)는 이민에 대한 기사에 달린 댓글을 조사했다. 절반의 댓글은 뉴스 사이트에 익명으로 쓰게 했고 나머지 반은 페이스북 계정 또는 실명으로 게시된 댓글이었다. 익명성이 허용될 때 53%의 댓글은 무례했다. 익명성이 허용되지 않았을 때 29%의 댓글이 무례했다. 이 연구는 한계가 있는데, 댓글을 쓰는 사람들이 무작위로 익명 또는 실명 코멘트 섹션에 배정되지 않았기에, 실명 플랫폼이 예의 바른 토론을 더 많게 하는지 확신할 수 없다. 하지만 이 연구는 시작에 불과하다. 이러한 연구결과를 토대로, 언론사 브랜드가 무례한 댓글에 의해 훼손될 것을 염려하는 언론사는 실명을 사용하게 만드는 플랫폼을 만들 수 있다. 더 나아가, 언론사가 학계와 함께 협력해서 무작위로 실명과 익명 댓글을 작성하게 한 후 이의 인과관계에 대해 알아 볼 수 있다.

또 다른 사례로, 수쿠마란Sukumaran, 베즈크Vezich, 맥허McHugh, 그리고 나스Nass(2011)는 댓글이 사려깊어야 한다는 단서, 즉 댓글 작성란에 "댓글 작성을 가능한 건설적으로 해 주세요"라고 요구하는 안내문구가 있을 때 사려깊은 참여를 암시하지 않았을 경우(예를 들면, "여기다 당신의 의견을 말하세요!" 같은 문구)와 비교했을 때 보다 장문의 댓글과 이슈와 관련된 사고를 더 많이 보였다. 실험연구를 이용했기 때문에, 이 연구에서는 인과적 추론이 가능하다. 이러한 결과가 실제 뉴스룸에 일반화될 수 있는지 제한점은 있다. 하지만 이러한 생각을 실험해볼 수 있다.

언론사의 실제 업무를 분석하기 위해 이들과 직접 일하는 것도 가능하다. 내가 조쉬 스카고Josh Scacco, 애슐리 무디만Ashley Muddiman, 그리고 알렉스 커리Alex Curry(2015)와 공동으로 실시한 연구는 한 언론사의 페이스북 페이지 코멘트에 대해 무작위로 언론사가 관여할 수 있게 했다. 무작위 스케줄에 따라, 인기있는 정치 기자, 익명의 기자, 또는 해당 방송국 기자 없이 정치 기사에 대해 댓글을 다는 사람들과 대화하게 했다. 익명의 기자는 질문을 하고, 정보에 대한 진실된 질문에 응답하며, 좋은 댓글에 칭찬을 하면서 예의 바르게 참여를 했다. 무례하게 행동하는 사람들과는 직접 소통하지 않았다. 우리는 방송국의 관여에 따라 코멘트에 차이가 있는지를 분석했다. 인기있는 정치 기자가 관여할 때 달린 댓글이 보다 예의 바르고 증거에 기반한 주장을 담는 경향이 있었다.

댓글 섹션에 대한 이 같은 심층적인 분석은 학계의 연구가 업계와 관련된 통찰을 어떻게 제공하는지에 대한 사례를 보여준다. 민주주의 목적은 시민 대화를 위한 더 나은 공간을 만들 수 있는 방법을 구상함으로써 진전될 수 있다. 비즈니스 목적은 뉴스 브랜드를 훼손할 수 있는 댓글 행위를 제한함으로써 실현될 수 있다. 이러한 전략들이 전체적으로 댓글을 늘려 직접적으로 더 많은 재정적 수익을 가져올 수 있다. 또한 비즈니스 결과를 직접 고려하도록 학계의 연구를 확장시킴으로써, 우리의 생각이 실현될 수 있는 가능성을 늘릴 수 있다.

댓글 섹션을 분석하는 것은 단지 하나의 예이다. 예를 들어, 디지털 저널리즘을 위한 토우 센터Tow Center for Digital Journalism은 게이밍gaming을 뉴스에 접목시키는 행위를 연구했다(Foxman 2015). 참여 뉴스 프로젝트Engaging News Project의 연구는 뉴스 토픽에 대한 온라인 퀴즈가 뉴스에 대한 소비 시간을 늘리고 학습, 특히 같은 정보를 담은 문장에 비해 훨씬 더 잘 알 수 있다는 것을 발견했다(Scacco, Muddiman, and Stroud 출간 중). 이 연구는 또한 퀴즈가 비즈니스 결과에 직접적인 사이트 체류 시간을 늘린다고 제안했다. 이 책에 실린 피카드Pickard의 장은 서로 다르지만 보완적인 방식으로 저널리즘의 재원에 대한 비시장적 방식을 옹호했다. 그는 뉴스는 민주주의 상품이고 학계는 정책 해결책을 찾음으로써 기여를 할 수 있다는 관점을 제시했다.

네 개의 사분면 각각에 해당하는 연구는 학문적으로 중요한 기여를 했지만, 저널리즘이 직면한 현재의 위기는 마지막 네 번째 사분면에 대해 좀 더 주의를 기울일 것을 요구한다. 이와 관련된 연구가 듀이와 리프만과 명시적으로 연결되지는 않았지만, 이들의 시각이 쉽게 고양될 수 있다. 그렇게 하는 이점은 민주주의를 위한 미디어의 중요한 역할, 이러한 역할을 공고히 하는데 도움이 되는 사회과학적 기술, 그리고 시민의 연계에 필요한 창의적이고 기교적 수단이라는 공통된 이해를 둘러싼 연구 전통을 결속시킬 수 있다는 점이다.

결론

바람직한 형식의 연계를 늘리기 위한 뉴스 표현 전략을 실험하고 찾기 위해 사회과학이 쓰일 수 있다. 듀이가 암시했듯이, 이러한 형식의 표현은 재미가 없거나 기교적일 수 있다(S. Stroud 2008). 물론, 후자의 가능성이 그가 생각뉴스 모험을 통해 추구했고 저널리즘을 성공적으로 재편하길 원했던 것이다. 기교있는 저널리즘에 대한 생각은 비판학자와 행정주의 연구자 또는 저널리즘의 비즈니스 또는 민주주의 목적 중 선택을 강요하며 정상적으로 작동하지 않는 이분법에서 빠져 나오는 길을 제시한다. 공적 사안을 기교적으로 제시하는 방법을 찾는 것은 뉴스 산업의 기본 재정에 도움을 줄 뿐만 아니라 저널리즘의 민주주의 사명과도 일치한다. 듀이(1927/1984)는 큰 사회를 큰 민주주의 공동체로 바꾸는데 무엇이 필요한지에 대해 집필한 공중과 이의 문제The Public and Its Problems에서 이러한 점을 염두에 둔 것처럼 보인다:

> 최고의 그리고 가장 어려운 질문이자 미묘하고, 섬세하며, 생생하고, 그리고 반응적인 커뮤니케이션 기교는 전송과 배포를 위한 물리적 기계를 소유하고 이에 생명을 불어 넣어야 한다. ... 민주주의는 자발적으로 오기 마련인데, 왜냐하면 민주주의가 자유롭고 풍요로운 교감의 삶과 다르지 않기 때문이다. ... 민주주의는 자유로운 사회적 질문이 충만하고 감동적인 커뮤니케이션 기교와 불가분하게 결합될 때 완성될 것이다.(350)

학계는 이러한 사명에 기여할 잠재력이 있다. 하지만 우리는 다른 방식으로 저널리즘을 실행할 뿐만 아니라 사회과학 연구 기교와 관련한 다른 방식을 상상할 수 있어야 한다. 이러한 요청에 응답하면서 학자는 페이지뷰를 넘어서는 수단과 기술을 사용해 민주주의와 비즈니스 목적을 달성할 수 있는 새로운 실천행위를 찾을 수 있다.

내 제안은 적어도 저널리즘이 독자와 더욱 연계할 수 있는 방법을 찾는 연구에 있어서 업계와 학계 간에 본질적인 차이가 없다는 것이다. 이 장에서 기술된 접근법은 이러한 논쟁을 넘어서고자 했다. 라자스펠트(1941)가 행정주의와 비판학자가 함께 일할 수 있는 방법을 보았듯이, 학계와 업계도 할 수 있다. 이윤에 초점을 맞추는 업계에게, 학자는 뉴스 미디어의 민주주의 필요에 대해 확고하게 집중하는 자신만의 비판적 의제를 제시할 수 있다. 그리고 업계와 직접 일하며, 학자는 변화를 시도할 기회가 있다.

실제로, 업계와 함께 일하는 것은 학계가 던질 수 있는 질문의 종류를 넓혀 풍성하게 할 수 있다. 학계는 주로 사회적 세상을 기술하고 변인간의 인과적 관계를 밝히는 작업을 한다. 이는 소중한 역할이다. 왜냐하면 우리가 직면한 문제에 대한 체계적인 이해 없이, 설득력있는 해결책을 찾기 어렵기 때문이다. 예를 들어, 게리멘더링gerrymandering, 지리적 구분, 그리고 편파적 미디어가 정치 극화에 기여한다는 점을 입증한 것은 정책입안가와 비영리 조직으로 하여금 정치 극화를 최소화하기 위해 무엇을 할 수 있을지에 대한 통찰을 제공한다. 듀이와 리프만이 제안한 것은, 문제를 찾는 것에 덧붙여, 사회과학자는 창의적 해결책을 꿈꾸고 시험할 수 있어야 한다는 것이다. 학계는 저널리즘의 민주주적 약속을 보완하는 의제를 추진할 수 있는 수단과 시간이 있다.

역사가 보여주듯이, 리프만과 듀이는 역사에 남을 지적 논쟁을 벌였다. 한편으로, 리프만은 민주주의가 시민과 언론사에 요구하는 지나치게 부담스러운 지적 요구에 개탄했다. 공중으로 하여금 공공 정책의 다양한 뉘앙스를 알게 하고 미디어로 하여금 세세한 것까지 보도하게 하기보다는, 리프만은 사회과학자로 구성된 기관들이 정책입안자에게 사회를 어떻게 전진시킬 수 있는지에 대한 편향되지 않은 안내를 제공할 수 있다고 생각했다. 반면에, 듀이는 시민과 미디어가 민주주의의 주요한 동력으로 창의적이고 과학적으로 시험된 공중과 연계할 수 있는 방식이 정치적 사안에 대한 공중의 관심을 불러일으킬 수 있다고 생각했다. 삶, 그리고 삶 속의 모든 상호작용을 기교적이고 민주주의의 순간으로 간주함으로써 큰 공동체가 출현할 수 있다. 이처럼 세상에 대해 극도로 상반된 시각은 시민의 능력, 저널리즘의 잠재력, 그리고 정치 형식으로 민주주의 실행가능성에 대한 평가에서 차이를 보였다.

이러한 지적 갈등이 우리 학문에 전해져 내려오는 이야기 속에 자리매김 할 정도로 소중하게 쓰였을 뿐만 아니라 아직도 여전하다. 하지만, 우리는 어떤 지배적 사고가 갖는 한계를 인정해야 하고, 사회의 문제를 다른 방식으로 보고 해결할 수 있어야 한다. 듀이의 실용주의 접근의 특징은 불필요한 이분법을 제거하는 것으로, 특히 이러한 이분법이 실질적 행위를 위한 안내 개념으로서 이점보다는 단점이 더 많을 때 더욱 유용하다. 이러한 이분법에 의존해 역사가 듀이와 리프만의 이야기를 반복하는 것은 아이러니다. 듀이와 리프만을 동지적 관계에서 많은 같은 이슈에 관심을 가진 것으로 기술하기보다는, 역사는 서로간의 의견을 달리했던 몇몇 순간에 집중해 이를 서로 대립하는 사람 사이의 위대한 토론으로 만들어 버렸다. 얀센Jansen(2009)을 비롯한 몇 사람이 이들 이야기를 재구성하기 시작했다. 이번 장은 이러한 노력을 지속해 저널리즘과 학계가 어떻게 운영되는지 살펴봄으로써 실질적 영역으로 건설적인 재구성 노력을 확장시키고자 했다. 듀이와 리프만의 많은 공통점에 기반하여 뉴스 비즈니스와 동시에 민주주의 효과를 점검하는 신중한 과학적 연구도 조화롭게 행하는 방식이 있다는 점을 볼 수 있다.

생각뉴스가 성공적이지 못했다는 점은 너무 안타깝다. 그러나 이의 실패는 교훈적이다. 듀이가 보기에, 생각뉴스는 "이를 실행할 수 있는 수단과 시간도 없는 지나치게 열성적인 프로젝트"였다(Westbrrok 1991, 57). 포드Ford가 보기에, 듀이는 "급진적 저널리즘이 자신의 학문적 경력에 가져올 위험에 직면하자 용기를 잃었다"(Westbrook 1991, 57). 학계의 기술을 이용하고 행정주의냐 비판학자냐는 이분법을 끝냄으로써, 학계는 아마도 저널리즘 실천에 의미있는 기여를 할 수 있을 것이다.

이 장은 언론사의 비즈니스와 민주주의 목적이 진실로 충돌하는지 그리고 학계가 이 두 가지 사명을 지키는데 할 역할이 있는지를 진지하게 살펴보고자 했다. 언론사의 비즈니스와 민주주의 목적이 때론 상충할지라도, 반드시 그러하지 않다는 점을 이 장은 주장했다. 점점 많은 학자들이, 비록 자신은 이를 분명히 인식하지 못할지라도, 듀이의 생각과 일치하는 방식으로 저널리즘 연구에 접근하고 있다. 이러한 방식의 접근이 더 필요하고, 이를 더 잘할 수 있는 방식을 탐구해야 한다. 그리고 비록 학계와 업계의 목적이 충돌할 수 있지만, 이 장에서 보여줬듯이 귀중한 교차점도 있다. 사회과학자가 정책 개발에서 역할을 한다는 리프만의 생각과 사회과학이 시민들에게 알리는 기교있는 방식을 찾을 수 있도록 한다는 듀이의 주장이 쓸모없는 몽상은 아니다. 창의적으로 섞인다면, 이들의 생각은 앞길을 개척할 수 있다. 이 장은 이러한 지적 전통을 뉴스룸이 직면한 현재의 도전과 저널리즘 산업과 학계의 연계에 결합시켰다. 그 결과 뉴스 미디어가 어떻게 민주주의의 중요한 역할을 유지하고 증진시킬 수 있는지에 대한 미래지향적인 시각을 갖게 될 것이다.

9
저널리즘 윤리와 디지털 수용자 데이터

매튜 힌드만Matthew Hindman

좋은 저널리즘에 대한 최고의 테스트는 공적 서비스 수준이다.
— **발터 윌리엄스**Walter Williams, "**기자 강령**The Journalist's Creed," 1914.

기자에게 도덕적으로 무엇이 요구되는가?

이는 저널리즘 윤리의 핵심이자 장field으로서 저널리즘 경계에 해당하는 질문이다. 하지만 이 질문이 익숙할 지라도, 이 장chapter은 이에 대한 답이 바뀌었다고 주장한다. 디지털 미디어는 저널리즘의 규범적 풍경과 기자와 편집자에 부과된 의무를 심오하게 변화시켰다.

저널리즘에 관한 윤리적 분석에 있어서 몇 가지 변화는 저널리즘 업계의 사회적 역할과 점점 불안정한 경제적 위치에 기인한다. 오늘날 퓨 센터가 오랫동안 실시해온 미디어 설문조사에서 절반 이상의 응답자가 뉴스의 주된 정보원으로 인터넷을 언급하고 있는데, 이는 15년 전 10퍼센트에서 늘어난 수치이다(Pew 2013). 인터넷은 한때 분명하던 누가 기자인지에 관한 개념을 모호하게 만들었다(예, Friend and Singer 2007). 늘 가장 많은 뉴스를 생산하던 종이신문은 10년 전에 비해 평일에 대략 절반정도의 부수를 발행한다(Mutter 2014). 신문의 광고 수입은 3분의 2정도 하락했고, 10명 중 3명이 실직했다.

하지만, 가장 새롭고 중요한 윤리적 도전은 새로운 경쟁도, 직업적 경계의 모호함도, 지역 신문의 축소에서 나오는 것은 아니다. 오히려 저널리즘의 윤리적 변화는 새로운 형식의 수용자에 대한 데이터로부터 오고 있다. 저널리즘의 사회적 영향력을 최대화하기 위해, *윤리적 저널리즘 실천행위는 이제 수용자 행위 데이터에 대해 적극적으로 주목할 필요가 있다.*

신문기자들은 수세기 동안 자신들의 뉴스를 접하는 수용자에 대해 본질적으로 무지했다. 방송기자들은 주로 집합적 수준이거나 성별과 나이 같은 인구통계학적 범주에 해당할지라도 더 많은 수용자 자료를 갖고 있었다. 이제 수용자 데이터는 널려있고 엄청 세분화 돼, 시간과 기기별 수용자 행위를 추적하는 이용자-수준의 데이터가 가능하다. 수용자 지표는 이제 개별 독자가 어느 지점까지 기사를 읽었는지, 얼마나 오래 동안 비디오를 시청했는지, 심지어 마우스와 손가락이 움직이는 패턴까지 정확하게 보여준다. 더욱이 이러한 기술적descriptive 데이터는 다양한 헤드라인과 리드 또는 사이트 디자인이 디지털 수용자에게 미치는 효과를 보여주는 실험연구 데이터를 수반한다. 최근 앤더슨C. W. Anderson(2011b)이 주장했듯이, “기자들이 수용자를 이해하는데 근본적인 변화가 일어나고 있다”는 주장은 과장이 아니다(또한 Turow and Draper 2014를 참조).

수용자에 대한 새로운 이해에 따라 저널리즘 책임에 대한 패러다임이 바뀌어야 한다. 저널리즘 윤리는 오랫동안 주로 *과정 지향적process driven*이었다. 베리Berry(2012)가 언급했듯이, “[저널리즘 윤리의] 주요한 관심은 소비보다는 생산이었다.” 윤리적 저널리즘은 사실의 확인, 단순한 오락보다는 시민적civic 관심이 있는 이슈에 대한 초점, 취재원과 취재대상의 공정한 처리, 그리고 객관성(또는 투명성)에 의해 정의되었다. 책임있는 기자란 이러한 요소들을 확인하고 경쟁적 가치를 신중하게 따져보는 사람이었다.

이 장은, 나의 관점이긴 하지만, 몇몇 기자와 편집자가 *과정-지향적 윤리*에서 *결과-지향적 윤리*로 바뀌고 있다는 점을 주장한다. 책임있는 저널리즘은 시민적 목표를 증진시킬 수 있는 증거에 기반한 실천행위를 고수할 것을 점점 더 요구한다. 저널리즘은 오랫동안 결과주의적 언어로 이를 정당화해 왔지만, 새로운 수용자 데이터는 자신의 선택에 대한 진정한 결과를 보여주는 수많은 정보를 제공한다.

물론, 바뀐 윤리적 책임이 저널리즘 직업에만 독특한 것은 아니다. 많은 직업에서, 과학적 이해에 대한 변화가 윤리적 의무를 변화시키고 있다. 예를 들어, 어떤 주요한 연구에서 에스트로겐 치료가 유방암을 막기보다는 이를 촉진시킨다고 발표하면, 의사들은 수많은 환자들에 대한 치료 가이드라인을 바꾼다. 마찬가지로, 기자들도 공중에 대해 최선으로 알려주는 행위에 대해 배우고 따라야 할 의무가 늘어나고 있다. 아이러니는 기자가 멸종의 위기에 처한 이때 비로소 직업으로서의 저널리즘이 다른 직업군을 오랫동안 정의해 왔던 특징을 습득하고 있다는 점이다.

이 장은 공중에게 알린다는 오랫동안 지속된 목적이 어떻게 새로운 의미를 갖게 됐는지에 초점을 두고, 저널리즘 윤리에 대한 간략한 논의로 시작한다. 그리고 수용자 측정의 개선, 새로운 저널리즘 조직 등장, 그리고 저널리즘 윤리 요구에 대한 새로운 생각을 다룬다. 끝으로 새로운 윤리적 전경에 대한 지도를 그리기 위해 필요한 연구를 제시함으로써 이 장을 마무리 하고자 한다.

저널리즘 윤리

역사적으로 저널리즘 윤리의 체계화는 장으로서 저널리즘 전문직화

professionalization와 밀접하게 관련된다. 비록 미디어 윤리에 관한 진정으로 글로벌한 버전을 만드는 것이 최근 학문의 중요한 하위주제임에도 불구하고(Rao and Wasserman 2007; Ward 2010), 보다 일관된 논의를 위해 이 장에서는 미국 사례에 집중하기로 한다. 미국의 경우 20세기에 걸쳐 자유주의와 객관주의 저널리즘 모델들이 지배적이었다(Ward 2009). 두 모델은 민주주의 제도로서 독립된 감시 언론의 중요한 역할을 강조했다.

객관적 혹은 심지어 과학적 진실을 반영하라는 주장에도 불구하고, 많은 이들은 저널리즘 규범이 철학 우선 원칙으로만 성립되는 것은 아니라고 주장했다. 1980년대에 시작돼 1990년대와 2000년대에 가속화된 "혼합mixed" 미디어와 "새로운" 미디어의 등장은 이전 합의를 깨뜨렸다. 공동체주의자, 페미니스트, 그리고 비판 이론 학문은 저널리즘 규범이 오랫동안 일부 시민들에 제대로 봉사하고 있지 못하다고 주장했다. 여전히 많은 연구는 광고 수입 가능여부가 독립 언론의 발달에 중요함을 강조한다(Starr 2004; Petrova 2011; Schiller 1981). 다른 연구는 저널리즘 윤리에 대한 호소를 공중 설득을 위한 수사적 전략(Ward 2005a) 또는 전문직 권한을 주장하기 위한 전략으로 간주했다(Waibord 2013).

비록 내부논쟁과 외부비판에도 불구하고, 여전히 핵심 가치와 윤리적 추론을 위한 적절한 접근의 차원에서 상당한 합의가 존재한다. 다양한 저널리즘 윤리 연구 진영을 관통하는 몇 가지 특징을 강조할 필요가 있다.

첫째, 저널리즘 윤리는 공통적으로 윤리적 추론의 핵심인 균형 잣대를 이용한다. 저널리즘 윤리는 순수 이론이 아닌 응용 윤리이다. 그래서 많은 학자들이 주장하듯이, 일상의 실천가들에게 유용한 지침을 제공하기 위해 애쓴다.

하지만 정확히 무엇이 유용한 지침에 해당할까? 상충하는 요구와 뉴스 작업의 본질적인 혼란스러움은 단순하고 규칙에 기반한 의사결정이 불가능하다. 저널리즘 윤리는 “어떤 가치가 균형이 잡혀야 하고 얼마나 많은 가중치가 주어져야 하는지”에 대한 결정을 수반한다 (Klaidman 1987). 워드Ward도 마찬가지로 실질적인 행위자들이 “한발 물러서 미디어 윤리의 모든 주요한 원칙을 고려하면서 사실과 관련된 균형을 추구하는 총체적 접근”을 주장했다(Ward 2011, 79; Black, Steele, and Barney 1999 참조). 비록 오래된 의무는 지속될지라도, 균형 잣대는 규범적 계산이 다른 고려 사항이 추가됨에 따라 극적으로 바뀔 수 있다는 것을 의미한다.

둘째, 대부분의 저널리즘 연구와 기자 대부분의 신념은 공적 서비스가 우선임을 강조한다. 월터 윌리엄Walter William의 “기자 강령”(1915) 첫 문장은 이러한 원칙을 보여주는 가장 유명한 말이다:

> 나는 직업으로서의 저널리즘을 믿는다.
>
> 나는 공개된 저널은 공적 재산이라고 생각한다. 그래서 이와 관련된 모든 사람은 공중의 대리인으로서 모든 책임을 져야 한다. 공적 서비스 보다 못한 일을 하는 것은 이러한 재산에 대한 배신이다.

이 같은 정서가 오늘날 기자들로부터 여전히 압도적으로 받아들여지고 있고, 윌리엄의 강령은 워싱턴 DC 전미 언론인 클럽 입구에 청동으로 새겨져 있다. 심지어 저널리즘 규범의 비판가들도 이러한 전제를 받아들여, 기자들이 공적책무를 잘못하고 있다는 주장을 핵심적인 공격 대상으로 삼고 있다.

셋째, 오랫동안 저널리즘의 공중에 대한 표면상 의무와 저널리즘 윤리가 초점을 맞추는 토픽 사이에는 잠재적 긴장이 존재했다. 대부분의 저널리즘 윤리에 대한 논의는 수용자와 어떻게 연계할지에 대해 거의 시간을 할애하지 않는다. 이는 공적 서비스를 최상의 목적으로 내건 직업으로서는 눈에 띄는 배제이다.

워드Ward(2009)의 연구에 기반해 주요한 연구에서 들고 있는 윤리적 문제로 드러난 다음 목록을 고려해 보자:

- 특히 신속성의 압박으로 인한 사실확인과 정확성 확보
- 정보원에 대한 접근과 저널리즘 독립간의 균형
- 기자가 취재대상과 공중에게 자신을 어떻게 나타낼 것인가(예를 들어, 위장 취재의 윤리)
- 그래픽 이미지의 윤리(예를 들어, 폭력 현실을 정확히 보여주고 싶은 욕망과 공중에 미칠 잠재적으로 부정적인 영향)
- 취재원 보호와 정의의 대립

다른 저널리즘 윤리 책과 논문에서도 기본적으로 같은 문제들을 강조하고 있다(예, Gordon et al. 2012; Black, Steele, and Barney 1999).

이 같은 우려는 기사를 작성하는데 있어서 기자 행위에 집중한다. 만약 기자가 진실을 추구하는데 부지런하다면, 기자가 사실확인에 신중하다면, 자신을 정확하게 밝힌다면, 취재원을 보호한다면, 기타 등등 결과는 윤리적일 것이다.

반대로, 공중의 수용을 측정하기 위한 시도는 단순히 사라진 게 아니고, 흔히 명시적으로 배제되었다. 학자들은 많은 텔레비전 뉴스가 보이는 시청률 위주의 "피를 흘리는 기사가 주목 받는다"는 정서를 오랫동안 비판해왔다(Carter and Allen 2000; Kerbel 2000). 비슷한 태도가 인터넷에도 적용되어, 고커Gawker, 허핑턴 포스트Huffington Post, 버즈피드Buzzfeed 같은 뉴스 매체에 대해 상응하는 경멸을 보인다. 아마 가장 폭넓게 사용될 저널리즘 윤리 교과서 저자인 코박Kovach과 로젠스틸Rosenstiel은 "뉴스 종사자가 전통적으로 편집 결정을 하는데 데이터를 사용하기를 꺼려한"다는 점을 언급하고 있다:

데이터가 있을지라도, 전통 플랫폼에서 깊이와 질로 명성을 쌓은 언론사가 더 많은 값싼 배너 광고를 팔기위해 페이지 뷰를 쫓는 방식으로 온라인을 운영해야 하는가? 수용자 지표는 단지 익숙하고 예측가능한 교훈, 즉 저스틴 비버Justin Bieber에 대한 통신사 뉴스가 미시시피 정치인 할리 바버Haley Barbour에 대한 정책 기획 뉴스를 앞지른다는 것만을 반복한다(Kovach and Rosentiel 2011, 251).

2010년 경 니키 어셔Nikki Usher는 이와 비슷한 태도가 뉴욕타임스 편집국에도 지배적이어서 5배 이상의 온라인 트랙을 가져오는 바이럴한 기사보다 한 페이지 분량의 기사를 쓰는 기자들이 대우받는 것을 발견했다(Usher 2014).

이러한 사실들은 폭넓은 모순을 두드러지게 한다. 보다 일반적인 철학에서, 몇몇 상이한 (서로 중복되지만) 윤리적 추론의 학파가 지배적이다(Plaisance 2013). 고대의 윤리는 덕성, 즉 적절한 특성을 배양하는데 초점을 두었다. 또 다른 학파는 의무, 즉 (예를 들어) 기자의 역할이 수반하는 의무에 초점을 둔다. 세 번째로 결과주의consequentialism는 가능한 결과를 바탕으로 행위를 판단한다.

확실히 저널리즘 윤리 문헌은 덕성과 의무에 대한 언급이 많다. 이들 문헌을 보면 "고결한 기자"(Klaidman 1987), 그리고 기자가 특히 진실을 추구하는 데 있어서 수용자가 빚진 의무에 대한 언급이 있다. 하지만 이러한 수사에도 불구하고, 저널리즘 윤리는 압도적으로 결과 지향적이다. 이러한 윤리는 연역적으로는 첫 번째 원칙들에 근거한 주장은 아니다. 대신, 저널리즘 윤리는 주로 *만일 규범이 준수되지 않는다면 무슨 일이 생길까에 대한 경험적 주장*을 한다. 이 논리에 의하면, 만일 기자가 잘못된 행동을 하면 개인과 언론사의 위상, 그리고 민주주의 설명책임 과정에 해롭다. 균형 잣대는 이러한 결과주의 추론에서 특이하게 파생된 것이다.

저널리즘의 암묵적인 결과주의 지향이 저널리즘 윤리에 대한 웹의 영향력을 지배한다. 결과주의 철학은 의도와 합리적으로 예측가능한 결과에 입각해 행동을 판단한다. 미디어 윤리에 전반적인 재작업이 필요한 것이 바로 두 번째 부분 즉, *합리적으로 예측가능한 것*에 대한 것이다. 오늘날 뉴스 수용자와 영향력에 대해 훨씬 많은 것을 합리적으로 예측할 수 있다. 최소한 개별 뉴스 수준에서 인쇄 저널리즘의 실제 독자 구독행위가 대부분 측정불가능 했을 때, 기자가 수용자 행위를 무시하는 습관에 길들여졌다. 기자들이 수행하는 균형 잣대에서, 실질적인 소비 습관이 저울에서 빠졌다.

시민들의 뉴스 소비에 대한 무지는 더 이상 윤리적으로 방어가 되지 않는다. 기자들이 스스로 주장하는 역할을 수행하기 위해서는 폭넓은 수용자를 끌어 모을 수 있어야 한다. 기자들은 이제 자신의 직업적 선택의 결과에 부응하는 좋은 신념에 기반한 노력을 해야 한다. 이는 새로운 조직 패턴과 기자 개인에 대한 새로운 책임을 요구한다.

__ 세 가지 전형

저널리즘 윤리는 미시적 수준, 즉 기자 개인의 행위와 거시적 수준, 즉 언론사 단체 행위를 다룬다. 이 두 개의 수준에서, 수용자 행위에 대한 재고는 외견상 정립된 윤리를 변화시킬 수 있다. 이 두 수준을 차례로 고려하겠지만, 제도적 함의에 대한 논의를 먼저 하겠다.

매우 단순한 구분이지만 언론사가 (1) 저널리즘 윤리에 대한 헌신과 (2) 수용자 지표의 이용에 근거해 구분될 수 있다고 해보자. 이러한 분류는 이상적일뿐더러 어떤 언론사도 이러한 분류에 정확히 맞아 떨어지진 않는다. 대부분의 언론사는 혼합형 또는 꾸러미형bundles으로 저널리즘 윤리에 대해 다른 수준의 주목도를 갖고 만들어진 매우 다양한 콘텐츠 유형이 섞여 있다. 하지만, 전형에 따라 언론사를 구분하는 것이 풍성한 수용자 데이터에 의해 제기된 윤리 문제를 검토하는데 유용할 수 있다.

__ 전통이상형

첫 번째 그룹의 언론사를 *전통이상형traditional ideal*이라 칭할 것이다. 이러한 유형의 언론사는 경성뉴스, 특히 민주주의 자치와 관련한 중요한 이슈에 집중한다. 이들 언론사는 어떤 뉴스가 가장 많은 독자를 확보할 것인지가 아니라, 어떤 뉴스가 가장 중요한지에 대한 엘리트적 판단에 따라 자원을 할당한다. 이와 관련해 *뉴욕타임스*, *워싱턴포스트*, 한창 때의 *60분60Minutes*, 또는 공영방송(텔레비전과 라디오)의 심층 저널리즘 같이 대단히 틀에 박힌 형식을 떠올릴 수 있다.

하지만 이러한 유형의 언론사가 신화가 된 과거에만 존재한 것은 아니다. 아마도 오늘날 *프로퍼블리카ProPublica*와 *공공 진실성 센터Center for Public Integrity(CPI)*가 이러한 이상에 가장 가까운 두 개의 신생 언론사일 것이다. 이 둘은 심층, 롱폼, 탐사 보도에 집중하는 디지털 매체이다. 이들은 비영리단체이다. 또한 공적 책무와 관련된 보도로 다른 기자들로부터 칭찬을 받고 있다. 실제로, 최근 두 언론사가 퓰리처상을 포함해 많은 상을 수상했다.

전통적 저널리즘 규범과 제도적 장려책은 소규모 반복적인 기사보다는 심층 기사에 특혜를 준다. CPI와 프로퍼블리카는 모두 자산의 많은 부분을 어려운 탐사보도에 할애하고 있다. 예를 들어, 퓰리처상을 수상한 크리스 함비Chris Hamby의 진폐증 수당에 대한 기사는 1년을 할애하는 보도 기간이 필요했다(Center for Public Integrity 2014).

또한 전통적 이상은 기사의 톤에 의해서도 두드러진다. 윤리적 저널리즘은 양심적으로 공정한 편집 관점을 내포한다. 실제로, 이러한 경향은 경성 뉴스를 매우 진지한 톤으로 만든다.

물론, 프로퍼블리카와 공공 진실성 센터는 지속적으로 훌륭한 저널리즘을 만들어 왔다. 하지만 지속적인 찬사의 연발에도 불구하고, 이 두 개의 언론사는 이 모델에 중요한 한계가 있음을 보여준다. 가장 주요하게는 누구도 해당 사이트를 찾는 독자층을 넓히거나 강하게 형성하지 못했다. 공공 진실성 센터의 내부 수용자 지표에 익숙한 정보원과의 개인적 대화를 통해 독자수가 비슷한 취재인력을 갖는 대도시 일간지에 비해 낮은 것을 확인했다.

대규모 독자적 독자층을 형성하지 못한 것은 프로퍼블리카와 공공 진실성 센터로 하여금 신문사 또는 방송국과 제휴를 하게 만든다. 이들 저널리즘이 합당한 수준의 폭넓은 독자에 도달하고자 한다면 이러한 제휴는 필수적이다. 동시에, 이러한 제휴는 관리가 어렵고 어떤 경우에는 다툼이 있다. 공공 진실성 센터와 프로퍼블리카가 자신만의 독자를 확보하는데 겪는 어려움은 디지털 수용자에 대한 많은 연구와 일치한다 (Hindman 2014). 언론사 사이트는 독자 증대를 지속하기 위해 단지 일년에 소수의 뉴스에만 기여하는 기자가 아니라 지속적으로 업데이트 되는 콘텐츠가 끊임없이 제공될 필요가 있다.

상업지표형

두 번째 전형은 첫 번째와 극명한 대조를 이룬다. 이를 *상업지표형* 언론이라 부르자. 이러한 유형의 언론사는 수용자 주목과 수익을 최대화하기 위해 디지털 지표와 도구를 사용한다. 그리고 비록 사실을 올바르게 획득하기 원하지만, 이들 유형은 다른 전통적인 미디어 윤리 원리의 부담이 없다.

상업지표형 언론사는 타블로이드 기풍이 디지털화한 것이다. 아마도 이 전형에 가장 적합한 예로 고커Gawker를 들 수 있다. 고커는 "기자들이 사석에서는 얘기하지만 절대로 기사화 하지 않는 스토리"를 발간하기 위해 설립됐는데, 이는 전통적 저널리즘 윤리와 규범을 명백히 거부한 것이다. 버즈피드와 허핑턴포스트도 초기에는 이러한 유형에 해당했다. 비록 이들이 순수 경성뉴스 제작으로 확대 개편됐지만, 여전히 이들 조직의 피속에는 상업적 요소가 포함돼 있다. 상업지표형 언론사는 흔히 선정주의에 열심히 관여한다. 예를 들어, 허핑턴포스트 같은 사이트는 주로 평범한 뉴스 기사를 이목을 끄는 선정적인 헤드라인과 짝을 이뤄 게시한다.

아마도 상업지표형의 결정적인 특성은 독자를 최대화하기 위한 도구와 테스트를 사용하는 것일 테다. 이는 사이트 디자인과 사이트 특색을 훨씬 넘어서는 일이다. 뉴스의 핵심 요소, 즉 헤드라인, 리드, 주제, 그리고 삽화에 대해 모두 일상적으로 시안을 테스트한다. 어떤 사이트는 심지어 기사 배정을 위한 예측 모델을 사용한다. 예를 들어, AOL의 블로그스미쓰BlogSmith 시스템은 "돌발breaking" 뉴스, "계절적으로" 높은 트래픽을 유발하는 주제, 또는 연중 지속해서 인기있는 "에버그린" 이야기를 구분하기 위해 검색량과 다른 자료를 이용한다(Johnson 2011).

전통적인 언론사가 기자들로 주로 구성되어 있다면, 상업지표형 언론사는 대신 "작가"와 편집자를 고용한다. 상업지표형 언론사는 자신들이 게시하는 콘텐츠 유형에 대해 구속을 받지 않는다. 고양이 슬라이드쇼, 유명인 퀴즈, 그리고 심지어 약간의 포르노성을 곁들인 콘텐츠가 모두 대상이 된다. 실제로, 고커는 "뚜쟁이 질을 하는" 직원을 교대로 배정하는데, 이들의 임무는 "춤추는 고양이 동영상과 버거킹 화장실 다툼부터 매우 소중한 독자의 시선을 끌 것으로 생각되는 다른 게시글을 포함해 가장 많은 트랙픽을 유발하기 위해" 웹을 샅샅이 뒤지는 것이다(Daulerio 2012).

물론, 이들 많은 상업지표형 언론사들은 대규모 콘텐츠 애그리게이션 aggregation에도 관여한다. 상업지표형 언론사가 다른 언론사의 뉴스를 재사용해 오리지널 뉴스보다 더 많은 트래픽을 모으는 경우도 많다. 많은 전통 기자들을 절망하게 할지라도, 상업지표형 언론사는 지난 10년간 상당한 성공을 누리고 있다. 몇몇 언론사는 상위 디지털 언론사가 되었고 여전히 전통적인 언론사의 독자층을 빼앗아가고 있다.

동시에, 고커의 운명은 이러한 전략이 극단적일 경우 새로운 위험에 직면할 수 있음을 보여준다. 실리콘 밸리 억만장자 피터 씨엘Peter Thiel은 2007년 고커에 의해 게이라는 사실이 드러난 후 이를 파괴하기 위한 비밀 작전을 시작했다. 씨엘은 고커에 대해 1억 4천만 달러의 배상 결정, 고커의 파산, 그리고 고커 닷컴 웹사이트를 폐간에 이르게 한 헐크 호건 Hulk Hogan의 섹스 비디오 소송을 재정적으로 지원했다. 아마도 고커가 가장 의기양양하게 위법을 저지른 온라인 언론사일지라도, 고커가 개발한 많은 기술들은 여전히 모든 유형의 디지털 언론사의 표준 작업 관행으로 남아 있다.

윤리지표형

세 번째 언론사 전형은 *윤리지표형*이라 할 수 있다. 이들 언론사의 목표는 시민에게 중요한 주제에 대한 뉴스(만)을 생산하는 것도 아니며 또한 수익을 최대화하려고 하지도 않는다. 오히려, 이들이 목적은 *시민으로서 가치있는 콘텐츠에 대한 독자층을 최대화*하는 것이다. 공중에게 알리는 목적은 변하지 않았지만, 채택된 저널리즘 행위는 눈에 띄게 다를 수 있다.

앞선 두 유형보다 수적으로 훨씬 많지만, 세 번째 전형의 순수한 예는 없다. 하지만 이러한 관점의 강력한 요소가 복스Vox와 미디움Medium 같은 새로운 디지털 스타트업에서 보이는데, 이들은 공중에게 알리는데 대한 명백한 헌신과 오랫동안 유지된 저널리즘 규범에 대한 비판을 결합시켰다. *아틀란틱*Atlantic 사례 또는 *워싱턴포스트* 최근 변화도 비슷한 이유로 볼 수 있다. 업워디Upworthy, 즉 그 자체로는 언론사가 아니지만 유사한 사명을 갖고 공적 사안 관련 콘텐츠를 전달하는 사이트도 주목할 만하다. 보다 폭넓게는, 윤리지표형은 복스와 파이브써티에잇FiveThirtyEight과 기존 언론사에 의해 설립된 수직 계열사(*뉴욕타임스*의 업샷The Upshot, 슬레이트Slatef의 익스플레이너The Explainer, 또는 블룸버그의 퀵테이크QuickTake 같은)를 포함하는 소위 설명저널리즘 운동과 많은 공통점이 있다.

윤리지표형 접근은 어떤 뉴스가 중요한지에 대한 엘리트 의사결정이 여전히 필요하다. 많은 전통적인 뉴스 판단이 여전히 필수적이다. 하지만 일단 어떤 뉴스가 시민적으로 가장 가치있는 지에 대한 판단이 내려지면, 주목도를 최대화하기 위해 적극적으로 테스트와 지표를 이용할 수 있다.

윤리지표형 접근의 중요한 선결조건은 보다 풍성하고 강력한 이용자 지표의 확보이다. 인터넷 등장 이래 지난 20년간 세 가지 지배적인 온라인 이용 지표는 페이지 뷰(또는 비공식적으로 "조회수"), 방문자 수(30분 미만 체류하며 하나 이상의 페이지 뷰를 갖는 사람), 그리고 고정 방문자 수(흔히 한 달 정도 특정 기간 동안 적어도 한번 이상 방문한 사람의 수를 계산하는 시도)이다.

이러한 지표는 몇 가지 측면에서 불충분하다. 이들 지표의 개발은 이론적 관심에 의하지 않았고, 오히려 이용자 추적과 관련한 초기 기술적 한계와 광고를 팔고자 하는 상업적 욕구의 부산물이다. 이들 지표는 주요한 측정 오류를 갖고 있는데, 특히 고정 방문자의 경우 4배 이상 과장

됐다(Graves, Kelly, and Gluck 2010 참조). 설상가상, 이러한 지표에 맞추는 것은 나쁜 저널리즘 행위를 유발한다. 소위 낚시성 헤드라인은 기만, 즉 뉴스를 오도하는 방식으로 페이지 뷰를 늘린다. 민주주의 관점에서 페이지 뷰 같은 이용자 지표는 이상적인 민주주의 시민의식이 요구하는 관여수준과는 매우 느슨하게 연결된다.

하지만 최근에 수용자 지표는 획기적인 향상을 보였다. 윤리지표형 접근을 대표하는 미디움과 웝워디같은 몇몇 언론사는 온라인 주목도를 새롭게 측정하는데 앞서 있다. 디지털 언론사에 의해 개발된 것을 포함해 새로운 측정 도구는 예전에 이용자로 하여금 이용자 행위를 추적하는 소프트웨어를 설치해야만 알 수 있는 수준의 정확도를 제공한다. 이 같은 측정 패키지로 인해 이제는 누가 사이트를 방문하며, 얼마나 오랫동안, 얼마나 주목하며, 얼마나 지속적으로 방문하는지와 같은 훨씬 자세한 그림을 제공한다. 언론사가 가입하는 차트비트Chartbeat 같은 서비스도 마찬가지로 심지어 사이트와 디바이스를 초월한 이용자 행위에 대한 보다 자세하고 정확한 데이터를 제공한다.

이러한 기술은 페이지뷰로부터 사이트 체류 시간에 대해 더 나은 다양한 신호를 보이는 측정 수단으로 초점을 옮긴다. 웝워디가 "분단위 주목attention minutes" 지표를 옹호하며 주장했듯이, 가장 많은 클릭을 유발하는 헤드라인과 뉴스는 흔히 이용자 주목도에서는 그리 좋지 않다. 단순 클릭이 아닌 관여 시간에 최적화하기 위해서는 전혀 다른 이야기, 프레임, 그리고 헤드라인이 있어야 한다. 버즈피드 같은 사이트도 낚시질이 자멸적이라는 점에서 이러한 전략을 단호히 거부하고 있다. 버즈피드 편집장 벤 스미쓰Ben Smithf(2012)는 "2009년경 낚시질은 중단됐다"고 선언했다.

__ 오래된 가치, 새로운 긴장

새로운 데이터는 저널리즘 가치를 구성하는 요소간의 잠재적인 긴장을 유발한다. 우선, 뉴스가 얼마나 길어야 하는가? 같은 기본적인 사항을 고려해 보자.

저널리즘 윤리 목록 어디에도 윤리적 저널리즘을 위한 구체적인 단어 수를 언급하지 않았다. 속보 같은 특정 형식의 뉴스는 오랫동안 짧은 기사였다. 실제로, 19세기 말에 등장한 역피라미드 형식은 뉴스 전체를 읽지 않는 독자들을 배려한 것이다.

그러나, 직업적 규범은 짧은 기사보다 장문의 종합적인 기사에 전적으로 특혜를 부여한다. 장문의 뉴스는 기자로 하여금 취재원과 증거를 자세히 제시할 뿐만 아니라 "양"측의 입장을 전할 수 있는 더 큰 기회를 제공한다. 상과 찬사를 받은 뉴스는 거의 예외 없이 장문으로 자세하게 작성된 특집기사이다.

그러나, 수용자 지표는 장문의 기사가 누렸던 자부심에 도전한다. 기사를 클릭한 소수의 독자만이 전체 기사를 읽는다. 차트비트 데이터에 의하면 대부분의 독자들이 일반적인 뉴스의 절반지점까지도 읽지 않고, 10퍼센트 미만의 독자가 끝까지 읽는다고 한다(Manjoo 2013).

올해 봄, 우연히도 같은 날 AP와 로이터가 직원들에게 통상적인 뉴스는 500단어 이상을 초과하지 않아야 한다는 메모를 보낼 때 온라인 자료가 인용됐다(Wemple 2014a, 2014b). AP의 메모는 몇 가지 윤리적 근거에서 이러한 조치를 정당화하기 위해 지표에 기반한 논리를 이용했다. AP의 주장은 장문의 뉴스가 독자에게 더 좋은 서비스를 하는 것은 아니라는 것으로 "우리의 디지털 고객은 독자들이 대부분의 장문 기사에 주목할만한 시간이 없고 실제로 기사가 너무 길면 관심을 회피한다"(Wemple

2014a)는 것이다. 또한 AP는 관리의 윤리를 거론하며, 장문의 기사는 낭비로, 독자를 늘리기 보다는 실제로는 감소시키면서 기자들의 시간 대부분을 차지하고 많은 편집 자원을 소모한다는 점을 제시했다.

비슷한 역학이 소위 "쳇바퀴hamster wheel" 저널리즘을 둘러싼 다툼에서도 발견된다. 디지털 뉴스는 즉시성과 많은 뉴스를 신속하게 생산해야 한다는 요구가 증가하는 압력을 받고 있다(Usher 2014). 자주 인용되는 글에서, 딘 스타크만Dean Starkman은 자신이 "쳇바퀴"라 부르는 것에 대해 비난을 했다:

> 쳇바퀴는 속도가 아니라, 단지 회전을 위해 회전할 뿐이다. 쳇바퀴는 생각 없이 양에만 신경을 쓴다. 이는 뉴스 공포로 절제도 없고 아니라고 말할 수도 없다. 이는 임의의 생산성 지표를 맞추기 위해 생산되는 것에 불과하다.(Starkman 2010)

확실히 이러한 행위가 저널리즘 규범에 도전한다는 스타크만과 다른 이의 진단은 옳다. 그러나 윤리적으로 질 낮은 이들 개별 뉴스가 전부는 아니다. 독자 증대를 위해 비록 충분하지는 않더라도 필요한 조건은 지속적으로 업데이트되는 콘텐츠가 끊임없이 흐르는 것이다. 정적인 웹사이트에 트래픽을 형성하기란 불가능하다. 실제로 트래픽에 대한 향상된 측정으로 처음엔 주저하던 언론사들이 단문의 자주 업데이트되는 콘텐츠를 생산하도록 납득시켰다.

이러한 전략의 선구자 중 하나가 연간 12회만 내용을 바꾸는 콘텐츠로 독자 확보에 어려움을 겪던 아틀란틱(즉 월간 아틀란틱Atlantic Monthly)이다. 아틀란틱 계획의 핵심은 이미 유명한 블로거를 대규모 고용해서 새로운 콘텐츠를 지속적으로 제공하는 것이었다. 보다 짧고 참신한 콘텐츠로의 변화는 심지어 장문의 소재에 집중하던 사이트에도 영향을 미쳤다. 2015년 2월, 미디엄Medium은 애초 심층 콘텐츠의 보고home로 브랜드화를 했음에도 불구하고, 짧지만 보다 자주 뉴스를 촉진하기 위한 일련의 변화를 선언했다(Williams 2015). 공공 진실성 센터조차도 최근 변화를 기해 짧은 기사의 수를 늘렸다.

전통적 저널리즘은 장문의 기사를 선호할 뿐 아니라 *새로운* 기사도 매우 선호한다. 하지만 이러한 가정 역시 윤리적 관점에서 잠재적으로 문제가 있다. 복스Vox의 설립자이자 편집장인 에즈라 클라인Ezra Klein은 편집장과 동료들에게 인상을 주고자 하는 기자의 바람은 종종 공중을 위한 서비스를 방해한다고 주장한다:

> 당신의 편집장은 흔히 "새로운" 것을 원할 것이다. 즉, 교육수준이 높은 최상의 뉴스 소비자인 자신들이 경험하지 못한 것을 원할 것이다. 하지만 당신의 독자들이 당신 편집장이 읽어 본 적 없는 스토리를 반드시 원하는 것은 아니다. 그들은 세상일을 자신에게 설명해주는 이야기를 원한다. 이러한 이야기는 흔히 터무니 없이 기본적이고, 과거 이야기, 즉 이 법안이 무엇인지, 물가상승에 대해 왜 걱정을 하고 연방정부가 무슨 일을 하는지를 반복하는 것처럼 보일 수 있다. (Klein 2015)

이러한 철학을 유지하면서, 복스의 공동 설립자인 매튜 이그레시아스Matthew Yglesias는 여전히 뉴스가 되는 소재와 관련된 88건의 옛날 기사를 업데이트해서 재발행하겠다는 계획을 발표했고, 이러한 과정에서 50만 명의 독자들이 이를 접한 것으로 보고되고 있다. 이그레시아스는 "흥미로운 것은 비록 기대를 안한 것은 아니지만 이전 콘텐츠를 재사용한다는 사실을 누구도 눈치 채지 못한 것으로 보였고. ... 누구도 기시감에 사로잡힌 것 같진 않았다"(Yglesias 2015)고 언급했다.

__ 개별 기자들

상기한 사례들이 시사하듯이, 새로운 윤리적 환경에 대한 적응은 상당부분 조직 수준에서 일어나야 한다. 개별 기자들 스스로 차트비트를 구매하거나 다양한 변수의 실험을 할 수는 없다. 실제로, 몇몇 중요한 예외가 있지만, 저널리즘 윤리라는 분야 역시 기관 대신 기자에 초점을 맞추면서 조직의 정책이나 문화보다는 개인의 덕성을 강조한다.

하지만 수용자 지표 혁명은 확실히 개별 기자에 대한 책임 역시 변화시키고 있다. 첫 번째 의무는 단순히 자신의 독자를 이해하는 것이다.

많은 디지털 기자들은 자신이 작성한 12건의 기사가 얼마만큼의 페이지 뷰를 기록했는지 정확하게 말할 수 있다. 기술적인 지표는 세세한 수용자 지표가 제공되지 않을 때 특히 중요한 첫 번째 단계이다. 그러나 심지어 세세한 기술조차도 그 자체만으로는 우리가 기자들에게 요구하는 균형 잣대를 위해서는 충분하지 않다. 결과주의 추론은 사후가정에 대한 명확한 고려도 필요하다.

언론사는 점점 실험을 실시해 분석하는 전문 직원을 고용하고 있다. 하지만, 기자들은 기사를 준비하는 과정에서 수십 차례 사후가정에 기반한 암묵적 판단을 한다. 어떤 뉴스 프레임이 가장 설득력 있는지 또는 어떤 새로운 정보가 가장 호기심 가는지에 대한 판단은 수용자 반응을 기대하는 기자의 능력에 달려 있다.

그래서 기자가 자신의 독자에 대한 행위를 이해하는 것을 외주를 주거나 위임할 수 없는 이유는 이 과정이 보도를 하는 모든 수준에서 아주 깊게 연관되어 있기 때문이다. 기자들은 자신의 뉴스가 어떻게 받아들여지는지에 대해 지속적으로 실험해야 할 윤리적 책임이 있다.

새로운 전략이 기자들의 수용자 예측을 향상시킬 수 있다. 다른 맥락에서 실시된 예측 관련한 최근 연구는 전문가 예측이 훈련, 실습, 그리고 팀워을 통해 극적으로 향상될 수 있음을 시사했다(Mellers et al. 2014). 기자들로 하여금 공식적, 확률에 기반한 예측을 하게끔 하는 것은 이러한 기술을 배우는데 필수적이다. 기자들은 한 리드가 다른 것에 비해 몇 분의 주목을 받을지, 두 개의 다른 헤드라인 사이 트랙픽 차이, 장문과 단문 버전의 기사 사이 독자수의 차이를 예측하도록 요구받을 수 있다. 예측 능력의 향상은 기자들로 하여금 서로 상충하는 의무의 균형을 맞추는데 더 잘 대비하게 한다.

둘째, 기자들은 기자의 윤리에 대해 보다 광범위하게 생각할 필요가 있다. 한때 부수적으로 여겨지던 많은 이슈들이 저널리즘의 시민적 목표와 관련해 실제로는 중요하다. 특히, *윤리적* 이슈로서의 형식style과 표현에 더 많이 주목할 필요하다.

형식이 저널리즘 윤리를 논하는데 전적으로 간과된 것은 아니다. 초기 저널리즘 전문가 중에서 월터 윌리엄Walter Williams과 월터 리프만Walter Lippmann은 저널리즘에 있어서 명료함의 중요성과 선정적인 저널리즘 문체의 암울한 결과를 강조했다. 최근에는 코박Kovac과 로젠스티엘Rosenstiel (2011)은 기자들로 하여금 "의미있는 관련성과 설득력을 확보하라"는 것을 윤리적 저널리즘 십계명 중 일곱 번째로 언급하며 타이르고 있다.

그러나 보도에 있어서 명료함과 냉철함의 중요성 외에 형식은 흔히 윤리적으로 무관한 것으로 간주된다. 이용자 데이터에 의하면 이는 전혀 그렇지 않다는 점을 보여준다. 많은 산업 데이터는 많은 요소, 즉 헤드라인 선택, 기사 프레이밍, 리드 선택, 전반적인 기사 토픽, 그리고 개인화된 콘텐츠 추천 등이 독자 수에 많은 영향을 미친다는 사실을 보여주고 있다(Hindman 2014). 위에 제시한 요소 각각이 강한 윤리적 함의를 갖고 있다.

예를 들어, 헤드라인 작성을 고려해 보자. 기자들이 자신이 직접 작성을 하지 않기 때문에 헤드라인에 대해 걱정을 하지 않는 것이 정설이다. 하지만, 윤리적으로 보면, 기자들이 보도나 편집에 *적은* 시간을 들이고 더 나은 헤드라인을 쓰는데 더 *많은* 시간을 들여야 한다는 것을 보여주는 사례가 있다. 혹자는 이러한 제안을 이단, 즉 내용보다 형식 우선으로 볼 수 있다. 하지만 결과주의 관점에서 보면, 독자수를 많이 늘리는 것이 정확성, 뉘앙스 또는 균형에서 다소간 손실보다 중요하다.

물론, 이러한 요소 중 어떤 것도 사실의 정확성을 배제하진 않는다. 결국 기자들은 사실을 잘못 보도하면 공중에게 알리는 책무를 수행할 수 없다. 하지만, *지루한 보도는 잘못된 보도 만큼이나 공중에게 알린다는 목표에 해가 될 수 있다.*

__ 새로운 연구

이 장은 우리가 실제로 어떻게 뉴스가 소비되는지 잘 이해하지 않고는 저널리즘의 윤리적 차원을 이해할 수 없다는 점을 강조했다. 그러나 지금까지 논의가 암시하듯이, 새로운 연구를 위한 가장 주요한 이슈는 미디어 선호의 속성, 즉 이의 구조, 다양한 공중 구성원 간의 분포, 시간에 따른 변화, 그리고 궁극적으로 유연성malleability과 관련된다.

1920년대로 거슬러 올라가면, 학문 연구는 공중의 뉴스 선호와 저널리즘 윤리와 규범에 근거해 편집자들이 "중요하다"고 간주하는 것 사이에 큰 차이를 보여줬다(Gallup 1928). 가장 최근에 이점을 다룬 가장 최근의 도서 중 하나를 쓴 파블로 보즈코브스키Pablo Boczkowski와 유지니아 미첼스타인Eugenia Mitchelstein(2014)은 편집자들이 선택한 1면 뉴스와 독자들이 "가장 많이 읽은" 뉴스 목록 사이에 큰 "뉴스 간극news gap"을 발견했다.

이들의 연구에 의하면, 평균적으로 뉴스 간극이 컸지만, 이 간극은 실질적으로 선거 일정과 언론사간에 따라 다양했다.

이러한 작업이 중요하지만, 앞으로 해야 할 일이 훨씬 많다. 제임스 웹스터James Webster(2014)가 최근 자신의 책 주목의 시장The Marketplace of Attention에서 밝혔듯이, 수십 년 간 학계 및 산업 연구에도 불구하고 뉴스와 다른 형식의 콘텐츠에 대한 선호는 전혀 불확실한 연구대상으로 남아있다. 수십 년 동안 선호도를 연구하는 학계의 주요한 수단인 설문조사에는 주요 관심 변인들과 연관된 대규모 체계적인 측정 오류가 있다(Prior 2009). 미디어 이용에 대한 직접적인 측정은 이러한 문제를 대부분 해결할 수 있다.

선호에 대한 우리의 기본적 이해(오해)가 어떠한지를 알기 위해, 뉴스 선호도를 네 가지 요소로 분리시키는 것이 도움이 될 수 있다:

첫째, 모든 사람들에게, 어떤 스토리가 다른 것보다 흥미가 있다.
둘째, 무슨 스토리인지 여부에 관계없이, 누군가는 다른 사람보다 뉴스에 더 관심이 있다.
셋째, 특정 뉴스 스토리 특성과 어떤 사람의 관심 사이에는 상호작용이 있다. 어떤이는 형식과 유명인 뉴스를 선호하고, 다른이는 스포츠와 정치를 좋아하다.
넷째, 뉴스 선호의 몇몇 부분은 본질적으로 정형화될 수 없는 단순 소음에 불과하다.

우리는 이용자의 뉴스 선호가 얼마만큼 위에 제시한 네 가지 사항에 해당하는지 모른다. 가장 방대한 디지털 뉴스 자료는 이용자가 보이는 뉴스 선호도에 대한 수많은 기술적descriptive 자료를 갖고 있다. 다행히 많은 자료가 이용자 선호에 대해 추론하기 위한 광범위한 A/B• 테스트와 무작위 방법을 사용한다. 구글 같은 회사는 학계 그리고 아마 뉴스 업계에 있는 누구보다 뉴스 선호에 대해 많이 안다.

기준적인 이용자 선호에 대해 더 잘 아는 것은 시작에 불과하다. 더 중요한 것은 언론사가 이러한 선호에 *미칠 수* 있는 영향력의 정도이다. 처음으로 언론사가 독자를 확보하는 특성을 체계적으로 조사할 수 있는 능력, 즉 연구자가 읽기의 시작과 중단을 구분할 수 있을 만큼 정 교화된 데이터를 갖게 됐다. 기자들은 이제 독자들이 어떠한 특성에서 클릭을 하고, 어떤 문단에서 독자들이 떠나고, 그리고 이용자들이 뉴스 동영상의 어떤 부분에서 보기를 중단하는지 정확히 알 수 있다.

뉴스 선호도의 특성을 이해하는 것은 몇 가지 윤리적 질문의 핵심이다. 혹자는 뉴스 소비가 어느 정도 제로섬 게임인지에 관심이 있다. 고양이 슬라이드쇼와 유명인 퀴즈의 윤리는 이들 뉴스가 경성뉴스와 *함께* 또는 이를 *대신해* 사용되는지에 달려 있다. 가벼운 소재에 관심이 있는 사람들이 중동과 시장 선거에 대한 보도에도 관심을 보이는가? 또는 시민적 사안에 대한 보도를 늘리는 게 단지 독자를 잃는 것인가?

또한 뉴스 선호도를 이해하는 것은 경성 뉴스에 대한 취향이 육성될 수 있는지를 이해하는데 중요하다. 공중의 미디어 선호가 민주주의 정치의 강력한 제한이라고 오랫동안 여겨졌다(예, Entman 1989). 하지만 어떤 경우에는 특정 이야기에 대해 많이 친숙해질수록 후속 보도에 대한 관심도 늘어날 수 있다(Neuman 1990). 기자들은 경성뉴스 독자를 늘리고 시

• 마케팅과 웹 분석에서, A/B 테스트(버킷 테스트 또는 분할-실행 테스트)는 두 개의 변형 A와 B를 사용하는 종합 대조 실험(controlled experiment)이다. 마케팅 활동에 A/B 테스트를 도입하면, 웹사이트에 더 많은 방문을 유도하고, 방문자로부터 더 많은 리드(Lead)를 생성할 수 있는 방법을 효과적으로 학습할 수 있다(위키피디아 참조). – 옮긴이

민 지식의 토대를 향상시키는 수단을 채택해야 할 책임이 있는데, 이는 이러한 수단이 무엇인지를 알아야 가능한 일이다. 현재로서는 이러한 일들을 이루기에는 아는 게 거의 없다. 이러한 질문은 몇 주 또는 몇 달에 걸친 현장 실험 자료를 필요로 한다.

또 다른 긴급을 요하는 후속 작업은 저소득, 저학력, 또는 단지 뉴스에 관심이 없는 사람들에게 접근할 수 있는 기자의 능력이다. 인쇄 뉴스를 읽는 사람들은 오랫동안 지나치게 배운자 들만의 습관이었다. 방송 뉴스는 특히 중요한데, 왜냐하면 저학력 층의 정치 지식과 참여를 증가시키기 때문이다(Prior 2007). 하지만 저널리즘이 공중에 대한 서비스로 판단된다면, 이러한 의무는 교육 수준과 정치 관심이 낮은 사람에게도 똑같이 적용되어야 한다(Elliot and Ozar 2009).

결론

기자들은 오랫동안 자신의 가장 큰 임무가 공중에게 알리는 것이라고 선언해왔다. 그러나 사실 공중의 주목을 측정하는 것은 나쁘거나, 상업적 압박에 대한 굴복 또는 타블로이드 저널리즘에 대한 암묵적 승인으로 비춰졌다. 신문과 방송에서 수용자 측정의 조악함은 이러한 잠재적 긴장을 유지하게 했다. 디지털 뉴스로 전환됐을 지라도 페이지 뷰와 고정 방문자 수와 같은 수용자 지표는 시민 관여citizen engagement를 측정하기에는 여전히 매우 부정확하다.

하지만 시대가 바뀌었다. 지난 몇 년간 수용자 지표는 훨씬 상세하고 정확해졌다. 수용자 주목을 더 잘 추적하는 것이 어떻게 뉴스 작업과 뉴스룸 경제를 바꾸는지에 대한 학계와 업계의 논의가 빈번하다. 그러나 더 나은 수용자 데이터에 대한 윤리적 함의는 저평가 되었다.

이 장은 기자들이 *이제는 이 같은 새로운 수용자 측정 수단을 이용할 적극적 의무가 있다*고 주장한다. 만일 의사가 새롭고 정확한 진단 테스트 이용을 거부하거나 변호사가 렉시스-넥시스LEXIS-NEXIS를 이용해 관련 판례를 살펴보지 않는다면, 우리는 마땅히 그들의 윤리적 일탈을 비난한다. 기자들은 이제 새로운 측정 기술을 사용해야할 비슷한 의무를 갖고 있다. 전통적인 보도 과정을 열심히 따르거나 또는 수용자 행위에 대한 (종종 잘못된) 대중 지혜에 의존하는 것으로는 충분치 않다. 기자들은 자신의 헤드라인이 독자를 모으고 이들을 유지하는지 그리고 뉴스의 어떤 부분에서 독자를 잃는지에 대해 테스트를 할 필요가 있다. 기자들은 어떻게 다른 보도와 형식적 선택이 공중에게 알리는 능력에 영향을 미치는지 스스로 측정을 해야 한다.

측정에 있어서 이 같은 혁명은 저널리즘 학자들에게 중요한 새로운 연구 문제를 제시한다. 한때 신비로웠던 수용자 행위의 많은 측면을 이제 직접 관찰할 수 있다. 규범적 차원에 초점을 맞춘 경험적 작업이 이 새로운 영역을 탐구하기 시작했지만, 아직 많은 게 남았다. 기자들이 서로 충돌하는 고려사항을 저울질하고 있다면, 자신의 선택의 대가가 정확히 무엇인지를 이해할 필요가 있다.

새로운 지식과 새로운 수단은 교실에서도 가르칠 필요가 있다. 저널리즘 윤리에 관한 공식적 교육은 지나치게 질적이었다. 이러한 접근은 확대될 필요가 있고 학생들은 수용자 분석 지표를 어떻게 원칙에 입각한 의사결정에 이용할지를 배워야 한다. 기본 통계 감각은 이제 윤리적 저널리즘 실천행위의 핵심 선결조건이다.

저널리즘 직업을 뒤흔드는 구조적 변화를 고려하면, 저널리즘의 기본 원칙이 변하지 않은 것은 다행스런 일일지도 모른다. 하지만 이는 역설적으로 기자들이 자신의 행위를 개선할 것을 요구하는 것이 공공 서비스 이상에 대한 관건임을 보여준다. 새로운 지표를 갖춘 오래된 가치가 기자들의 새로운 책무이다. 윤리적 저널리즘은 이제 훨씬 복잡하다. 동시에, 기자들은 자신이 시민적 목표에 부합하는지에 대해 어느 때보다 더 잘 알 수 있다.

10

기업가적 사업으로의 저널리즘 재창조

제인 싱어Jane B. Singer

지난 20년 동안 거침없이 성장한 디지털 형식의 저널리즘이 주목을 받으면서, 저널리즘 연구자들은 기성 언론사 내부의 극적인 변화를 이해하는 데 있어 많은 혁신적인 전략을 사용했다. 하지만 이제 더 이상 이들 기성 언론사 내부는 우리가 들여다 볼 필요가 있는 유일한 곳이 아니다.

"기업가형 저널리즘entrepreneurial journalism"(Briggs 2012)이라는 용어가 정보 전달과 관련된 거의 모든 혁신을 아우르고 있다. 그러나 "내부혁신 저널리즘intrapreneurialism," 즉 기존 조직을 새로운 방향으로 이끄는 창의적 시도와는 달리(Baruah and Ward 2015; Boyles 2016), 기업가형 저널리즘은 일종의 저널리즘 사명을 갖지만 기성언론과는 거리를 둔 독자적 기획과 주로 관련이 있다. 탐사 저널리즘 컨소시엄부터 초지역밀착hyperlocal 사이트 그리고 다양한 종류의 틈새niche 미디어까지 전통적 뉴스룸 밖에서 생산된 저널리즘이 양과 질적으로 급속히 성장하고 있다.

언론사와 소속 종사자들에게 새로운 저널리즘 기획의 등장은 전형적인 정보 기업가였던 독립 블로거의 출현으로 10년 전부터 명확해진 관할권jurisdictional turf 도전을 확장시키고 있다(Lowrey 2006). 이 장은 지금까지 디지털 시대 학문을 지배했던 기존 사업보다는 명시적으로 기업가적 사업과 연계된 맥락에서 기자, 언론사, 또는 이들 모두에게 특히 파괴적이고 학문적 탐구에 적합한 세 가지 중첩된 이슈를 고려한다. 이들 이슈는 규범적 경계, 경제적 필요, 그리고 저널리즘 역할과 관련된다.

__ 규범적 경계

어떤 측면에서 기업가형 저널리즘은 1990년대 중반 웹의 출현부터 멀티미디어, 블로그, "이용자-제작 콘텐츠," 소셜 미디어 등이 등장하기까지 20세기 관행과는 다른 일련의 파괴적 혁신 중 가장 최신의 것일 수 있다. 기자들이 이 같은 디지털 시대의 변화에 보인 첫 반응은 주로 규범적인 이유로 인한 저항으로 특징지을 수 있다. 지난 20년 동안 기자들은 급속히 변하는 정보 우주 속에서 자신들의 오래된 구심성centrality을 주장하기 위한 노력으로 정체성 지표("내가 누구인가")와 경계 지표("내가 아닌 것은 무엇인가")로서 직업윤리를 반복해서 떠올렸다. 결국 이러한 주도권 다툼은 기자들이 한때 새롭던 것을 자신들의 작업 속에 포함시키면서 수용하게 된다.

그러나 이들 초기 변화가 가져온 규범적 도전은 주로 정도의 문제, 예를 들면, 멀티미디어 콘텐츠 제작이 기자들의 취재활동 시간을 빼앗거나 또는 소셜 미디어가 뉴스 검증 과정에 미치는 영향의 정도(Hermida 2012) 같은 문제였다면, 기업가형 저널리즘은 기자 자기지각self-perception의 핵심과 관련된 문제를 제기한다. 이러한 문제들은, 특히 객관성, 이해상충, 그리고 독자 및 광고주와의 상호작용 같은 서로 관련된 문제를 포함하는 자율성 또는 전문가적 독립성과 관련된다.

서구의 기자, 특히 미국의 경우, 공공 이익과 관련된 정보를 추구하는데 있어서 거의 절대적 자율성이 필요함을 아주 강하게 명시하고 있다. 100년 이상을 거슬러 올라가는 기간 동안, 기자들은 업무에 미치는 다양한 수준의 영향력으로부터 독립성을 자신의 업무를 수행하는 능력과 관련된 필수 조건으로 자리매김 시켰다(Shoemaker and Reese 2014). 언론자유가 정부 제한에 대한 수정헌법 보호조치에 역사적인 뿌리를 두고 있을지라도, 이 규범은 기업가형 저널리즘의 고려사항에 핵심적인 두 가지 영향력, 즉 상업 단체commercial entities와 수용자로부터 자율성을 지키려는 미국 언론인들에 의해서도 광범위하게 거론된다.

상업 단체는 많은 주목을 받았다. 뉴스와 뉴스를 만드는 과정의 의사결정에서 광고주의 실질적 혹은 잠재적 영향력과 수용자들이 상업적 콘텐츠와 기사를 구분 못할 수 있다는 두려움은 수십 년 동안 주요한 관심사였고(Eckman and Lindlof 2003; Soley and Craig 1992; Upshaw, Chernov, and Koranda 2007), 오늘날도 여전해서 네이티브 광고 같은 현대적 돌연변이를 둘러싼 논쟁에 그대로 반영되고 있다(Carlson 2015; Coddington 2015; Howe and Teufel 2014). 다른 재원과의 관계, 즉 후원 합의과정의 복잡함(Foreman 2015)부터 자선단체와 이들이 후원하는 비영리 저널리즘과의 관계(Ward 2014) 또한 비판적 주목을 받았다.

역사적으로, 기자와 수용자의 상호작용은 주목을 덜 받았는데, 아마도 이러한 경향은 실제로 상호작용이 거의 없었기 때문일 것이다. 사실상 기자들의 관계는 취재원과 동료와의 관계가 전부인데, 뉴스룸 벽과 교환대(로비의 보안직원은 말할 것도 없고)가 작업 공간 주변에 거의 들어갈 수 없는 경계를 만든다. 1990년대 초창기 "시민 저널리즘civic journalism" 시도를 효과적으로 억누른 데서 알 수 있듯이(McDevitt 2003), 기자들은 실제 독자 또는 시청자와 안전한 거리를 유지하고자 한다. 10년 뒤 소셜 미디어의 범람과 함께 이용자 코멘트가 등장하며 안전한 거리를 없앴을 때 많은 이들이 혼란을 느꼈다(Hermida and Thurman 2008; Lewis 2012; Gulyas 2013). 즉시 가능하고 아주 세세한 이용자 데이터를 제공하는 웹 분석에 대한 의존이 늘면서 수용자 이용 패턴이 보도와 관련한 뉴스룸 의사결정의 전면과 중심에 놓이게 되었다(Anderson 2011; Tandoc and Thomas 2015).

광고주와 수용자로부터의 저널리즘 자율성이, 1896년 뉴욕타임스 발행인 아돌프 오치스Adolph Ochs의 유명한 문구, 즉 "두려움 또는 호혜없이" 보도를 할 자유를 제공한다는 중요한 목적에 부합하는 것은 분명하다. 하지만 경계의 속성은 어떤 사람(즉, 기자)을 포함시키는 것뿐만 아니라 다른 사람을 배제하는 것이다. 앞으로 좀 더 논의하겠지만, 수용자로부터 자율성을 유지하는 것은 기자들이 수용자에 대해 그들의 관심, 미디어 습관, 무엇에 분노하고, 무엇을 높게 평가하는지에 대해 아는 게 없다는 것을 의미한다. 그러나 기자에서 기업가가 된 사람들에게 이러한 무지는 용납이 안 된다. 어떤 비즈니스도 자신이 서비스하는 사람에 대한 심층적이고 미세한 이해 없이는 오랫동안 살아남을 수 없다.

광고주 또는 다른 재원 또한 핵심 요소이다. 이들과의 공개적이고 빈번한 소통이 스타트업에 필수불가결하며, 세 가지 서로 연관된 분야, 즉 콘텐츠 제작, 마케팅, 그리고 수익 창출을 위한 핵심이다. 하지만, 전통적 실무 윤리에서는 이들 영역은 별개로 제한되어왔다. 전통적인 미디어 세계에서, 상업 단체로부터 자율성을 유지하는 것이 자신을 고용한 사업의 경제학으로부터 거리를 두거나 심지어 무지한데 대한 기자들의 이유가 됐는데, 이는 흔히 이윤 창출 동기가 양질의 저널리즘에 끼칠 부정적 영향에 대한 일반적인 우려와 무관하지 않는 태도이다.

하지만, 대부분이 그러하듯이(Sirkkunen and Cook 2012), 자신의 사업이 전적으로 또는 부분적으로 광고에 기반한 수익 모델에 의존하는 기업가형 기자들에게, 광고주를 찾아 확보하는 것은 적어도 독자를 확보하는 것만큼 중요하다. 몇몇 저널리즘 스타트업은 충분히 규모가 커서 이러한 임무를 콘텐츠 생산에 직접 관여하지 않는 사람에게 맡길 수 있지만 적어도 초기 단계에 있는 많은 스타트업 기업은 불가능하다. 또한 많은 이들이 매우 구체적인 목적을 위해 수용자로부터 재원을 모으는 크라우드펀딩crowdfunding에 의존한다(Hunter 2015).

더구나, 조직 구조 또는 펀딩 모델과 관계없이, 스타트업 환경, 특히 협소한 지역 또는 소재를 다루는 틈새 사이트의 경우에 수용자와 수익원은 일반적으로 동일하다. 관계가 아주 빨리 헝클어 질수 있다는 점에서, 기금모금자의 역할을 겸하는 기자의 이해상충은 “기업가 시대에 곧 닥칠 윤리적 문제”로 분류됐다(Ward 2009, para. 19).

__ 학자를 위한 핵심 이슈 : 규범적 경계

디지털 시대 저널리즘의 변화는 기존 규범적 원칙과 이론을 검토, 비판, 적용할 수 있는 많은 기회를 제공했다(McBride and Rosenstiel 2014; Zion and Craig 2015). 하지만 대부분의 시도들은 계속해서 저널리즘이 운영되는 주된 공간으로 뉴스룸을 상정한다. 즉, 디지털 환경으로의 전환과 관련된 변화가 전통적인 언론사 내부의 전통적인 저널리즘 업무를 수행하는 사람들에게 어떤 영향을 미치는지에 강조를 둔다.

특히 역사적으로 급진적인 자율성을 열렬히 바란다는 점에서, 어떻게 기업가형 기자들이 앞서 기술된 전혀 다른 물살을 헤쳐 나갈지 탐구가 필요하다. 스타트업에서의 관여involvement는 거의 예외없이 기자와 언론사에 있는 사람들이 한때 우려했던 다양한 행위자들과의 거리가 줄어든다는 점을 의미함과 동시에 기자들이 자신을 위주로 획정한 규범에 근거한 직업적 경계에 대한 도전을 의미한다.

특별한 관심은 "교회와 정치"의 분리처럼 상업적 행위와 저널리즘적 행위간의 분리의 문제, 즉 다음에 논의하겠지만, 저널리즘 전반에 걸쳐 줄어들고 있지만, 특히 소형 스타트업 환경에서 현저해지고 있는 수용자와의 거리, 그리고 기득권과 관계없이 사람과 이슈를 공정하게 보도하는 능력인 객관성의 문제를 들 수 있다. 저널리즘이 비뉴스룸non-newsroom 장소에서 행해질 때 한 세기 넘게 언론사 내에서 저널리즘을 뒷받침했던 원칙들이 여전히 유효한가? 기업가형 기자들이 기존 규범을 구체화할지, 수정할지, 아니면 새로운 것을 채택할 것인지? 한 가지 예를 들어보면, 누군가 생각하듯이, 투명성이 핵심 저널리즘 규범으로서의 객관성을 대체하고 있다면(또는 대체해야 한다면) (Hellmueller, Vos, and Poepsel 2013; Karlsson 2011), 재원을 크라우드펀딩을 통해 조달하기 위해 후원자들에게 명확하게 답할 수 있어야 하는 기획이 투명성의 조작적 정의에 대해 시사하는 바가 무엇일까?

확장된 이론적 틀의 개발과 적용 또한 고려할 가치가 있다. 확실한 것은 이상적인 저널리즘 행위와 실제 행위에 영향을 미치는 세상의 영향력에 대한 폭넓은 이해에 기반한 규범적 접근이다(Shoemaker and Reese 2014). 최근 진전된 저널리즘 경계 작업에 대한 탐구(Carlson and Lewis 2015; Lewis 2012)는 이러한 고려에서 매우 유용할 것이다. 규범적 처방과 금지 뒤에 있는 의도적 목적에 대한 심도 있는 논의 또한 유용할 것이다. 이들 규범이 기자들의 행위와 사회에서의 특별한 위치에 대한 자신들의 주장과 관련한 불편한 질문을 피하기 위한 덜 고상하지 않은 목적이 아니라 공공의 이익과 관련된 중요한 이슈를 독립적으로 조사하게 막아준다는 공표된 목적에 얼마나 부합하는가?

__ 경제적 필요

기업가 정신은 식민지 시대 인쇄업자부터 초기의 뉴스업을 제국으로 바꾼 19세기 출판업자를 아우르는 미국 저널리즘을 탄생시켰다. 20세기가 되면서 다른 이야기 양상을 띤다. 사회적으로 전형적인 "언론의 권력"은 수많은 사람들에게 정보를 전달하고 그래서 주목이 필요한 사람들의 주목을 다룰 수 있는 제도에 의해 행해지는 집단적인 영향력이 되었다. 권력을 획득하고 유지하기 위해서는 지속적으로 수익을 증가시킬 필요가 있다. 실제로, 수익률은 매우 주목할 만한 것으로, 특히 20세기 후반에 수많은 언론기업이 상업적 소유가 됐는데, 이들 소유주들은 주로 주주에 부응하는 이사로 구성된 공개적으로 상장된 회사들이다(Bagdikian 2000).

하지만 이러한 조직 구조는 위험을 택하기보다는 보수적인 행위를 권하기 쉽다. 인터넷이 영향력을 갖고 등장했을 때, 수십 년 동안 미디어를 이끌어 왔던 경영진의 대부분은 신속하고 창의적으로 대응할 수 없었다(Anderson 2013). 소수만이 제대로 할 때까지 신속히 대응하고, 실패하며, 배우기를 반복하는 마인드를 가졌고(Babineaux and Krumboltz 2013; Polgreen 2014), 대부분은 고의로 실패를 감수하는 것에 반대하는 기업 질서에 묶여 있었다. 최근까지도 "어떤 종류의 기업가 정신도 미디어 산업과는 어울리는 개념이 아니었다"(Compaine and Hoan 2012, 30). 그러나 디지털 시대에 뉴스 미디어가 지속가능할지 여부는 다양한 혁신에 달려있다(Pavlik 2013).

인구통계학적 트렌드, 우호적인 규제 체계, 그리고 콘텐츠 제작과 유통에 있어서 기술적 혁신을 포함해 많은 요인들이 미국 미디어를 가장 두드러지고 수익성 있게 만들었다. 돌이켜보면 가장 두드러지는 것은 많은 수요가 있는 정보에 대한 공급에 있어서 미디어 기업이 전반적으로 거의 독점에 가까웠다는 점을 들 수 있다. 하지만 인터넷 시대에 이 같은 독점은 더 이상 존재하지 않고(Chyi 2009) 이에 따라 수반된 미디어에 대한 도전들은 체계적이고, 구조적이며, 불가역적으로 보인다(Communications Management 2011). 실제로, 이들의 비즈니스 모델은 "더 이상 존재하지 않는 기술적, 경제적, 정치적, 그리고 정보 환경에" 의존하고 있다. 비디오 스트리밍 앱을 갖고 있는 개인 관찰자부터 수백명의 종업원을 거느린 실질적인 비즈니스까지 "뉴스"로 인식될 수 있는 무언가를 제공하는 업체들의 수가 기하급수적으로 늘어감에 따라 정보시장에서의 고수익 잠금장치를 해체했다.

기성 미디어의 대규모 독자 및 시청자의 주목에 기초한 영향력은 새로운 플레이어가 등장해 실험을 재촉하는 디지털 환경에서 힘을 잃고 있다(Briggs 2012). 대형 신생 미디어는 인도, 나이지리아, 그리고 아랍 세계 같은 미개발 시장으로 재빨리 확장하면서 국내외의 일반적 소재에 관심을 둔 대규모 수용자에게 초점을 맞추는 기성 미디어에 도전하고 있다. 몇몇 대형 스타트업과 셀 수 없는 소형 스타트업 또한 지역 기성 미디어의 직원 축소와 보도 감소로 인한 보도의 공백을 메우기 위한 지역 밀착형 사업(Anderson 2013; Enda, Matsa, and Boyles 2014)부터 상상할 수 있는 모든 특별한 소재에 특화된 사이트까지 틈새 수용자에 맞춤 전략을 구사하고 있다. 이러한 기업가적 노력들이 기성 미디어로 하여금 수많은 생채기, 즉 수용자들이 온라인 우주의 다른 곳에서 시간을 보내는데서 오는 출혈을 만들고 있다.

미래의 수용자 역시 회생과 관련해 희망적이지 않다. 미래세대의 기성 상품 소비는 극히 적고 모바일 장치가 뉴스에 대한 지배를 예측한 대로 지속함에 따라 더욱 하락할 전망이다(Fidler 2013; Newman 2015; Westlund 2013). 기성 미디어는 인프라에 대한 소규모 투자, 체화embedded

가 덜 된 생산 관행, 그리고 수용자에 대해 보다 구체성이 떨어진 통찰로 인해 민첩한 디지털 기업과의 경쟁에서 뒤떨어질 위험에 처해 있다. 온라인 정보의 개인화 경향(Newman and Levy 2014), 즉 개인으로 하여금 자신이 "명시적으로 등록하거나 또는 암묵적으로 선정된 선호"(Thurman and Schifferes 2012, 776)에 따라 메시지의 내용, 전달, 그리고 정렬을 마음대로 하게 할 수 있게 하는 것이 전통 미디어의 어려움을 배가시킨다.

물론, 스타트업도 그들만의 주요한 도전, 즉 견고하며 지명도 있고, 그리고 비교적 재정적으로 견실한 기성언론과의 경쟁이라는 어려움에 직면하고 있다. 스타트업은 본질적으로 변덕스러운 이용자와 투자자에 의존하는 매우 불안정한 상황에 처해있다. 실제로, 새로운 미디어 기업의 지속가능성은 "생존 자체가 일종의 성공으로 인정되어야 할"(Bruno and Nielsen 2012, 102) 정도로 매우 어렵다. 하지만 두 가지 요점이 두드러진다. 첫 번째로는 한시적일지라도 성공한 스타트업은 기성 미디어 동료에게는 본질적으로 파괴적이다. 스타트업은 정보 수요, 수용자 주목도, 그리고 재원의 관점에서 기성 미디어와 경쟁한다. 또한 스타트업은 프로그래머, 마케팅 전문가 그리고 미디어 기업에서 핵심적인 부수적 역할을 하는 스탭과 함께 기자, 편집자, 디자이너, 그리고 창조적 에너지와 재능을 제공하는 다른 기자들을 포함한 인적자원의 차원에서도 경쟁을 한다. 전통 미디어를 새로운 방향을 이끌 수 있는 사람들이 다른 사람들을 대신 돕고 있는 실정이다.

두 번째 요점은 이러한 도전 속에서 기업가적 기획은 기성 미디어에 소중한 교훈, 즉 수익 모델의 다변화가 지속가능성을 위한 핵심이라는 점을 제공한다(Kurpius, Metzgar, and Rowley 2010; Sirkkunen and Cook 2012). 20세기 미디어 기업은 다양한 혼합이 있을 수는 있으나 독자와 광고주라는 두 개의 핵심 재원으로부터 이윤을 극대화하면서 번성했다. 대부분 이 모델을 디지털 시대에도 유지했다. 실제로, 콘텐츠를 공짜로 제공하겠다는 거의 보편적인 초기 결정은 뉴스 수용자의 가치가 광고주를 끌고 올 수 있는 능력에 주로 달려 있고 그래서 수용자가 많으면 많을수록 더 낫다는 생각에 근거했다.

돌이켜보면, 인위적으로 독자를 늘리기 위해 생산비용이 많이 들었을 뉴스를 공짜로 제공한 것은 어리석었다. 하지만 이도 결국 지나고 보니 온라인이 어떻게 작동하는지 뿐만 아니라 무엇이 작동하지 않고 또 어떻게 다르게 작동하는지를 알게 되고 나서의 일이다. 기성 언론이 현재 "지불장벽paywalls," 즉 독자가 뉴스를 돈 내고 보게 하는 것도 실은 잘못된 교훈을 얻었기 때문일 수 있다. 왜냐하면, 지불장벽은 새 옷에 낡은 모델로 특히 공짜가 넘쳐나는 디지털 환경에서는 잘 맞지 않는다. 더구나, 지불장벽 모델은 독자와 광고주를 넘어서는 재원의 다변화를 보여주지 않는다. 뉴스 스타트업은 이벤트 개최, 크라우드펀딩, 그리고 컨설팅 서비스까지 보다 창의적 해결책에 대한 통찰을 제공한다.

__ 학자를 위한 핵심 이슈 : 경제적 필요

몇몇 주목할 만한 예외를 제외하고, 저널리즘 학자들이 지금까지 기업가적 학문과 관련한 맥락을 형성한 매니지먼트 연구나 경제 이론에 제대로 근거를 둔 경우는 드물다. 역사적으로, 뉴스 산업에 대한 경제학적 영향력에 대한 문헌은 기술적이거나descriptive(Bagdikian 2000; Compaine and Gomery 2000) 비판적이었고(McChesney 2015), 기성 미디어에 초점을 뒀다. 그래서 미디어 스타트업의 경제학에 대한 주목은 거의 없었다. 그렇긴 하지만, 로버트 피카드Robert Picard (2002; 2005; 2012; Naldi and Picard 2012)의 분석이 비록 성공적이지는 않았지만 뉴스 산업에 대해 자본주의의 교리를 적용시키는데 오랫동안 선구적 역할을 했고, 최근에 소규모이긴 하나 그의 작업을 디지털 영역으로 확장시키는 학자들이 늘고 있다. 옥스퍼드 대학과 콜럼비아 대학 같은 주요 대학 내 연구기관의 주도 하에 몇 가지 핵심 연구가 발간됐는데, 옥스퍼드 대학의 경우 변화하는 저널리즘 비즈니스와 민주주의에 대한 함의를 분석한 레비Levy와 닐슨Nielsen(2010)의 로이터 연구소 보고서와 디지털 저널리즘의 비즈니스에 대한 토우 센터의 작업(Grueskin, Seave, and Graves 2011)이 각각 이에 해당한다.

미디어 기업을 위한 대안적 수익 모델을 탐구하는 것에 대한 관심도 늘고 있다. 이들 중 일부는 기업가적 노력에 초점을 두는 반면(Sirkkunen and Cook 2012), 다른 작업은 기존 조직 내에서의 혁신을 다루고 있다(Boyles 2016; Kaye and Quinn 2010; Nel 2010). 크라우드펀딩(Carvajal, Carcia-Aviles and Gonzalez 2012), 네이티브 광고(Carlson 2015), 그리고 비영리 저널리즘(Nee 2013) 같은 새로운 수익 모델에 대해 보다 이론적으로 검토한 것도 등장하고 있다. 좀 더 일반적으로는, 생산에서 소비 경제로의 초점을 변화시키자는 요구도 있는데, 이는 정보 공급과 수요의 속성에 있어서의 지속적인 변화를 인정하는 것이다(Colapinto and Porlezza 2012).

또한 피터 드러커Peter Drucker가 *혁신과 기업가 정신Innovation and Entrepreneurship* 이라는 책을 출판한 1985년 이래로 기업가 정신을 연구해 온 매니지먼트 연구 분야의 풍성한 작업도 관련이 있다. 열거할 수 없을 정도의 많은 책과, 저널, 학회, 그리고 비즈니스스쿨 프로그램이 상당한 규모의 지식을 만들어 내면서 이 주제에 전념하고 있다(Kuratko 2005). 하지만, 저널리즘 연구 내에서 몇몇이 혁신과 기업가 정신을 육성하기 위한 개념을 포함시키기 시작했지만(Hollifield et al. 2015), 여전히 기존 미디어와 제도적으로 수용된 언론사의 매니지먼트에 초점을 두고 있다(예를 들어, Ekdale et al. 2015; Gade 2004; Sylvie and Gade 2009 참조). 대부분, 기업가형 저널리즘에 대한 매니지먼트 원칙의 적용은 일회성 사례(Briggs 2012)와 업계 뉴스에 기반하고 있는데, 이들 대부분은 어렴풋이 긍정적이긴 하나(Vos and Singer 2016) 실질적으로는 어떤 것도 이론적으로 개념화되거나 또는 경험적으로 조사된 바 없다.

기본적인 수요 공급에 관련된 것(Naldi and Picard 2012)부터 합리적 선택이론(Fengler and Russ-Mohl 2008) 또는 조직 생태학과 관련된 개념(Lowrey 2012)의 혁신적인 적용까지 경제학 이론과 관리의 불확실성, 변화, 창의성을 포함한 매니지먼트 이론(Küng 2011; Lowrey and Gade 2011)은 기업가형 저널리즘을 이해하는데 도움이 될 수 있다. 경제적 및 문화적 자본에 대한 개념과 저널리즘의 부르디외Bourdieu(2005)적 연관성(Vos and Singer 2016)에서도 추가적인 통찰을 얻을 수 있다.

일반적으로, 저널리즘 기획은 "정치, 경제, 그리고 문화적 투쟁을 내포한 경합적인 행위"(Carlson 2009, 273)로 기술되고, 아마도 기업가형 저널리즘보다 이러한 투쟁이 더 첨예한 곳이 없을 것이다. 실제로, 기업가형 저널리즘은 경제적 자원과 다른 사회적 실체와 구조 간의 상호작용을 전형적으로 보여준다.

__ 저널리즘 역할

셀 수 없이 많은 학계 연구와 업계의 보고서를 통해 디지털 시대에 기사 작성 수단, 필요한 기술, 작업 행위, 그리고 독자와의 관계 전환 등 기자들에게 영향을 미친 요인들을 볼 수 있다. 여기서도 역시 실질적으로는 모든 작업이 전통적인 뉴스룸에 고용된 기자들에 초점을 두고 있다. 하지만 기자직은 불안정하고 단편적이다. 솔직히 많은 기자들이 이 일에 흥미를 느끼지 못하고(Willnat and Weaver 2014), 특히 독립과 자기실현 욕구를 갖는 기자들에게 저널리즘 스타트업으로의 이직이란 점점 더 가능하고도 매력적인 대안이 되고 있다(Block and Landgraf 2016).

자신의 뉴스 사업을 시작하거나 이에 참여하기 위해 전통적인 뉴스룸을 떠난 기성 언론인이 마주하는 가장 부자연스런 변화는 아마 자신과 두 가지 핵심(서로 중첩되는) 구성원, 즉 자신의 생산품을 소비하는 사람과 이를 재정적으로 뒷받침하는 사람과의 거리가 엄청 가까워졌다는 점일 것이다. 이러한 변화가 앞서 제시됐지만, 기업가형 저널리즘에서 보이는 변화된 역할의 핵심이기 때문에 여기서 보다 자세히 논의한다.

규범적 경계에서 논의된 것처럼, 기자와 독자 또는 시청취자와의 전통적인 관계는 일방향적으로, 주로 기자가 폭넓게, 종종 모호하게, 그리고 거의 전적으로 기자들에 의해서만 정의된 용어로 공적 관심이 있는 정보를 생산해서 유통시키는 것이 일반적이었다. 사회에 대한 서비스라는 포괄적인 목표에도 불구하고, 기자들은 이 역할을 수행하기 위해 독자들과 직접적으로 연계할 필요성을 거의 보지 못하거나 또는 이 역할이 무엇을 수반해야 하는지 확인조차 하지 않았다. 그 결과 수용자 관심과 기성 미디어 콘텐츠 사이 간극이 벌어졌다(Boczkowski and Mitschelstein 2013). 뉴스 소비자가 "대중" 소비자, 즉 시민적 중요성 또는 일반적 관심사안으로 판단된(역시 대부분 기자들의 판단) 문제에 대한 관심을 공유하는 것으로 추정되는 얼굴 없는 집단으로 간주되는 한, 이 간극은 줄어들 것 같지 않다. 소규모 지역에 기반한 언론사보다 규모가 큰 언론사에서 일하는 기자에게, 독자, 시청자, 그리고 청취자는 일반적으로 구분되지 않고 무정형의 존재로 남아 있다.

이와 달리, 기업가형 기자는 자신의 독자에 대해 구체적이고 상세한 지식을 많이 필요로 한다. 기자들 자신의 관심에 따라 폭넓게 정의된, 무언가를 필요로 하는 차이 없는 사람으로 독자를 모호하게 개념화하는 것은 이제 더 이상 충분하지 않다. 어떤 새로운 비즈니스도 독자의 욕구, 관심, 습관, 그리고 지불의사에 대한 정확한 이해를 제시하는 폭넓은 연구 없이 순조롭게 출발 할 수 없고, 특히 투자자부터 광고주와 후원자-많은 스타트업은 이들 세 곳의 재정적 후원에 의존하다(Sirkkunen and Cook 2012)-를 포함한 재정적 후원자들은 틀림없이 이러한 정보를 요구할 것이다. 그리고 이러한 정보를 얻는 가장 좋은 방법은 개인적 커뮤니케이션이다. 기업가형 기자는 이용자 접점 또는 완충장치로 기능하는 뉴스룸 칸막이, 마케팅 또는 유통 부서가 없다.

한 주제에 관심 있는 사람들은 그 분야에 대해 일정정도의 지식을 가지고 있을 개연성이 높기 때문에, 이 콘텐츠에 대해 지속적인 공급을 제공하기 위해 필요한 자원이 거의 충분하지 않은 스타트업은 자주 독자로부터의 기여 또는 제안을 요청한다. 기업가가 된 기자들은 불가피하게 믿음직스럽고, 설득력 있고, 신뢰하며, 정기적으로 기여할 수 있는 "외부자"를 발견하고, 연계하며, 육성할 필요가 있다. 이러한 필요를 충족시키는 것은 기자들이 뉴스룸을 통해 점검을 받게 될 정보를 제공하는 게 유일한 역할인 전통적인 취재원과 맺고 있는 관계를 훨씬 넘어서는 기술과 소질을 요구한다. 기성 언론인은 자신의 핵심 콘텐츠 제작 업무와 역할과 관련해 소수의 협업자만을 갖고 있다. 기업가형 언론인은 생존을 위해 협력해서 일해야 한다. 몇몇은 개인적 인맥, 상호작용, 그리고 정보공유를 통해 적지 않은 성공을 달성하는데, 이는 역사적으로 독자와 거리를 두었던 대형 언론사에게는 여전히 어려운 일이다(Rosen 2014).

앞서 논의한 경제적 필요에서 언급했듯이, 이러한 협력에 재원을 또한 포함시켜야 한다는 점이 훨씬 힘든 일이다. 전통적인 언론인들은 자신의 경력에 대한 투자 가치 뿐만 아니라 번성에 대한 일반적인 관심이 있었지만, 비교적 관심을 두지 않았다. 그리고 기성 언론인들이 자신이 제작한 콘텐츠가 판매가 되리라는 점을 잘 알고는 있지만, 이러한 거래에 대한 관여는 의도적으로 거의 없었다. 저널리즘을 지원하는 돈이 어디서 오는지 그리고 이를 어떻게 더 많이 확보할지는 발행인, 소유주, 또는 이사들의 역할이지 기자들의 역할은 아니었다.

그래서 자신만의 비즈니스를 시작하는 기자들의 학습곡선은 가파르고 급격하다. 기업가는 비용이 얼마나 되고, 얼마의 가치를 얻을 수 있고, 꼭 필요한지 같은 문제와 지원을 할지 그리고 어떻게 지원할지 같은 모든 문제를 신중히 생각해야 한다. 기업가형 저널리즘에 대한 지금까지의 드문 연구에 의하면, 새로운 스타트업 창업자들의 공통적인 실수로 자신들이 가장 잘 알고 가장 사랑하는 일, 즉 저널리즘에 너무 많은 돈을 투자한다는 점으로 나타났다. 많은 스타트업이 경제적 토대를 확보하거나 효과적인 마케팅 채널을 만들고 핵심 파트너십 확보 같은 성공적인 기업의 다른 측면에 주목하기도 전에 상당한 규모의 취재 인력을 고용했다(Osterwalder and Pigneur 2010). 날디Naldi와 피카드Picard(2012)는 이처럼 우선권을 잘못 배치하는 것을 "형성적 근시안formational myopia"으로 명명했는데, 저널리즘 업무 수요 그리고 이의 경제적 가치에 대한 비현실적 기대를 지적한 것이다. 비즈니스 실무 기술과 경험이 없는 기자들은 고용인에서 사주로 자리를 바꾸는 과정에서 자주 의심스러운 회계 및 관리 결정을 내린다(Bruno and Nielsen 2013).

또한 이러한 새로운 유형의 관계는 기업가형 저널리즘이 식견있는 유권자가 건전한 선택을 하도록 돕는 공공서비스로서의 저널리즘에서 마케팅 쪽으로 어느 정도 치우쳐야 하는지에 대한 포괄적인 질문을 제기한다. 예를 들어, 하닛쉬Hanitzsch(2007)는 독립적인 감시견으로서의 저널리즘과

"독자들이 알아야 할 것을 희생해가며" 그들이 원하는 것을 제공하는 시장지향적인 저널리즘을 구분했다(375). 시장지향적 저널리즘은(McManus 1997) 독자를 시민이라기보다는 고객과 소비자로 부르고, 대부분의 기업가적 노력이 일어나는 디지털 환경은 저널리즘 실천이 시장 영향력에 압도적으로 취약한 곳으로 오랫동안 그려지고 있다(Cohen 2002).

하지만 역할 갈등에 대한 높은 잠재력에도 불구하고, 기업가형 언론인들은 여전히 비즈니스 스쿨 용어로 "가치제안value proposition"이라고 명명된 것을 유지해야 한다(Osterwalder and Pigneur 2010, 22). 여기에서도 역시 스타트업 환경이 게임을 바꾼다. 한 언론사 내에서 개별 기자의 가치는 공중에게 알린다는 포괄적 임무에 대한 기여를 통해 정의되는 직업적 전문성에 달려있다. 역시, 핵심은 (유명한 뉴스룸 추문에도 불구하고) 이론상으로 독자를 모으고 유지하는 신뢰trust를 키우고 신뢰도credibility를 유지하기 위해 발휘되는 규범적 원칙들이다. 특히, 이러한 개별 기자의 가치는 브랜드 명성, 폭, 그리고 수십 년 동안 이해당사자와의 상호작용을 통해 형성된 패턴을 포함하는 제도적으로 갖게 된 가치와 연결된다. 그래서 개별 및 제도적 수준에서, 기성 언론의 가치제안은 지속적으로 독자에게 매력적인 정보 생산물을 전달함으로써 독자의 주목을 끌고자 하는 광고주에게 호소하는 제안에 의존하는데, 이는 네트워크 디지털 환경에서 심하게 도전받고 있다.

지금까지 큰 성공을 누렸던 정보 스타트업들의 대부분은 심각한 보도와 시민적 역할의 수행보다는 재기발랄함과edginess하고 트렌드에 따른 비쥬얼과 속도(그리고, 아마도 고양이)와 관련이 있다. 신뢰할만한 정보의 생산과 유통은 확실히 민주주의를 위해 소중하다. 하지만 민주주의는 큰 개념인 반면, 수용자들은 자신의 욕구충족을 추구하는 개인들로 구성되어 있고, 디지털 세상의 접근가능성, 공개성, 그리고 전례없는 다양성으로 인해, 이러한 충족을 채우기가 역사상 어느 때 보다 쉽고 비용이 적게 든다. 개인화와 개인적 연결이 엄연히 사회에 좋은 뉴스보다 훨씬 나아 보일 수 있다. 개인적이든 제도적이든 기자들은 이러한 차원의 수용자들과 관계해 본 적이 거의 없고 이에 관심도 별로 없다.

기자들이 자신들이 알고 좋아했던 것을 비즈니스 기획으로 전환하면서, 많은 이들이 뉴스가 무엇이고 또 어떠해야 하는지에 대한 기존 시각을 이에 대한 시장수요에 대한 잘못된 인식과 함께 적용했다. 실제로 대부분이 자유언론의 힘과 시민 그리고 공동체 삶에 대한 정통한 공중의 가치를 정말로 믿고 있다. 그리고 이러한 가치를 제공하는 방법을 알 뿐만 아니라 가장 잘 알고 있다고 믿는다. 그러나 기업가로서의 삶은 20세 이상이라면 알 수 있는 저널리즘에 대한 다른 근본적인 충격과 관련된 많은 질문을 제기한다. 기자로서의 나의 역할은 무엇인가? 어떤 가치를 누구에게, 어떻게, 그리고 얼마나 제공하고 있는가? 사회에서 나의 자리는 어디이고 이를 어떻게 확보할 수 있을까? 어떤 역할이 없으면 내가 살수 없을까? 어떤 새로운 역할이 필요하고, 어떻게 이 역할에 맞출 수 있을까? 어떤 관계가 중요한가? 어떻게 이들 관계를 육성하고 위장된 변질로부터 이들을 막아낼 수 있을까? 만일 성공이 뉴스를 주도하지도 않고 그래서 민주주의 사회라는 모호함에 대해도 기여조차 하지 않는다면, 정확히 무엇이 성공이고, 또 나는 이것을 어떻게 이룰 것인가?

__ 학자를 위한 핵심 이슈 : 저널리즘 역할

확실히 기업가형 언론인은 전통 언론인보다 다른 일을 더 많이 한다. 규범적인 것을 포함해 몇몇 수반된 압박은 비교가 가능하지만 완전히 바뀐 맥락을 고려할 필요가 있다. 다른 것은 새로운 것으로, 기자들로 하여금 불편하고 잘 맞지 않는 역할을 요구한다. 이러한 것들을 우리가 현역의 위치 그리고 민주주의 사회에서의 업무라는 관점에서 어떻게 이해할 것인가?

학자들은 직업으로서의 저널리즘 장이 "전통적인 영향력을 잃고 기자들에게 프리에이전트 같은 새로운 기업가적 이상을 제시하고"있다는 점을 인식하고 있다(Deuze and Marjoribanks 2009, 558). 그러나 비록 좋은 작업들이 행해지고 있지만, 이러한 변화의 의미에 대해 이론에 입각해 경험적으로 탐구하는 작업은 미진한다. 이미 강조된 피카드Picard와 그의 동료들의 경제학적 작업 외에, 지금까지 기업가형 언론인을 가장 폭넓게 조사한 것은 컴파이네Compaine와 호그Hoag(2012)가 30명의 미국 미디어 기업가, 즉 명확한 수익 모델을 갖는 독립적 콘텐츠 비즈니스 창업자와의 탐사적 인터뷰를 수반한 기술적 연구가 전부이다. 이들의 평가는 전반적으로 긍정적이었다. 이들은 "기술과 경제학이 미디어 기업가를 희망하는 사람들이 갖고 있는 많은 장애들을 약화시킴에"(43) 따라, 미디어 스타트업에 우호적인 환경에 주목했다.

아마 가장 좋은 접근은 전통적 뉴스룸을 넘어 저널리즘 업무에 있어서의 문화적 변화에 대한 꾸준한 학문적 탐구를 계속하는 것이다(Deuze 2005; Lewis 2012; Witschge 2013). 이는 이미 언급이 됐지만, 기자란 누구이고 이들이 무슨 일을 하는지에 대한 질문의 핵심에 있는 근본적 이슈들을 고려하기 위해 보다 심도 있는 논의가 필요한 규범과 경제적 압박과 관련된다. 또한 수용자의 "재발견"(Loosen and Schmidt 2012)과 정보의 공동제작에 참여하는 사람들과의 새로운 형식의 상호작용에 대한 연구도 필요하다(Heinrich 2013; Robinson 2011; Singer et al. 2011).

이와 같은 새로운, 개선된, 또는 재편된 관계가 정보환경에서 자신의 역할에 대한 기자들의 시각에 어떠한 영향을 미치는가? 이들이 뉴스를 만드는 것뿐만 아니라 뉴스가 무엇인지에 대해 생각하는 과정에 어떠한 영향을 미치는가? 기업가형 언론인은 여전히 게이트키퍼인가? 의제설정자인가? 정보 네트워크에서 어디쯤에 위치하고 어떻게 서로 공유되는가? 예를 들어, 많은 저널리즘 학자들이(Couldry 2008; Domingo, Masip, and Meijer 2015; Primo and Zago 2015) 21세기 저널리즘을 이해하는데 행위자 네트워크 이론의 유용성을 강조하고 있다. 이 이론은 기술적인 것을 포함해 사물을 사회적 네트워크 내의 행위자로 간주한다. 대부분의 기업가형 저널리즘 기획이 디지털 플랫폼 중심적이고 많은 행위자들 사이 상호관계를 고려했을 때, 이 이론은 스타트업 문화를 이해하는데 생산적으로 적용될 수 있다.

기업가 정신을 향한 움직임에서 기인한 문화적 변화를 탐구하기 위해 전통적인 뉴스룸 외부에서 살펴볼 곳으로 미래 언론인을 위한 중요한 초기 사회화가 일어나는 교육현장을 추가적으로 언급할 필요가 있다(Mensing 2010). 학자들이 이미 산업 변동과 저널리즘 교육의 단절을 조사하기 시작했는데, 저널리즘 교육은 전형적으로는 기업가적 선택을 이용하기에 필요한 기술, 지식, 그리고 질을 제공하지 않고 있다(Baines and Kennedy 2010). 일부 연구가 교육과정에 기업가형 개념을 도입하려는 시도를 제시하고 있다. 예를 들어, 페리어Ferrier(2013)가 실시한 소규모 연구에서 저널리즘 전공생들에게 비즈니스 개념과 시장 조사를 소개하는 수업을 개설한 주요 동기로 강사들이 미디어 산업 업무 속성의 변화, 즉 단기계약, 자영업, 특정 프로젝트를 위한 임시 공동 작업을 언급했고, "학생들이 자신만의 작업을 할 수 있는 지식과 기술을 갖추게" 하고자 한다는 점을 발견했다(229). 영국의 경우, 대학 워크샵은 겉보기에 개별적인 비즈니스와 창조산업 분야 사이 시너지를 인식하고, "자신을 비즈니스와 기업가 정신의 틀뿐만 아니라 활력이 필요한 분야에 기여할 창의력과 상상력이 풍부한 개인으로 생각"하도록 권장하고 있다(Hunter and Nel 2011, 15).

하지만 진행이 순조롭지는 않다. 미국(Blom and Davenport 2012)과 유럽(Drok 2013)에서의 설문조사 결과, 적어도 몇 년 전 기준으로, 저널리즘 교육자와 행정가들은 기업가형 저널리즘을 교육과정 우선순위에서 비교적 낮게 뒀고, 유럽 연구 참여자들은 "시장 영향력과 공중으로부터의 간섭 없이" 저널리즘 업무에 집중하는 것을 선호했다(Drok 2013, 156). 현재 상황이 어떠하고 교육현장에 개념을 소개하고, 방법론적으로 이의 유용성과 영향을 측정하고 평가하며, 그리고 알게 된 교훈을 공유하기 위해서라도 더 많은 연구가 필요하다.

기업가형 저널리즘을 이해하기 위해 학자들이 어디에 에너지를 쏟아야 하는지를 다루면서, 이 장은 주로 개념과 이론에 집중하고 방법론에 거의 주목하지 않았다. 왜냐하면 저널리즘 연구자들에 의해 폭넓게 사용되는 기존 방법이 이 부분에 대한 탐구에도 잘 부합하기 때문이다. 질적인 방법이 특히 유용할 것이다. 양적인 접근이 개념정의와 표집 이슈와 관련된 도전을 보이지만, 질적인 접근은 현대 저널리즘의 다양성에 이상적으로 적합하고 기자들이 자신을 기업가로 왜 그리고 어떻게 재구성하는지에 대한 중요한 질문에 집중할 수 있다.

이미 언급했듯이, 기업가형 저널리즘과 관련해 더 많은 연구의 필요와 기회가 있다. 민속지학적 작업은 정확히 어떻게 기자들이 앞서 제시한 이슈들을 다루는지에 대해 풍성하게 이해하는데 이상적으로 적합하다. 쓸모가 있는 다른 방법론적 선택으로는 기업가 정신을 둘러싼 다양한 이슈에 대해 기자들이 무슨 이야기를 하는지에 대한 담론분석과 기업가형 기자들이 다양한 이해관계자와 어떻게 상호작용하는지 뿐만 아니라 편집국 작업이 제공하던 유대감을 더 이상 가질 수 없을 때 이들이 형성하는 지원체계에 대한 통찰을 제공할 수 있는 네트워크 분석 같은 보다 계량적인 접근이 있다. 심층인터뷰 또한 민감한 주제를 다루는데 가치가 있다. 예를 들어, 기업가형 언론인이 실패에서 배우는 교훈에 대해 아는바가 없다. 무엇이 잘못됐고, 왜 그리고 이 경험으로부터 무엇을 배웠는가? 기업가 정신에 대한 시도가 지속가능하지 않다면 다음에는 무슨 일이 생길까?

요약하면, 이 장은 기업가형 저널리즘이라는 점증하는 산업 현상을 탐구하는데 있어서 특별한 관심이 필요한 세 분야를 강조했다. 이들 세 분야, 규범, 경제적 토대, 그리고 디지털 시대 저널리즘과 기자의 사회적 역할 모두에서, 지금까지의 작업은 지나치게 한 세기 이상 익숙했던 언론사 내부의 편집국 모양과 구조에 해당하는 저널리즘을 상정했다. 하지만 전통적 작업 환경에서 다소 노련하게 받아들여지는 변화로 보였던 디지털 시대 이전까지 변화와는 달리, 기업가형 저널리즘은 뉴스 업무가 어떻게 어디서 일어나고 뉴스가 어디서 어떻게 만들어 지는지에 대한 재개념화를 요구한다. 지금까지, 우리는 이 주제에 대해 실제로 거의 아는 바가 없다. 이 장은 우리가 어디서부터 시작할 수 있는지를 제안했다.

어쨌든, 본질적으로 산업 붕괴에 대한 파괴적 대응인 기업가형 저널리즘을 충분히 이해할 필요는 오직 늘어만 갈 것이다. 모바일과 착용형 기술, 드론과 가상현실 그리고 예전에 상상조차 할 수 없었던 많은 행동유발성affordance 기술이 기업가형 저널리즘을 위해 아주 새로운 기회를 열고 있기 때문에, 더 많은 기자들이 뉴스룸 밖에서 번성할 기회를 줄 것이다. 이들이 향후 사회가 스스로를 이해하는 방식을 형성할 것이기에, 우리 또한 이들을 이해하기 위해 최선을 다해야 한다.

논평:
흐려지는 경계들

러셀 뉴만W. Russell Neuman

이 섹션의 세 장이 갖는 공통된 주제는 전통적 경계가 흐려지고 있다는 점이다. 스트라우드Stroud의 핵심주제는 학계 문화와 저널리즘 직업 문화 사이 차이점이다. 힌드만Hindman은 뉴미디어 환경이 기자와 수용자 사이 전통적 경계를 무너뜨리는 방식을 다룬다. 싱어Singer는 한걸음 물러나 저널리즘 사업의 근본적인 경제학을 검토한 후, 가끔 교회와 정치의 분리로 언급되기도 하는 유명한 광고주와 기자의 분리에 대해 의문을 제기한다. 나는 이들 주제를 각각 검토한 후, 이들이 어떻게 공론장에서 개념적 그리고 구조적 경계의 약화를 더욱 가속화 시킬 수 있는지를 살펴볼 것이다.

스트라우드의 도발적인 문제제기부터 시작하자. 생각해보면 기자와 학자의 역할은 구조적으로 상당히 유사하다. 각각의 사명은 각자 전통적인 수단을 이용해 새로운 지식을 추구하고 더 넓은 공동체를 이롭게 하기 위해 새롭게 발견된 정보를 널리 알리는 것이다. 하지만 동료 학자와 학생 같은 전통적인 독자에서 벗어나 대중을 위한 집필을 하는 학자는 그 노력에 대해 존경을 받는 경우가 많지 않다. 특히 미국에서는 공공 지식인 전통이 약하다. 학자는 기자를 뿌리깊은 단순화하는 사람simplifier이자 대중화하는 사람popularizer으로 간주하는 경향이 있다. 기자는 학자를 용어에 집착하는 반계몽주의자로 간주한다. 이 둘 간의 직업적 문화가 서로 연결될 수 있을까? 그렇게 되어야 하는가?

스트라우드는 그럴 수 있고 또 그렇게 되어야 한다고 주장한다. 그녀의 주장은 설득력이 있다. 이 주장을 검토하기 위해, 교수와 기자의 역할에 대한 처음의 비교로 돌아가 보자. 교수는 학생이라는 수용자를, 기자는 뉴스 소비자라는 수용자를 갖고 있다. 교수와 기자는 자신의 수용자들이 몹시 알고자 하는 것과 자신의 전문적 판단에 따라 수용자들이 알아야 할 것 사이에서 흥미로운 긴장을 느끼고 있다. 학생이 좀 더 사로잡힌captive 수용자이기에 교수는 전통적으로 강의계획서를 자유롭게 작성하지만, 공중 관심이라는 보다 공개된 환경에 처한 기자는 공중이 정말로 주목을 해야 하는 정책 논쟁의 복잡함을 덜어줄 설탕을 한 숟가락 추가할 필요가 있다.

결국 각각이 처한 문제는 실제 세상의 복잡함을 일상의 개인적 관심에 의해 분산된 수용자들에게 접근가능하도록 만드는 것이다. 듀이에 근거해, 스타라우드는 이를 "기교있는 저널리즘"이라 부른다. 그녀는 수용자 연계를 가져올 수 있는 뉴스 제시 전략을 시험하고 찾는데 사회과학을 이용할 수 있다고 주장한다. 전통적으로 기자들은 자신들의 판단을 체계적인 경험적 판단에 의존한다는데 대해 거부감을 가졌는데, 디지털 시대 저널리즘의 경제적 압박을 고려했을 때 연구자와 기자들 사이 공동 작업이 새롭게 열릴 잠재력, 즉 경계가 연결될 가치가 있다. 협력의 성공을 위한 열쇠는 단순히 뉴스 소비자가 무엇을 원하는지를 조사하는 것을 넘어 이러한 관심과 우려에 영향력을 행사할 수 있어야 한다.

마리온 저스트Marion Just와 앤 그리글러Ann Crigler와 함께 1992년에 *공통지식Common Knowledge*이라는 책으로 출판된 저널리즘 과정에 대한 연구에 착수한 적이 있다. 당시 연구 디자인의 핵심은 시민을 인터뷰해서

잡지, 텔레비전, 신문의 특정 뉴스에 대한 그들의 생각과 회상기억을 조사하는 것이었다. 더 나아가, 해당 뉴스를 작성한 기자들에 대한 인터뷰도 대부분 성공적이었다. 이러한 디자인을 고려해, 기자들이 시청자나 독자들로부터 받은 피드백이 무엇이고 따라서 수용자들이 기사에 어떻게 반응했는지를 물어볼 수 있다고 생각했다. 기자들로부터의 압도적인 응답은 동료나 편집자의 반응을 구하지 독자로부터의 피드백은 가끔 이웃이나 비행기 옆좌석에 앉은 사람으로부터 얻는 게 전부였다. 실은 기자들은 우리의 질문을 약간 이상하게 생각했다.

힌드만Hindman은 저널리즘의 문화와 기술이 극적인 변화를 겪고 있다는 점에 주목했다. 기자는 관행적으로 기사의 말미에 이메일 주소를 적는다. 그날 가장 많이 읽히고 댓글이 많이 달린 기사는 기자와 뉴스 소비자가 생각할 수 있게끔 눈에 띄게 제시된다. 시민 블로깅과 기자 블로깅이 온라인상에서 공존한다. 이는 산업화 시대의 본질적으로 일방향적 출판과 방송과는 다른 온라인 상호작용의 양방향적 속성이다. 하지만 양방향 상호작용에 대한 전망은 기술적인 촉진외에 문화적 전망에 대한 변화도 필요하다. 내 생각에 지금의 기자들은 피드백에 대한 질문이 전혀 이상하지 않을 것이다.

끝으로, 싱어는 제도적 경계에 대한 보다 기본적인 질문을 던졌다. 광고주 때문에 독립적인 전문 저널리즘이 가능하다. 저널리즘 문화는 경제적 선물을 고맙게 생각하지만, 광고주의 이익은 저널리즘 과정으로부터 신중하고도 적극적으로 차단되어야 한다는 점을 분명히 하고 있다. 저널리즘을 재구조화하고 있는 기술과 주목 경제가 이러한 전통적 독립에 도전을 제기할 것인가?

싱어의 강조점은 핵심 구성 개념으로 기업가형 저널리즘이라는 단어를 선택한데 명확하게 드러나 있다. 그녀는 이를 존재론적 필요와 기회의 문제로 보고 있다. 몇몇 관찰가들이 기존 언론사의 새로운 수입원과 전통 저널리즘을 구할 방법을 찾는다면, 싱어는 뉴스가 무엇인지에 대해 새롭고 다양한 정의를 찾고자 한다. 실제로 그녀는 뉴스 대신 정보라는 말을 자주 언급했다. 더구나, 그녀는 저널리즘을 지원하는 경제적 동력으로 크라우드소싱을 검토했다. 이 경우에, 소비자는 실제로 광고주를 간접적으로 통하는 게 아니라 뉴스 과정에 대한 직접적인 경제 후원자가 됨으로써 전통적으로 쉽게 식별가능한 교회와 국가의 구분을 더욱 모호하게 한다. 그녀는 지금은 당연시되는 뉴스 제도라는 것이 19세기의 유명한 페니 프레스penny press를 가능하게 했던 증기 인쇄기의 잠재력을 찾던 투자자와 기업가의 위험한 발명이었다는 점을 지적한다.

이러한 관점들이 구조적 경계가 허물어지는데 대한 추가 질문을 제기하는 게 당연하다. 예를 들어, 전통적으로 가장 명예로운 글로벌 경계, 즉 단일 국가의 경계를 보자. 산업화 시대의 방송과 인쇄 기반 뉴스는 국가 경계에 묶여 있었다. 뉴스 과정은 국가의 법률 체계에 구속된다. 국가는, 생각보다 자주, 국가 단위 내에서 검열의 의사와 능력이 있다. 점차 거의 보편적인 접근이 가능해지는 즉각적, 실시간, 양방향 네트워크 세상에서, 국가의 의지는 여전히 강할지 모르지만 검열을 집행할 능력은 훨씬 덜하다. 더구나, 알자지라와 CNN 인터내셔널을 모델로 한 국제 위성방송은 초국가적 뉴스의 글로벌화에 대한 압박을 강화하고 있다.

스트라우드, 힌드만, 그리고 싱어는 각자 다른 방식으로 경성과 연성 뉴스간의 전통적 구분을 다루고 있다. 가장 단순하고 익숙한 것은 경성뉴스를 민주주의 과정의 핵심으로, 그리고 인간 흥미 위주의 연성뉴스를 수용자의 선호를 고려했을 때 필요한 기분전환으로 구분하는 것이다. 하지만 싱어의 기업가형 창조 정신에 따라 경성뉴스 소재를 인간적으로 만들어 자연스럽고 감정이입이 되는 수용자의 관심을 끄는 새로운 방식을 찾는 것은 경성뉴스와 연성뉴스 간의 구분을 모호하게 만든다. 종이신문은 전통적으로 국제뉴스와 음식과 주류wine에 대한 구분을 하기 위해 표제를 사용하고, 이들이 별도의 섹션에 인쇄되어 접힐 수 있게 분리한다. 이러한 전통이 온라인 저널리즘에도 그대로 이식됐지만, 아마도 다른 모델을 찾아야 할 것이다.

또 다른 주목이 필요한 경계로는 저널리즘 기획의 서비스 영역이다. 신문과 방송 뉴스 그리고 이들의 광고주는 대도시 통계단위 지역metropolitan statistical area의 보도에 대한 정의를 잘 알고 있고 관심이 있다. 이를 통해 지역뉴스의 경계가 결정된다. 하지만 초지역밀착형 뉴스, 즉 이웃과 지리적 공동체에 의해 정의된 전문 저널리즘과 시민 저널리즘이 혼합된 것은 어떻게 볼 것인가. AOL이 패치Patch 프로젝트를 통해 초지역 정보에 투자함으로써 지역 뉴스와 뉴스 경계를 재정의 하려는 시도가 지속가능한 경제적 사업으로서 자립하는데 실패했지만, 한 번의 실험으로 그칠 일이 아니다.

우리 대부분은 직접 경험이 아닌 미디어의 구전지식을 통해 기자와 뉴스 제도에 대한 고정 관념적 이미지를 갖고 있다. 예를 들어, *시티즌 케인Citizen Kane*, *대통령의 사람들All the President's Men*, *굿나잇 앤 굿럭Good Night and Good Luck*, 그리고 *브로드캐스트 뉴스Broadcast News* 같은 영화를 떠올릴 수 있다. 이들의 공통점은 전문직 기자의 역할에 대한 획일적인 생각이다. 기자들은 기성 언론사를 위해 일한다. 뉴스와 비뉴스의 차이는 확실하다. 누가 기자이고 아닌지는 아주 명확하다.

지금까지 살펴본 분석은 이 책의 제목이 시사하는 것처럼 다른 그림, 즉 뉴스의 본질을 재생하는 과정을 제시한다. 싫든 좋든 간에, 우리는 경계가 불분명한 시대를 살고 있다. 신문뉴스와 방송 뉴스가 지배하던 황금기를 들먹이며 과거로 돌아가자고 하는 것은 거의 희망이 없다. 아마 보다 유망한 길은 새로운 것을 만들고 기업가 정신을 요구하는 제인 싱어를 따르는 것이다. 우리는 복수의 언론 제도, 기자의 역할, 그리고 뉴스의 정의를 기대해야 한다.

제4부

주목받지 못한 주제 부각하기

11

이 블로그를 주목하라: 새로운 저널리즘 권위의 권력과 특권

수 로빈슨Sue Robinson

현재 미디어 연구는 디지털 시대 저널리즘 생산과 이의 진화에 관한 풍성하고 이론화가 잘 된 학문적 골격을 갖추고 있다. 한 가지 틈은 뉴스 사이트 같은 공공 정보 공간에서 발언할 권위를 누가 갖는지에 대해 사회적 권력power의 역학, 특히 인종과 계급으로부터 파생된 특권과 관련해 어떠한 역할을 하는지에 대한 지속적인 대화가 결여되어 있다는 점이다. 공공 콘텐츠를 생산할 때 어떻게 기자 또는 블로거가 특권의 이슈를 고심하는지에 대한 일부 조사가 있었다. 디지털 뉴스 생산 공간, 즉 기자에게 인기 있는 곳뿐만 아니라 시민 참여자들에게도 인기 있는 곳이 권위 있는 스토리텔링이라는 구실로 어떻게 현재 상황을 강화하거나 약화시키는지에 대한 연구는 부족하다. 언론 이론가의 임무는 디지털 기술이 새로운 역할과 목소리를 위한 기회를 제공하는 방식을 기록하는 것만이 아니다. 저널리즘으로 인정되는 공간인 공공 뉴스 영역에서 누가 발언을 하고 무엇을 위한 것인지를 비판적으로 조사하는 것 또한 필요하다. 이 작업에 필요한 핵심 질문은 글로벌 상호작용의 세계에서 전통적 저널리즘 권위가 축소됨에 따라, 콘텐츠 생산을 연구하는 미디어 학자들이 새로운 체제로의 전환을 기록하면서, 정당성을 위한 경쟁에서 특권을 드러내기 위해 무슨 조사를 해야 하는지에 관한 것이다.

저널리즘 권위에 대한 현상을 다룰 때, *권위authority*라는 개념 자체가 검토되어야 한다. 디지털 변화에 맞춰 이 개념이 진화하고 있기 때문이다. 이 장에서, 나는 권위란 제도적 규범에 대한 자발적 고수를 통해 나오는 것으로 보는 제도주의자institutionalist 관점을 매트 칼슨Matt Carlson(2018)의 권위 모델과 결합시킨다. 칼슨의 모델은 콘텐츠 생산자와 이들 수용자의 기대에 따라 달라지는 상호작용 및 관계적 개념을 가정한다. 하지만 사람들이 새로운 유형의 수용자 네트워크인 새로운 공공 공간public places을 갖게 되고 새로운 디지털 생산을 통해 자본을 형성함에 따라, 권위가 드러나는 방식도 오프라인 환경을 반영하고, 증가시키거나, 또는 변화시키는 이러한 공간과 네트워크의 속성에 달려 있다는 점을 제안하고자 한다. 그래서 우리가 네트워크화, 상호작용, 그리고 글로벌한 세계에 대해 이론화하고자 할 때, 온라인 생산에 지속되는 (그리고 또한 진화하는) 오프라인 권력 역학을 고려해야 한다. 또한 이러한 역학을 변화시키는 디지털 공간에서 전개되는 새로운 수행적performative, 담론적discursive 의식도 고려해야 한다.

이 장은 다섯 가지 서로 연관된 개념, 즉 *권력*과 관련된 *권위authority*, *네트워크networks*에 영향을 미치는 *특권privilege*, 이러한 생산 역학의 결과로 공유되는 *가치values*를 구분한다. 저널리즘 권위는 취재원, 기자, 그리고 수용자간 구조적으로 제도화된 권력 관계의 일부로 검토된다. 상호작용적인 웹 기반의 인프라 일부인 디지털 네트워크는 정보 세계에서 배타적이고 권위적인 행위를 낳는 오프라인 위계질서를 완화한다. 이 장은 관련 온라인 연구자들의 기존 연구 결과를 검토할 것이다. 기자와 시민의 실제 생산 실천행위와 이러한 영역에서 변화하는 권위의 속성을 살펴본다. 마지막으로, 다양한 학문 분야를 통해 새로운 환경에서 저널리즘 권위를 연구하기 위한 다섯 가지 가능한 접근법을 제안하고자 한다. 이들 학문분야는 언어학linguistics과 인종학ethnic studies, 대항공중counterpublics에 대한 공론장 이론public sphere theory, 장 이론field theory, 그리고 사회학과 과학기술학science and technology studies의 네트워크 분석을 포함한다. 새롭게 재편되고 있는 정보 세계에서 다양한 권위의 역할을 밝히고자 하는 학자들이 향후 취할 수 있는 조치들을 마지막 표로 제시한다.

__ 저널리즘 권위 : 제도주의 접근

10년 전 한 기자는 뉴스를 보도할 시민의 능력에 대한 질문에 격분하면서, "이를 통제할 누군가가 있어야 한다"며 건강한 제4부fourth estate의 중요성을 극찬했다(Robinson 2007). 이 짧은 말로, 이 기자는 당시 디지털 상호작용성이 세상의 공식적 스토리텔러로서 자신의 권위에 간섭하는데 대해 많은 전통적 기자들이 느끼는 핵심 긴장을 압축하고 있다. 당시 나는 기자의 관점과 제도로서의 언론을 고려하면서 이러한 긴장에 주목했다. 역사적으로 언론의 제도적 권위에 대한 집단적 몰입에 대한 몇 가지 가정이 있다. 첫째는 업계에 통일된 전문직주의로, 객관성처럼 저널리즘의 독점성을 유지하게 하는 일련의 규범과 행위를 지키는 것을 들 수 있다. 둘째는 전형적으로 권력을 갖고 있는 취재원들 사이에서 기자와의 상징적 관계에 대한 일반적 합의, 즉 양측이 다른 방식으로 서로의 "권력을 유지"하기 위해 애쓴다는 점이다. 세 번째 가정은 수용자 스스로 기자의 권위를 존중한다는 점이다. 실제로 언론에 대한 문헌에서 권위를 "현실에 대한 해석을 정확하고, 믿을 수 있으며, 그리고 정치적 중요성을 갖는 것으로 제시하는 기자와 언론사가 갖는 권력"으로 정의한다(Anderson 2008, 250). 쿡Cook(2005)을 비롯해 다른 이들은 수용자들의 생각과 행위를 안내하는 것뿐만 아니라 사회의 지배적 권력 구조를 공고히 하고 현재 상황을 구체화 한다는 점에서 어떻게 이러한 권력이 오랫동안 언론을 제도로 유지시켜 왔는지 주목했다.

이러한 제도주의자의 관점에서 보면 권력이라는 개념을 주로 권위라는 개념 자체에 부가적이고 연관된 것으로 생각할 수 있다. 외부인들이 저널리즘 콘텐츠를 만들 수 있는 기회는 권위를 빼앗길 수 있는 가능성을 내포한다. 권력은 *능력capabilities*과 같아서 성공적으로 이의 성공적인 행사가 권위를 낳는다. 오랫동안 권력과 권위라는 개념에 천착해 온 제도주의자에게, 권위는 역할을 수행하고 제도에 의해 뒷받침되는 "정당한 권력"이다. 정당성을 얻는 과정은 전형적으로 권력-의존 질서를 형성케 하는 "도덕적 상징, 신성한 상징, 법적으로 정형화된 문구"(Miller 1959)의 자극을 수반한다. 특정 규범과 행위는 지켜져야 하거나 참조가 되기 때문에, 이를 지키는 행위는 정당하고 따라서 권위를 획득한다(Emerson 1962). 에머슨Emerson은 권위를 어떤 특정 상징이기보다는 역할에 부여된 것으로 기술한다. 언론에 대한 이러한 학문입장에 따르면, 권위는 누군가 합의된 규칙 또는 집단의 표준에 맞게 행동하는 한 오랜 시간에 걸쳐 다른 사람보다 우월한가의 여부에 달려있다.

인터넷은 권위적인 시스템에 도전할 기회를 제공하고, 어떤 집단 외부에 있는 사람도 권위를 얻을 수 있다. 상호작용적 기술과 "과거에 수용자"였던 사람이 누구나 "1인 미디어"가 될 수 있는 능력을 갖춤에 따라, 디지털 상호작용은 목소리 없는 사람들에게 소리를 낼 기회를 줬다(Castells 2012; Gillmor 2006; Rosen 2006). 많은 학자들이 블로그나 트위터를 이용해 주류 정보 유통에서 소외된 사람들이 자신의 목소리를 높일 수 있는 기회를 자랑스럽게 알렸다. 디지털 기술은 집중화된 정보 핵심에 대한 필요를 제거했다. 위계적 정보 흐름은 디지털로 향상된 전지구적으로 네트워크화된 인프라에 자리를 내줄 것이다(Benkler 2006; Castlls 2009; Pfister 2014). 이러한 네트워크에서는 다양한 영향을 갖는 행위자와 (노드node라고 불리는) 서로 연결된 지점의 무리 사이에 통제 센터가 존재하지 않는다. 카스텔Castells은 새로운 성공적인 노드를 수용하고, 오래되고 낡아서 비효율적인 노드를 제거하는 디지털 네트워크의 능력에 대해 낙관적이었다. 카스텔이 보기에 네트워크 사회에서 권력은 행위자들 사이에 재편될 가능성이 있다. 네트워크 사회의 발달과 함께 전통적인 권력 구조를 우회해서 새로운 수준의 권위를 획득할 수 있는 효과적인 집단을 형성할 수 있다. 대규모 상호작용성은 영향의 흐름을 분산시키고 이 과정에서 권위적인 현실을 해체할 수 있다.

연구자들은 블로거와 얘기를 나누고 기자들에 의해 생산되지 않은 콘텐츠를 분석했다. 이들은 기자들이 고수하고 있는 "장악력control"이 느슨해지고 있다고 가정했다. 이러한 가정의 몇몇은 사실로 드러났다. 성공적인 블로깅은 권한과 공동의 소속감을 향상시켰다(Robinson and Deshano 2011a, 2011b). 블로깅은 "공적 담론이 흘러넘치게 함으로써" 공론장을 구하고 있다(Pfister 2014, 60). '기성언론the pack'의 밖에 있는 블로거들은 구글검색, 링크, 즉각적인 포스팅, 그리고 공적담론을 수직적 권력 흐름으로부터 벗어나 새롭고 보다 의미있는 논쟁으로 만드는 댓글 같은 디지털 기능을 이용한다(Pfister 2014, 66). 트위터 같은 소셜 미디어 플랫폼의 적극적인 연계와, 특히 기자를 팔로우하거나 연계하는 것은 높은 수준의 오프라인 시민 관여와 관련이 있다. 몇몇 연구에 의하면, 상호작용성은 이들 블로거중 몇몇에게 권력을 부여한다(Gil de Zúñiga et al. 2012; Xu and Feng 2014). 온라인 참여로 인해 "보통" 시민이 점점 뉴스의 취재원이 되고 있다(Van Leuven et al. 2014). 시민이 정보의 흐름을 보다 감정적이고 정서적으로 만들 뿐(Papacharissi 2014) 아니라 정보의 흐름이 도처에 널리 "편재한ambient" 저널리즘을 제공하면서(Hermida 2010), 정보 흐름의 톤을 바꾸고 있다. 인터넷은 언론의 일반적 문화를 개방하고 수용자의 몰입, 참여, 그리고 연결감을 확장시키는 뉴스 연계의 다차원적 상호주의(Lewis et al. 2014)를 조장한다(Robinson 2012). 필라델피아 뉴스 생태계에 대해 설명한 앤더슨C. W. Anderson(2013)과 다른 학자들(Boyles 2013; Etling et al. 2014; Graeff et al. 2014; Kelly 2010; Robinson and Schwartz 2014)은 새로운 플레이어들이 정보의 흐름을 바꿈에 따라 진화하는 미디어 생태계 지형을 그리기 시작했다. 특히 전체적으로 고려했을 때, 이들 연구들은 정보 권위에 대한 기자들의 지배력이 점차 와해되고 있음을 시사한다(이들 대부분이 명시적으로 권위의 문제를 다루지는 않고 있다).

__ 오프라인 위계질서와 온라인 네트워크 : 비판적 분석틀을 위하여

2011년 나는 지역 커뮤니티에서 누가 그리고 무엇이 정보 흐름을 차지하고 이러한 생태계의 구성을 보다 잘 이해하기 위해 대규모, 다년간, 다양한 방법론을 이용한 프로젝트에 착수했다. 기자, 적극적인 블로거, 그리고 "보통" 사람에게 온라인 영역에서의 참여에 대해 물어본 후, 권위를 만드는 권력에 대해 논의할 필요가 있다는 점이 분명해졌다. 권위는 약해졌을지 몰라도, 권력은 약해지지 않았다. 내 데이터에 의하면, 기술적 능력이 있음에도 불구하고 모든 사람이 참여를 하지는 않았다. 다른 이들은 가시성을 얻거나 콘텐츠 제작자로서 권력을 확보하지 못했다. 블로깅 또는 포스팅으로 지위를 얻은 사람들은 어떻게 네트워크를 구성하고, 누구랑 친해지며, 그리고 무엇이 인기 있는지에 대한 요령있게 이해를 했기 때문이다. 지위를 획득하지 못한 사람들은 흔히 저소득, 저학력, 백인 이외의 인종, 대안적 이데올로기, 또는 주류가 아닌 다른 지향을 갖는 인구통계학적으로 소외된 사람들이다. 반면에 다른 사람들은 능숙하게 정보를 관리해 기자의 정식 취재원이 되는 등 이러한 새로운 네트워크에 참여했다. 나는 언론사 같은 제도뿐만 아니라 공식 조직 바깥에서 권력 역학이 어떻게 개인에게 *권위*를 부여하고 또 빼앗는지에 대한 조사에 착수했다.

내게는 데이터를 검토하는 와중에 다음의 다섯 가지 질문이 지속적으로 떠올랐다.

1. 오프라인 특권이 온라인 기여활동에 어떻게 영향을 미치는가? 온라인 콘텐츠 생산자와의 인터뷰에서, 공공 커뮤니케이터로서의 이들의 등장이 더 나은 시민이 되었다는 것을 의미하는지를 밝히기 위해 시민의 관여, 소속감, 그리고 행위의 기준에 대한 다면적인 질문이 제기 되었다. 우리는 그들의 생산 능력, 사회적 위치, 소속감을 얻게 하는 연결망, 그리고 콘텐츠를 생산하게 하는 자신감에 대해 깊게 조사하지는 않았다. 예를 들어, 데샤노DeShano와 나는 사람들이 동기부여가 있음에도 불구하고 왜 공적영역에 기여하지 않는지에 대해 조사했고 이러한 영역에서 위축되면서 나타난 긴장에 대한 논문(Robinson and DeShano 2011b)을 작성했다. 우리는 우선 왜 이러한 긴장이 존재하는지, 더 나아가 왜 백인 참여자가 흑인 참여자보다 더 많이 기여를 하는지에 대한 이유를 충분히 밝히지 못했다. 이들 블로거와 다른 이들이 사회적, 정치적, 그리고 다른 사회적 자본을 어떻게 행사하는지, 어떻게 이들 자본을 얻거나 잃는지, 그리고 이들의 권력이 시간이 지남에 따라 어떻게 변하는지, 그리고 이 과정에 어떠한 요인이 작용하는지 등을 살필 필요가 있다. 개인의 배경(기술 친밀도

같은), 가용할 자원, 사회적 네트워크, 일상의 뉴스 및 다른 습관, 직업적 훈련, 그리고 다른 상황이 성공의 수준에 영향을 줄 것이다.

2. 이러한 특권이 어떻게 온라인 행위에 영향을 주는 권위로 바뀌는가? 온라인에서 자주 기여활동을 하는 내 연구 참여자 대부분은 오프라인에서 활동가 또는 정치인, 경찰, 교사, 또는 노조대표라는 정체성을 갖고 있었다. 이들은 정보의 세계로 들어오기 전에 다른 영역에서 권위를 획득한 사람들이다. 실제로 이들이 콘텐츠를 제작하고 무슨 소재에 대해 쓸 지에 대한 지식과 정보, 그리고 이들의 권위를 강화하는 수용자와 논평을 제공하는 것도 이러한 오프라인과의 연계 때문에 가능하다. 피스터Pfister (2014)는 잔 마샬John Marshall과 글렌 레이놀드Glenn Reynolds 같은 유명 블로거를 대상으로 연구했지만, 마샬과 다른 사례의 블로거들이 어떤 사람인지, 그들이 누구를 대표하는지, 또는 그들이 어떤 역할을 가정하는지에 대해 조사하지 않았다. 힌드만Hindman(2008)은 이를 조사했고, 상위 10위에 해당하는 정치 블로거 중 한 사람을 제외하고 모두 백인이자 남성이며, 절반은 기자 또는 전직 기자, 여덟 명은 유명대학 출신이며 일곱 명은 대학원 학위를 갖고 있음을 발견했다.[1)] 실제로 힌드만의 주요한 논지는 온라인에서의 다양한 관점과 증폭된 목소리가 대부분 신화라는 점이다. 이러한 공간에서 기자의 권위는 계속해서 도전을 받는데, 왜냐하면 사람들이 게시된 뉴스 기사를 비판하기 때문이다. 그러나 이들은 백인이거나, 교육을 받았거나, 남성이거나, 또는 지배계급이건 간에, 쉽게 권위의 자리를 차지하는 경향이 있었다. 소수자의 목소리는 도전에 직면했다. 인종 간 성취 불균형에 대해 글을 쓰는 한 혼혈 블로거는 별로 권력이 없고, 팔로워도 매우 적으며, 일방향의 독설에 찬 공적 대화에 절망했기 때문에 블로그를 폐쇄했다. 동시에, 내 데이터에서 매우 연결성이 높은 거의 모

든 활동가(백인과 교육받은 사람만이 아닌)는 소셜 미디어 공간에서 엄청난 팔로워를 확보하고 같은 주제를 다루는 기자보다 더 큰 권력이 있었다.[2] 일시적인 관계가 디지털 공간에서 초래할 새로운 권위가 무엇이든 간에 이를 능가하는 방식으로 오프라인 세계에서 부여된 권위가 온라인으로 옮겨진다.

3. 지배적인 네트워크는 무엇이고 매개된 정보의 흐름에서 누가 소외되고 있는가? 많은 학자들이 시민 기여자들이 전통적인 미디어 정보원을 인용하며, 방송과 기성 언론사가 여전히 의제를 설정한다는 점을 언급했다. 디지털 기술은 정보에 대한 권위가 나타나는 방식을 바꾸는 사회적 연결망을 통한 뉴스 연결을 가능하게 한다. 무명의 사람이지만 다양한 커뮤니티의 유력자influencers와 연결망을 갖는 사람에 의한 바이럴 게시글을 떠올려보자. 한 성공적인 블로거는 무명으로 시작했지만 팬을 형성하기 위해 권위있는 정보(공청회에 참석한 학교 이사회 구성원으로부터의 직접 인용, 정부 자료에 대한 링크 등)를 이용했다. 교육사 박사과정생이었던 이 남자는 기자들이 자주 인용하는 정보원이 되는데 이 전략을 잘 이용했다. 지역 미디어 에그리게이터들aggregators은 정기적으로 그의 블로그를 게시했고, 그 역시 지역 학교 이사회를 위한 캠페인을 성공적으로 마쳤다. 어떻게 이러한 디지털 네트워킹이 권력이 없던 사람의 권위를 증대시켰는가? 우리는 백인이며, 학위가 있고, 그리고 초등교육 시스템이 어떻게 연결되어 있는지에 대한 지식을 갖춘 그의 특권을 인식함으로써 이러한 출세에 대한 이해를 시작할 수 있다.

4. 어떠한 디지털 플랫폼이 이용되고 이들 플랫폼이 어떻게 오프라인 커뮤니티와 인프라를 모방 또는 약화시키고 정보 흐름 속에 등장하는

것에 영향을 미치는가? 정보 생산의 장소는 이러한 환경에서 생산자의 역할에 영향을 미칠 수 있다. 기자들은 신문의 제호 아래 자신의 이름이 달리는 기사를 쓴다. 공중이 "말대꾸하기talk back"를 할 수 없다는 점은 정보 생산에 있어서의 배제감을 갖게 한다. 오늘날 댓글 섹션은 "말대꾸하기"를 조성한다. 자신의 소셜 미디어 플랫폼상에서 기자들은 대화를 듣고 네트워크를 형성함으로써 자신에게 이로운 쪽으로 이러한 상호작용성을 이용하려고 한다. 하지만 내 연구에서는 기자들이 이러한 공간에서 도전에 직면했다. 틈새 커뮤니티 활동가들이 기자의 페이스북 포스트를 점령할 수 있다. 예를 들어, 한 기자가 한 학교 이사회 후보의 발언을 게시했는데, 이는 결국 이 후보를 반대하는 일군의 적극적인 시민들만이 몇 일 동안에 걸쳐 후보자의 발언과 기자의 기사에 대한 의문을 제기했다. 이 기자는 페이스북 대화에 답하며 해당 후보로부터의 이메일을 게시했다. 이 사례는 언론사와 관련된 새로운 패턴의 정보 흐름 속에서 이러한 정보 생산의 통제권을 누가 쥐고 있는지에 대한 함의를 시사한다.

5. 이러한 역동성으로 인해 콘텐츠가 생산되는 방식이 공유된 가치 시스템의 구성에 의미하는 바가 무엇인가? 제도주의 연구를 통해 우리는 정당성legitimation이란 공유된 가치를 갖는 커뮤니티의 지지에서 나오고, 또한 권위는 한 그룹에서 다른 그룹으로 옮아간다는 점을 안다. 콘텐츠가 해당 그룹에서 전통적으로 용인되는 가치를 준수하지 않는다면, 이는 받아들여지지 않을 수 있다. 하지만 많은 연구가 보여주듯이, 미디어가 전파하는 가치는 어떤 것은 특권을 주는 반면 다른 것은 소외시키면서, 백인 특권과 이와 병행하는 권력구조 같은 헤게모니 구조를 구체화한다(Bonilla-Silva 2006; Shah and Thornton 2004, 1994; Squires and Jackson 2010). 예를 들어, 바라지Balaji는 하이티 지진에 대한 미국의 미디어 보도

가 어떻게 '역기능적이고 의존적인' 흑인을 보다 부유한 백인에 종속적인 것으로 비하하는 '동정'의 내러티브를 형성하는지를 보여줬다: "내 생각에 미디어로 매개된 동정의 담론은 백인과 흑인 사이에 존재하는 미묘한-그렇게 미묘하지 않을 수 있지만-권력관계를 드러낸다…"(Balaji 2011, 52). 흑인과 다른 소수자를 위험하고, 무책임하며, 실패로 그리는 부정적 프레임은 또한 소수자들 사이의 업적을 훼손하고(Shah and Thornton 2004; Squires and Jackson 2010), 계속해서 백인에게 권력을 준다(Dixon and Azocar 2006; Reid-Brinkley 2012). 소수자들에게 저널리즘은 실제로는 권위가 없다. 기자들이 수행하는 담론이 뉴스 내러티브에서 나오는 의례적인 의미에서 자신들을 배제하는 경향이 있기 때문이다. 2015년 유색인을 대상으로 실시한 포커스 그룹 인터뷰에서 주류 뉴스룸 또는 "정상적인"(즉, 부정적이지 않은) 보도에서 자신들이 재현되지 않는다면 흑인 참여자들은 시청을 거부할 것이라고 말했다. 실제로 블로그와 소셜 미디어는 지배적인 정보 흐름에서 소외된 자들의 목소리를 위한 새롭고 대안적인 콘텐츠 생산 공간의 형성이 가능하다. 이들 새로운 텍스트를 전통 미디어와 비교했을 때, 주류 기자와 권력 있는 블로거와 주로 "타자other"로 간주되는 사람들이 옹호하는 가치에는 극명한 차이가 있다. 이러한 기자들이 가치를 보다 효과적으로 공유하기 위해 필요한 권위를 어떻게 확보할 수 있을까?

저널리즘 권위 : 상황파악

이러한 환경에서 권위의 몇 가지 차원이 도전에 직면했다. 첫째, 권위란, 특히 전통 기자에게는, "통제"를 수반한다는 점을 고려해 보자. 저널리즘 "권위"는 기자가 세상의 의제를 설정하고, 시민이 자본을 형성할 수 있는 지식을 제공하며, 권력자들의 목표를 달성하도록 돕는 것을 의미한다. 콘텐츠의 범람 또는 정보원들이 언론을 우회함에 따라 기자들이 권력과 접근성을 잃고 있기 때문에 저널리즘이 의제를 설정하는 능력이 줄어들고 있다면, 권위가 사라질 것인가 아니면 권위가 훨씬 더 강해질 것인가? 첫째, 연결된 노드에 걸쳐 통제와 권력을 재분배하는 디지털 네트워크 세상은 "권위" 또한 분산시킬 것이다. 둘째, 권위는 다른 사람을 배제하는 영역의 경계, 즉 "한 사회 영역에 대한 주도권"이 필요하다. 이 차원은 언론이 대중에 대한 위계적 위치를 확보한 것으로 간주한다. 다른 규범과 기준을 갖고 운영되는 새로운 비전문가적 행위자의 출현은 미디어 생태계에서 권위 공간의 공유를 의미한다. 다양한 생산자에 의한 정보의 범람을 일으키는 수평적으로 정렬한 네트워크에서 정보에 대한 권위가 가능하기는 할까? 셋째, 어떻게 권위에 대한 학문적 생각이 역사적으로 이 권력을 행사해야 한다고 주장해왔는지를 고려해야 한다(Cook 2005; Sparrow 1999; Weber 1978). 기자는 자신의 분야에 오랫동안 근무하면, 더 많은 곳에 출입하고 더 많은 전문지식과 권위를 키울 수 있었다. 오늘날, 기자는 아니지만, 자신의 신뢰도를 증명할 수 있는 다른 방식으로 새로운 형식의 "전문가들"이 등장하고 있다. 광범위한 연결망을 갖는 활동가들이 예전에는 경험하지 못했던 방식으로 권력을 지닌다. 온라인 관계가 일시적이고 변덕스럽지만 또 강력하고 효과적인지를 보여주는 수많은 연구에 주목한다면, "장수longevity"가 권위의 핵심 차원이어야 하는지에 대해 의문을 제기할 수 있다. URL이 사라지면서 "현존presence"과 지속성에 대한 사람들의 기대도 사라졌고, 새로운 관계가 포스팅의 단기적 속성에서 등장하며, 블로그는 왕성하게 활동하거나 또는 잠잠해질 수 있다. 이러한 변화를 고려했을 때, 저널리즘 권위라는 개념 자체도 유연해질 필요가 있다.

동시에 권위가 여전히 전통적인 관계에서는 분명하지만 어떤 온라인 상호작용에서는 존재하지 않는다는 점을 인정해야 한다. 한 사람의 사회적, 경제적, 그리고 전문가적 권위가 지배적 가치 시스템을 소개하고 이를 영속화시키는 방식으로 콘텐츠 생산자의 위치와 이러한 연결망 내에서 흐름의 결과적 방향을 지배한다. 권력의 능력은 효과적인 연결망이 이뤄질 수 없다면 고려할 가치가 없다. 심지어 내 데이터에서 왕성한 활동가가 자신의 연결망에서 권력이 있어 보일지라도, 해당 커뮤니티는 때때로 격리되어 있었다. 다시 말해, 보다 주류 수용자와의 연결고리가 없다면, 이 활동가가 획득한 어떤 권위도 고립된 담론으로 국한된다. 그래서 온라인 세상에서 콘텐츠 생산자의 권위라는 생각에 또 다른 문제가 더해진다. 즉 콘텐츠를 둘러싼 상황에 따라 어떤 온라인 공간에서는 권위가 모이지만 다른 곳에서는 구현되지 않는 식으로 권위는 들쑥날쑥 할 수 있다.

맷 칼슨Matt Carlson은 *저널리즘 권위Journalistic Authority*에서 지속적으로 재구성되고, 약화되며, 전략적인, 혹은 관계적인 것으로서의 권위에 대한 새로운 모델을 제시했다. 그는 기자가 특히 디지털 능력을 고려했을 때 외부와 단절된 상태에서 권위를 확보할 수 없다고 주장한다. 그는 블로그, SCOTUS• 블로그 같은 사이트, 그리고 다른 시민 주도형 플랫폼이 공공 정보 영역에서 언론의 지배적 위치에 도전하고 있다고 주장한다. 하지만 그의 모델은 또한 이러한 생산의 변화가 제도적 그리고 조직적 역학 속에서 어떻게 곤경에 처해있는지를 고려한다. 그는 오늘날 저널리즘 권위를 이해한다는 것은 저널리즘 텍스트를 둘러싼 *상호작용*을 아는 것을 의미하는 것으로 이해한다. 더 나아가, 어떤 특정시간에서 권위에 대한

• Supreme Court of The United States Blog. - 옮긴이

논의는 이의 수행적, 담론적 속성 때문에 저널리즘 권위의 생성과 변화에 있어서 비언론인의 역할에 주목해야 한다는 점을 명확히 하고 있다.

칼슨의 중요한 생각을 진전시키기 위해, 학자들은 콘텐츠 생산자가 콘텐츠 및 수용자와 어떻게 상호작용하는지 뿐만 아니라 다른 힘 있는 플레이어들과 어떻게 상호작용하고 다른 플레이어들은 어떻게, 어디서, 언제 해당 콘텐츠와 상호작용하는지(또는 안하는지)를 고려할 필요가 있다. 생산자의 사회적 위치를 알 뿐만 아니라 그들의 연결망과 온/오프라인 권력원천power sources을 둘러싼 관계의 연결을 기록하는 것이 권위에 대한 매우 의미있는 개념화를 가져올 것이다. 추가적으로, 디지털 소셜연결망에서 중개자와 다른 유력자와의 매우 느슨한 연결고리도 파악해야 누군가 정보 권위에 대한 노력을 기울여야 할 능력을 어떻게 갖는지 또는 가질 수 없는지에 대한 더욱 예리한 이해가 가능하다. 이는 저널리즘 생산 작업에 대한 오프라인과 온라인 권력 관계에 대해 의도적인 관심을 두어야 한다는 것을 의미한다.

__ 저널리즘 권위 : 연구 분석틀

하지만 온라인 연구자가 이를 어떻게 달성하는가? 계속해서 정보권위를 강화 또는 전복시키기 위해 권력 역학이 어떻게 작동하는지를 보여주는 분석 접근법을 제안한다. 사회언어학의 비판적 담론 분석critical discourse analysis(CDS), 수사학과 공론장 영역의 대항공중counterpublics, 사회학의 장 이론과 네트워크 분석, 그리고 과학기술학science and technology studies 등 모두 이러한 기회와 제한점을 밝히기 위한 학제간 기법을 제공한다. 이 섹션의 마지막에 제시된 표 11.1, 연구 분석틀을 통해 이들 접근법을 정리했다.

__ 비판적 담론 분석

인종을 연구하는 미디어 학자들은 오랫동안 저널리즘이 의미와 언어를 통해 어떻게 사회 권력 역학을 발생시키는지를 밝히기 위해 비판적 담론 분석에 의존했다(Fairclough 2010; Fairclough et al. 2011; Wodak and Meyer 2009). 비판적 담론 공중은 연구자로 하여금 지배와 불평등의 사회적 상황에 연구결과를 놓게 함으로써 분석에 비판적 요소를 도입했다:

> 왜 이 주제 또는 이 정보가 이렇게 많은(또는 아주 적게) 주목을 받을까? 이 주제 또는 이 단어가 소수자에 대한 고정관념 또는 편견에 도전하는가 아니면 이를 유지하는가? 누가 발언을 하고 누가 의견을 낼 수 있는가(또는 낼 수 없는가)? 누구의 이해가 보호되는가? 어떤 관점으로부터 이 기사가 작성됐는가? 차별 또는 인종주의가 부정되는가, 완화되는가, 또는 경시되는가? (van Dijk 1991, xii)

온라인 생산을 연구하는 사람들은 텍스트가 어떻게 저널리즘 권위에 대한 투쟁과 경계 작업의 장소가 되는지를 알아내기 위해 비판적 담론 분석을 이용할 수 있다. 온라인 콘텐츠 생산자 연구의 경우, 인터뷰 녹취록은 연구자가 관점, 단어 선택, 은유, 그리고 작업에서의 권력 관계를 드러내는 다른 언어를 조사한 텍스트에 해당한다. 예를 들어, 이러한 분석은 권력 구조 내에서 무슨 일이 일어나는지에 대한 상황 파악을 돕는 상호 의존의 관계를 밝힘으로써(Emerson 1962) 생산된 콘텐츠가 정보 커뮤니티 내에서 권위를 획득하는지의 여부, 획득하는 방법, 그리고 획득하는 이유를 이해할 수 있게 한다.

__ 대항공중

온라인에서 저널리즘 권위에 도전하는 사람들을 “대항공중”을 형성하거나 지지하는 시도로 간주할 수 있다. 학자들이 보기에 죽을 권리 옹호자(McDorman 2011), 이집트 문학 광신도(Elsadda 2010), 그리고 반세계화 활동가(Downey and Fenton 2003)같은 소외된 그룹들이 인터넷을 유대감을 형성하고, 조직적인 활동을 하며(Palczewski 2001), 소규모 공동체 또는 주류 공동체 내에서 권위를 추구하는 곳으로 새롭게 발견한 것으로 보인다. 에커트Eckert와 차다Chadha는 독일의 무슬림 블로거들이 전복적인 문화와 집합적 정체성을 개발하고 주류 권력에 대항하는 "평형 담론 각축장parallel discursive arenas"을 가능하게 하는 "하위 대항공중subaltern counterpublics"(Fraser 1990)을 형성하기 위한 방법으로 블로그에 의존하고 있음을 발견했다. 대항공중에 초점을 맞춘 이 연구는 권위라는 이슈에 천착하지 않았지만, 연구결과는 이들 콘텐츠 제작자들이 무슬림 관점을 대표하는 권위를 형성하고자 한다는 생각을 지지한다. 문제는 이 연구의 일부는 온라인 생산에 있어서의 차이를 얼버무리고 넘어간다는 점이다. 무슬림 블로거, 이집트 문학 팬, 그리고 죽을 권리 옹호자들은 모두 동일한가 아니면 그들 중 누군가가 다른 사람보다 더 효과적인가? 2002년 글에서, 공론장 이론가인 캐서린 스콰이어Catherine Squires는 "흑인 공론장 또는 대항공중 대신에, 공통의 인종 구성을 공유하지만 같은 계급, 성별, 민족, 또는 이데올로기적 관점을 공유하지 않을 수 있는 그룹으로 구성된 복수의 흑인 공론장을 얘기해야 한다"고 적고 있다(Squires 2002, 452). 이들 복수의 공동체 각각에서 내적인 그룹뿐만 아니라 외적인 주류 공론장과 관련한 일련의 권력관계가 형성된다. 이러한 대항공중 내에서 권력을 행사하는 사람들의 역할에 대해 조사함으로써, 틈새 블로깅 커뮤니티 자체의 계층화가 드러난다. 우리는 온라인 콘텐츠 생산 환경에서 어떻게 권력-의존 관계가 구조화되는지 이해할 수 있고, "전문가"에 대한 진화된 정의를 덧붙일 수 있다. 끝으로, 얻고자 하는 권위의 정도에 따라 대항공

중 공간인 플랫폼이 중요하다는 점에서 면밀한 검토가 이뤄져야 한다.[3)]

__ 장 이론

우리는 유색인이 상징적으로 "주류" 공동체, 공론장, 그리고 정보(그리고 정치 등 기타) 장의 주변부에 존재하기 때문에 이들을 "소외된 사람"이라 부른다. 소외된 공동체에서 매우 소수만이 상징적으로 지배적인 사회적 위치를 차지한다. 이에 대한 이유를 장 이론에서 알 수 있다. 사회학에서, 장 이론은 바뀌는 저널리즘 권위 같은 새로운 현상을 진화하는 경제 및 다른 종류의 구조에 대한 거시적 이해와 결부시킨다. 프랑스 사회이론가 피에르 부르디외(1995, 40-41)에 의하면,

> 장은 구조화된 사회적 공간, 즉 힘forces의 장이다. 이는 지배하는 사람과 지배받는 사람을 포함한다. 끊임없이 영속화된 불균형 관계가 이 공간 내에서 작동하는데, 동시에 이 공간에서 다양한 행위자들이 장의 변형과 보존을 위해 다툰다. 이 공간 속 모든 개인들은 마음껏 모든 (상대적) 권력을 위해 경쟁한다. 이러한 권력이 장 내에서 그들의 위치와 결과적으로 전략을 결정짓는다.

*텔레비전에 관하여On Television*에서, 부르디외는 장으로서의 저널리즘이 어떻게 특정 행위자는 포함하면서 다른 많은 것들을 배제했는지 보여준다. 예를 들어, 텔레비전 전문가들은 그들의 "자격"뿐만 아니라 장의 규칙에 의해 움직이기 때문에 선택된다. 이들은 나이가 있고, 교육수준이 높으며, 보수가 좋고, 어떤 것도 말할 수 있고, 모든 종류의 질문과 비난에 반응하며, 늘 보도의 마감을 맞출 수 있다. 이는 다른 사람, 즉 더욱 다양한 관점을 지닌 젊고, 유색인, 여성, 혹은 더욱 자격이 있는 사람이 장에 알려지지 않음으로 인해 결과적으로 배제된다는 것을 의미한다(Bourdieu 1999).

기자들의 부름을 받는 정보원은 그 자체로는 "전문가"가 아니고, 오로지 자신의 위치 때문에 상징적으로 지배 가능한 거대 장 속의 행위자에 불과하다 (Bourdieu 1995, 31).

이는 누가 기자에 의해 인용이 되지 않고, 누가 저널리즘 직업을 갖지 못하고, 누가 정보 세상, 특히 온라인 세상에서 권위를 갖지 못하는지 생각할 때 중요한 대목이다. 예를 들어, 기자가 인종이 관련된 이슈를 다루며 의도하지 않게 인종적 고정관념을 드러낼 때, 이들은 기존 "억측doxa"의 일부로 자신의 "다름"을 제시하는데, 이 생각이 부르디외가 호명한 "상징적 사용료symbolic royalty"를 위한 끊임없는 경쟁 속에서 세상을 범주화하고, 이 과정에서 텍스트에서 인종주의 또는 피상적 묘사 같은 주기적인 "상징적 폭력symbolic violence" 행위가 일어난다(1995, 38-39). 2006년 글에서 문화 자본이 디지털 기술의 유토피아적 함의를 완화시킬 수 있는지 살핀 로드니 벤슨Rodney Benson은 계급과 경제에 대한 미묘한 이해를 할 수 있도록 연구자들이 미디어 수용자를 살펴볼 것을 주문했다 (Benson 2006). 장 이론은 "블로거" 자체의 역할뿐 아니라 경쟁적 관계, 지배를 위한 각축, 장 내에서의 상대적 고립, 그리고 온라인 생산 환경에서 도전하는 다른 요인들을 고려하게 한다.4)

__ 네트워크 분석

온라인 저널리즘 플랫폼은 새로운 네트워킹 기회를 제시한다. 사회학에서의 다양한 네트워크 분석을 사용해 이들 플랫폼에서의 행위를 맵핑mapping하는 것은 미디어 생태계의 새로운 시민 행위자를 추적하고 이들의 특별한 정보 영역에서 권위를 획득하는 과정을 이해하기 위한 유용한 출발점이 될 수 있다. 네트워크 분석의 계산은 디지털 소셜연결망에서 누가 가장 중심에 있는지 또는 누구에게 가장 많이 연결되어 있는지를 밝힘으로써 주요 영향력자, 즉 권위를 가진 사람을 드러낼 수 있다. 이미 학자들은 방송인 대 신문기자(Graeff et al. 2014; Xu and Feng 2014) 또는 시민 블로거 대 전통 기자(Kelly 2010) 같은 온라인 기여자들 사이 영향력의 수준을 구분하고 있다. 예를 들어, 힌드만은 거의 3백만 웹페이지를 분석해서 소외된 시민들로부터의 새로운 목소리라는 이상적인 생각은 온라인에서 전혀 실현되지 않고 대부분 익숙한 활동가, 전문가, 그리고 정치인을 포함한 정치 엘리트가 기여자의 대부분을 차지한다는 점을 보여줬다(Hindman 2008). 네트워크 분석은 콘텐츠 생산자와 정보원 간의 관계 맺음을 도식화해서 정보 네트워크에서 권위적 생산자로서 블로거 또는 시민 기여자의 효과성을 평가할 수 있다. 이때 전체 미디어 생태계에서 이 네트워크를 고려하는 것은 앤더슨C. W. Anderson이 필라델피아에서 뉴미디어 생태계를 관통하는 정보 진화의 단면을 제시했던 질적 기반의 "네트워크 민속지학"을 사용했던 방식과 유사한 연구 맥락을 제공할 수 있다. 온라인 생산자의 링킹linking 습관이 어떻게 생태계에서 권위적 지위에 영향을 미치는가? 전통적 미디어와의 연결이 새로운 블로거의 정당성을 방해하는가 아니면 이로운가? 틈새 블로거가 주류 정보 세상에서 권위를 획득할 수 있을까? 다양한 양적 그리고 질적 네트워크 분석은 이러한 질문에 통찰을 제공할 수 있다.

__ 과학기술학Science and Technology Studies(STS)

몇몇 미디어 연구자들은 온라인 미디어 생산에서 무슨 일이 일어나고 있는지를 설명하는 방식으로 과학기술학에 의존한다. 포츄나티Fortunati와 사리카Sarrica(2010)는 "기술 시스템과 사회 시스템은 늘 존재하며 동시에 작동한다. 이들 시스템의 전반적인 결과는 이들의 상호관계에 달려 있다"라고 주장하며 미디어 연구에서 있어서 "사회기술적 시스템" 패러다임을 주장했다(248). 미디어 연구자들은 기술자체가 시스템에 문제를 일으키거나, 위계질서를 흔들고, 기자로 하여금 자신의 업무를 재개념화하도록 하는 역할을 드러내기 위해 과학기술학 요소를 채택했다. 예를 들어, "기술적으로 구체적인 작업 형식"에 대한 매튜 파워Matthew Power의 연구(2012)는 "지속성의 전형," "종속될 위험," 그리고 "저널리즘 재창조의 가능성"을 다룬다(24). 셋 루이스Seth Lewis와 오스카 웨스트룬드Oscar Westlund (2014)는 "교차 미디어 뉴스 작업을 구성하는 행위에 잠재적으로 연결된 인간 행위자actor(예, 기자, 기술전문가, 그리고 사업가), 기술적 행위소actant (예, 알고리즘, 네트워크, 그리고 콘텐츠 관리 시스템), 그리고 수용자(예, 특정 플랫폼, 기기, 애플리케이션에 한정된 수용자들의 모임)"(2)를 강조하는 "저널리즘 연구에 있어서의 사회기술적 강조"(3)를 주장한다. 끝으로, 매트 칼슨Matt Carlson(2015)은, 특히 저널리즘 권위 구성을 살펴보는 분석틀로 과학기술학이 강조하는 경계 작업boundary work을 제안했다. 디지털 네트워크가 늘어남에 따라, 행위자들이 연대를 형성해 권위에 도전하면서 경계가 구성되거나 해체되고 있다. 전문가 그리고 아마추어 저널리즘 생산의 현장 모두 정보에 대한 통제력을 둘러싼 경계 다툼이 있다. 과학기술학적 접근법으로 콘텐츠 생산자를 연구하는 것은 기자부터 바이럴 유튜브 동영상 까지 생산과 관련된 모든 인간 행위자와 기술 행위자가 서로 관련된 역할에 주목한다. 과학기술학은 온라인 작업의 기술적 측면이 어떻게 디지털 저작자의 가치와 지식을 변화시켜(Berger and Luckmann 1966), 정당성의 조건에 영향을 미칠 수 있는지 살펴볼 수 있는 분석틀을 제공한다.

표 11.1. 연구 분석틀

<table>
<tr><th>추천
접근법</th><th>상위
학문</th><th>생산권위를 위한
고려사항</th><th>권위연구를 위한
실행계획</th></tr>
<tr><td>비판적 담론 분석(CDA)</td><td>사회언어학</td><td>역사적 불균형, 수용자 관계, 권력 영향, 부재, 기자의 태도</td><td rowspan="4">생산자에 대한 인구학적 속성 수집 (교육, 가정배경, 사회경제적 지위, 인종, 정치적 입장) (누가 말하는가?)
사회적 배경 알기 (직업적, 사회적, 시민 네트워크)
수용자 지표 발견 (누가 듣는가?)
소셜 미디어, 뉴스, 그리고 다른 습관 발견
생산관행의 기록 (다른 그룹의 사람을 배제하는가?)</td></tr>
<tr><td>대항공중</td><td>공론장 연구, 수사학, 커뮤니케이션</td><td>생산의 위치, 수용자 역학, 진화하는 기준과 실천 (기자와의 대비)</td></tr>
<tr><td>장 이론</td><td>사회학</td><td>생산자의 관행, 사회경제적 지위, 이데올로기, 네트워크 커뮤니티 다리/연결, 영향력</td></tr>
<tr><td>네트워크 분석</td><td>사회학, 정보학</td><td>사회/정치/경제적 연결, 공유/링크/인용 패턴, 중개, 다른 영향력, 수용자 지표</td></tr>
<tr><td>사회기술적 이론, 행위자 네트워크 이론, 매체 이론</td><td>과학기술학</td><td>행위자/기술적 고려, 행위자로서의 플랫폼, 기술의 영역/장/작업공간 등.</td><td>정보 생산의 동기와 전략 발견
역사적 맥락 파악 (과거 방향, 작업 관계, 영향력 있는 결정)
영향력을 늘리는데 장애요인 (사회, 경제, 정치, 네트워크) 파악
인종/계급/특권에 대한 행동과 태도 질문
이데올로기에 대한 질문 또는 내용분석으로 파악하기
링크, 공유패턴, 인용, 게시빈도 등에 대한 네트워크 분석</td></tr>
</table>

추천 접근법	상위 학문	생산권위를 위한 고려사항	권위연구를 위한 실행계획
			생산자 대상 또는 뉴스에서 가장 신뢰하는 정보원에 대한 이름 생성 설문조사 콘텐츠의 링크와 경로 추척; 정보의 흐름 추적 상호작용성의 철학, 직업으로서의 저널리즘, 민주주의에서 시민의 역할에 대한 조사 인터뷰, 서베이, 네트워크 기술을 통한 기사와 생산자의 주요한 영향력자 파악하기

결론

저널리즘 권위가 지속적 관계에 달려 있다는 점을 받아들인다면, 디지털 환경에서 권위에 대한 연구는 이러한 권력의 효과에 영향을 미치는 모든 관계들에 대한 포괄적 이해로부터 이로움을 얻을 수 있다. 오프라인에서의 생산자간 연결은 비판적 접근의 일부로서 주의를 기울여야 한다. 아무도 읽지 않는 블로거가 여전히 보도의 권위를 위협하는가? 페이스북에 자주 글을 올리는 사람이 수천 명의 친구를 갖고 있지만 이들 중 소수만이 권력을 갖고 있다면, 이 사람의 권위가 꽃필 수 있을까? 유색인과 오프라인 연결망을 갖지 못한 기자가 인종 이슈에 대한 권위를 늘리기 위해 어떻게 소셜 미디어를 이용할 수 있을까? 네트워크화된 문화에서 조차도 사회는 계층화되어 있다. 재구성된 네트워크에서 정보 생산자를 연구할 때 오프라인 구조와 온라인 기회의 연결은 문제시 될 필요가 있다.

이러한 패러다임적 접근의 핵심은 권력 관계가 관건이다. 베켓Beckett과 만셀Mansell(2008, 101)은 연구의 대상을 비판적으로 접근하고, 특히 "권력, 이의 재분배, 그리고 뉴스의 생산과 소비에 관계된 사람들에 대한 권력의 결과"에 관심을 가질 것을 주문했다. 언론이 전통적으로 권력을 갖는 사람들의 필요에 복무하는 톱니로 존재했다면, 이러한 현존질서를 강화하거나 또는 도전하는데 이들 기여자들의 역할은 무엇인가? 이들의 오프라인 권력이 어떻게 온라인에서 복제되는가? 피스터Pfister(2014, 47)에 의하면, "네트워크 감수성이 근대의 감수성을 대체하기보다는 혼종된다hybridize." 구조와 제약들이 온라인 생산과 소비 공간에 이식된다. 실제로, 온라인 공간을 연구하는 몇몇 학자들은 권위와 권력 역학의 관점에서 온라인 공간에서 많은 변화가 없다는 점을 보여준다(Hindman 2008).

분명히 이러한 총체적 접근이 항상 한 연구 프로젝트의 목적 또는 해당 연구자의 자원 내에서 가능한 것은 아니다. 하지만 우리가 권위를 다루고 이의 차원을 이해한다면, 이 개념은 권력 관계와 함께 고려되어야 한다. 콘텐츠 생산자가 이 매개된 생태계에서 어떠한 역할을 하는가? 이러한 저작 관계를 만든 행위자들이 서로서로 어떠한 관계를 맺는가? 한 사람이 좀 더 특권적인 공간을 차지하는가? 수용자는 제도적 제약과 헤게모니적 규범에 대한 과거 기대없이 자유롭게 권위를 부여할 수 있는가? 이러한 권위가 획득되는 실천행위와 전략, 즉 증거 공유, 인용, 링크 등이 소외된 사람들을 포괄하는가 아니면 배타적인가? 이러한 권위 전략이 대안적 현실과 대항공중의 존재에 대한 인정없이 기존 문화적, 권력, 경제적, 그리고 사회적 현존 질서를 반영하는가? 공공 콘텐츠 생산자, 즉 기자, 블로거, 페이스북 게시자, 트위터 게시자, 댓글 작성자에 대한 탐구는 정보 권위를 획득하기 위해 작동중인 관계적 측면에 대한 이해를 필요로 한다. 생산 규범이 새로운 행위자들 사이에서 어떻게 개발되는지에 주목함에 따라, 거시적이고 역사적인 권력 구조를 반영하는 가치들("객관성"과 다른 가치들을 포함)이 드러난다. 네트워크화된 관계를 통한 위계적 경향은 저널리즘 권위를 유지하고 어떤 곳에서는 비전문가를 제한할 수도 있고 다른 곳에서는 그렇지 않을 수 있다. 또한 이러한 네트워크는 이들 행위자, 정치인, 그리고 특정 오프라인 영역에서 정보 권위를 이미 지니고 있는 사람들에게 기회를 제공할 수 있다.

온라인 저널리즘 연구는 올드 미디어에 대한 전통적 사고에 근거하며 디지털 기술에 적응한 상당한 학문적 토대를 구축하는데 거의 20년이 걸렸다. 미디어 현상을 다루는 이 분야는 언제나 다학제적이었다. 이 장은 우리가 목격하고 있는 정보 권위의 전환에 대한 "큰 그림"을 그리는 분석이 가능한 분석틀을 채택함으로써 이러한 전통을 보완하고자 했다. 이를 통해 정보 권위가 포함하고 있는 위계질서와 특권을 밝히고, 이들이 발생된 문제적 가치와 권력 구조를 드러냄으로써 권위에 대한 새로운 개념화를 위한 작업을 도모할 수 있다.

Notes

1) 젠 쉬라디Jen Schradie, 특히 쉬라디Schradie 2012, 2011의 작업도 참조.

2) 양적으로 영향력을 보이는 한 커뮤니티에서 전체적인 정보 교환 망에 대한 이름 생성 설문조사와 연결망 분석을 실시했다.

3) 스콰이어 (2002)는 다른 동기와 목적에 따라 운영되는 다른 대항공중 공간에 대한 매우 흥미있는 분류표를 작성했다.

4) 미국 이민 뉴스를 프랑스 보도와 비교한 로드니 벤슨(2013)의 책은 미디어 사회학 연구에서 권력 관계를 구분하는데 장 이론이 어떻게 쓰일 수 있는지를 보여줬다. 그는 장 이론이 "주로 어떻게 미디어가 자주 권력의 지배적인 시스템을 강화하는지에 대한 것을 다룬다. 하지만 헤게모니와 비교했을 때, 장 이론에 입각한 분석틀은 권력의 형식에 있어서 차이, 한 사회와 범국가적으로 이러한 차이가 어떻게 다른지, 그리고 민주주의 목적을 위해 어떻게 이들이 동원될 수 있는지를 보다 면밀히 들여다 볼 수 있는 이점이 있다"(195)는 점을 강조한다.

12

저널리즘 혁신과 기업가 정신의 역사

미르잠 프렝거Mirjam Prenger
마크 드웨즈Mark Deuze

뉴스산업의 매우 불안정한 조건과 이에 따른 저널리즘 노동 시장의 임시직화casualization를 고려했을 때, 저널리즘 연구의 주요한 관심이 혁신과 기업가 정신 쪽으로 향하는 것이 그리 놀라운 일은 아니다. 연구뿐 아니라 교육에서도 산업에 대한 시급한 관점을 제공하면서 동시에 학생들에게 위태로움precarity에 대해 준비시킬 의도로 “새로운 것의 새로움the newness of the new”을 지나치게 강조하는 것도 이해할 수 있다.

이러한 접근에는 두 가지 쟁점이 있다. 첫째, 혁신이 저널리즘의 구조적 발전을 위한 핵심이기 때문에 이러한 방향은 과거를 무시할 위험이 있다. 덧붙여, 기술을 혁신적으로 이용하면서 저널리즘은 텔레커뮤니케이션 같은 다른 분야의 획기적 발전을 재촉했다. 기업가 정신은 저널리즘 혁신의 중심에 위치해서, 새로운 장르와 새로운 포맷, 탐사보도의 형식과 기술, 그리고 전통과 관행을 지키기 위한 기치일 뿐만 아니라 변화의 동력을 불러일으키는 연료를 제공하는 직업 이데올로기 발전의 도입과 관련해 가장 주목을 받는다.

기업가 정신과 혁신에 대한 최근의 주목이 갖는 두 번째 쟁점은 냉철한 규범적 의제가 거의 없이 혁신 전문가들은 기업가 정신 추구를 좋은 것, 즉 자비로운 힘으로 간주한다는 점이다. 이를 위해, 우리는 몇 가지 개념적 혼선을 덧붙여야 하는데, 즉 정확히 어느 때 어떤 것이 혁신적이고 기업가적인 것으로 간주되고, 어떻게 기업가 정신을 "실행"할 수 있고, 혁신이 어떤 분석수준(개인적, 조직적, 상품, 또는 과정)에서 일어나는가? 인식론적 도전은 이러한 포괄적 질문을 더욱 어렵게 하는데, 혁신은 언제나 움직이는 대상이기에 이처럼 역동적인 것을 어떻게 적절히 연구할 수 있을지 의문이다.

일반적인 해결책은 관리, 경제, 그리고 경영 관점에서 기업가 정신과 혁신을 엄격히 다루는 것으로 실제 이들 분야에서는 이러한 문제를 둘러싼 가장 정교한 담론과 개념적 도구들을 개발했다. 동시에 저널리즘 혁신에 대한 연구 역사도 기존 언론사와 그들이 생산하는 콘텐츠에 초점을 맞추면서 깔끔하게 구획된 제도적 의제를 따르는 경향을 보였다. 세계적으로 미디어 풍경이 변화하고 비전형적인 미디어 작업이 두드러짐에 따라 작업 관계도 유동적인 상황에서, 연구자들은 여전히 제도적 편집 틀에 기반한 기자들의 직업문화를 주로 기록하고 있다.

이러한 접근으로 인해 저널리즘 연구 핵심 대상인 전체적 차원의 연구로서 전문직화, 즉 전문직 정체성, 뉴스 문화(국가, 언론사, 부서별로 다른), 그리고 뉴스를 모아서, 선별하고, 편집해, 출판하며, 그리고 알리는 일에 관여되는 다양한 실천가들이 다양한 방식으로 일하는 직업 이데올로기 발전에 대한 연구가 길을 잃고 말았다. 기성 언론의 비즈니스와 문화를 넘어서는 많은 질문들이 기다리고 있다. 기업가형 및 전환적 조건 맥락의 구체적 환경에서 일하는 특정 기자들에게 객관성, 자율성, 그리고 윤리와 같은 이데올로기적 개념이 의미하는 바가 무엇인가? 객관성과 다른 이데올로기적 가치가 작업현장에서 혁신, 창의성, 기업가 정신을 억압하거나 또는 고취시키는 사람들에게 의미하는 바가 무엇인가? 그리고 전문적 언론사 내외부의 기자들이 사회에서 자신과 그들의 역할을 인식하는 방식에 기업가 정신과 혁신은 어떤 함의가 있는가?

이 장은 저널리즘의 기업가 정신과 혁신을 연구하는데 있어서 역사적이면서도 현대적 틀을 이용해 이러한 질문에 대한 답을 찾고자 한다. 1950년대와 60년대 텔레비전에 등장한 새로운 저널리즘 장르가 현재 저널리즘에 등장하고 있는 스타트업 문화와 비교된다. 이러한 비교는 역동적 분야인 저널리즘 연구의 특별한 도전과 기회를 강조하기 위한 것이다.

__ 역사적 차원 : TV 시사 프로그램의 등장

우리는 20세기 1950년대와 1960년대를 프로페셔널 저널리즘의 전환적 혁신과 변화의 시기로 볼 수 있는데, 특히 이 시기에 텔레비전 화면이 성장하고 성숙해졌다(Conway 2009). 이 시기에 다양한(하지만 비슷한) 나라에서 저널리즘이 핵심 프로페셔널 이상을 유지 발전시키면서 새로운 형식, 목소리, 그리고 접근법에서 큰 발전을 이뤘는데, 이는 오늘날 미디어 상황의 혼돈과 비교할 만한 훌륭한 기준이 된다. 1950년대와 60년대 미국, 영국, 그리고 네델란드의 텔레비전 시사 프로그램이 성년이 되고 혁신을 겪은 방식에 대한 비교분석은 이들 간에 매우 흥미로운 유사점이 있다는 점을 보여준다(Prenger 2014). 이들 유사점은 과거 저널리즘 혁신 과정에서 역할을 한 요인들을 살펴보는데 도움이 되며 더 나아가 이들 요인들이 오늘날에도 어느 정도의 역할을 하는지에 대한 질문을 제기한다.

텔레비전 시사 프로그램의 초기 역사와 이후 성년기에 대해 살펴보면,

미디어 역사가들이 종종 그러하듯이 어떤 선형적인 그림을 그릴 수 있다(Bliss 1991; Smith 1998; Hilmes 2003). 일견 전 세계 시사 프로그램의 역사는 매우 단선적으로 보인다.

1951년 11월 CBS의 *See It Now*를 시작한 미국을 최초로 볼 수 있다. 이 프로그램은 두 명의 야심가, 즉 유명한 라디오 저널리스트 에드워드 머로우Edward R. Murrow와 창의적인 기업가인 텔레비전 프로듀서 프레드 프렌들리Fred Friendly의 작품이다. 인기 잡지 *라이프Life*와 라디오(그리고 이후 극장) 뉴스 시리즈인 *시대의 행진The March of Time*에서 영감을 얻어 진지한 저널리즘, 라디오 뉴스, 다큐멘터리, 그리고 생방송의 가능성을 결합한 텔레비전 뉴스 매거진을 만들고자 한 프렌들리의 야심이 있었다. 그 결과 보다 가벼운 소재와 번갈아가면서 시사 프로그램에 초점을 맞춘 주간 텔레비전 프로그램이 탄생했으며, 머로우가 진행했다.

즉시 *See It Now*에 대한 찬사가 이어졌다. 비평가들은 텔레비전이 상상력과 저널리즘적 야심을 결합시켰을 때 이룰 수 있는 것을 보여준 이 프로그램에 대해 칭찬했다. "머로우와 프렌들리는 뉴스가 갖는 흥미와 드라마적 요소를 최대한 이용했다"고 *버라이어티Variety*는 평가했다(Persico 1988, 305). 이 프로그램은 삶의 불쾌한 현실을 그대로 반영했고 기자와 영상 담당자들은 각본에 짜인대로 보여주는 대신 날 것 그대로 뉴스를 따라갔다. 머로우와 프렌들리가 도입한 "교차 인터뷰cross-cut interview"도 이들 프로그램이 가져온 혁신 중 하나이다. 텔레비전이 보여줄 수 있는 가능성을 실험하면서, 이 둘은 다른 견해를 가진 사람들의 반대되는 진술을 뽑아내 제시함으로써 논쟁의 본질을 달성하는 기법을 찾아냈다.

이 프로그램의 실제적인 돌파구는 1954년 5월 *See It Now*가 선동적인 상원의원 조셉 매카시Joseph McCarthy를 폭로했을 때이다. 비평가들은 "이 시대에 이보다 더 큰 저널리즘의 위업은 없다"고 평가했다(Leab 1981,

20). 이 방송 이후, 비판적 접근, 즉 심각한 이슈와 관점에 대한 초점이 이 프로그램을 비롯한 시사 프로그램의 독특한 특성이 되었다.

이러한 접근법은 매우 고무적이었다. 영국에서 BBC는 다른 방식으로 텔레비전 시사 프로그램을 실험 중이었다. 1953년 격주간 "식견있는 논평 매거진"으로 소개된 *Panorama*라는 프로그램을 시작했다. 명확한 정체성과 목적의식이 결여된 이 프로그램은 곤경에 처했다. 1955년 활력 넘치는 텔레비전 프로듀서 그레이스 윈드햄 골디Grace Wyndham Goldie가 이 프로그램을 맡으면서 반전이 이뤄졌다. 그녀는 25세의 젊은 편집 책임자를 임명하고, 정치분야 배경을 가진 경험있고 거침없는 다수의 기자를 고용했으며, 인기있는 라디오 기자를 프로그램 진행자로 내세웠다. 윈드햄 골디와 그녀의 편집 책임자는 *See It Now*를 예로 들며 보도를 보다 역동적이고 생방송 스튜디오 인터뷰를 보다 논쟁적으로 만드는 방식을 시도했다.

비록 *Panorama*의 포맷은 *See It Now*와 약간 다르지만, 접근 방식은 유사했다. 스스로 영국의 뉴스 매거진 주간 "세상의 창"으로 소개하면서 영국 내외의 시사 문제를 비판적으로 다뤘다. 새롭게 재편된 *Panorama*는 곧 성공을 이뤘고 1950년대 후반 BBC의 대표적 프로그램이 되었으며 이 지위는 오랫동안 유지되었다. 기자들은 개성 있게 그려졌으며 자신이 취재하는 주제에 대한 판단을 언급해도 좋았다. 시사 프로그램은 가치와 해석을 다룰 수 있는 텔레비전 장르가 되었다.

*Panorama*는 유럽 텔레비전 시사 프로그램 영감의 주요한 원천이 되었다. 1960년 네덜란드에서 두 개의 경쟁사가 동시에 뉴스 매거진을 시작했다. 사회주의 방송사인 VARA•의 *Achter het nieuws (Behind the*

• Vereeniging van Arbeiders Radio Amateurs(Association of Worker Radio Amateurs). – 옮긴이

*News)*와 카톨릭 방송사인 KRO•의 *Brandpunt(Focus)*가 그것이다. 처음에는 가볍고 논쟁적이지 않은 소재에 집중했지만, *Panorama*를 예로 삼아 새로운 편집 책임자를 임명한 1962년부터 변화가 있었다. 이들 프로그램은 보다 직설적인 접근을 채택해, 정치인과 권위자들을 추궁하며, 금기시되던 주제도 다루고, 비행을 조사하는 등 네덜란드 시사 매거진의 톤과 내용을 바꿨다. 비평가들과 대중은 이들 프로그램의 새로운 방향에 찬사를 보냈다. 텔레비전 저널리즘의 시대가 왔다.

이와 같이 연대기적 순서로 보면 텔레비전 저널리즘의 역사는 단순해 보여, 세상의 한쪽에서 시작된 혁신이 복제되고 재현되면서 다른 세상으로 서서히 옮겨간 것으로 보인다. 하지만 이러한 선형적인 패턴은 국가적 맥락에서 흥미로운 유사점을 얼버무리고 넘어간다.

예를 들어, 다른 역사를 갖는 나라들 간의 유사점을 살펴보면, 각각의 나라에서 시사 프로그램은 텔레비전이 시작되고 10년 후에 도입된 점이 눈에 띈다. 그리고 고무적인 사례들이 시간상 즉시 일어난 것으로 보여도, *See It Now, Panorama, Behind the News, Focus* 모두 이들 프로그램이 자리를 잡아 비판적이고 영향력을 행사하기까지 약 2년이 걸렸다는 점은 주목할 만하다. 그래서 단순 모방이외의 다른 요인들이 텔레비전 저널리즘의 발달에 중요한 역할을 했을 것으로 보인다. 세 가지 요인, 즉 공중의 기대, 방송사간의 경쟁, 그리고 변화를 가져오고자 했던 프로듀서와 편집 책임자의 관심이 두드러진다.

각각의 시사 프로그램이 처음 방송됐을 때 공중의 기대가 충분히 충족되지 않은 것은 분명하다. 1950년대 초반 미국에서 일반적으로 텔레비전 프로그램 질에 대한 많은 비판이 있었다. 텔레비전 쇼가 너무 상업적, 폭

• Katholieke Radio Omroep (Catholic Radio Broadcasting). - 옮긴이

력적, 또는 비도덕적이었고, 공공 서비스 기준에 부합하지 않은 콘텐츠가 너무 많았다. 텔레비전 뉴스 프로그램은 저널리즘 관련성 대신에 이미지에 집중하면서 피상적이라는 비판을 받았다. 결과적으로, 대부분의 방송사들이 1951년 말 자신들의 프로그램 콘텐츠를 규제하는 윤리적 기준인 텔레비전 헌장Television Code을 기꺼이 채택했다. 이때, *See It Now*가 방송을 시작했다. 이 프로그램에 대한 열광적인 반응은 공중과 비평가들이 얼마나 새로운 매체의 가능성을 이용한 알맹이 있는 프로그램을 기다려 왔는지를 잘 보여준다. 1954년 조셉 매카시에 대해 정면으로 맞선 *See It Now*는 더욱 비판적 지지를 얻게 된다. 텔레비전 비평가들은 찬사 일색이었으며, 75,000명의 시청자가 편지를 쓰거나 전화를 통해 *See It Now*와 이 프로그램의 비판적 자세에 대한 지지를 보냈다.

유사한 반응이 영국에서도 눈에 띈다. *Panorama*가 시작된 1953년, 핵심과 관련성의 부재는 많은 시청자를 짜증나게 했다. "*Panorama*는 잘못된 텔레비전의 완벽한 예"라고 한 텔레비전 비평가는 혹평했다(Wyndham Goldie 1977, 190). 많은 것을 약속했던 새로운 매체는 낡은 BBC 규정과 관행에 질식된 것처럼 보였다. 예를 들어, 당시 BBC 뉴스는 익명의 진행자가 텔레비전 화면에 BBC 로고를 게재한 채 뉴스를 읽는 형식 이었다. 1955년 *Panorama가 포맷*을 바꿨을 때, 반응은 매우 긍정적이었다. 한 비평가는 "어젯밤 형식을 유지한다면 이번 주 가장 중요한 생방송 뉴스 매거진이 될 것이다"고 평가했다(Wyndham Goldie 1977, 191). 수백만의 영국 시청자들이 새로운 *Panorama*를 보기 위해 매주 채널을 바꿨다.

텔레비전 저널리즘이 발전하는 느린 속도에 대한 답답함은 네델란드에서도 역시 볼 수 있다. 1961년 텔레비전 비평가들은 네덜란드 시사 프로그램이 너무 미숙하고, 지루하며, 충분히 대담하지 못하다고 매우 불평했다. 공중의 감시견이자 프로그램을 보다 역동적이고 당당하게 만들 준비가 된 대담하고, 비판적이며, 기업가적인 기자들은 어디에 있느냐고 비판했다. 비평가와 공중 모두 1962년 *Behind the News*와 *Focus*의 톤과 접근 방식의 변화를 두 팔 벌려 환영했다. *Focus*는 이후 곧장 네델란드에서 최고이자 가장 혁신적인 텔레비전 프로그램에 주는 상을 수상했다.

방송사간 경쟁 또한 텔레비전 저널리즘 발달과 혁신에 주요한 역할을 했다. 이미 언급된 모든 시사 프로그램들은 비슷한 시기, 즉 각각의 나라에서 텔레비전이 도입된 지 약 10년 후에 시작했다. 이때는 텔레비전이 전국적으로 확장되고 가장 중요한 매체로 라디오를 앞서기 시작할 때이다.

예를 들어, 미국의 텔레비전 수상기 판매는 1951년에 폭발적으로 늘었고 주요 네트워크는 새로운 시장을 놓고 치열한 경쟁을 벌였다. 뉴스와 시사 프로그램은 이들 네트워크사가 새롭고 교육수준이 높은 시청자를 확보할 수 있는 전략적으로 흥미있는 장르로 간주됐다. 이런 배경에서 CBS의 *See It Now*가 1951년 11월 전파를 탄다.

영국에서는 1953년이 획기적인 해로 이때 엘리자베스 여왕의 대관식이 2천만 시청자의 이목을 끌었는데, 당시에는 단지 2백만 대의 텔레비전 수상기만이 존재할 때였다. 이로 인해 텔레비전이 즉시 성공을 이룸으로써 1955년 상업방송인 ITV가 만들어지는 계기가 된다. 이는 당시 ITV와의 경쟁에서 질 것을 우려하던 BBC 내부에 큰 격변을 가져왔다. 대응책이 요구되었다. ITV가 방송을 시작하기 몇 일전 윈드햄 골디의 주도 하에 새롭게 재편된 *Panorama*가 방영되었다.

네델란드에서도 유사한 패턴을 보였다. 1960년대 초반 네덜란드 텔레비전은 인기를 얻기 시작했다. 1962년 가을 텔레비전을 통한 마라톤 자선쇼를 시청한 수백만이 기부를 하는 획기적인 일이 있었다. 이는 공영방송사로 하여금 텔레비전이 얼마나 영향력이 큰지 깨닫게 하는 놀라운 순간이었다. 이는 상업방송의 도입을 위해 로비를 하는 정치인과 다른 이해관계자들에게 새로운 에너지를 불러 일으켰다. 이들의 로비는 성공하지 못해, 네덜란드는 공영방송 모델로 남았다. 하지만 상업방송의 위협은 명백히 공영방송사에 영향을 미쳐 공적 서비스 사명을 강화할 수 있는 진지한 텔레비전 장르에 더욱 초점을 두기 시작했다.

다양한 이데올로기적 운동을 대표하는 이들 방송사는 또한 공중의 지지를 받기 위해 서로 경쟁했다. 이점에서 주요 방송사 중의 하나인 VARA가 1960년 시사 프로그램 *Behind the News*를 시작했을 때 다른 주요 방송사인 KRO가 곧장 *Focus*를 시작했다는 점이 중요하다. 그리고 *Focus*가 1962년 형식을 바꾸고 보다 직설적으로 나오자 *Behind the News*도 재빨리 이를 따랐다.

각국의 방송사와 네트워크가 시사 프로그램을 전략적으로 편성해 방송사의 권위를 높이기 위한 목적의 수단으로 이용했다는 점이 드러난다. 그 목적은 공중과 심지어 정치인의 지지를 얻고 다른 방송사와 경쟁하기 위한 것이다. 방송사와 네트워크는 새로운 프로듀서와 편집 책임자를 임명했고, 이들에게 혁신을 위한 자유재량을 부여함으로써 공중의 지지를 통해 세간의 주목을 받는 프로그램을 만들고자 했다.

텔레비전 저널리즘을 바꾸고 혁신하고자 했던 프로듀서와 편집책임자 모두가 한 틀에 맞춘 듯 같아 보이는 것도 흥미롭다. 이들은 일반적으로 신문 저널리즘 배경이 없으며 (예외는 있을지라도) 다른 미디어에서 가져오기보다는 텔레비전을 고유의 방식으로 대했다. 이들은 또한 자신 프로그램의 저널리즘 사명에 대한 솔직한 관점이 있었다. 그리고 이들 모두 꽤 인상적인 개성을 지녔기에, 자신의 방송국 내부와 편집팀 동료들 사이에서 권위를 얻었다. “그가 들어오면, 홍해가 갈라지는 것 같았어요”라고 *See It Now* 팀원이 머로우에 대해 기억했다(Persico 1988, 419). 마찬가지로, 네덜란드 *Behind the News*의 편집책임자는 무뚝뚝하고 간혹 권위적인 커뮤니케이션 스타일로 유명했다. 그리고 BBC에서 윈드헴 골디 Wyndham Goldie와 함께 일한 것이 악몽이자 기쁨이기도 했다고 *Panorama* 팀원 중 일원이 나중에 회고했다. 동시에, 윈드헴 골디도 그녀의 팀을 보호하고 방어했다. 그녀의 조수였던 이는 그녀가 "일단 직원, 자금, 그리고 스튜디오를 갖게 되면, 다른 이들을 해고할 수 있는" 텔레비전 시스템이 어떻게 작동하는지 꽤 잘 이해한 것으로 기억했다(Lindley 2002, 37). 이는 중요한 것으로, 결과에 대한 일반적 평가가 아무리 좋을 지라도 새로운 방식으로 저널리즘을 실행하는 혁신과 실험은 반발과 비난을 불러오기 때문이다.

아마 가장 두드러지는 점은 관련된 모든 프로듀서와 편집책임자가 의견을 표명하는데 주저하지 않았다는 것이다. 이들은 저널리즘이 시사 이슈와 비행을 탐사할 의무가 있다고 생각했으며 날카롭고 비판적인 시각에서 그 결과를 제시했다. 이는 당시 지배적인 중립적이고 대치되지 않는 보도 패러다임에서 벗어난 것이다. 프로듀서와 편집책임자는 또한 경쟁심이 있었다. 최고의 시사 프로그램을 만들고자 하는 이들의 야심은 다른 편집 스탭에게 강한 동기를 부여했다. 결과적으로 편집 문화는 경계를 넓히고 새로운 영역을 찾게 되었다.

요약하면, 역사적으로 다른 미디어 맥락 내에서 내외적으로 비슷한 요인의 작용을 통해 텔레비전 저널리즘의 변화와 혁신을 가져왔다는 점이 확인된다. 공중의 불만족과 방송국의 위치가 위협받는 외부적 요인이 임무를 부여받은 이데올로기적 지향을 갖는 프로듀서와 편집책임자로 하여금 새로운 길을 찾으며 실험을 해야 할 상황을 조성했다. 텔레비전 저널리즘을 향상시키고자 하는 심오한 정서적 책무에 따라 인쇄와 라디오 형식을 탈피해 새로운 매체의 가능성을 이용하고 가능한 기술적 수단을 사용하고자 (때로는 확장하고자) 했다. 이점에서, 혁신은 저널리즘이 기대에 부응하고자 한다면 어떠해야 하는지에 대한 열정적인 시각과 함께 이루어진다.

__ 당대의 차원 : 글로벌 스타트업 문화의 출현

뉴스 산업의 혁신과 변화에 대한 당대의 논의는 기술, 특히 인터넷의 역할이 지배적인 편이다. 지속적인 경제적 위기에도 불구하고(또는 이 때문에) 독립 경영과 프리랜서 기업가 정신의 꾸준한 성장세를 보여주기 때문에, 이러한 기술결정론을 저널리즘 분야의 글로벌 경향으로 착각하게 만든다. 이러한 위기 속에서, 언론사는 상당한 예산 감소, 정리해고, 재편, 그리고 축소를 겪고 있다. 기술적 혼란과 수용자 변화에 맞춰 생산 실천행위 역시 급격한 변화를 겪고 있다. 저널리즘에서 기업가형 직업의 출현은 비교적 최근의 현상으로 1990년대 초 이래 프리랜서의 급속한 성장과 함께 시작해 오늘날 떠들썩한 "기업가적" 저널리즘으로 정점에 이른다.

안정적인 고용 혜택 없이 일하는 기자로 생계를 유지하는 사람들에게 직업적 혁신은 매우 도전적으로 보일지라도, 이는 전혀 사실이 아니다. 많은 점에서 힘들고 파괴적인 도전에 직면한 뉴스 비즈니스는 점점 종사자들로 하여금 회사의 책임을 짊어질 것을 요구하고 있다. 관리자와 고용주들이 점점 조직 또는 회사차원의 속성이 아닌 개인적 속성으로 "기업enterprise"의 중요성을 강조하고 있다(du Gay 1996; Witschge 2012). 언론사의 경영과 편집 부분의 통합, 신문, 방송, 온라인 뉴스의 디지털 저널리즘 기업으로의 지속적인 융합, 그리고 프로젝트형 업무 스타일의 도입 같은 추세는 이와 같은 혼합형 작업 실천행위가 프리랜서 기자에게만 국한되는 것이 아니라는 것을 보여준다(Deuze 2007).

효율성, 생산성, 권한, 그리고 자율성을 함축한 기업의 개념을 회사에서 개인 수준으로 바꾸면서 이는 고용여부에 관계없이 개인 그리고 모든 일하는 사람의 직업 정체성의 일부가 되었다. 이러한 변화는 "일하는 사람을 적응력이 뛰어나고, 융통성이 있으며, 행위와 임무간 이동 및 자신의 행위와 이에 대한 성공과 실패에 책임을 질 의향이 있는 사람으로" 재구성한다(Storey, Salaman, and Platman 2005, 1036). 동시에 직업 기자에 대한 연구는 점점 열악한 노동환경, 소진율의 증가, 그리고 기성 언론을 떠나는 사람(특히 젊은 기자들)에 대한 보고가 늘어나고 있다(Deuze 2014). 이 같은 기업가적 경제시스템에서, 비즈니스 스타트업뿐만 아니라 편집 또는 보도 기능을 하는 기업가형 기자들이 점점 다른 창조관련 분야에서 광고 대행업 또는 독립 음반사를 시작한 동료들과 상당히 유사한 형태로 자신만의 회사를 시작하고 있다. 스타트업 문화의 등장을 통해, 21세기 초반 이래 새로운 독립 언론사(일반적으로 소규모 온라인 언론사)가 전세계적으로 등장했다.

저널리즘 혁신의 오랜 역사와 마찬가지로, 새로운 스타트업 문화는 비교적 단순한 시간상 구분이 가능한데, 고참기자와 방송분야 및 출판업계 전문가들에게 일반적인 하나의 직업적 선택사항인 프리랜서를 시작으로 프리랜서가 주된 업무가 되는 단계를 이어 결국 편집과 뉴스 스타트업의 동료들과 함께 회사를 차리는 기자의 순서를 따른다. 스타트업은 다양한 방식으로 재원을 마련하는데, 일반적으로 해당 국가의 특수한 요인의 영향을 받는다. 즉, 아시아와 미국은 사적 금융 기관과 벤처 캐피털이 지배적인 반면 유럽은 저널리즘 혁신을 위한 국가 보조금을 예로 들 수 있다. 또는 특별한 개인의 도움으로 시작할 수 있는데, 실제로 많은 스타트업이 초기에는 창업자의 개인 자금을 통한 재정 지원으로 시작한다. 최근에는 크라우드펀딩과 미디어에 밝은 마케팅 회사가 스타트업의 부상에 기여하고 있다.

문헌에서는 일반적으로 이러한 류의 기업가 정신을 반기거나 또는 비즈니스 사례 연구로 간주한다(Naldi and Picard 2012; Bruno and Kleis Nielsen 2013). 하지만 이처럼 지나치게 단순한 시기구분을 넘어 다양한 비교가 가능한 국가적 맥락에 걸친 재미있는 유사점, 즉 기업가 정신에 대한 선택을 설명하는 데 두드러진 변인, 관련된 전문가들의 역할, 그리고 진행 중인 일의 성공 잠재력 등이 발견된다. 20세기 중반 새로운 저널리즘 형식인 텔레비전 시사 프로그램의 등장과 새로운 온라인 스타트업을 비교함으로써, 우리는 세 가지 핵심이슈, 즉 수용자와 기자들 사이에 전문적 저널리즘에 대한 기대의 좌절, 기존 뉴스 산업간 경쟁 과열, 그리고 새로운 저널리즘 사업의 가시성과 (초기) 생존을 결정하는데 있어서 관련된 기자와 편집자의 특별한 개인이력을 발견한다.

일반적인 제도에 대한 공중의 신뢰가 줄어들고 있다는 수많은 언급이 있었고, 특히 언론은 "공중 신뢰와 자신감의 상실로 어려움을 겪고 있다"(Witschge and Nygren 2009, 41). 글로벌 PR 회사인 에델만Edelman은 18개국의 대졸, 중산층, 그리고 미디어에 능숙한 성인, 즉 전문 저널리즘의 주된 수용자들을 대상으로 매년 신뢰에 대한 설문조사를 실시한다. 이 회사는 매년 비정부기구와 동료에 비해 정부, 전통적 기관, 그리고 미디어에 대한 신뢰가 지속적으로 감소한다는 것을 보고하고 있다. 울리히 벡Ulrich Beck(2000, 150)이 말한 전통적 기관(국가, 교회, 그리고 언론을 포함)이 의미 없는 "유령zombie containers"으로 존재하는 반위계적antihierarchical 시대의 맥락에서, 사람들은 부모, 목사, 교수, 또는 대통령 같은 기성 전문가보다는 서로에게 의지하고 있다. 동시에, 미디어 환경은 파편화되어 사람들은 이제 소수의 미디어가 차려놓은 밥상을 차분하게 소비하기보다는 디지털 뷔페로부터 뉴스와 오락을 간식으로 때우고 있다. 이러한 맥락에서, 틈새미디어, 세분화와 개인화된 미디어, 그리고 특정한 사람들에게 특별한 서비스를 제공하는 미디어에 대한 혁신의 여지가 있다. 전세계적으로 다양한 미디어 시장에서 매우 많은 (온라인) 스타트업이 단기간에 출현하기 시작했다는 사실이 이러한 발전에 대한 증거이다.

산업전반에 걸쳐 혁신을 불러일으킨 것은 공중의 기대만이 아니라, 많은 기자들 사이에 팽배한 뉴스산업에 대한 좌절 또한 독립된 작업을 바라는 변화를 낳았다. 대략 변화가 없는 분야(비교적 동질적인 전문가 집단으로)로 저널리즘을 지나치게 과하게 개념화하면서, 창조산업의 다른 작업 환경에 놓인 동료처럼 비록 필수적이진 않을지라도 기자들도 본질적으로 갈등과 경쟁을 겪는다는 사실을 너무나 쉽게 망각했다. 경쟁과 갈등이 직업기자와 프리랜서, 독립기자들 사이, 기자와 편집자, 텔레비전과 신문(온라인) 사이 등에 존재한다. 실제로, 미디어 조직 내외부, 그리고 산업전반에 걸친 경쟁은 창조와 시장보다는 창조와 창조적 통제간의 경쟁 관계를 살펴봄으로써 더 잘 (드러나고) 설명할 수 있다 (Lampel, Lant, and Shamsie 2000).

특히 파괴적이고 분절적인 장기적 변화과정의 맥락에서, 경쟁이 때론 혁신을 촉진한다. 이밖에도, 많은 스타트업 설립의 역사는 좌절한 신문 편집자의 독립, 한때 자신을 고용했던 산업에 대해 비판적 시각을 갖고 자신만의 사업을 시작한 프리랜서, 그리고 자신만의 미디어 플랫폼을 시작하는 데서 더 많은 가치를 보는 새로운 플레이어에 대한 이야기를 포함한다. 고령화와 독자 감소를 경험하는 기성 언론사간의 경쟁이 외부 사업의 획득 또는 언론사내에 스타트업 문화를 형성하기 위한 새로운 관리 방침을 통해 혁신을 불러오기도 한다. 이는 모든 사업이 이중 관리 과정, 즉 기존 방식을 보호하면서 향상시킬 뿐만 아니라 새로운 비즈니스 모델, 새로운 창의적 주기 또는 생산 관행 등을 도입하고 실험하는 것에 대한 필요가 늘어난 것으로 볼 수 있다. 국내외 및 온라인과 오프라인 경쟁의 격화와 미디어 분야(구글, 페이스북, 애플, 링크드인, 스냅챗, 그리고 트위터 같은 기자를 고용하는 회사를 포함) 신생 플레이어의 대거 등장으로, 기업가형 저널리즘은 새로운 독립 비즈니스뿐만 아니라 기존 산업내 스타트업에서도 모습을 보이고 있다.

저널리즘에서 기업가형 모험의 등장과 초기 성공에 큰 영향을 미친 세 번째 변인은 관련된 사람의 특수성에 있다. 이 운동을 주도하며 기업가 정신에 목소리를 높이는 핵심 인물들은 이 분야에서 종종 평판이 높고 외향성, 상상력, 그리고 개방성과 결합된 카리스마적 권위를 갖는 특출난 개성을 갖는 사람이기 쉽다. 성공적인 스타트업 창업자에게서 일반적으로 발견되는 다른 주목할 만한 요소는 이들이 자신의 계획을 제안하고 방어할 때 보여주는 저널리즘 직업 이데올로기의 기본 가치, 즉 진실과 객관성(또는 반대로 주관적 목소리 제공), 윤리, 공적 서비스, 속보(또는 반대로 슬로우 뉴스 생산), 자율성에 대한 존중을 들 수 있다.

편집자(네덜란드 *코러스폰던트Correspondent*의 랍 위진버그Rob Wijnberg, 프랑스 *미디어파트Mediapart*의 에드위 플레넬Edwy Plenel, 오스트리아 *컨버세이션Conversation*의 앤드류 쟈스판Andrew Jaspan) 또는 숙련된 탐사보도 기자(이탈리아 *IRPI*•의 귀아 바기Guia Baggi, 미국 *폴리티코Politico*의 쟌 해리스John F. Harris와 짐 반드헤이Jim VandeHei, 콜롬비아 *La Silla Vacía*의 쥬니타 레온Juanita León)에 대한 동료평가가 높은 것은 이전 경력 때문이다. 뉴스 스타트업 세계에 투신하기 전에 이미 이들은 경쟁 동료들로부터 존중과 존경(그리고 또한 분노와 비판)을 받았었다. 이들 각자의 영향력은 그들 동료들에 의해 상호 인정되는 전문가적 관점에서 스스로 검증받았기 때문이다.

• Investigative Reporting Project Italy. - 옮긴이

개성 요인은 뉴스 스타트업을 하고자 하거나 시작한 사람들의 중요한 구성 부분이다. 창립자들은 흔히 매우 대담한 전문가로 뉴스 비즈니스에 대한 자신의 열의와 기존 산업에 대해 신랄한 비판을 열정적으로 표출한다. 이러한 비판이 일반적으로 이 직업의 가장 전통적이고 오래된 가치에 근거한다는 점을 주목할 만하다. 기성 뉴스 조직은 "진짜" 저널리즘을 하지 않는다고 비판을 받는다. 다시 말해, 시장과 광고주를 염두에 두어야 하기 때문에, 자율적으로 취재를 하는 기자의 역량을 제한하고, 탐사보도를 위한 노력을 줄이면서 단발성 속보 뉴스에 전념하거나, 정치 취재원과 너무 밀착하고 있다는 비판을 받는다. 스타트업 설립자의 얘기를 듣다보면, 매력적인 역설에 놀라게 되는데, 다시 말해 이들이 새로운 종류의 저널리즘을 하겠다고 공헌하는데 이들이 언급하는 영감과 실천행위의 원천은 사실 "오래된" 가치들이다.

21세기의 시작과 함께 기업가 정신과 혁신의 "짧은" 역사에서 두드러지는 것은 사람들이 뉴스에 대해 갖고 있는 감정적 관계와 특히 기자가 저널리즘(하기)과 갖고 있는 관계에 대한 인식이다. 우리가 텔레비전 시사 프로그램의 등장에서 살펴보았듯이, 저널리즘의 변화 과정은 저널리즘이 무엇인지(또 어떠해야 하는지)에 대한 정서적 해석과 깊게 관련되어 있다. 이러한 맥락에서, 디지털 게임과 광고 같은 다른 분야를 다루는 미디어 학자들이 감정 노동의 함정에 대해 언급하고 있기는 하지만, 독특한 형식의 감정 노동으로서의 저널리즘이 문헌에서 주목을 거의 받지 못했다는 사실에 주목할 필요가 있다. 이 분야에서 기준이 되는 연구로는 로스Ross가 실시한 뉴욕의 뉴미디어 회사 *라조피쉬Razorfish*에 대한 민속지학 연구를 들 수 있다. 작업환경이 일반적인 사무실 업무처럼 보이지도 느껴지지도 않는다는 사실은 자신의 업무외적 삶을 망쳐가면서 믿기지 않을 정도로 오랜 시간 일하게 만든다. 이러한 작업의 강점은 자신의 작업과 노동의 의미, 가치, 그리고 경험이 어떻게 변하고 불안정한지에 대한 복잡한 협상과정을 중시한다는 점이다. 뉴스룸에 대한 새로운 민속지학 연구가 등장하고는 있지만, 아직 뉴스 작업의 감정적이고 정서적 차원에 대한 주목이 거의 이뤄지지 않고 있고, 개별 뉴스노동자, 편집자 집단, 그리고 뉴스 스타트업에 대한 연구도 여전히 드물다.

__ 논의 및 결론

저널리즘 혁신과 변화에 대한 문헌은 일반적으로 기술, 구체적으로 인터넷의 파괴적 역할에 주목하고, 변화에 대응하는 기성 언론사의 문화를 조명하거나, 새로운 형식의 저널리즘을 주로 비즈니스 모델과 기회의 관점에서 논의했다. 지금까지 살펴본 역사적 그리고 당대의 현장조사에 의하면, 저널리즘 혁신을 이론화해 연구할 추가적인 모델은 공중과 기자의 불만족과 불안, 긴박함에 의해 촉발된 경쟁, 그리고 개성과 뉴스 작업의 감정적 측면을 포함해야 한다. 이들 모든 요인을 관통하는 것은 저널리즘 직업 가치의 동원력이다.

기술의 역할에 집중할 때, 기술이 저널리즘 혁신과 파괴에 미치는 영향력을 과장하며 새롭게 등장하는 저널리즘 실천행위가 혁신적 기술에 미치는 영향력을 놓칠 위험이 있다. 기술이 변화를 촉진하는 역할을 하지만, 전반적으로 기술이 변화를 불러오는지에 대한 설득력있는 증거를 발견하지 못했다. 예를 들어, 인터넷과 디지털 기술은 상당한 시간동안 존재했지만, 스타트업 문화가 꽃피고 기성언론에서 목격되는 다양한 혁신-그리고 가끔 급격한 변화는 아주 최근의 일이다. 비슷하게 과거 텔레비전 저널리즘의 혁신도 기술적 혁신에 의한 것이기 보다는 텔레비전 저널리즘을 변화시킬 필요가 있기 때문에 기술적 혁신이 촉발된 측면이 있다.

실제로 기술이 파괴적 효과를 가질 수 있지만, 비즈니스와 학계에 기술 근시안적인 경향(즉, 기술의 단기적 영향을 과장하며 장기적 효과는 과소 평가하는 사람들)을 포함해 기술의 영향력을 과장하는 경향이 있다. 파괴적 요인으로써 인터넷은 공중이 미디어를 소비하는 방식을 변화시키고 미디어로 하여금 이에 적응하게끔 했다. 하지만 지금의 미디어 환경의 주된 파괴는 신문 광고 수입의 급격한 하락과 독자의 축소 때문인데, 이는 월드와이드웹이 도입되기 훨씬 이전부터 시작된 추세다.

마찬가지로 중요한 점은 혁신과 파괴가 새로운 것이 아니라는 점을 깨달아야 한다. 앞서 수차례 언급이 됐지만, 여전히 강조할 필요가 있다. 저널리즘 혁신과 파괴에 있어 전적으로 새로운 것은 없다. 미디어의 진화-신문, 라디오, 텔레비전, 인터넷, 모바일-를 통한 저널리즘의 변화는 진행 중인 이야기다. 그리고 지금 "올드" 기성 미디어로 간주되는 것도 한때 미디어 풍경에 파괴적인 "뉴"미디어였다. 그래서 올드와 뉴미디어를 구분해 이들의 차이에 주목하는 것은 오류다. 다른 미디어와 저널리즘 발전의 다른 국면에 걸쳐서 일관된 패턴과 특정 순간 또는 특정 환경에서 변화를 불러오는 역할을 하는 요인에 주목하는 게 훨씬 생산적이다.

우리가 제안했듯이, 오랫동안 뉴스업의 구조적 조건으로서의 혁신과 기업가 정신을 고려할 때도 비슷한 이슈가 적용될 수 있을 것이다. 수용자와 기자들 사이에 전문 저널리즘에 대한 기대의 좌절이 고려되어야 한다. (주류) 미디어 콘텐츠, 스타일, 어조tone, 그리고 접근방식에 대한 공중의 불만족이 혁신의 필요와 욕구에 어느 정도의 역할을 하는가? 이러한 불만족을 어떻게 파악할 수 있는가? 어떤 종류의 계획이 공중과 비평가의 칭찬을 받아, 일반적으로 제공되는 콘텐츠에서 결핍된 것이 무엇인지를 보여주는가? 결국, 무엇이 파블로 보즈코브스키Pablo Boczkowski와 유지니아 미첼스타인Eugenia Mitchelstein (2013)이 7개국에 걸쳐 미디어와 대중간의 뉴스 간극이라고 부른 현상을 생산하는가? 이들은 고려할 가치가 많은 질문인데, 왜냐하면 좌절된 기대가 추진력으로 작용해서, 수용자의 (변화된) 요구를 반영하지 못하는 미디어에서 눈을 돌려 자신이 필요한 저널리즘 콘텐츠를 제공하는 미디어와 스타트업으로 향하기 때문이다. 미디어 자신에게도, 이러한 변화된 수요가 혁신과 변화를 위한 동기를 분명히 제공한다.

기자들의 불만족과 불안도 마찬가지로 연구할 가치가 있다. 직업 기자들이 자신의 일처리 방식을 향상시킬 수 있다고 생각하고 차이를 만들 수 있으며 전문 저널리즘의 변화 과정에 이해관계가 있을 때 변화가 온다. 이 점에서 현 상황에 대한 불만족은 혁신의 핵심 선행조건이다. 편집 상황에서 변화의 여지가 있고 (전략적) 필요가 있다면 이러한 불만족은 생산적인 에너지가 될 수 있다. 하지만 한 매체 내에 창의적 변화를 불러일으킬 자율성이 부족하다면, 저널리즘 혁신을 위한 보다 독립적인 대안을 찾을 동인이 늘어날 것이다. 그래서 불만족은 기자들이 스스로 나아가는 기업가 문화의 한 동력으로 볼 수 있다.

기존 뉴스 산업 간의 경쟁은 저널리즘 혁신과 변화를 연구할 때 확실히 중요하다. 경쟁은 저널리즘에서 항상 역할을 해왔고, 심지어 강력한 공영 방송 시스템으로 경쟁이 덜한 미디어 환경에서도 그러하다. 경제적 요인 또는 때때로 공영 방송의 경우 정치적 변화에 의한 경쟁이 격화되는 시기에, 경쟁에서 이기고 지국을 유지하기 위해 강력한 저널리즘 인물에 대한 요구가 증대된다. 전략적 선택으로 변화와 혁신의 의지를 강조하고는 한다. 이점에서 혁신은 권력 투쟁의 반응이자 결과로 볼 수 있다. 저널리즘 변화를 연구할 때 이러한 폭넓은 미디어와 권력의 맥락을 고려하는 게 중요하다. 뉴스 산업내의 변화는 저절로 발생하지 않고, 조직 내외부의 압력에 의해 일어난다. 이러한 요인들이 저널리즘 혁신의 시기와 형식에 영향을 준다.

예를 들어 스타트업 내부처럼 뉴스 산업 밖에서 일어나는 혁신의 경우, 경쟁이 또한 추동 요인이다. 이는 흔히 경제적 관점의 경쟁이 아닌데, 왜냐하면 대부분의 스타트업은 경제적 힘이 없기 때문이다. 하지만 주요 언론 산업과 기성언론보다 "진짜" 저널리즘을 더 잘 수행하고, 보다 혁신적이며, 공중의 필요에 더 잘 부합하고자 한다는 차원에서 명확한 경쟁의 목표가 있다. 이점에서 경쟁은 가치에 기반하고 정서에 부합한다.

저널리즘 혁신에 관련된 기자와 편집자와 새로운 저널리즘 사업을 시작하는 사람들의 특별한 개성요인도 연구 가치가 있는 세 번째 요인이다. 일반적으로 이들은 "진짜" 저널리즘이 어떠해야 하는지에 대해 저널리즘 직업 이데올로기의 기본 가치를 언급하며 강한 견해를 지니고 있을 뿐만 아니라, 또한 주변 사람들을 자극하고 격려할 수 있는 성격도 지니고 있다. 이들의 배경이 다양하지만, 일반적으로 이들은 동료들 사이에 평가가 좋아서 저널리즘 가치를 강화하고 향상시키기 위한 혁신에 대해 공중(의 일부)뿐만 아니라 직원들 사이에 자신감을 불러일으킬 수 있다.

눈에 띄는 점은 진정한 전문직이 되지 못하고 있다고 자주 비판 받던 직업이었던(Anderson 2014) 저널리즘이 놀랍게도 진실, 객관성, 윤리, 공적 서비스, 그리고 자율성에 기반한 강한 직업적 가치 시스템을 갖고 있다는 사실이다. 이러한 직업 이데올로기는 혁신과 기업가 정신과 관련된 모든 요인을 추동하는 중요한 힘으로 보인다. 이는 비판적 기준 (공중에 의해서도 마찬가지로), 정당성, 보호장치, 그리고 대형 전국 신문사의 구성원이건 프리랜서로 구성된 소규모 편집 단체이건 간에 그룹내 화학적 결합을 낳는 방식으로 이용된다. 혹자는 이러한 직업적 가치 시스템이 이상과는 거리가 먼 환경과 작업공간임에도 불구하고 기자들이 활동하게 만든다고 주장한다. 이와 같은 합의된 직업에 대한 자기 이미지가 또한 기자들로 하여금 자신의 직업적 가치를 훼손한다고 느끼면 오히려 변화와 새로운 작업 현실에 적응하기를 머뭇거리게 할 수도 있다. 종합적으로, 저널리즘의 직업적 이데올로기는 저항과 변화의 중요한 영향 요인으로 보인다. 혁신, 변화, 그리고 기업가 정신에 대한 어떤 연구도 직업 이데올로기의 깊은 역할을 고려해야 한다.

동시에, 우리는 이들 가치를 액면 그대로 받아들이거나 또는 이들이 고정 불변이라고 가정해서는 안 된다. 직업 가치의 해석은 시기에 따라 변하고, 특정 국가(뿐만 아니라 조직)의 저널리즘 문화의 영향을 받는다. 기자와 공중이 객관성, 자율성, 제4부, 그리고 공적서비스 같은 포괄적 용어에 대해 실제로 의미하는 바가 무엇인지를 연구하는 것은 도전적 과제이다. 이들의 기능이 무엇이고, 어떻게 해석되며, 시기에 따라 그리고 특정 상황에서 어떻게 변했는가? 직업 이데올로기가 어떻게 작용하는지에 대해 이해하는 것이 여전히 저널리즘 연구의 주요한 요구 중 하나여야 한다. 이 점에서 저널리즘이 오늘날 직면한 이슈가 전혀 새로운 것이 아니듯, 저널리즘 연구 분야도 자신의 전통유산을 인정하고, 동시에 과거의 접근을 오늘날 일어나고 있는 저널리즘 직업의 파괴적이고 변화하며 불안정한 속성에 개방하면서 자신만의 거대 서사를 지속하는 게 현명할 것이다.

13

디지털 저널리즘을 위한 실패 선언

카린 발-요르겐센Karin Wahl-Jorgensen

이 장은 디지털 저널리즘 연구에 있어서 실패에 주목할 필요가 있다는 점을 주장한다. 저널리즘 연구는 흔히 새로운 기술, 실패보다는 성공, 변화의 저항 보다는 혁신, 그리고 낡은 것보다는 최첨단의 것에 주목한다. 하지만 이러한 강조는 수많은 실제 행위들에 대한 이해와 일치하지 않을 수 있고 이는 결과적으로 인식론적 맹점을 낳는다. 물론 저널리즘 연구와 관련 분야에서 실패가 전적으로 무시되고 있다는 말은 아니다. 이 장은 오늘날 복잡한 미디어 생태계에서 새로운 현실에 적응하는데 있어서 저널리즘 실천행위가 겪는 어려움을 추적해온 연구로부터 우리가 배울 수 있다는 점에 관한 것이다. 더구나 복잡계 이론complexity theory과 과학 지식의 사회학sociology of scientific knowledge처럼 특수한 조직 변화나 일반적인 사회생활의 중요한 일부로 오랫동안 실패를 진지하게 고려해온 사회과학 다른 분야의 통찰에 주목함으로써 실패를 연구하는 방법론을 강화할 수 있다. 저널리즘 연구 분야 안팎에서 행해진 작업의 통찰에 근거해, 이 장은 실패를 진지하게 고려하는 연구 의제를 제시하고자 한다. 이러한 연구

의제는 언론사 내부와 언론사 간의 권력관계, 그리고 흔히 특권이 적은 특수한 형식의 뉴스 실천행위가 더 실패하기 쉬운 방식에 주목할 필요가 있다. 소외되고 인기없는 저널리즘 실천에 대한 부주의는 실패를 무시하는 보다 큰 문제의 일부로 긴급한 시정이 필요한 부분이다.

__ "상향식 연구"와 새로움의 흥분

디지털 저널리즘 실천에 대한 이해는 저널리즘 연구의 학술적 작업의 맥락과 이들이 만들어 내는 지식의 형식 내에서 봐야한다. 저널리즘 연구는, 엘리트와 성공한 개인, 언론사, 그리고 이들의 저널리즘 실천에 불균형한 관심을 둠으로써, "상향식 연구studying up" 또는 "엘리트 연구"를 하는 것에 특권을 부여하는 경향이 있다(Conti and ÒNeil 2007). 예를 들어, 이러한 경향은 "하향식 연구studying down"(Nader 1969)와 "타자의 가장 다른 것the most other of others"(Hannerz 1986)에 대한 학문적 관심을 두는 전통이 많은 비판적 관심을 받는 인류학과는 대조된다. 이러한 비판적 관여는 과학기술학 등장의 맥락에서 특히 영향력이 있는(Stryker and Gon 2014 참조) 민속지학적 방법론을 사용하는 학자들에게 권력관계와 다른 폭넓은 주제에 대한 관심을 불러 일으켰다.

비록 일관되지 않고 또한 논란이 없는 것은 아닐지라도 상향식 저널리즘 연구 행위는 저널리즘 분야에서 만들어진 지식을 형성하는데 어떤 종류의 직업적 실천이 최고의 것이고 또 어떤 것이 무시되는지에 대해 심오한 영향을 미쳤다. 이들 연구는 대형, 엘리트, 그리고 흔히 전국 방송과 신문사에 주목해왔다. 영국과 미국의 고전적 저널리즘 실천 연구(e.g., Gans 1980; Tuchman 1978; Schlesinger 1978)는 전국 또는 대도시 방송과 신문사에서 이뤄졌다. 엘리트의 자원이 풍부한 전국 언론사의 관행, 문화,

실천, 그리고 과정에 대한 강조는 덜 화려하고, 성공적이며, 혁신적인 저널리즘 현장이긴 하나 그럼에도 불구하고 뉴스 종사자의 수와 생산 콘텐츠의 양, 그리고 독자수에서 압도적인 언론현장의 관행, 문화, 실천, 그리고 과정을 무시하게 만든다. 저널리즘 연구가 관심을 두는 직업의 대부분에 대한 학문적 도외시는 특히 문제가 되는데, 왜냐하면 기자의 실천과 자원, 그리고 변화하는 환경에 대한 적응력은 경제적, 정치적, 기술적, 그리고 사회적 조건에 따라 대단히 상이하기 때문이다. 다시 말해, 특수한 특권을 갖는 실천행위에 대해 엄청 많은 증거들을 모았지만 다른 것은 간과하고 있다는 것을 의미한다(Wahl-Jorgensen 2009 참조).

__ 새로운 기술에 대한 흥분

상향식 연구 경향은 디지털 시대의 특별한 뒤틀림twist, 즉 디지털 저널리즘에 대한 연구가 종종 융합 미디어 생태계가 초래한 기술적 변화의 가능성에 대한 심취로 만연한 것처럼 보였다. 10년 보다 오래 전에 보즈코브스키Boczkowski(2004)가 실시한 온라인 뉴스 혁신 과정에 대한 기본적인 탐구에서 "(1) 기술적 변화의 효과에 집중하면서 이들 효과가 일어나는 과정에 대한 관심이 부족한 설명이 지배적이고 (2) 온라인 기술과 웹의 혁명적 성격을 강조하며 사람들이 흔히 새로운 인공물을 그들의 삶속에 접목시키는 보다 진화적인 방식을 간과한 분석이 만연함"을 지적했다(Boczkowski 2004, 2). 이러한 오랫동안 지속된 집착이 한편으로는 자원이 풍부하고 이미 특권을 가진 언론사에서 흔히(항상은 아니지만) 일어난 변화에 대한 성공적인 적응에 집중한 연구를 만들어냈다. 또 한편으로 학자들 또한 수용자들이 뉴스 생산자와의 관계를 심대하게 재협상하는 국면에서 수용자들이 느끼는 역량empowerment에 관심을 보였다.

연구 대상, 이론적 틀, 그리고 방법론적 접근의 다양성에도 불구하고, 이러한 작업의 공통점은 최신의 성공적이고 혁신적인 것에 대한 관심이었다. 이러한 글에 함축된 것은 제도로서 뿐만 아니라 새로운 기술을 통해 가능해진 시민의식의 형식으로서 저널리즘의 미래에 대한 규범적 낙관주의를 포함한다. 이러한 지향이 저널리즘 연구에만 국한된 것은 아니고 미디어 관련 저작물의 오래된 특징이었다는 점이 강조되어야 한다. 연구자들은 전신부터 트위터까지 새로운 기술의 출현을 알렸고, 이는 흔히 사회적, 경제적, 그리고 정치적 문제에 대한 해결책을 제시하는 것으로 비춰졌다(Carey and Quirk 1970; Standage 1998). 이는 보다 포괄적인 기술적 이상주의의 특징으로, 교육(Surrey and Farquhar 1997)부터 식품생산(Stock and Carolan 2013), 그리고 가정 개선home improvement(Sivek 2011)에 이르는 기술적 변화와 관련된 사회과학 일반(Kasson 1991)의 특징이기도 하다. 마찬가지로, 비교적 특권적이고 성공적인 단체, 조직, 그리고 실천행위에 대한 강조는 다른 분야에서도 반복되는 일이다. 미디어 연구 분야는 성공하지 못한 텍스트의 손상보다는 성공적 또는 "추종하는cult" 미디어 텍스트에 초점을 맞춰왔다(Wahl-Jorgensen 2014). *사회운동*에 대한 작업도 대규모의 가시성이 높은 운동(월가를 점령하라Occupy movement와 아랍의 봄 같은 대규모 봉기 같은)은 연구하면서 지역/소규모/성공적이지 못한 활동에는 주목을 덜 하는 편이다(리나 데닉Lina Dencik과 2014년 2월 나눈 사적대화).

디지털 저널리즘 관련 작업을 주로 다루는 핵심 저널에 실린 연구들은 이러한 경향을 그대로 보여준다. 즉 대부분의 연구는 기술 혁신과 이것이 혁신적인 언론사, 기자, 그리고 수용자에 의해 어떻게 채택되고 있는지에 초점이 모아지고 있다. 예를 들어, 전문기자와 아마추어 기자의 수단인 트위터가 현재 온라인 저널리즘에 대한 연구를 지배하고 있는데, 보도의 수단으로서 기자들의 소셜 미디어 플랫폼 이용(Vis 2013), 기자들 사이에 트위터의 정상화normalization(Lasorsa et al. 2012), 그리고 편재적 저널리즘의 형식으로서 트위터의 역할(Hermida 2010)을 다룬 연구가 가장 폭넓게 인용되고 있다.

폭넓게 연구된 다른 새로운 기술은 라이브 블로깅, 모바일 뉴스, 그리고 비디오저널리즘뿐만 아니라 시민과 기자들이 정보를 생산하고 공유하는 유튜브, 페이스북, 그리고 인스타그램 같은 다양한 소셜 미디어를 포함한다. 이들 연구는 기술변화가 기자와 수용자에게 도전이자 일련의 자원을 제공하는 것으로 간주한다. 게다가, 이들은 직업적 실천행위를 *향상시키기* 위해 이들 새로운 기술을 어떻게 이용할 것인가에 대한 분석을 더 많이 제공하는 반면 해당 직업의 특정 분야는 새로운 기회를 누리는데 있어서 구조적으로 배제되고 기존의 불평을 더욱 악화시킬 수 있는지와 같은 기존에 거의 묻지 않던 연구문제에 대한 분석은 없는 편이다.

새로운 기술에 대한 몰두를 포함한 이들 작업에서 중심적인 관심사항은 저널리즘과 수용자를 위해 더 나은 미래를 가져올 수 있는 이들 기술의 능력에 대한 것이다. 예를 들어, *저널리즘 프랙티스Journalism Practice*에 실려 가장 많이 인용되는 논문에서, 알프레드 허미다Alfred Hermida (2010)는 트위터를 둘러싼 "과장"으로부터 거리를 두면서도, 기자와 시민들이 트위터라는 새로운 기술로부터 이로울 수 있다는 낙관적인 견해를 취한다:

> 내 생각에 수백만의 사람들이 즉각적으로 소통하고, 공유하며, 사건을 토론할 수 있는 마이크로블로깅 시스템은 집단 지성의 한 표현양식이다. 이 논문은 "모두 또는 적어도 다수가 지니고 있는 정보에 즉각적으로 접근해 각각의 사람들이 이러한 지식에 즉각적으로 덧붙일 수 있"(Sunstein 2006, 2019)게 하는 새로운 기술인 마이크로블로깅을 연구한다. 이 논문은 마이크로블로깅 같은 새로운 형식의 유사저널리즘이 "인식 체계awareness system"로서 기자들에게 공공 커뮤니케이션

의 미묘함에 대한 보도와 이해를 하는 보다 복잡한 방식을 제공한다는 점을 주장한다. (Hermida 2010, 298)

허미다의 주장은 새로운 기술이 제공하는 새로운 가능성의 맥락에서 이들 새로운 기술과의 관련성을 보여주는 전형이다. 이 자체가 문제는 아니다. 하지만, 기술적 변화의 잠재력에 대해 낙관적 견해를 띄는 연구가 지배적인 것은 몇 가지 차원에서 저변의 문제점을 파악하는데 걸림돌이 될 수 있다. 우선, 이들 작업은 자주 저널리즘의 비즈니스 모델과 장기적 생존 전망에 대한 충분한 근거에서 나온 심각한 위기에 대한 논의를 회피한다. 둘째, 이들 작업은 기술변화의 역사가 언제나 저널리즘의 밝은 미래에 대한 진보와 관련된다는 시각을 염두에 두고 있다. 이는 저널리즘 역사에 대해 제임스 캐리James Carey(1974)가 **휘그Whig 해석**•이라 명명한 것을 고수한다는 것을 의미한다(Butterfield 1965; Carey 1974). 버터필드Butterfield(1965)에게, 역사의 휘그 해석은 성공 스토리에 기반해 현재의 승인 또는 긍정적 시각을 강조하고 이를 기반으로 미래에 대한 난관주의를 피력하기 위해 과거의 특정 국면에 대한 지식을 생산하는 것을 의미한다. 이러한 관점에서 버터필드(1965, 1)는 "개신교와 휘그당의 입장에서 기술한 많은 역사가들에서, 혁명이 성공적이었기에 이를 칭찬하고, 과거에서 진보의 어떤 원칙을 강조하며, 현재의 영광은 아닐지라도 승인이 될 수 있는 이야기를 만들어내는" 경향을 지적했다. 소위 디지털 저널리즘에 대한 휘그 해석은 비록 보다 많은 증거들이 힘든 시기임을 보여줌에 불구하고, 밝은 미래를 투사하면서, 흥미로운 현재를 제안하기 위해 기술적

• 저널리즘 역사를 정치적 언론으로부터 센세이셔널리즘과 황색언론의 병폐 및 추문들추기와 사회적 책임을 추진하는 상업 언론까지 지식과 자유의 점진적인 확대로 보는 견해. - 옮긴이

변화의 특정 국면을 다룬다. 이는 버터필드가 비판한 역사의 휘그 해석이 했던 것과 같은 방식으로 성공적인 특정 대상과 실천에 선별적으로 강조를 하는 반면, 실패는 간과하는 경향을 보인다.

__ 새로운 기술과 역량? "한때 수용자로 알려졌던 사람The People Formerly Known as the Audience"부터 시민 저널리즘까지

디지털 저널리즘의 휘그 해석은 또한 언론사와 수용자간 변화하는 관계에 대한 연구의 핵심적인 유형을 뒷받침한다. 이러한 연구의 두드러진 특징 중 하나는 엘리트 언론사의 실천으로부터 학문적 조사의 렌즈를 옮겼다는 점이다. 대신 저널리즘의 생산과 소비의 흐려진 경계와 저널리즘이 이해되고 민주주의 사회에서 저널리즘의 역할에 대한 결과에 주목했다. 수용자로 관심을 돌린 것은 이 자체로 중요한 발전이다. 수용자는 직업 기자들의 실천에 집중하는 관습적인 "언론사-중심" 연구 전통에서 간과되어 왔다(Madianou 2009; Wahl-Jorgensen 2009). 아마도 이러한 변화에 대해 가장 잘 알려진 표현은 미디어 비평가이자 학자인 제이 로젠Jay Rosen (2006)이 만든 "한때 수용자로 알려졌던 사람"이다. 이들은:

> ... 높은 진입비용으로 소수의 경쟁 회사만이 존재하고 대부부의 사람들은 서로 고립된 채 귀를 기울이는 방송처럼 한때 일방향적인 미디어 시스템의 수신자 쪽에 있었고, 오늘날은 전혀 다른 상황에 있는 사람들이다. (Rosen 2006)

로젠은 계속해서 블로그, 팟캐스트, 비디오 생산, 수용자 의제설정을 포함해 디지털 시대가 제공하는 해방의 가능성을 언급한다. 그는 "중앙에 매우 집중된 미디어 시스템은 대형 사회 기관과 권력의 중심부 쪽으로 사람들을 연결시켰지만 이들 서로 간 에는 연결이 되지 않았다. 이제 시민에서 시민으로 흐르는 수평적 흐름이 수직적 흐름처럼 실현됐다"고 결론짓는다(Rosen 2006). 로젠과 새로운 기술의 변형적 함의에 흥분한 다른 사람들에게, 이러한 변화는 단순히 주류 미디어 조직의 지배에 도전할 뿐만 아니라 젠킨스Jenkins와 드웨즈Deuze가 "풀뿌리 미디어 생산grassroots media production"이라고 부른 창조성을 활성화하고 이용하는 것이다(Shirky 2008; 2010 참조):

> 제이 로젠의 흥미로운 표현을 빌리면, "한때 수용자로 알려졌던 사람"은 풀뿌리 미디어 생산의 전통적인 후미(해적라디오, 공동체 텔레비전, 뉴스레터)에 숨어있진 않고, 오히려 이들의 작업이 자체적으로 추종자를 만들어내고, 주류 미디어에 인용되며, 패러디물과 전유물을 만들어내는 유튜브 비디오처럼 점점 현대 미디어 전경mediascape의 중심이 되어가고 있다. 풀뿌리 인터미디어리intermediaries가 미디어전경에 걸쳐 합법적 그리고 불법적으로 "퍼뜨리는" 상품화된 콘텐츠를 둘러싼 새로운 가치(그리고 아마 낡은 의미를 훼손하면서)를 만들고 있다. (Jenkins and Deuze 2008, 9)

드웨즈(2008, 848)에게, 새로운 형식의 "유동 저널리즘liquid journalism이 바야흐로 네트워크 사회에 맞게 작동하고, 모든 개인 소비자-시민consumer-citizen이 자신만의 뉴스 생산자이자 이용자가 되는 특권과 권리를 매우 존중하며, 제임스 케리James Carey가 말한 대화 사회conversation society의 증폭기가 하던 역할을 열심히 수행하고 있다." 드웨즈의 입장은 현대의 "유동 저널리즘"에 대리인 자격을 부여할 뿐만 아니라 민주주의를 고양시키기 위한 적극적인 규범적 역할을 부여하고 있다.

해방된 "소비자-시민" 또는 "시민-기자"에 대한 환호는 새로운 기술의 해방적이고 창조적 잠재력을 수용한(흔히 저널리즘 연구자보다 훨씬 비판적이지 않은) 미디어 연구 내 포괄적인 유형의 일부로 볼 수 있다. 이러한 경향은 클레이 셔키Clay Shirky(예, 2008, 2010)와 데이비드 곤틀렛David Gauntlett(예, 2011, 2015) 같은 학자-활동가의 작업이 전형적인데, 이들에게 소셜 미디어와 웹2.0의 탄생은 전례없는 창의성의 도래를 알리는 것이다. 셔키(2010)는 네트워크 시대는 21세기 개인들이 자신의 여가시간을 보다 생산적, 창의적, 그리고 이타적으로 쓰게 한다고 주장한다:

> 이러한 연결은 다시 우리의 인지적 잉여시간cognitive surplus을 자극해서, 일 년이면 엄청난 지구상의 교육받은 사람들의 자유시간이 자신들이 좋아하는 것에 쓰여질 수 있다. 20세기에, 대부분의 시간이 텔레비전을 보는데 쓰여 졌지만, 우리의 인지적 잉여시간이 늘어남에 따라 소비에서 참여로 조금만 시간을 할애해도 엄청난 긍정적 효과를 만들 수 있다.

셔키는 기술적 변화가 우리를 텔레비전의 수동적 소비라는 암흑기에서 창의적 참여의 미래로 이끈다는 가정을 제시한다. 비판가들이 지적하는 것처럼 이러한 관계의 변형적 속성에 대한 경험적 증거는 다소 혼재되어 있는데, 예를 들어, 기자들은 수용자의 갑작스런 등장에 대해, 자신의 직업적 정체성에 대한 위협과 광범위한 변화의 맥락에서 뿌리깊은 저항을 보인다(예, Anderson 2011b, 532-533).

보다 최근의 저널리즘 연구는 새로운 아마추어/시민 실천행위의 등장에 주목한다(예, Allan and Thorsen 2009; Allan 2013; Andén-Papadopoulos 2011). 이들 연구는 주류 언론이 직면한 비즈니스 어려움과 함께 새롭게 등장한 기술이 주류 언론사의 권위와 자원이 축소됨에 따라 전문적인 실천행위를 약화시킬 수 있다는 점을 인정한다. 하지만 이들은 또한 새로운 형식의 동일시와 연대를 낳을 수 있는 저널리즘 스토리텔링에 대한 새로운 접근법을 알아본다(예, Wahl-Jorgensen 출간예정; Chouliaraki and Blaagaard 2013).

이들 연구는 저널리즘 업계가 직면한 도전을 간과하지 않는다. 오히려, 이들 연구의 대부분은 단순히 그리고 많은 사람들이 주장하듯이 당연히 트위터 같은 새로운 기술이 그 자체로 흥미로운 것이라고 가정한다. 게다가, 이들 연구는 기술적 결정론의 가책을 느낄 필요는 없고 실제로도 종종 특별한 기술의 채택, 전유, 그리고 이용은 광범위한 정치적, 경제적, 그리고 사회적 상황과 이들의 상호작용에 달려 있다는 점을 이해하고 있다. 이는 기술이 특정 행동유발성, 즉 기술이 가능하게 하는 행위의 유형을 가진 것으로 간주하고 이러한 행동유발성이 특수한 사회문화적 맥락과의 상호작용 하에 어떻게 자신의 쓰임을 만들어 가는지를 이해하는게 훨씬 더 유익하다는 것을 보여준다(Papacharissi 2014). 미첼스타인Mitchelstein과 보즈코브스키Boczkowski(2009, 566)가 요약한 일치된 견해는 "결정론적 설명을 거부하고 대신 기술적 혁신은 초기 조건과 맥락적 특성들에 의해 매개되고 형성된다는 점을 제안"하는 것이었다. 그럼에도 불구하고, 보다 신중한 접근을 대표하는 학자들도 혁신이 어떻게 새로운 실천과 형식의 참여를 가능하게 하는지 분석하는데 있어서는 조심스럽게 낙관적인 태도를 보이는 편이다. 이러한 태도는 파파차리시Papacharissi의 흥미로운 저작, *감정적 공중Affective Public*에서 전형적으로 보인다(2014). 이 책은 사회운동의 담론과 행위를 촉진하고 조직하는 감정적 뉴스 흐름을 형성하는데 있어서 소셜 미디어, 특히 트위터의 역할에 주목한다. 파파차리시(2014)는 다음과 같이 결론짓는다:

> 감정의 구조는 이야기기 전해지는 담론적 공간을 열고 유지 한다. 융합 그리고 확산spreadable 미디어가 제시하는 담론적 공간에서 유행하는 특정 스토리텔링 행위가 있고, 이러한 행위가 어느 정도 다양한 연계engagement를 불러온다. 네트워크 프레이밍과 네트워크 게이트키핑은 서로 연관된 사람들이 어떻게 함께 내러티브를 큐레이트하고 공동으로 생산하는지를 설명한다. (Papacharissi 2004, 킨들 위치 2669)

이 책은 공중 담론에서 정서affect의 위치를 분석하는데 중요한 출발점으로 소셜 미디어의 행동유발성을 토대로 어떻게 새로운 형식의 스토리텔링이 나오게 됐는지를 보여주고 있다. 하지만 이 또한 아마추어 행위를 통한 기술적 혁신에 대한 초점이 언론사 위기로부터 관심을 돌리는 징후를 보인다. 이처럼 좀 더 낙관적 독해가 우세한 것은 이러한 경향의 필요와 가치에도 불구하고 저널리즘이 진보하지 *않고* 실제로는 구조적 실패의 징후들 와중에 위기가 심화되고 있는 상황을 가릴 수 있다.

디지털 저널리즘의 역사에 대한 휘그 해석은 직업으로서의 저널리즘 지식을 위한 명백한 결과가 있다. 우선, 수용자 역량과 연계에 대한 찬양은 인구통계학과 저널리즘에 대한 자기 이해의 관점에서 기성 미디어의 지속적인 중요성과 수용자의 소비 행위와 선호를 간과한다(Blumler and Cushion 2013).

자원이 풍부한, 엘리트 중심의, 그리고 역량있는 조직 내에서 새로운 기술과 이의 성공적 채택과 새롭게 역량을 갖게 된 수용자에 대한 강조는 학계 내 정치경제학과 권력관계를 고려했을 때 이해할 만하다. 다시 말해, 연구자들은 접근과 분석하기가 어려울 수 있는 주변부의 실패한 미디어 실천행위를 연구하기보다는 새로운 기술의 성공적인 이용을 연구함으로써 제도적 승인과 특권, 연구비, 세간의 이목을 끄는 출판, 그리고 승진의 형태로 문화적 자본을 얻기 쉽다. 하지만 시몬 카틀Simon Cottle이 이미 2000년에 얘기했듯이, 이러한 복잡함이 "저널리즘을 구별되지 않는 문화 또는 공통의 직업적 원리로 일반화해서 가정"할 수 없는 정확한 이유이기도 하다(Cottle 2000, 24).

이 점은 매우 중요한데, 사회구조에 깊숙이 뿌리내린 직업이자 실패하기 쉬운 체계인 저널리즘은 아마도 어느 때보다 실패에 취약하기 때문이다. 실제로 금융기관부터 원자력 발전을 포함해 최근에 세간의 주목을 받을 정도로 파괴적인 방식으로 실패한 다른 핵심 기관보다 결코 적지 않다. 실패한 것은 단지 주변부의 영세한 조직과 실천행위만이 아니라, 타이타닉의 침몰부터 리만 브라더스의 붕괴까지 많은 역사적 사건들이 이를 증명한다. 그러나 이같이 영세한 조직과 이들이 실패하는 방식에 대한 체계적인 무관심은 저널리즘 지식에 대한 중요한 결핍을 낳고 있다. 다양한 실천행위의 구체적인 양상에 대해 주목하지 못한 것은 인식론적 맹점을 낳고, 새로운 기술의 잠재력에 대한 환호가 바탕이 된 이 분야의 지배적 패러다임 지식 생산의 장에서 우리를 막다른 골목으로 내몰 수 있다. 따라서 이는 우리 학자들이 단단히 구속된 제도와 사회의 권력관계에 의해 만들어진 지배적인 패러다임이 실제로는 연구의 우선 의제가 되어야 할 문제들을 가릴 수 있다는 점을 고려하는 인문학과 사회과학에 걸친 성찰적 전환이 폭넓게 필요하다는 점을 시사한다. 이러한 성찰적 전환의 도움을 받아, 여기서 나는 저널리즘 실패의 다양한 측면에 대한 연구를 전면에 부각시키는 게 중요하다는 점을 호소하고자 한다. 저널리즘의 실패를 진지하게 고려한 연구들로부터 교훈을 얻을 수 있다.

__ 실패를 진지하게 받아들이기 : 저널리즘 연구와 실패한 실천과 제도

저널리즘 실패에 대한 연구는 주로 다음 세 가지 (1) 저널리즘 텍스트의 질, (2) 비즈니스 모델, 그리고 마지막으로 비교적 드물게 (3) 기자들의 생생한 경험을 통해 이해된 실패 중 하나에 관심이 있다. 우선, 저널리즘 텍스트의 질과 관련한 실패를 연구한 결과는 대체로 뉴스 생산 과정의 헤게모니적 성격에 대한 우려를 인식하는 편이다. 이들 연구는 특정 사건 또는 스토리 유형에 대한 상세한, 불편부당한, 그리고 정확한 보도를 제공하는데 있어서 기자의 약점이라는 관점에서 실패를 이해하는데, 9/11

테러 이후 전개된 사건(Carey 2002), 위기와 환경 저널리즘(Chase 1973), 2003년 이라크 전쟁에 대한 정당화(Kristensen and Ørsten 2007; Bennett et al. 2007; Bruns 2008), 그리고 허리케인 카트리나Katrina 보도(Bennett et al. 2007) 등을 예로 들 수 있다.

둘째, 특히 디지털 저널리즘의 등장의 맥락에서 비즈니스 모델의 실패는 *제도주의적* 그리고/또는 *경제적* 관점에서 자세히 연구되었다. 관련 연구는 "생존이 성공이다"(예, Bruno and Kleis Nielsen 2012; Lee-Wright, Philips, and Witschge 2012 참조)라는 점을 보여주었으며, 또한 판매부수, 구독자수, 그리고 광고수입이 하락하는 힘든 상황에서 온라인 뉴스가 이윤을 내기란 엄청 힘들다는 점을 보여준다. 실제로, 브런스Bruns(2008)는 시민 저널리즘의 등장을 디지털 시대에 적응하지 못한 기성언론 탓으로 돌렸다: "이러한 변화는 저널리즘 스스로 자초한 것으로, 왜냐하면 저널리즘 산업이 새로운 인터넷과 융합이 대세인 환경에 맞게끔 개선을 하지 못한 것이 젊은 독자들의 외면을 받았기 때문이다"(Bruns 2008, 173).

"개선updating"에 대한 강조는 변화하는 그리고 도전적인 뉴스 생태계에 적응함으로써 "뉴스를 재건하기rebuilding the news"위한 프로젝트로 앤더슨Anderson(2013)이 언급한 핵심사항과 관련한 많은 은유적인 표현들 중의 하나이다(Anderson et al. 2012 도 참조). 채드윅Chadwick과 콜리스터Collister(2014)는 "현대 저널리즘에 대한 가장 확실한 이야기는 비록 언급이 적지만 제도적 적응에 대한 것이다"라는 점을 밝혔다. 적응에 대한 작업은 혁신에 대한 관심과 밀접하게 연관된다(예, Aitamurto and Lewis 2013; Grueskin et al., 2013; Steensen 2009).

이들 은유들은 명시적이던 아니던 간에 이 분야의 연구가 자주 저널리즘의 제도적 실패가 재탄생 또는 슐레진저Schlesinger와 도일Doyle이 말한

"재구성recomposition"을 어떻게 가져오는지를 이해하는데 유용한 슘페터Schumpter의 "창조적 파괴creative destruction" 패러다임에 입각하고 있다는 사실을 보여준다. 창조적 파괴 패러다임을 설명하면서 슘페터는 재생renewal의 과정은 "낡은" 기술과 생산 양식의 파괴를 통해서 일어난다는 점을 제안했다:

> 산업 변화의 동일한 과정은 ... 끊임없이 낡은 구조를 타파하고 새로운 것을 창조하며 내부로부터 끊임없이 경제적 구조를 혁신시키는 것이다. 이러한 창조적 파괴 과정은 자본주의에 대한 본질적 사실이다. 이는 자본주의가 무엇으로 구성되어 있고 모든 자본주의적 관심이 애써야 할 것이다. (1950, 83)

왜 창조적 혁신이라는 용어가 디지털 시대 저널리즘이 직면한 도전을 이해하는데 특히 도움이 되는지는 분명하고, 실제로 이 용어는 미디어 산업의 위기를 다루는 많은 연구자들의 담론에서 핵심적이다(예, Bruno and Kleis Nielsen 2012). 동시에, 위기에 대한 설명이 흔히 생산적 재생이 일어날 것이라는 생각을 수반하기 때문에, 이 용어는 미래는 항상 더 밝고 나을 것으로 가정하는 저널리즘 역사에서 지속된 휘그 해석에 동의할 수 있다.

세 번째 연구는 이 장의 핵심인 실패와 주변부 사이의 관계를 둘러싼 질문을 다루는데 좀 더 가깝게 다가선다. 이 연구는 적응에 고전하고, 옛날 방식으로 일하며, 그리고 인기없는 비주류 언론사에서 일하는 기자들의 생경험lived experience에 초점을 둔다. 이 분야의 연구도 "구조적 사회 변화에 적응하고 전통적인 비즈니스 모델이 서서히 몰락하는 것을 극복하기 위해 스스로 새롭게 창조하고자 하는 미디어 산업의 노력"에 관심을 두고 있다는 점에서 여전히 창조적 파괴 패러다임에 빚을 지고는 있다(Domingo 2011; 또한 Domingo and Paterson 2011; Paterson and Domingo

2008; Usher 2010 참조). 하지만 이 분야의 연구는 "기술의 독재the tyranny of technology"를 넘어서 긴급히 필요할지라도 변화에 대한 적응은 고통스럽고, 힘들며, 모두가 성공하는 것이 아니라는 점과 다양한 종류의 실패가 단지 선택이 아니라 결과이기 쉽다는 점을 보여준다. 이 분야의 연구는 종종 변화, 적응, 그리고 실패 경험의 구체적 상황과 복잡함에 대한 통찰을 얻기 위해 민속지학 또는 인터뷰 방법을 이용한다(예, Anderson 2011a, 2013). 이들 연구는 일상에서 기자들이 "전통과 변화간의 긴장 속에서 살고" 있다는 사실을 인정한다(Mitchelstein and Boczkowski 2009, 562). 예를 들어, 보즈코브스키Boczkowski(2004)의 초기 연구인 *뉴스 디지털화하기Digitizing the News*는 미국의 다양한 언론사가 어떻게 융합과정에 적응하는지를 조사했다. 그의 사례 연구 중의 하나는 이용자들의 대리 경험을 강화하고자 했던 휴스턴크로니클HoustonChronicle.com의 "가상 여행자Virtual Voyager" 프로젝트에 초점을 맞췄다(Boczkowski 2004, 105). 보즈코브스키는 "가상 여행자의 도입은 외견상 모순된 궤적을 보여주는데, 즉 이용자와 산업 동료들로부터 성공에도 불구하고 상업적 실패를 초래했다. 이러한 사실은 모순된 결과가 아니라 오히려 혁신이라는 동전의 양면이다"고 결론 내렸다(2004, 137). 신중한 민속지학적 작업과 해당 웹사이트 정보 구조에 대한 조사를 통해 보즈코브스키는 이를 포함한 다른 혁신 실험이 기존 실천행위에 의해 영향을 받을 뿐만 아니라 수용자 기대, 필요, 리터러시, 그리고 상업적 압력의 복잡한 요소들과 타협해야 한다는 점을 중요시 했다.

이러한 연구는 기술변화에 대한 적응이 진공상태에서 일어나는 게 아니라 오히려 저널리즘 비즈니스 모델의 위기를 포함한 물질적 환경에 의해 강한 영향을 받는다는 사실을 강조했다. 예를 들어, 에크데일Ekdale과 동료들(2014)은 최근 한 차례 정리해고를 겪은 미국의 중형 도시의 독립적으로 소유된 언론사 기자들에 대한 심층 인터뷰를 실시했다. 이들은 뉴스룸에서 점점 증가하는 "직업 불안정성의 문화"가 변화에 대한 적응을 방해하는데 "왜냐하면 자신의 직업이 위험에 처한 사람들은 익숙한 실천 행위를 바꾸는 모험을 하지 않을뿐더러 직업 안정성을 느끼는 사람도 변화를 주도하기보다는 수용적이기 때문이다." 마찬가지로, 미국 지역 언론사에 대한 장기 민속지학 연구에 근거한 데이비드 리페David Ryfe의 책, *저널리즘이 생존할 수 있을까Can Journalism Survive?*(2012)는 부분적으로 인터넷의 도전에 대응하지 못해 파국을 맞은 한 전문직의 충격적인 모습을 보여준다.

> 무엇을 알게 됐는가? 짧은 답은 기자들이 매우 잘 적응하지 못했다. 대부분 같은 정보를 같은 사람들로부터 계속해서 모아서 그들이 수십 년 동안 해온 형식으로 이야기를 구성했다. 신문은 1930년대 이후 지속된 모습과 느낌을 그대로 유지했고 신문사 웹사이트는 신문의 모습처럼 불편했다. 기자들이 전통을 파괴하려 할 때도 이들의 노력은 대부분 수포로 돌아갔다. 내가 아는 한 광역 신문사에서 뉴스에 혁신을 시도하거나 편집국에 전면적인 혁신을 채택한 언론사는 없다. (2012, 3)

리페Ryfe(2012)의 비관적 평가는 공교롭게도 신선함이 있는데, 왜냐하면 상세한 민속지학적 작업에 근거했을 뿐만 아니라, 오랫동안 뉴스 미디어 세계의 핵심이었지만 지금 빠른 속도로 쇠퇴해가는 데도 불구하고 이에 대한 경험은 제대로 알지 못하는 광역 신문사에서 근무하는 기자들의 일상생활과 이들의 뉴스룸 문화에 대한 핵심을 세밀하게 조사했기 때문이다.

동시에 뉴스룸 자체에 대한 분석 범주의 실패에도 주목할 필요가 있다. 전통적인 저널리즘 민속지학이 "뉴스룸-중심"적인 경향을 보인 반면 (Wahl-Jorgensen 2009), 언론사는 더 이상 따로 독립된 기관이 아니라 이

보다 훨씬 큰 저널리즘 "생태계ecosystem"의 일부이다(Anderson 2013). 더구나 뉴스 생산이 더 이상 뉴스룸이라는 물리적 공간에 집중되어 전문적인 직업인에 의해 수행되는 것이 아니라, 엄청 다양하고, 네트워크화된, 그리고 분산된 행위들이 폭넓은 조직, 그룹, 그리고 매우 다양한 곳과 플랫폼을 이용하는 개인들에 의해 수행되는 것으로 봐야 한다. 어셔Usher (2015)는 신문사가 점점 대형, 랜드마크, 시내 중심의 빌딩에서 소규모, 무명의 그리고 흔히 교외의 공간으로 옮겨감에 따라, 뉴스 작업의 공간으로서 뿐만 아니라 저널리즘 중앙의 물리적 상징으로서 뉴스룸 자체의 하락을 연구했다. 그녀는 기자들이 신문사 건물이라는 물리적 공간의 상실을 어떻게 경험하고 있는지에 초점을 맞췄다:

> 이러한 이동은 중요한데, 왜냐하면 뉴스 산업의 바뀐 운명에 대한 증거이기 때문이다. 기자들에게, 전통을 뒤로하고, 시내에서 옮겨, 공간을 재고하는 것이 무엇을 의미하는지는 그들이 생각하기에 어떤 뉴스를 보도할 수 있는지에 대한 함의를 갖는다. 대부분의 공중에게, 이러한 이동이 전통적 저널리즘이 쇠락하고 있다는 것을 보여주는 주목할 만한 대중적 상징을 처음으로 보여주는 것이다. (Usher 2015, 2)

어셔(2015)는 저널리즘이 변화에 대응하는 방식은 기자들의 일상 업무, 그들의 관행, 자기이해, 자원, 그리고 제약이 어떻게 다르고 이에 따라 성공과 실패를 어떻게 형성하는지에 대한 예리한 인식을 갖고 살펴야 한다는 점을 보여준다.

실패를 이해하는 접근법

이제 민족-국가nation-states부터 핵발전소와 은행까지 복잡한 시스템에 걸쳐 시스템을 연구해온 사회학자, 정치학자, 그리고 조직이론가의 연구를 이용할 수 있다(예, Malpas and Wickham 1995; Perrow 2011). 이들 연구는 복잡한 시스템과 조직은 정기적으로 실패할 수 있다고 가정한다. 폭넓게 인용되는 연구로 클라크Clarke와 페로Perrow(1996)가 "평범한 조직 실패Prosaic Organizational Failure"에 관해 쓴 글은 다음과 같이 시작한다: "조직은 흔히 실패하고 핵심적 요인에서 실패한다. 경찰서는 타락한다. 은행은 현명하지 못한 투자를 한다. 학교는 교육을 하지 않는다. 투자 회사는 나쁜 내기를 한다." 이들은 복잡하고 "매우 상호작용적인 시스템이 점점 사회의 환심을 산다. 이러한 시스템에 주어진 정당화는 좀 더 자세하게 살펴볼 필요가 있는 실패를 자주 가린다"는 것을 제안하면서 이러한 의제의 중요성을 언급한다(Clarke and Perrow 1996, 1040-1055). 시장 실패와 정치경제학 분야를 포함해 실패를 연구해온 학자들은 실패를 "일탈, 즉 사회시스템의 일시적 고장"(Malps and Wickham 1995, 38)으로 간주하기 보다는 "사회생활의 만연한 중심 특성"(Malps and Wickham 1995, 37)으로 이해하고 이를 진지하게 받아들일 필요가 있다는 점을 보여줬다. 실패는 모든 유형과 규모의 기관에 영향을 미치기에 이러한 목적을 위해 개발된 다양한 이론 및 방법론적 수단을 통해 신중하게 연구될 필요가 있다. 이러한 논의의 연장선상에서, 정치 실패에 대한 정치 이론가의 이해에 대한 리틀Little(2012)의 관찰은 저널리즘에 대한 연구에 비슷하게 적용될 수 있다:

> 실패의 유형이 복잡한 사회의 정치 실천행위에서 나온 결과라면, 이 같은 실패 경향은 정치이론 자체에 어떻게 반영되는가? 정치이론가들은 실패에 대해 어떤 얘기를 하는가? 간단한 답은 거의 이러한 질문이 이뤄지지 않았고, 설령 이러한 논의가 있을 때도 주로 실패에 대해 단순하고 경멸적인 이해를 수반한다. (Little 2012, 6)

이 장이 논의했듯이, 현재 뉴스 조직에서 실패의 유형은 네트워크 사회라는 맥락에서 관습적 저널리즘 모델에 부과된 도전이 결합되어 복잡하고, 흔히 서로 중첩된다(Benkler 2006). 이는 재정상 번성하고, 독자를 확보하며, 기술적 혁신을 도입하고, "양질"의 저널리즘을 제공하며, 그리고 윤리적 기준을 따르는데 있어서의 실패를 포함한다. 이와 같은 복잡한 유형의 실패를 이해하기 위해 새로운 수단과 접근법이 필요한데, 이들 수단의 개발도 역시 근본적인 인식의 변화가 좀 더 요구된다. 즉 실패를 있는 그대로 "보고" 이를 실행가능하고도 중요한 연구대상으로 여겨야 한다. 게다가, 우리는 저널리즘의 근심거리를 복잡계 이론-실패를 이해하기 위해 사회과학자들이 자주 의존하는 분석틀-의 렌즈를 통해 의미있게 분석을 할 수 있다. 이 분석틀은 "전통적인 기계적 모델에서 가정하는 안정과 균형이 아닌, 역동성, 비선형적 체계, 변화, 불안정성, 그리고 불균형이 정상"이라는 점을 인정하다(Sanderson 2009, 705; Urry 2005). 대신 복잡계 이론의 옹호자들은 "실패를 복잡계의 새로운 자산으로 간주"할 것을 제안한다(Dekker et al. 2011, 939). 데커Dekker와 동료들(2011)이 결론지은 것처럼, 실패를 이해하기 위해 우리가 해야 할 일은 "복잡한 시스템 내부의 다양한 관점으로 나오는 복수의 이야기를 모으는 것인데, 어떻게 새로운 결과가 일어났는지에 대한 이들의 이야기는 부분적으로 중첩되기도 하고 모순되기도 한다. 복잡계 관점은 아마 최선의 방법 또는 가장 객관적인 탐구 관점이 존재할 것으로 간주하면서, 복잡한 시스템에 대한 쉬운 답이 있을 것이라는 생각을 불식시킨다. 이 관점은 우리로 하여금 대화에 더 많은 목소리를 참여시키고 이들의 다양성과 기여를 환영한다"(Dekker et al. 2011, 944).

복잡계 관점은 저널리즘 학자에게 이로운 방법론적 지침을 제공하는데, 무엇보다 실패는 불가피하며 개인의 행위에 의한 단순 실수에서 생기는 것이 아니라 복잡한 과정의 결과물이라는 점을 인정한다. 이 장이 강조하는 점은 우리가 학문적 관심을 성공적인 혁신을 낳는 발전소인 엘리트 언론사에서 미디어 생태계에서 산업에 영향을 미치는 커다란 변화에 긴급히 대응할 필요가 있는 주변부의 인기없고 열악한 자원을 갖는 플레이어들로 옮겨야만 기술적 변화에 대한 적응 *그리고* 실패의 복잡함에 대해 이해할 수 있다는 것이다. 이 장에 대한 논평에서, 셧슨Schudson은 제한적이고 편협한 의제를 갖는 영세한 지역 언론사, 이른바 “아이스크림 신문ice cream gazettes”은 민주사회에서 시민이 필요한 양질의 저널리즘을 제공하지 않기 때문에 연구의 가치가 없다고 했다. 하지만, 내 생각에 아이스크림 신문이 사실은 오늘날 저널리즘 업의 물질적 상황을 *보다* 잘 나타내고, 그리고 결과적으로 가능한 저널리즘의 유형이라고 생각한다. 엘리트 신문보다 아이스크림 신문이 훨씬 많고, 더 많은 기자를 고용하며, 뉴욕타임스보다 많은 사람이 읽는다. 또한 아이스크림 신문은 기자의 일상 경험의 중심을 차지하는 생존을 위한 사실적이고 구체적인 분투를 보여주고, 이들이 보이는 드문 성공과 대부분의 실패에 대한 이해 없이는 우리가 연구를 한다고 공언하는 저널리즘 업 내에서 무슨 일이 일어나고 있는지 거의 알지 못한다.

__ 결론 : 실패는 불가피하다

그렇다면 실패와 주변부의 실천행위에 대한 주목이 연구에 의미하는 바가 무엇인가? 이는 실패자, 애쓰는 사람, 그리고 조직에서 혁신과 변화에 저항하는 사람들에 대해 신중한 관심을 갖고, 왜 변화가 그렇게 어렵고 이러한 현상이 연구에서는 여전히 언급이 되지 않는 권력관계와 무슨 연관이 있는지를 이해할 필요가 있다는 말이다. 실패는 불가피하고 성공보다 더욱 그러하다는 점을 인식할 필요가 있다. 이는 어떠한 복잡한 사회 시스템에도 맞는 말이지만, 저널리즘의 경우 더욱 그러하다. 이미 살펴본 것처럼, 창조적 파괴에 대한 강조는 실패 자체가 성공을 위해 생산적일 수 있지만, 이는 흔히 재생을 위한 선결조건으로 보인다.

이제 실패에 대한 몰두를 통해 우리가 물어야하는 질문이 무엇이고 또 어떠한 방법론을 이용해야 할 것인가? 우선, 고군분투하고 있는 언론사를 찾아 이들을 연구가치가 있는 것으로 간주해야 한다. 둘째, 폭넓은 전국 및 지구적 맥락에 포함되면서 동시에 지역 및 지리적으로 연결된 생태계 내에서 이들 언론사의 위치를 이해할 필요가 있다. 이는 우리로 하여금 특정 기관의 실천행위를 보다 큰 시스템 내에 위치시키게 하는 보다 큰 그림을 제공하는 정치경제학, 네트워크 분석, 그리고 역사기록학을 포함한 방법론의 사용을 수반한다. 셋째, 복잡계 이론의 통찰에 입각해, 조직의 모든 수준에 있는 기자와 다양한 뉴스종사자의 생생한 경험을 구축하기 위해 민속지학적 방법을 사용하고 개별 실천행위와 설명의 구체적 텍스트에 주목할 뿐만 아니라, 이러한 것들이 권력관계와 기관 문화에 의해 어떻게 생산되는지 이해할 필요가 있다.

끝으로, 실패에 대한 주목은 연구의 대상뿐만 아니라 학문 작업 자체를 형성하는 권력관계와 정치경제학을 둘러싼 성찰이 늘어난 것을 의미한다. 이는 미디어 실천행위의 주변, 그리고 성공뿐만 아니라 실패를 둘러보고 이해하고자 하는 새로운 책무를 수반한다.

논평 :
저널리즘 연구 나무

마이클 셧슨Michael Schudson

토론을 부탁받은 장들은 저널리즘 연구 의제에 대한 각기 다른 쟁점을 다루고 있다. 세 개의 쟁점은 저널리즘의 디지털 변화를 생각하는데 있어서 몇 가지 공통된 어려움을 증언하고 있다. 나는 이들 논문이 각기 다른 방식으로 다루고 있는 보다 큰 질문에 초점을 두고자 한다.

각각의 장은 저널리즘 연구가 특수한 문제에 보다 주의를 기울여야 한다는 호소로 보인다. 카린 발-요르겐센Karin Wahl-Jorgensen은 저널리즘 분야의 연구가 심각하게 소규모 엘리트 언론사에 편중된 채, 다른 많은 언론사를 연구하겠다는 연구자가 없다는 점에 주목한다. 왜 두각을 나타내지 못하는 언론사를 간과해야 하는가? 왜 성공 또는 성공으로 보이는 사례에 주목하면서 다른 많은 분야처럼 상업적인 저널리즘 분야에서 실패는 성공보다 훨씬 흔한 경험이라는 사실을 무시해야는가-흔한 경험을 무시하는 이곳은 어떤 분야인가?

수 로빈슨Sue Robinson은 저널리즘 연구의 다른 공백, 즉 뉴스 생산과 뉴스 내용이 재생하는데 그치고 있는 지속적이고 근본적인 사회적 불평등을 배제하거나 경시하는 경향에 주목한다. 그녀가 우려하는 점은 뉴스 생산과 관련된 인종, 계급, 성별의 폭넓고 깊은 사회적 불평등의 관련성이 우리 분야에서 큰 주목을 끄는 연구에서 거의 관심을 받지 못하다는 점이다. 부유한 백인 남성이 도처에 널려있지만, 우리는 왜 이들을 당연하게 또는 이들의 지배를 우리 연구의 전경이 아닌 배경으로 당연시하는가? 어떻게-아직도 여전히-여성, 유색인, 그리고 보통사람들의 경험을 소외시킬 수 있는가?

마크 드웨이즈Mark Deuze와 미르잠 프렝거Mirjam Prenger는 오늘날 우리가 저널리즘 혁신에 너무 많은 주목을 할 뿐만 아니라 설상가상으로 변화의 주요 동력인 기술과 혁신을 너무 밀접하게 연결시키는 것을 우려한다. 이들은 관심을 다른 데로 돌릴 것을 촉구하며, 비기술적 혁신, 즉 1950년대와 60년대 미국, 영국, 네델란드에서 생긴 잡지형의 직설적 "시사" 텔레비전 프로그램이라는 좋은 예를 제시한다.

세 개의 모든 장은 저널리즘 연구 분야의 단점을 보여준다. 이들 세 장과 이 책의 전반적인 특징에 대해 나의 주목을 끄는 것은 모든 저자들이 저널리즘 연구 분야가 실제로 존재한다고 당연시 한다는 점이다! 실제로 존재는 하지만, 내게는 이것이 전혀 기대치 못한 그리고 여전히 놀라운 발전이다. 이는 마치 내가 낮잠을 자는 동안 우리 집 앞마당에 꽃이 활짝 핀 큰 나무가 솟아난 것과 다름없다. 내 박사 지도학생 중 몇 사람이 나 자신은 상상하지 못했던 학문적 기획을 유지하면서 이 분야를 형성하는 데 리더 역할을 하고 있다. 내 앞마당에서 무슨 일이 일어나고 있는가?

아마 이는 대학의 지적 삶이 어떻게 성장하고 번성하는지를 보여준다. 이는 어떻게 비판적 대화가 발전하는가를 보여준다. 이는 또한 담론이 나뉘어져 인접한 연구를 모르게 되는지를 보여준다. 그래서 결국 이 섹션의 장이 제공한 것과 다름없는 비판적 재고를 요구하게 된다.

내 마당의 저널리즘 연구 나무는 놀랍지만 환영하지 못할 것도 아니다. 실제로 커뮤니케이션, 사회학, 또는 다른 학문을 막론하고 하위 분야가 늘어감에 따라 일반적인 지적 응집력은 어렵다. 지나친 전문화overspecialization의 위험은 분명하지만, 비판적이고 힘을 주는 지적 하위공동체를 만드는 장점도 있다.

이 점을 염두에 두면서, 이들 세 장에 대해 언급하자면, 커뮤니케이션, 사회학, 정치 이론 등 다른 관련된 문헌과 조금 더 연결을 시켰다면 도움이 됐을 것 같다. 실패의 유형에 대한 다른 연구가 있는데, 예를 들어 사회학의 두 가지 모범적인 연구로 *챌린저 재앙The Challenger Disaster*의 조직적 실패를 다룬 바우한Vaughan의 연구와 찰스 보스크Charles Bosk의 *용서와 기억: 의료 실패 관리Forgive and Remember: Managing Medical Failure*를 들 수 있다. 바우한은 단점들의 정상화가 어떻게 조직 관행의 일부가 되어 재앙이라는 결과를 낳는지를 다룬다. 보스크는 수술실에서 일상적으로 일어나는 실패가 어떻게 의료 관행이 되는지를 보여준다. 모든 조직은 다양한 방식으로 실패한다. 매우 두드러진 조직들이 가장 주목할 만한 실패도 갖기 마련인데, 뉴욕타임스는 제이슨 블레어Jason Blair의 표절을 막지 못했고, 워싱턴 포스트와 뉴욕타임스 모두 이라크 전쟁 준비 일환으로 이라크가 대량 살상 무기를 갖고 있다는 부시 행정부의 의심스런 주장에 대해 경고를 못했다. 이러한 실패는 엄청난 것인데, 왜냐하면 이들 언론사는 큰 업적을 이뤄왔고, 자신의 업무에 대한 높은 포부와 대단한 전문직주의 전통을 보여 왔기 때문이다. 이러한 종류의 실패와 소규모 언론사의 실패를 어떻게 생각해야 할까? 미국의 다른 1,400개 신문사 또한 대량 살상 무기가 존재하지 않는다는 사실을 놓쳤지만 누구도 이들 언론사에 대해 이를 기대하지는 않는다.

광범위한 사회적 불평등과 이를 영구화시키는 미디어의 역할에 대해서는, 미디어 산업과 미디어 생산물의 인종과 젠더 고정관념에 대한 연구를 포함하는 많은 문헌은 저널리즘부터 텔레비전 오락, 비디오 게임, 필름

외 다른 분야에서도 거의 셀 수 없다. 수 로빈슨이 이들 문헌을 체계적으로 조사할 필요는 없다. 하지만 그녀가 지난 수십 년 동안 가장 생산적인 연구분야 하나인 영국 문화연구에서 파생된 수용자에 대한 연구를 거의 논의하지 않았다는 데 놀랐다. 스튜어트 홀Stuart Hall이 주장하듯이[1]), 이들 연구는 매스미디어의 커뮤니케이션 과정이 생산자에 의한 "부호화" 단계와 수용자에 의한 "해독" 단계를 포함한다는 점을 강조한다. 수용자는 때로는 생산자가 의도한 "선호된 읽기"를 받아들이지만, 주로 "교섭적 의미"와 때로는 "대항적" 읽기를 한다. 이점을 간과하는 것은 오래된 익숙한 문제에 봉착하는 것으로, 부유한 백인 남성이 주로 쇼를 재정적으로 지원하기 때문에 의미를 통제한다고 가정한다면, 자유 사회에서 가능한 다양한 의미와 수용자가 만들어내는 해석의 다양성을 놓칠 뿐만 아니라 의견이 어떻게 변하는지를 이해할 방법이 없다. 하나의 텍스트가 부여하는 다양한 의미에 주목하지 않고서는 1989년 이후 동유럽의 격변, 미국 시민권 운동 또는 여성운동 그리고 이들이 다양한 삶 속에서 만들어낸 변화에 대한 설명을 찾을 수 없다. 심지어 영향력 있는 백인 남성들 사이에 존재하는 다양한 그리고 대립하는 관점에 대한 인식 없이는, 어떻게 한때 규범이었던 흡연이 전 세계 산업 민주국가의 교육받은 사람들 사이에 경멸의 대상이 되었는지 또는 한때 비도덕적이고 비자연적인 것으로 폭넓게 이해되던 동성애가 인간 성애의 일상적인 표현으로 받아들여지게 됐는지를 이해할 가망이 거의 없다. 이처럼 견고한 권력이 의견 형성의 주요한 제도에 의해 전폭적으로 뒷받침된다면 어떻게 이러한 일들이 일어났겠는가?

지배적 의미는 가장 큰 스위스 은행 계좌를 갖고, 가장 큰 별장을 소유하며, 거대 기업의 CEO인 사람들로부터 일부 파생되지만, 이는 폐쇄적인 시스템이 아니다. 그리고 저널리즘 같은 몇몇 중재 제도는 어떤 일이 있어도 신념을 전적으로 강요하지는 않는다. 민주적인 사람들이 공무원과 공립학교 교사에게 하는 것처럼 공중은 기자와 편집자에게 결코 통치권을 부여하지 않는다. 저널리즘은 우리를 단죄하거나 감옥에 집어넣고, 심지어 학점을 줄 수도 없다. 우리가 미디어에 부여한 것은 일상의 현실을 정의하는 데 대한 조건적이고 부분적인 통제권으로, 이 통제권은 이들이 정당한 권위자, 즉 수백만의 미국인이 미국이 아닌 뉴스 소스를 접하고 수백만의 사람들이 무엇을 읽을지에 대한 단서를 3대 방송사 또는 자신들이 거주하는 지역의 지배적인 신문이 아닌 친구와 소셜 미디어로부터 구하는 디지털 세상에서 성장한 사람들과 협력을 하는 한 유효하다. 뉴스 미디어 자신이 수용자가 이미 갖고 있는 의견에 의존적인 만큼 수용자도 미디어가 제공하는 정보와 생각에 의존적이라는 것을 일상 관행에서 잘 알고 있다. 로드니 벤슨Rodney Benson이 "수용자 순응audience adjustment"이라 부른 현상, 즉 뉴스 내용이 소비자의 기존 선호에 맞추는 현상이 미디어 소유주의 정치적 견해와 편애보다 뉴스 내용을 설명하는 데 중요할 수 있다.2)

이는 로빈슨의 주요한 우려, 즉 권력이 중요하고 디지털 시대 저널리즘 연구가 마치 페이스북의 쉬운 접근성이 모든 불평등을 없앨 것처럼 권력의 문제를 제쳐둘 수 없다는 주장을 가볍게 여기는 것은 아니다. 하지만 단지 저널리즘 내부와 이를 둘러싼 권력관계가 디지털 변화와 함께 어떻게 바뀔까? 보다 정확한 질문은 다음과 같다: 광고와 다른 개인 및 상업적인 경제 거래가 온라인 판매에 유입됨으로써 촉발된 광고기반 비즈니스 모델의 붕괴가 언론사와 언론사 내부의 정치적 및 경제적 권력을 어떻게 바꿀 것인가?

"성공"과 "실패"에 대한 발-요르겐센Wahl-Joregensen의 논의와 관련해, 이들 용어가 저널리즘의 디지털 변화와 관련해 보다 정교한 정의가 필요하지 않을까 싶다. "성공"과 "실패"라는게 있다면 이들의 의미가 디지털 시대에 어떻게 변하는가? 누구도 실패할 것으로 기대하지 않았던 주요 일간 신문사의 긴축재정에 비교 했을 때 누구도 실제로 지속되리라 기대하지 않는 소규모 스타트업의 실패란 무엇인가? 디지털 변화는 성공과 실패의 의미를 어떻게 변화시키는가?

발 요르겐센Wahl-Joregensen의 글은 노스웨스턴 대학 컨퍼런스에서 내가 말한 *아이스크림 신문Ice Cream Gazette*을 언급하고 있다. 설명을 하자면, 2009년 샌디에고에서 뉴욕까지 미국을 운전으로 횡단했다. 이때 내가 들렀던 모든 시와 작은 마을에서, 해당지역 신문을 집어 들었다. 다른 마음가짐을 갖는 누군가에 이는 흥미있는 일로, 실제로 첫 번째 발견은 모든 마을이 내가 살 수 있는 지역 신문을 갖고 있다는 사실이었다. (2014년, 또 다른 자동차 여행 중에도 신문을 구매했지만, 이번에는 매우 의기소침했다. 왜냐하면 쇠락해가는 신문 비즈니스가 미국인의 교육적 및 정치적 경험에서 큰 공백을 만들지 않는다고 생각했기 때문이었다.)

특히 2009년 여행 중 오하이오의 한 신문이 기억난다. 이 당시는 7월로 무더웠는데, 이 신문은 왜 아이스크림을 좋아하는지 지역 시민을 인터뷰한 대형 특집 기사를 인터뷰에 참여한 사람들의 사진과 함께 실었다. 이 마을의 주민들은 더운 날 아이스크림이 원기를 북돋아 준다는데 전반적으로 동의했다. 이 내용이 신문 거의 절반을 차지했다.

아마 이 당시 특별한 뉴스가 없는 날이었다. 하지만, 나는 이러한 *아이스크림 신문*을 실패, 즉 죽은 나무의 슬픈 이용의 예라고 생각했다. 편집장 또는 독자들이 무슨 생각을 했는지 모르지만, 이들은 해당 아이스크림 이야기를 성공이라고 생각했을 수 있다. 결국, 신문에 자신의 이름이 실리는 것을 한 번도 못 봤을 사람들을 특집으로 다뤘다. 공동체 참여는 지역신문이 때때로 달성하고자 하고 실제로 성공하는 것 중의 하나이다. 나는 단지 이러한 유형의 공동체 형성이 저널리즘에 큰 이점이 있다거나 저널리즘의 품격을 높인다고 생각하지 않는다. 그리고 학자들이 엘리트 언론사에 부여하는 것과 같은 관심을 받을 만한지에 대해 의문을 제기한 것이다.

발-요르겐센은 실패가 "불가피하"고 흔해서, 심지어 "성공보다 더 많다"고 얘기한다. 이는 어쩌면 사실이지만, 내게는 "온라인 저널리즘의...실패자, 약한자, 그리고 인기없는 자"를 연구해야할 당위성으로 충분치 않다. 온라인이든 종이든 세상의 아이스크림 신문들은 리틀리그 팀을 후원하면서 공동체에 기여하고, 작은 이윤을 내며, 서비스를 제공하기 위한 소규모 비즈니스가 전형적이다. 이들은 결코 지역 정치 지도자를 내쫓거나 또는 그런 노력을 하지 않는다. 이들은 아마도 인턴십 또는 방과 후 아르바이트의 몇몇 좋은 업무 습관을 배우는 지역 고등학생을 제외하고는 어떤 사람 또는 어떤 것에도 거의 영향을 미치거나 영감을 주지 않는다.

하지만 이들이 실패인가? 아마 그들의 관점에서는 아니다. 하지만 무엇이 그들 자신의 관점인가? 상을 받는 것인가? 발행부수를 늘리는 것인가? 이윤을 늘리는 것인가? 실질적인 정치적 또는 사회적 결과가 있는 탐사보도를 생산하는 것인가? 평범한 일상으로부터 순간의 활기를 주는 감정적으로 감동적인 기사를 만드는 것인가?

몇몇 저널리즘 역사에서 가장 중요한 변화들은 기술적 변화와 밀접하게 관련이 없다. 드웨이즈Deuze와 프렝거Prenjer가 예로든 텔레비전 매거진 형식의 "시사" 프로그램은 경쟁과 리더십 때문에 등장했다. 본질적으로 이는 기존에 존재하던 기술을 이용해 뉴스를 보여주는 형식과 장르를 새롭게 한 것이다. 이러한 종류의 또 다른 중요한 예로 19세기 미국을 시작으로 이후 수십년 후 유럽의 다른 지역에서도 역시 중요한 저널리즘 실천 행위로 등장한 인터뷰를 들 수 있다.3) 또 따른 예로 도널드 매테슨Donald

Matheson의 훌륭한 논문에서 잘 제시했듯이, 1880년과 1930년 사이 영국 저널리즘에서 기자들은 단순히 서기에 불과하고 신변잡기식의 목소리만을 전달하던 것이 지배적인 것과는 다른 독특한 저널리즘 '목소리voice'의 등장을 들 수 있다.[4] 2016년 현재 저널리즘 내부뿐만 아니라 주변에서도 매주 쏟아지고 있는 기술적 발전 또는 기술 관련된 "앱apps"과 이의 확장에 압도되지 않기란 어렵지만, 이것이 혁신의 유일한 지점은 아니다. 디지털 시대의 새로운 하드웨어가 전문가와 아마추어를 막론한 기자들이 소통하는 방식을 바꾸는데 중요할지라도, 이러한 하드웨어를 이용하고 우리에게 관련있는 지식을 모으는 언어와 자원을 변화시키는 새로운 소프트웨어가 가장 중요하다. 이 소프트웨어는 기술과 관련이 있고 기술이 만드는 변화이지만, 문학적, 예술적, 또는 표현적 혁신이 이 중심에 있다.

나는 여전히 뜰에 있는 저널리즘 연구 나무가 궁금하다. 모든 것을 감안할 때 이는 훌륭한 성장으로 이전에 비해 보다 복잡해지고, 혼란스럽고, 매력적으로 성장한 공적 삶에 대해 성찰할 수 있는 그늘을 제공한다.

Notes

1) Stuart Hall, "Encoding/Decoding," in Stuart Hall, Dorothy Hobson, Andrew Love, and Paul Willis, eds., *Culture, Media, Language* (London: Hutchinson, 1980): 128-138.

2) Rodney Benson, "Institutional Forms of Media Ownership and Their Modes of Power," in Martin Eide, Lief Ove Larsen, Helle Sjovaag, eds., The Journalistic Institution Reexamined (Intellect, forthcoming).

3) Michael Schudson, "Question Authority: A History of the News Interview" in Michael Schudson, The Power of News (Cambridge, MA: Harvard University Press, 1995): 72-93. (Media, Culture & Society 16 [October 1994]에 최초 게재).

4) Donald Matheson, "The Birth of News Discourse: Changes in News Language in British Newspapers, 1880-1930," *Media, Culture* & *Society 22* (2000): 557-573.

후기: 저널리즘과 저널리즘 연구의 육하원칙

마이클 델리 카피니Michael X. Delli Carpini

나는 여섯 명의 정직한 사람을 알고 있다
(이들이 내가 알아야 할 모든 것을 가르쳤다)
이들의 이름은 무엇, 왜, 언제, 어떻게, 어디서, 그리고 누구이다
- 루디야드 키플링 Rudyard Kipling (1902, 63)

"저널리즘이 위기다"라는 말이 많은 학자, 비평가, 그리고 이 직업에 종사하는 사람들에게 주문 같은 것이 되었다. 적어도 미국의 신문과 방송 뉴스라는 "기성legacy" 미디어의 경우 이러한 견해에 대한 사례가 분명히 존재한다. 지난 30여 년 동안 300개 이상의 일간지가 폐간했고, 신문 구독부수가 35퍼센트 하락했으며, 직업 기자의 수는 40퍼센트 이상 하락했고, 수익은 인구가 지금의 절반이고 경제규모는 1/7에 불과했던 1950년대 수준으로 떨어졌다(Newspaper Association of America; American Society of News Editors). 같은 기간 동안 지역과 전국 텔레비전 뉴스의 상황도 마찬가지로 암울해, 저녁 시청률은 50퍼센트 이상 하락했고 시청자 평균 연령은 60세 이상으로 높아졌다(Potter 2008). 그리고 뉴스 미디어 일반에 대한 신뢰는 역대로 가장 낮다(Gallup 2015).

동시에 저널리즘의 절박한 위기의 원인으로 자주 언급되는 문화적, 경제적, 정치적, 그리고 기술적 변화가 공공 정보 및 분석과 관련한 새로운 정보원의 과잉을 낳은 것도 사실인데, 이들 정보원은 케이블 뉴스와 토크쇼부터 시작해 온라인 뉴스, 블로그와 마이크로블로그, 시민 기자(그리고 시민 저널리즘이라는 우연한 행위random acts of citizen journalism), 크라우드소싱, 국제 미디어에 대한 온라인 접근성, 그리고 풍자 뉴스 같은 대중문화 장르로 확대된다. 덧붙여, 미국에서 발견된 기성 뉴스의 추세는 새로운 뉴스 생산과 소비가 늘어나고 있는 다른 나라의 추세와는 상반된다. 이 점에서 저널리즘 위기는 아마도 전세계적으로 저널리즘이 주요한 전환기에 놓여있는 역사적 순간으로 생각하는 편이 좋고, 이에 대한 함의는 여전히 대부분 불확실하다(Williams and Delli Carpini 2011; Chadwick 2013).

이러한 변화와 함의를 이해하는 것이 이 책과 이를 가능하게 한 컨퍼런스의 배경이다. 이 후기를 통해 이 책에서 우리가 무엇을 배울 수 있는지에 대한 내 생각을 전하고자 한다. 이를 위해 20세기 초반부터 많은 저널리즘 수업과 교과서에서 가르치고 전문적 뉴스 보도가 무엇을 의미하는지를 나타내는 고전적 "육하원칙5Ws 1H"을 기반으로 논의를 구성하고자 한다. 이 책에 실린 글들이 우리가 연구하는 대상의 변화하는 속성과 이의 결과로 일어난 저널리즘 연구의 변화에 대해 무슨 말을 하고 있는지 설명하기 위해 이 비유를 사용한다.[1]

__ 누가?

저널리즘의 "누가"는 몇몇 다른 유형의 사람을 지칭할 수 있다. 기자 자신에게 이는 주로 취재원과 보도 대상을 의미하지만, 저널리즘 연구자인 우리는 뉴스 생산자와 소비자의 역할을 추가해야 한다. 누가 이들 각각의 역할을 수행하는지는 20세기 대부분은 믿을 수 없을 정도로 간단했다. 미국에서 뉴스는 기성의, 쉽게 인식할 수 있고, 그리고 거의 독점적으로 사적이며 점점 기업이 소유한 언론사에서 일하는 직업 기자들이 만들었다. "저널리즘 관습의 문제"로(Sigal 1986), 뉴스의 대상과 취재원은 주로 "아는 사람"(정부 관리와 다른 엘리트, 전문가, 유명인)으로 구성됐다. "모르는 사람," 즉 보통사람은 다섯 개의 뉴스 중 하나 정도로 다뤄졌고, 여전히 뉴스 정보원으로는 드물며(Gans 1980), 대신 비교적 소극적인 뉴스 소비자의 위치로 전락하고 말았다. 이러한 미디어 시스템 또는 "체제regime"는 당시의 정치적, 경제적, 문화적, 그리고 기술적 환경에 기인하고 20세기 전문직 저널리즘 규범, 관행, 그리고 제도institution에 의해 유지되고 당연시되었다(Williams and Delli Carpini 2011, chapter 2 & 3).

이 책에 실린 글들은 점차 이러한 시스템이 해체되고 있음을 지적하고 있으며, 이 과정에서 항상 지나치게 단순하고 사회적으로 구성된 역할의 실천과 연구도 복잡해지고 있다. 이러한 해체 과정에서 가장 분명한 것은 뉴스 생산, 소비, 정보원, 취재대상의 경계가 흐려진다는 점이다. 피카드Picard(2014)를 인용하며 보즈코브스키Boczkowski와 미첼스타인Mitchelstein이 언급했듯이, "증명을 하고, 의견 지도력을 갖으며, 비행을 폭로하는 전통적인 기능이 뉴스 미디어에 의해서만 제공되는 것이 아니다." 이들은 여전히 산발적으로 진행되는 다양한 뉴스룸 과정과 실천에 있어서의 혁신을 거론하고 있는데 이러한 혁신이 취재원의 정의를 확대시켜서 소셜미디어, 이용자-생성 콘텐츠, 그리고 다른 온라인 소스에서 취합한 토픽과 이야기를 재활용하는 것까지 포함하게 됐다. 마찬가지로, 요즘 기자들이 엘리트 침묵에 의해 만들어진 "침묵"을 채우는데 있어서의 좋은 점과 나쁜 점을 어떻게 다루는지 보여준 애나니Ananny의 사례는(예를 들어 "팔로워"를 모집해 "검증망verification network"이 되게 하는 사례) 누구의 목소리가 "들리고, 행동을 유발하며, 영향력을 [갖는지]"에 대한 큰 함의를 갖는다. 발-요르겐센Wahl-Jorgensen이 관찰한 것처럼(젠킨스Jenkins와 드웨이즈Deuze를 인용하자면),

> 제이 로젠슨의 독창적인 문구대로 "한때 수용자로 알려졌던 사람"이 이제 풀뿌리 미디어 생산에서 전통적으로 뒤에 숨어 있지 않고 있다. 오히려 이들의 작업이 점점 현대 미디어 전경의 핵심이 되고 있는데, 예를 들어 자체 제작한 유튜브 동영상이 열렬한 추종자를 형성하고, 주류 미디어에 언급이 될 뿐 아니라, 고유한 패러디물과 전유물을 만들어 내고 있다. 풀뿌리 인터미디어리들이 미디어 환경에서 합법적이자 불법적으로 "퍼트리는" 상품화된 콘텐츠를 둘러싸고 새로운 가치(그리고 아마 다른 오래된 의미를 훼손하면서)를 만들어 내고 있다.

하지만 이러한 비교적 낙관적인 견해가 로빈슨Robinson에 의해 조절되는데, 그녀는 이러한 변화가 저널리즘과 사회 전반의 오프라인 세상에서 발견된 불평등한 권력관계에 어떻게 달려 있는지 그래서 이러한 불평들을 재생산하는 것은 아닌지를 신중하고 체계적으로 고려할 필요가 있다는 사려깊은 주장을 한다.

뉴스 대상, 정보원, 생산자, 소비자의 경계가 흐려진다는 사실이 정보환경의 변화하는 특성의 가장 극적인 결과임에 틀림없을 지라도, 이러한 경계가 그대로 존재할 때조차도 저널리즘의 "누가"에 대한 함의가 있다. 이 책의 몇몇 글들이 보여주듯이, 이 점은 전문직 기자에게 명확하다. 예를 들어, 힌드만Hindman이 주장하듯이 "수용자에 대한 새로운 형식의 데이터"는 기자로 하여금 "수용자 행위 데이터에 대해 엄청난 주목"을 요구한다. 싱어Singer 그리고 프랭거Prenger와 드웨이즈Deuze 모두 "기업가 정신"

이라는 개념이 기자들이 자신의 업무를 수행하는 방식을 어떻게 변화시키고 있는지 살펴보고 있다. 그리고 보즈코브스키Boczkowski와 미첼스타인Mitchelstein은 어떻게 "온라인 뉴스가 기자들로 하여금 복수의 업무를 수행하고 몇 개의 미디어 형식을 융합하라는 압력을 가중시키는지"에 주목하고 있다.

여기에 나는 뉴스 소비자의 역할 또한 극적으로 바뀌었다는 점을 덧붙이고 싶다. 선택할 정보 양과 형식이 늘어난 것은 식견있고 참여하는 시민의 "일job"을 더욱 복잡하고 시간이 들게 만들고 있는데, 이러한 변화의 결과에 대해 아직 잘 모른다. 이러한 현상이 정보 격차를 늘릴 것인가(Prior 2007) 아니면 정치적인 동기부여가 적은 사람들이 유용한 정보를 마주할 기회를 늘릴 것인가(Baum 2003)? 이러한 상황이 이데올로기적으로 공명하는 "반향실echo chamber"에 둘러싸인 수용자 파편화(Sunstein 2007; Jamiseon and Cappella 2010) 또는 새로운 형식의 "공동체"와 "연결된 행위"를 창조하는 기회를 낳을 것인가(Benkler 2006; Shirky 2008; Bennett and Segerberg 2012)? 이 상황이 사실과 루머의 의미있는 구분을 없애는지(Thorson 2016) 아니면 집단적 지혜를 도모할 수 있는 새로운 가능성을 낳을 것인가(Noveck 2015)? 이러한 질문은 맥락에 따른 답변이 가능하겠지만 학자로서 우리가 답변할 책임이 있다.

끝으로, 현대 미디어 환경에서 계속해서 진화하는 변화는 또한 저널리즘 연구의 "누가"를 확대할 필요를 제기한다. 몇 가지 방안을 염두에 두고 있다. (이 책의 글과 이들이 인용한 연구에서도 드러나듯이) 가장 분명한 것은 지금 뉴스 제작 환경에서 넘쳐나는 비전문직, 준전문직, 독립기자들을 포함시킬 필요가 있다. 하지만 이를 넘어 컴퓨터 프로그래머와 대중 연예인까지 뉴스와 정보 생산에 점차 관여하는 다른 많은 행위자들도 고려할 필요가 있다. 셧슨Schudson과 더튼Dutton이 자신의 논평에서 제안한 것처럼, 우리가 이론, 방법론, 그리고 해석을 개발하기 때문에 커뮤니케이션과 미디어 연구 분야와 이들의 하위분야 내에서 우리가 관심을 갖는 "누가"를 확장시킬 필요도 있다. 그리고 스트라우드Stroud와 벤슨Benson이 지적한 것처럼, 저널리즘 연구자로서가 아니라 쓸모 있고, 쓸 수 있으며, 이용가능한 공공정보를 만드는 잠재적 협력자로서 우리의 역할이 무엇인지 고려할 필요가 있다.

__ 무엇을?

저널리즘의 "무엇"은 전통적으로 "무슨 일이 일어났는지", 즉 뉴스 스토리를 구성하는 사건들의 이야기를 의미한다. 기자들의 "객관주의"라는 개념에 대한 책무에도 불구하고, 이는 오랫동안 사회적 구성의 속성을 갖는 과정으로 이해됐다. 카를린 로마노Carlin Romano가 30년 전에 이렇게 말했다:

> 언론이 무엇을 보도하는가? 즉흥적인 대답은 느낌이 오는 것, 팔릴 것, 경쟁사가 보도하는 것, 오후 10시까지 신문에 실을 수 있는 것, 항상 보도해 왔던 것이 재빨리 떠오른다. 좀 더 근엄한 대답은 뉴스, 사실, 중요한 것이 떠오른다. (1986, 38)

이 책에 소개된 변화는 전통 저널리즘의 "무엇"에 직접적인 함의를 갖지만, 이러한 변화에 따른 정보환경이 진보인지 퇴보인지는 여전히 불확실하다. 보즈코브스키Boczkowski와 미첼스타인Mitchelstein, 애나니Annany, 그리고 로빈슨Robinson에 의해 각기 다른 방식으로 언급된 저널리즘 실천에 대한 변화, 기자의 직업적 역학에 대한 도전, 그리고 기자 권위의 재구성은 언론이 "오후 10시까지 신문에 실을 수 있는 것"을 보도한다는 로마노의 재치 그리고 나아가서 아마도 "사실"을 보도한다는 좀 더 진지한 주장까지도 철 지난 것으로 만들고 있다. 힌드만Hindman, 보즈코브스키와 미첼스타인, 애나니가 주목한 수용자 데이터와 소셜 미디어 콘텐츠에 대한 접근과 주목, 그리고 이용이 늘어가는 것과 함께 싱어, 프렝거와 드웨이즈, 그리고 피카드가 강조한 경제적 압력도 또한 무엇이 뉴스를 구성하는지에 대한 강조점의 변화 가능성을 시사한다. 로마노의 표현대로, 이러한 변화는 "기자들이 보도하고 싶은 것"(그리고 아마 "중요한 것")에서 "팔리는 것"을 보도하는 것으로 급격한 이동을 의미할지도 모른다. 조금 덜 냉소적으로는 "사람들이 관심있어 하는 것" 그리고 아마도 "시민적 목적을 도모하기 위해 증거에 기반한 실천행위를 고수"(Hindman)하고 기자와 학계가 협력(Stroud)을 함으로써 "가능한" 것으로의 변화를 의미할 수 있다.

앞서 내가 제안한대로 우리가 저널리즘의 "누가"를 유력한 용의자(즉, 전문직 기자)를 넘어서는 것으로 확장한다면, 저널리즘의 "무엇"이라는 문제는 훨씬 복잡해지고 따라서 "뉴스"란 무엇인지에 대해 재고를 할 필요가 있다. 싱어, 프렝거와 드웨이즈는 "경쟁사가 보도하는 것"과 "늘 보도하는 것"에서 다양한 형식의 혁신을 통해 "뉴스 생산품"의 형식과 내용을 서로 구분하고자 더욱 노력하는 쪽으로 변화할 가능성을 제시한다. 이 점에서 기술적 진보가 팍Park(1940)의 고전적 관점, 즉 뉴스는 무슨 일이 일어나는지에 대한 세세한 것을 제공하면서 공중을 깨우치기보다는 방향만을 제시한다는 점을 넘어 (전통적 뿐만 아니라 새로운 저널리즘 실체가 부여한) 뉴스의 위상을 바꿀 잠재력을 제시한 닐슨Nielsen의 논문이 특히 유익하다. 윌리엄 제임스William James의 작업에 기반해 닐슨은 현재의 정보환경에서 오직 한 가지 정보 형식만을 제공하는 뉴스를 더 이상 생각할 수 없어 세 가지 경우를 고려한다: "인상으로서의 뉴스news-as-impression," 즉, "헤드라인, 뉴스 속보, 생방송 띠live ticker, 그리고 검색엔진,

소셜 미디어 및 메시지 앱을 포함한 새로운 디지털 인터미디어리를 통한 탈맥락화된 정보 조각"; "아이템으로서의 뉴스news-as-items," 즉 보다 전통적인 "신문, 방송, 웹, 그리고 앱에 함께 게재되는 절제되고 신중한 기사와 뉴스"; 그리고 "관계에 대한 뉴스news-about-relations," 즉 "20세기의 몇몇 신문, 잡지, 그리고 시사프로그램에서 잘 알려진 롱폼 '맥락적' 또는 '설명적' 형식의 저널리즘 요소와...디지털 기술에 의해 가능한 데이터저널리즘, 시각화, 그리고 상호작용성이라는 새로운 형식"을 혼합해 보다 심층 지식으로 구성된 뉴스를 떠올릴 수 있다.

루이스Lewis와 자미스Zamith가 벡커Becker(2008)의 "예술 세계" 개념을 이용한 것은 "무엇"의 개념적 분석을 한 단계 격상시켜 보다 포괄적, 네트워크적, 유동적, 그리고 다양한 개념의 저널리즘(들)을 제시한다. 이처럼 서로 중첩된 "저널리즘 세계"가 만드는 독특한 저널리즘 생산물은,

> 문헌에서 전형적으로 받아들여지는 것보다 훨씬 이질적인 사회적 행위자와 기술적 행위요소가 섞인 노동의 결과이다. ...특별한 작업의 생성을 촉진할 뿐만 아니라 제한할 수 있는 관습에 의해 가능하고 ... [그리고] 이들이 우리가 저널리즘이라 부르는 것에 대한 일반적인 이해에 기여를 하면서도, 특별한 행위자, 작업, 그리고 세계 사이에 다른 형식의 노동에 대한 가치의 평가와 함께 계속해서 변한다.

루이스와 자미스가 저널리즘과 기술이 교차하고 공존하는 독특한 방식을 확장시키고 구별하기 위해 저널리즘 세계라는 개념을 이용한 반면, 내 생각에 이들의 논리는 기꺼이 각각 고유의 서로 겹치면서 변하는 행위자, 관습, 가치평가, 그리고 산물을 갖는 "시민 저널리즘," "풍자 저널리즘," "대안 저널리즘," "지역 저널리즘," 그리고 "글로벌 저널리즘" 같은 다른 세계에도 적용될 수 있다.

우리가 현대 정보환경에 의한 변화를 고려하기 때문에 저널리즘의 "무

엇"과 관련한 두 가지 다른 쓰임도 적절해 보인다. 첫째, 보즈코브스키와 미첼스타인, 벤슨, 루이스와 자미스, 프렝거와 드웨이즈, 그리고 발-요르겐센의 글에서 다양하게 언급되었듯이, 온라인과 오프라인, 그리고 텍스트, 이미지, 그리고 음성의 융합은 다른 형식으로 경계를 흐려지게 해 결과적으로 뉴스가 어떻게 구성되고 수용되는지에 대한 함의를 갖는 다른 유형의 뉴스 산물을 만들 수 있다(한 가지 극단적 사례로, 가상현실을 접목한 뉴욕타임스의 실험을 고려할 수 있다).

둘째, 피카드, 로빈슨, 보즈코브스키와 미첼스타인, 앤더슨, 벤슨, 싱어, 프렝거와 드웨이즈, 그리고 발-요르겐센의 글뿐만 아니라 셧슨, 파파차리시, 더튼, 그리고 뉴만의 논평에서도 강조된 것처럼, 학자로서 우리 연구의 "대상"은 무엇이 뉴스를 구성하는지, 그리고 뉴스를 생산하고 소비하는 사람에 대한 확장된 개념뿐만 아니라 뉴스 생산과 소비가 일어나는 보다 거시적인 (그리고 또한 변화하는 다양한) 사회적, 정치적, 그리고 제도적/조직적 맥락을 포함한다는 것을 명심하는 게 중요하다.

__ 언제?

마이클 셧슨Michael Schudson(1986)이 언급했듯이, 20세기 후반 저널리즘 실천의 "언제"는 몇 가지 의미를 갖는데, 지난 24시간 동안 무슨 일이 있었는지, 기자가 기사를 제출할 마감이 언제인지, 경쟁사보다 빨랐는지, 그리고 과거의 오늘 주목할 만한 일이 무엇인지 등과 같은 질문을 포함한다. 이들 넷 중 첫 번째 세 개의 의미는 (과거에도 그러했듯이) 최근 변화를 겪었고, 이는 이 책에서 논의된 대로 다양한 기술적, 경제적, 정치적, 그리고 문화적 발전의 결과이다. 하루에 두 번이라는 뉴스 사이클과 정기적으로 반복되는 마감시간은 거의 끊임없는 "속보"와 지속적인 뉴스 업데이트로 바뀌었다. "특종"은 초단위로 매겨져 종종 전개 중인 이야기의 일상적인 측면으로 제한되기도 한다. 동시에 기자들은 구체적 이야기의 생명주기에 대한 통제권을 빼앗겼다. 즉 저널리즘과 관련한 "시간"이 붕괴되고 기자와 기자들이 소속된 조직의 통제 하에 덜 명확하게 놓인 방식으로 확장되었다.

이러한 시간변화의 함의는 앞서 논의한 저널리즘의 "누가"와 "누구"에게 중요하다. 보즈코브스키와 미첼스타인이 언급한 것처럼, 정보수집 과정이 변해서 독창적 보도가 줄고, "즉시성과 속도의 문화", 그리고 "사실 확인과 심층보도"가 위험에 처했다. 이와 함께 동시에 붕괴하고 확장된 시간은 한편으로는 단지 주제에 "익숙한acquaintance with" 것을 제공하면서 또 한편으로는 이전보다 더 깊은 "관련 지식knowledge about"를 제공할 수 있는 저널리즘 콘텐츠가 늘어나게 한다(Nielson). 또한 이는 정보원과 주제의 범위를 확장시키는데, 왜냐하면 기자들이 가능한 빨리 정보를 얻기 위해 애쓰기도 하고 또한 보다 명확히 관련있거나 신뢰할 만한 정보가 부재함에도 불구하고 시간과 지면을 채워야 하기 때문이다(Annay). 오늘날 과거의 정보에 대한 접근이 대단히 용이하다는 점은 또한 뒤를 돌아볼 수 있는 더 많은 기회를 제공하는데, 이는 때때로 비일관성을 지적하는 것에 불과하면서도 또한 현재의 일을 보다 의미있고 역사적인 맥락에 놓을 수도 있다.

그러나 이 책의 많은 글들이 밝힌 대로, 저널리즘 연구자에게 "언제"는 다소 다른 의미가 있다. 현재의 정보 환경에 대해서 무엇이 새로운지를 탐색하는 와중에, 실제로 여전히 그대로인 것을 놓치기 쉽다. 또한 다른 것이 과거로부터의 급격한 변화가 아닌 진화를 보여주는 경우를 놓치기 쉽다. 보즈코브스키와 미첼스타인은 "강력한 역사적 관점을 온라인 뉴스 연구에 적용하는 것이 신문과 방송 뉴스에서의 변화의 깊이와 지속성의 세기를 가늠하기 위해 필요하다"는 콜리Cawley(2015)의 주장을 인용하면서, 현재의 상황을 맥락에 놓기 위해 지난 25년간 온라인 저널리즘 연구를 살펴봤다. 앤더슨Anderson은 "뉴스룸을 시간 여행을 떠나온 조직 모임이자 공간으로 볼 필요가 있다. 이러한 역사적 맥락 의식은 디지털 시대, 즉 학자와 일상의 미디어 이용자가 역사 없는 기술 문화 속에 살고 있는 것으로 보이는 시대에 특히 중요하다"고 말한다. 벤슨은 행위자 네트워크 이론과 네트워크 사회 이론이 부분적으로 현재를 역사적 맥락에 놓음으로써 현대 저널리즘에 대한 유용한 기술description(하지만 일반화가 가능한 설명은 아니다)을 제공한다는 점을 언급한다. 피카드는 오늘날 가능한 것을 재해석하기 위한 방안으로 미디어의 공공 이익 의무를 보조했던 과거의 노력에 주목한다. 스트라우드는 오늘날 학자와 기자의 협력을 위한 사례를 제기하기 위해 *생각뉴스Thought News*에 대한 존 듀이의 1892년 실험에 주목한다. 힌드만은 역사적 맥락에서 "신문 기자들이 수세기 동안 본질적으로 자신의 이야기를 받아보는 사람들을 무시했다"는 점을 들어, 보다 시민중심적 저널리즘 윤리를 만들기 위해 새롭고 훨씬 자세한 수용자 데이터를 이용할 것을 주장한다. 싱어는 기업가형 기자의 출현이 지난 100여 년 동안 거슬러 올라가는 "자율성 또는 직업적 독립"의 이슈와 관련되는 것으로 본다. 닐슨은 저널리즘에 의해 생산되는 지식의 종류를 확장시키기 위한 디지털 미디어 환경의 잠재력을 논의하기 위해 19세기 철학자이자 심리학자인 윌리엄 제임스William James의 작업에 주목한다. 애나니는 "여백"이라는 개념을 맥락에 놓기 위해 수메르시대 만큼 멀리 떨어진 사례를 이용한다. 프렝거와 드웨이즈는 저널리즘 혁신과 관련한 현재 논의를 1950년대와 60년대 등장한 텔레비전의 맥락에서 바라본다. 발-요르겐센은 디지털 시대 실패에 대해 더욱 주목해야 한다는 자신의 주장을 뒷받침하기 위해 과거 실패 사례와 이를 통해 얻은 교훈에 주목한다.

그리고 더튼은 "언제"라는 질문이 또한 미래를 내다 볼 필요가 있지만, 그가 말한 "혁신 기억상실증"을 피하는 방식이어야 한다는 점을 환기시킨다.

__ 어디에서?

전통적인 뉴스에서 날짜기입선dateline은 독자들에게 기자가 해당 이야기가 발생한 곳(또는 관련이 있는 장소)에 있었다는 점, 그래서 다음 내용이 믿을만한 것이라고 덧붙이는 중요한 기능을 한다. 종종 텔레비전의 배경화면이 비슷한 기능을 한다. (기자, 언론사, 그리고 적어도 엘리트의 관점에서) 또한 "어디에서"는 우리가 그 나라와 지구상의 어느 부분에 주목해야는지를 말해준다.

그러나 단 할린Dan Hallin이 주장했듯이, "날짜기입선에 이어, 많은 뉴스는 "어디에서"와 관련된 질문을 모두 배제하거나 가장 형식적인 답만을 제공한다"(1986a, p.109). 불행히도 현대의 정보환경이 "어디에서"와 관련한 이런 저런 이슈에 대해 많은 함의가 있겠으나, 비슷한 비판이 저널리즘 학자들에게 제기될 수 있다. 이 책의 상당한 글들이 미국 밖의 저널리즘에 대해 간단한 언급을 하고, 세상의 다른 부분에 대한 미국 저널리즘의 보도에 대해 언급하고, 비미국 연구를 인용하고, 또는 비교 연구에 대한 분명한 필요를 제기하고 있지만, 적어도 국제적, 비교적, 그리고/또는 차이와 관련한 이슈에 대해서는 대체적으로 이들 글에서의 논의는 지리적으로 "탈맥락적"이었다.

이는 불행한 것으로 이들 글이 주목하고 있는 변화들이 미국 저널리즘의 "어디에서"에 대한 중요한 결과를 가질 뿐만 아니라, 저널리즘의 "어디에서"는 20세기 대문자 고유명사로서의 저널리즘이 의미하는 바가 무엇인지 정리할 수 있는 유용한 맥락을 제공할 수 있기 때문이다. 가장 확실하게는, 미국에서 기성 언론사의 자원과 인력이 줄어드는 것은 대부분의 외국 지사가 문을 닫는 다는 것을 의미하고 이는 다시 우리의 국경 밖의 어디에서, 어떤 방식으로, 얼마나 많은 뉴스가 보도될지에 영향을 미치게 된다. 이는 "공식" 정보원에 대한 의존의 심화, 미묘한 맥락에 대한 이해의 부족, 재난, 전쟁, 또는 혁명이 일어났을 경우를 제외하고는 세상의 대부분에 대해 무관심한 "수박 겉핥기 식fly-in" 보도(Hallin 1986a; 1986b)가 수반한 오래된 한계가 악화되는 것을 포함한다. 하지만 이는 또한 (기자 *그리고* 뉴스 소비자에 대한) "일반인"에 의한 트위터, 페이스북, 그리고 다른 소셜 미디어 같은 비전통적 정보원에 대한 의존이 늘어나는 것도 포함한다. 더불어 중요한 것은 디지털 기술을 통한 직접 배포 또는 전통적 언론사에 뉴스 또는 재정을 제공하는 식으로 외국과 세계 뉴스에 대한 공백을 메우는데 있어서 비전통적 뉴스 조직, 정부, 사적 협회, NGO, 그리고 권익 단체advocacy group의 역할이 늘어난다는 점이다.

비미국 저널리즘의 경제, 제도적 구조, 기자 규범과 실천행위, 뉴스 콘텐츠, 그리고 소비자에 대한 면밀한 분석은 경제, 정치, 문화, 그리고 기술의 다른 혼합이 얼마나 다른 유형의 저널리즘과 더 큰 정보 환경을 만드는지에 대해 매우 유익할 수 있다. 덧붙여, 새로운 기술과 결부된 세계화는 뉴스가 어디에서 만들어지고 누가 소비하는지를 급격히 바꿈으로써 이렇게 새롭게 등장한 "글로벌 저널리즘"에 대한 이론화와 경험적 요구가 필요할 정도로 소유주와 수용자의 국가 및 지역적 경계를 흐리게 하고 있다.

국내, 국제, 그리고 글로벌 연구와 비교가 필요하듯이, 마찬가지로 지역, 심지어 초지역에 대한 주목도 필요하다. 이러한 견해는 이 책의 몇몇 글에서 함축되어 있는데, 특히 저널리즘 연구에 있어서 민속지학적 방법과 사례에 대한 비교 연구를 이용하거나 이의 사용을 늘릴 것을 주장한 사람들이 이에 해당한다(예, 앤더슨, 벤슨, 더튼, 로빈슨, 싱어, 프렝거와 드웨이즈, 발-요르겐센). 지역 비교(미국 내뿐만 아니라 바깥 지역 모두)는 국가 비교와 같은 몇 가지 연구 디자인의 장점을 제공할 뿐만 아니라, 몇몇 중요한 거시 맥락적 요인을 같게, 즉 "통제"함으로써, 다른 보다 미묘한 변인(예, 소유형태, 뉴스룸 구조, 기술 이용, 기업가 정신)의 영향력을 살펴볼 수 있다.

이러한 세계적, 국가적, 그리고 지역적 의미를 넘어, "어디에서"의 문제는 현대의 정보 환경에서 기자와 저널리즘 연구자 모두에게 추가적인 중요성을 갖는다. 기자들이 어디에서 일을 하는가? 현장 또는 온라인? 전통적인 언론사내, 아니면 다른 언론사, 또는 독립적으로 일하는가?(보즈코브스키와 미첼스타인, 프렝거와 드웨이즈, 싱어). 기업 소유주(전통적 미디어 조직부터 구글 같은 인터넷 제공자까지)와 이들의 목표 수용자는 어디에 살고, 이 점이 이들이 무엇을 어떻게 보도하는데 어떠한 영향을 미치는가? 뉴스의 대상과 정보원이 지리적 뿐만 아니라 인종, 민족, 성별, 계급, 종교, 그리고 권위, 권력, 특권과 밀접히 관련된 다른 분류체계의 관점에서 어디에 속하는가?(Robinson). 심지어 저널리즘 연구자가 어디에 살고 아마도 더 중요하게는 어디에서 연구를 수행하는가?

__ 어떻게 그리고 왜?

제임스 캐리James Carey(1986)는 뉴스 보도의 "왜 그리고 어떻게"에 대한 그의 에세이에서 "미국 저널리즘의 어두운 면The Dark Continent of American Journalism"이라는 제목을 달았다. 그의 에세이를 읽으면 명확해지겠지만, 어떻게가 좁고 기술적으로descriptively 정의된다면, 뉴스 보도는 "왜" 보다는 "어떻게"에 해당한다. 이보다 심층적인 어떤 것이라면, "어떻게는 왜와 겹쳐진다: 기술이 설명이 된다"(149). 캐리는 "어떻게"와 종종 생략된 "왜"에 대한 빈약한 설명이 일상에서 기자가 직면한 시간과 공간 제약의 결과라고 언급한다. 궁극적으로 그는 "어떻게 그리고 왜"는 "부분이 아닌, 전체의 속성", 즉 한 스토리 또는 기사라기보다는 한 이슈 또는 사건과 관련한 전체적인 보도의 의미로 파악해야 한다고 주장한다:

> 한 스토리가 뉴스에 오랫동안 지속적으로 남아있다면, 여기에 살이 붙어 잘 마무리 될 수 있다. 기자들은 정확히 이러한 일, 즉 중요한 사건에 대한 해석, 설명, 그리고 두껍게 쓰기가 지속적인 전개의 일부로 덧붙여질 수 있도록 충분히 오랫동안 회자되게 하는데 대부분의 힘 쏟는다. 하지만 경영과 마케팅 부서는 이와 반대, 즉 매 1면을 인간사의 새로운 장으로 보이게 하는데 주력한다. (150-151)

당연하게도 비록 저널리즘의 윤곽이 지난 30년 동안 엄청 변했지만, 캐리의 진단으로부터 여전히 배울 점이 많다. 첫 번째 그리고 "어떻게 그리고 왜"라는 표현이 그가 사용한 취지와 가장 부합하는 것은 그동안 일어난 변화 그리고 이러한 변화가 어떻게 그리고 왜라는 질문에 대한 답을 하는 기자의 능력에 어떠한 영향을 미쳤는지 고려하는 것이다. 여기에서 (그리고 이 책의 글에서) 다뤄진 모든 이슈와 마찬가지로, 두 가지 방향에서 답변을 추정할 수 있다. 한편으로, 늘어난 지면과 시간, 책임의 증가, 그리고 자원과 인력의 부족이 가져온 직업기자의 시간에 대한 증가된 수요는(예, 보즈코브시키와 미첼스타인) 한 스토리의 "어떻게 그리고 왜"에 대한 질문에 예전보다 답하기 더 어려울 것이라는 점을 시사한다. 또 한편으로, 온라인 뉴스는 본질적으로 시간과 공간의 제약이 없고, 새로운 온라인 자료(그리고 이들을 분석하는 새로운 수단)는 기자들이 독창적인 분석 또는 기존 정보를 이용해 "어떻게 그리고 왜"에 대해 조사할 수 있는 기회를 제공한다. 이에 더해 대안적 뉴스원(기업가형 기자, 시민 기자, 우연한 저널리즘 행위, 참여자로부터의 직접 설명, 기타 등)의 증가, 현대 뉴스 생산, 유통, 소비의 네트워크적, 상호작용적, 그리고 반복적 속성, 흔히 이데올로기에 따른 온라인과 케이블 토크쇼와 논평 프로그램의 증가, 그리고 사건의 "어떻게 그리고 왜"를 토론하고 논쟁할(결정하는 것은 아닐지라도) 기회가 현저히 늘었다. 직업적 기자를 넘어선 "기자"와 "저널리즘"의 확대는 스토리가 언제 시작해서 끝나는지에 대한 통제권을 전문 기자와 언론사의 손에서 가져옴으로써 자주 심층적이긴 하나 주로 개별적인 설명이 가능한 시간을 허용하고 이야기의 생명주기를 연장시킨다. 이러한 경쟁의 압박은 프렝거와 드웨이지의 시각, 즉 새로운 정보 환경이 기자로 하여금 단순한 "앎acquaintance with"과 깊은 "지식knowledge about"을 모두 제공할 수 있는 정보를 만드는 새로운 기회를 만든다는 점을 설명할 수 있다. 이러한 역학을 이해하는 것은 다양하고, 네트워크화된, 그리고 유동적인 "저널리즘 세계"에서 기인한 것으로 뉴스를 개념화한 루이스와 자미스에서 도움을 받을 수 있다.

또한 "어떻게 그리고 왜"라는 질문은 이 책에서 제기된 더 큰 이슈들과 관련이 있다. "경제적, 정치적, 문화적, 그리고 기술적 변화가 어떻게 저널리즘 실천, 생산물, 지위, 영향력, 심지어 정의에 영향을 미치는가?" "이러한 변화는 왜 일어났고 또 왜 저널리즘(그리고 행위자들)은 그런 식으로 반응하는가?" 이 점에서 벤슨의 "신기술주의 미디어 연구"에 대한 비판과 보다 "체계적인 비판, 패턴화된 관찰, 그리고 일반화가 가능한 설명"의 필요는 저널리즘에 대한 캐리Carey의 주장과 유사하지만, 우리는 또한 지나친 또는 시기상조의 일반화가 강조되는 것이 갖는 위험을 경고한 더튼에 주목해야 한다. 이 점에서 설명(즉, "어떻게 그리고 왜")은 개별 스토리라기보다는 양질의 집합적 기획, 즉 정보의 공유를 통해 오랫동안 일어나는 협력적 노력이라는 그의 관찰로부터 배울 수 있다. 같은 관찰이 저널리즘 연구에 적용될 수 있다.

"어떻게 그리고 왜"는 또한 우리 연구대상과 관련이 있기 때문만이 아니라 우리가 하는 연구에 대해서도 학자인 우리 스스로 질문해야 한다. 현대 저널리즘을 어떻게 연구해야 하는가? 이 책의 글들은 비판적 담론분석, 대항공중에 대한 연구, 장 이론, 네트워크 분석, 그리고 행위자 네트워크 이론(Robinson); 민속지학(Anderson; Singer; Wahl-Jorgensen); 역사기록학(Anderson; Pickard; Prenger and Deuze); 정치경제학(Pickard; Singer; Wahl-Joregensen); 현장 실험(Stroud); 수용자 분석(Hindman), 그리고 실패의 예(Wahl-Jorgensen)를 포함한 사례 비교 연구(Benson) 등 다양한 다학제적 이론과 경험적 접근법을 제안하고 있다. 보다 일반적으로, (더튼의 논평에서 재차 강조된) 보즈코브스키와 미첼스타인의 강력한 주장, 즉 우리 분야 다른 하위분야, 그리고 "[저널리즘 연구]가 뿌리를 두고 있는 분야"를 비롯해 관련된 연구를 하는 다른 분야와 이론과 연구결과를 "양방향 교환"해야 한다.

상기한 추천대로 멀티방법론 및 멀티학제적 정신을 따라, 나 또한 이 책에서 주목을 받지 못한 전통적(예, 실험, 설문조사, 내용분석) 그리고 새로운(예, 네트워크에 대한 컴퓨터 공학적 접근, "빅 데이터" 분석, 컴퓨터를 이용한 내용분석) 양적 방법에 기반한 데이터와 연구에 마음을 열 것을 제안한다. 그리고 물론 이론과 방법론에 대한 보편적 접근이 분명히 가야할 바른 길이지만, 벤슨이 촉구한 것처럼, 우리가 기술에서 설명으로 옮아가야 한다면, 이러한 다양한 인식론과 존재론 사이에 벽보다는 다리를 쌓는 게 우리에게 주어진 의무이다.

끝으로, 우리 스스로 "왜" 우리가 저널리즘을 연구하는지를 물어야 하고, 이 질문이 내 결론에 해당한다.

결론 : 만약에?

"'왜' 우리가 저널리즘을 연구하느냐"라는 질문에 개인적 및 전문가적 다양한 답변이 가능하지만, 나의 답은 보즈코브스키와 미첼스타인 그리고 피카드가 내린 결론을 서로 대화하게 함으로써 얻을 수 있다. 앞서 언급했듯이, 보즈코브스키와 미첼스타인은(셧슨의 논평과 함께) 저널리즘 연구가 다른 하위분야 및 다른 분야와 대화를 함으로써 이로울 뿐만 아니라 이러한 대화를 통한 이점을 제공해야 한다는 점을 강조한다. 피카드도 "저널리즘 연구가 자주 암묵적으로 규범적 함의를 포함함에도 불구하고... 이들은 핵심 관심사가 아니다"라는 점을 비판적으로 주목한다.

(이 책의 다른 저자들에 의해 다른 방식으로 반복되는) 이들의 주장은 매우 큰 이점을 갖는다. 특히 저널리즘의 현대적 의미가 확대되었기 분명히 다른 연구 분야의 연구대상, 즉 정보학, 조직 이론, 여론 연구, 네트워크 분석, 정치경제학, 정책 연구 등과 유사성을 갖는 저널리즘 측면이 있다. 그리고 학제간 공유와 협력을 통해 배울 점이 확실히 있다. 하지만 피카드(그리고 더튼)은 저널리즘이 고유한 방식으로 사적, 전문가적, 그리고 시민의 삶과 우리가 속한 지역, 국가, 그리고 지구 공동체에 중요하다고 믿기 때문에 우리가 저널리즘을 연구해야 한다고 상기시킨다.

저널리즘이 중요하다는 가정은 이 책의 저자들이 다룬 질문에(암암리에 그리고 자주 명쾌하게) 활기를 준다. 오늘날 디지털, 네트워크, 그리고 유동적 정보 환경에서 "기자"란 누구인가(Lewis and Zamith)? 20세기 저널리즘에서 누구의 목소리와 관심사가 소외됐고 새로운 현상은 이러한 불평등을 완화하는지, 악화시키는지, 또는 반복하는가(Robinson; Annany)? 어떤 저널리즘 가치가 디지털 시대에 가장 적절하고(Anderson), 이전 시대의 어떤 가치가 보존될 필요가 있는가? 어떤 조건과 맥락이 부당하고 문제있는 상황을 피하면서 효과적인 혁신과 기업가 정신을 가능하게 할 것인가(Boczkowski and Mitchelstein; Prenger and Deuze; Singer)? 상업 저널리즘과 관련된 시장 실패를 해결하기 위해 국가가 공공 이익을 대신해 언제 개입하는 것이 적절한가(Pickard)? 다양한 저널리즘 맥락과 지역에 걸친 변이에 대한 관심이 언제 쓸모있고 사용가능한 정보를 제공하며, 또 언제 의미있는 일반화를 저해하는가(Benson)? 주변부에 있는 사람들에 이로운 방식으로 저널리즘을 향상시킬 가능성을 높이기 위해 어디에 주목을 해야 하는가(Robinson)? 저널리즘의 재원, 실천, 유통, 또는 수용의 혁신이 어디에서 일어나고, 이들로부터 무엇을 배울 수 있는가(Singer; Prenger and Deuze; Wahl-Jorgensen)? 학계가 공적 사안을 유익하고 "예술"적으로 제시하는 방법을 찾기 위해 어떻게 기자 및 언론사와 협력하고(Stroud), 시민에 의해 만들어지고, 유통하며, 수용되고, 사용되는 것의 민주적 효과를 측정할 것인가(Benson)? 어떻게 우리가 저널리즘이 그날의 중요한 이슈에 대한 친숙함, 사실, 그리고 심층 지식을 적절히 혼합해서 시민에게 제공하게 할 수 있을까(Nielsen)? 왜 뉴스 선호에 대해 소비자와 편집자 및 기자 간에 차이가 있고 어떻게 하면 민주적으로 유익한 방식으로 이를 해결 할 수 있을까(Hindman)? 왜 저널리즘 연구자들이 "주변부에 있는" 저널리즘과 시민은 제쳐두고 엘리트 미디어에 주목하는가(Wahl-Jorgensen)?

이 책의 저자들이 질문하거나 암시하는 이와 같은 문제를 비롯한 다른 많은 질문에 답하기에는 이론과 경험적 증거가 필요하다. 게다가 연구자, 하위분야, 그리고 다른 분야와의 더 많은 대화와 교류가 이러한 질문에 답하는데 유용할 것이다. 하지만 저널리즘과 저널리즘 연구에서 집합적 기획의 근간이 되어야 할 것은 이들의 규범적 중요성이다. 우리의 성공 지표는 두껍게 쓰기를 넘어서야 한다. 벤슨이 정확히 이의 필요성을 언급했을지라도, 일반화된 설명을 넘어서야 한다. 궁극적으로 이는 영향력, 즉 우리가 알게 된 것이 민주적으로 유용한 방식으로 개인과 커뮤니티의 정보 환경을 개선시킬 수 있는 증거가 있어야 한다. 이는 보다 폭넓고 다양한 학자들뿐만 아니라, 기자(직업적 기자던 아니던 간에), 최근 등장한 다양한 정보 제공자, 그리고 수용자들과의 협력과 대화를 필요로 한다고 생각한다. 이를 효과적으로 실행하기 위해, 고전적인 육하원칙에 질문을 하나 더 추가할 필요가 있다. 이는 개별 뉴스를 구성하는데 이용되는 질문이 아니라, 기자와 저널리즘 연구자로 하여금 우리가 하는 일에 대한 대의명분과 지금 이 순간 주어진 기회에 대해 다시 한 번 되새겨 보게 하는 것이다. 하여, 나는 지금 여기서 "만약에?" 라는 질문을 던지고자 한다.

Notes

1) 내가 여기서 "육하원칙"을 이용하는 것은 이 책과 비슷한 접근을 시도한 칼 마노프Karl Manoff와 마이클 셧슨Michael Schudson의 1986년 책 *뉴스 읽기 Reading the News*에 대한 겸손한 존경의 표시이다.

■ 저자 명단

Mike Ananny(마이크 애나니 조교수)	University of Southern California
Rodney Benson(로드니 벤슨 교수)	New York University
Michael X. Delli Carpini (마이클 델리 카피니 교수)	University of Pennsylvania
Mark Deuze(마크 드웨즈 교수)	University of Amsterdam
William H. Dutton(윌리엄 더튼 교수)	Michigan State University
Seth C. Lewis(셋 루이스 교수)	University of Oregon
Eugenia Mitchelstein(유지니아 미첼스타인 조교수)	Universidad de San Andres
W. Russell Neuman(러셀 뉴만 교수)	New York University
Rasmus Kleis Nielsen (라스무스 클라이스 닐슨 로이터 저널리즘 연구소장)	University of Oxford
Zizi Papacharissi(지지 파파차리시 교수)	University of Illinois at Chicago
Victor Pickard(빅터 피카드 부교수)	University of Pennsylvania
Mirjam Prenger(마르잠 프렝거 조교수)	University of Amsterdam
Sue Robinson(수 로빈슨 부교수)	University of Wisconsin-Madison
Michael Schudson(마이클 셧슨 교수)	Columbia University
Jane B. Singer(제인 싱어 교수)	University of London
Natalie Jomini Stroud (나탈리 조미니 스트라우드 부교수)	University of Texas at Austin
Karin Wahl-Jorgensen(카린 발-요르겐센 교수)	Cardiff University
Rodrigo Zamith(로드리고 자미스 조교수)	University of Massachusetts at Amherst

■ 참고문헌

Aalberg, T., and James Curran, eds. 2011. *How Media Inform Democracy: A Comparative Approach*. London: Routledge.

Abbate, J. 1999. *Inventing the Internet*. Cambridge, MA: MIT Press.

Ahlers, D. 2006. "News Consumption and the New Electronic Media." *Harvard International Journal of Press/Politics* 11 (1): 29–52.

Alexander, J. C. 2011. *Performance and Power*. Cambridge: Polity.

Alexander, J. C. 2015. "The Crisis of Journalism Reconsidered: Cultural Power." *Fudan Journal of Humanities and Social Sciences* 8 (1): 9–31.

Ali, C. 2013. "Where Is Here? An Analysis of Localism in Media Policy in Three Western Democracies." Unpublished doctoral dissertation, University of Pennsylvania, Philadelphia, PA.

Allan, S. 2006. *Online News*. Maidenhead, UK: Open University Press.

Almiron, N. 2010. *Journalism in Crisis: Corporate Media and Financialization*. New York: Hampton Press.

Ananny, M. 2013a. "Breaking News Pragmatically: Some Reflections on Silence and Timing in Networked Journalism." Nieman Journalism Lab. http://www.niemanlab.org/2013/04/breaking-news-pragmatically-some-reflections-on-silence-and-timing-in-networked-journalism.

Ananny, M. 2013b. "Press-Public Collaboration as Infrastructure: Tracing News Organizations and Programming Publics in Application Programming Interfaces." *American Behavioral Scientist* 57 (5): 623–642.

Ananny, M. 2014. "Networked Press Freedom and Social Media: Tracing Historical and Contemporary Forces in Press-Public Relations." *Journal of Computer-Mediated Communication* 19 (4): 938–956.

Ananny, M., and L. Bighash. 2016. "Why Drop a Paywall? Mapping Industry Accounts of Online News Decommodification." *International Journal of Communication* 10: 3359–3380.

Ananny, M., and Kate Crawford. 2015. "A Liminal Press: Situating News App Designers within a Field of Networked News Production." *Digital Journalism* 3 (2): 192–208.

Anderson, A., Dominique Brossard, Dietram A. Scheufele, Michael A. Xenos, and Peter Ladwig. 2014. "The 'Nasty Effect': Online Incivility and Risk Perceptions of Emerging Technologies." *Journal of Computer-Mediated Communication* 19 (3): 373–387.

Anderson, C. W. 2008. "Journalism: Expertise, Authority, and Power in Democratic Life." In *The Media and Social Theory*, ed. Jason Toynbee and David Hesmondhalgh. New York: Routledge, 248–264.

Anderson, C. W. 2011. "Between Creative and Quantified Audiences: Web Metrics and Changing Patterns of Newswork in Local US Newsrooms." *Journalism* 12 (5): 550–566.

Anderson, C. W. 2011b. "Deliberative, Agonistic, and Algorithmic Audiences: Journalism's Vision of Its Public in an Age of Audience Transparency." *International Journal of Communication* 5:19.

Anderson, C. W. 2013. "Towards a Sociology of Computational and Algorithmic Journalism." *New Media & Society* 15 (7): 1005–1021.

Anderson, C. W. 2013. *Rebuilding the News: Metropolitan Journalism in the Digital Age.* Philadelphia: Temple University Press.

Anderson, C. W. 2014. "The Sociology of the Professions and the Problem of Journalism Education." *Radical Teacher* 99: 62–68.

Anderson, C. W. 2015. "Media Scholarship and Digital Time." Culture Digitally. Online at http://culturedigitally.org/2015/06/media-scholarship-and-digital-time-2/. Accessed July 15, 2015.

Anderson, C. W., and Daniel Kreiss. 2013. "Black Boxes as Capacities for and Constraints on Action." *Qualitative Sociology* 36:365–382.

Anderson, C. W., and Juliette De Maeyer. 2015. "Objects of Journalism and the News." *Journalism* 16 (1): 3–9.

Anderson, C. W., Emily Bell, and Clay Shirky. 2012. "Post-Industrial Journalism: Adapting to the Present." Report for the Tow Center for Digital Journalism. http://towcenter.org/research/post-industrial-journalism-adapting-to-the-present-2.

Anderson, Chris. 2008. "The End of Theory: The Data Deluge Makes the Scientific Method Obsolete." *Wired Magazine*, June 23. http://archive.wired.com/science/discoveries/magazine/16-07/pb_theory.

Anderson, D. A. 1975. "Libel and Press Self-Censorship." *Texas Law Review* 53:422–481.

Anderson, M., and Andrea Caumont. 2014. "How Social Media Is Reshaping News." Pew Research Center, September 24. http://www.pewresearch.org/fact-tank/2014/09/24/how-social-media-is-reshaping-news/.

Anthonissen, C. 2003. "The Sounds of Silence in the Media: Censorship and Self-Censorship." In *Handbook of Communication in the Public Sphere*, ed. R. Wodak and V. Koller. Paris: Mouton de Gruyter.

Armstrong, J. 2015. "Media Blackout: Would I be Happier If I Didn't Read the News?" *The Guardian*, March 14. http://www.theguardian.com/media/2015/mar/14/would-i-be-happier-if-i-didnt-read-the-news.

Ashuri, T. 2014. "When Online News Was New: Online Technology Use and Constitution of Structures in Journalism." *Journalism Studies* 17 (3): 301–318.

Asur, S., B. A. Huberman, G. Szabo, and C. Wang. 2011. *Trends in Social Media: Persistence and Decay*. Paper presented at the AAAI Conference on Weblogs and Social Media.

Aumente, J. 1987. *New Electronic Pathways: Videotex, Teletext, and Online Databases*. London: Sage.

Babineaux, Ryan, and John Krumboltz. 2013. *Fail Fast, Fail Often: How Losing Can Help You Win*. New York: Penguin.

Bagdikian, Ben H. 2000. *The Media Monopoly*. 6th ed. Boston: Beacon Press.

Baines, David, and Clara Kennedy. 2010. "An Education for Independence? Should Entrepreneurial Skills be an Essential Part of the Journalist's Toolbox?" *Journalism Practice* 4 (1): 97–113.

Balaji, M. 2011. "Racializing Pity: The Haiti Earthquake and the Plight of 'Others.'" *Critical Studies in Media Communication* 28: 50–67.

Ball, J. 2014. "EU's Right to Be Forgotten: Guardian articles Have Been Hidden by Google." *The Guardian*, July 2. http://www.theguardian.com/commentisfree/2014/jul/02/eu-right-to-be-forgotten-guardian-google.

Baker, C. E. 1989. *Human Liberty and Freedom of Speech*. Oxford: Oxford University Press.

Baker, C. Edwin. 2002. *Media, Markets, and Democracy*. New York: Cambridge University Press.

Bakker, P. 2014. "Mr. Gates Returns: Curation, Community Management and Other New Roles for Journalists." *Journalism Studies* 15 (5): 596–606.

Baruah, B., and Anthony Ward. 2015. "Metamorphosis of Intrapreneurship as an Effective Organizational Strategy." *International Entrepreneurship and Management Journal* 11 (4): 811–822.

Bardoel, J., and Mark Deuze. 2001. "Network Journalism: Converging Competences of Old and New Media Professionals." *Australian Journalism Review* 23 (2): 91–103.

Barnhurst, K. G. 2010. "The Form of Reports on US Newspaper Internet Sites, an Update." *Journalism Studies* 11 (4): 555–566.

Barnhurst, K. G. 2012. "The Content of Online News in the Mainstream US Press, 2001–2010." In *Communication @ the Center*, ed. Steve Jones, 231–253. New York: Hampton Press.

Barnhurst, K.G., and Diana Mutz. 1997. "American Journalism and the Decline in Event-Centered Reporting." *Journal of Communication* 47 (4): 27–5.

Barnouw, E. 1968. *The Golden Web: A History of Broadcasting in the United States: Vol. 2, 1933 to 1953*. New York: Oxford University Press.

Baum, M. 2003. *Soft News Goes to War: Public Opinion and American Foreign Policy in the New Media Age*. Princeton, NJ: Princeton University Press.

Baumer, E. P. S., P. Adams, V. D. Khovanskaya, T. C. Liao, M. E. Smith, V. S. Sosik, and K. Williams. 2013. *Limiting, Leaving, and (Re)lapsing: An Exploration of Facebook Non-use Practices and Experiences*. Paper presented at the SIGCHI Conference on Human Factors in Computing Systems.

Bayard, S. 2009. "News Websites in Texas and Kentucky Invoke Shield Laws for Online Commenters." Digital Media Law Project. http://www.dmlp.org/blog/2009/news-websites-texas-and-kentucky-invoke-shield-laws-online-commenters.

Beaujon, A., and J. Moos. 2013. "*New York Times, Wall Street Journal* Drop Paywalls for Storm Coverage." Poynter. http://www.poynter.org/news/mediawire/203601/new-york-times-to-drop-paywall-for-storm-coverage.

Beam, R. 2006."Organizational Goals and Priorities and the Job Satisfaction of U.S. Journalists." *Journalism & Mass Communication Quarterly* 83 (1): 169–185.

Beam, R., B. J. Brownlee, D. H. Weaver, and D. T. Di Cicco. 2009. "Journalism and Public Service in Troubled Times." *Journalism Studies* 10 (6): 734–753.

Beck, U. 2000. *The Brave New World of Work*. Cambridge: Polity.

Becker, H. 2008. *Art Worlds*. Berkeley: University of California Press. (1982).

Becker, H. 2008. "Epilogue to the 25th Anniversary Edition: A Dialogue on the Ideas of 'World' and 'Field,' with Alain Pessin." In *Art Worlds*, 372–386. Berkeley, CA: University of California Press.

Beckett, C. 2015. "How Journalism Is Turning Emotional and What That Means for the Future of News." On Medium. https://medium.com/@CharlieBeckett/this-blog-is-based-on-a-talk-charlie-beckett-gave-at-the-2015-british-science-festival-in-bradford-7236691301ab.

Beckett, C., and R. Mansell. 2008. "Crossing Boundaries: New Media and Networked Journalism." *Communication, Culture & Critique* 1:92–104.

Belair-Gagnon, Valerie. 2015. *Social Media at BBC News: The Re-Making of Crisis Reporting*. London: Routledge.

Bell, Emily. 2014. "Journalism Startups Aren't a Revolution If They're Filled with All These White Men." *The Guardian,* March 12. http://www.theguardian.com/commentisfree/2014/mar/12/journalism-startups-diversity-ezra-klein-nate-silver.

Bell, Emily. 2014. "Silicon Valley and Journalism: Make up or Break Up?" Presented at the Reuters Memorial Lecture 2015, Reuters Institute for the Study of Journalism. http://reutersinstitute.politics.ox.ac.uk/events/silicon-valley-and-journalism-make-or-break.

Benkler, Y. 2006. *The Wealth of Networks: How Social Production Transforms Markets and Freedom*. New Haven: Yale University Press.

Bennett, S. 2015. 2015. "What Are the Best Times to Post on #Facebook, #Twitter and #Instagram?" *Adweek,* January 6. http://www.adweek.com/socialtimes/best-time-to-post-social-media/504222.

Bennett, W. L. 2005. "Social Movements beyond Borders: Understanding Two Eras of Transnational Activism." In *Transnational Protest and Global Activism,* ed. D. Della Porta and S. Tarrow, 203–226. Lanham, MD: Rowman & Littlefield Publishers, Inc.

Bennett, W. L. 2011. *News: The Politics of Illusion*. 9th ed. Chicago: University of Chicago Press.

Bennett, W. Lance, and Shanto Iyengar. 2008. "A New Era of Minimal Effects? The Changing Foundations of Political Communication." *Journal of Communication* 58 (4): 707–731.

Bennett, W. Lance, and Alexandra Segerberg. 2012. "The Logic of Connective Action: Digital Media and the Personalization of Contentious Politics." *Information, Communication & Society* 15 (5).

Benson, R. 2004. "Bringing the Sociology of Media Back In." *Political Communication* 21 (3): 275–292.

Benson, R. 2010. "Futures of the News: International Considerations and Other Reflections." In *New Media, Old News,* ed. N. Fenton, 187–200. London: Sage.

Benson, R. 2013a. *Shaping Immigration News: A French-American Comparison*. Cambridge: Cambridge University Press.

Benson, R. 2013b. "On the Explanatory and Political Uses of Journalism History." *American Journalism* 30 (1): 4–14.

Benson, R. 2014. "Strategy Follows Structure: A Media Sociology Manifesto." In *Media Sociology: A Reappraisal*, ed. S. Waisbord, 25–45. Cambridge: Polity.

Benson, R. 2014. "Challenging the 'New Descriptivism': Restoring Explanation, Evaluation, and Theoretical Dialogue to Communication Research." Presentation at Qualitative Political Communication Pre-Conference, International Communication Association, Seattle, May 22.

Benson, R., and Erik Neveu, eds. 2005. *Bourdieu and the Journalistic Field*. Malden, MA: Polity.

Benson, R., and Matthew Powers. 2011. *Public Media and Political Independence*. Washington, DC: Free Press.

Bercovici, J. 2014. "The *Playboy* Interview: A Candid Conversation with Gawker's Nick Denton." *Playboy*, February 2. http://playboysfw.kinja.com/the-playboy-interview-a-candid-conversation-with-gawke-1527302145.

Berger, P., and Thomas Luckmann. 1966. *The Social Construction of Reality: A Treatise in the Sociology of Knowledge*. New York: Vintage Books.

Berry, D. 2012. *Journalism, Ethics and Society*. Farnham, UK: Ashgate Publishing, Ltd.

Bertrand, C. J. 2000. *Media Ethics & Accountability Systems*. Piscataway, NJ: Transaction Publishers.

Best, Joel, ed. 1989. *Images of Issue: Typifying Contemporary Social Problems*. New York: Aldine de Gruyter.

Bhattacharya, D., and S. Ram. 2012. *Sharing News Articles Using 140 Characters: A Diffusion Analysis on Twitter*. Paper presented at the IEEE Conference on Applications of Social Network Analysis.

Bickford, S. 1996. *The Dissonance of Democracy: Listening, Conflict, and Citizenship*. Ithaca, NY: Cornell University Press.

Bijsterveld, K. 2008. *Mechanical Sound: Technology, Culture, and Public Problems of Noise in the Twentieth Century*. Cambridge, MA: MIT Press.

Black, J., B. Steele, and R. D. Barney. 1999. *Doing Ethics in Journalism*. Upper Saddle River, NJ: Prentice Hall.

Bliss Jr., Edward. 1991. *Now the News: The Story of Broadcast Journalism*. New York: Columbia University Press.

Block, Jörn H., and Andreas Landgraf. 2016. "Transition from Part-time Entrepreneurship to Full-time Entrepreneurship: The Role of Financial and Non-financial Motives." *International Entrepreneurship and Management Journal* 12 (1): 259–282.

Blom, Robin, and Lucinda D. Davenport. 2012. "Searching for the Core of Journalism Education: Program Directors Disagree on Curriculum Priorities." *Journalism & Mass Communication Educator* 67 (1): 70–86.

Blumer, Herbert. 1986. *Symbolic Interactionism: Perspective and Method.* Berkeley: University of California Press.

Blumler, Jay G. 1980. "Mass Communication Research in Europe: Some Origins and Prospects." *Media Culture & Society* 2:367–376.

Blumler, Jay G., and Stephen Cushion. 2014. "Normative Perspectives on Journalism Studies: Stock-taking and Future Directions." *Journalism* 15 (3): 259–272.

Boczkowski, P. 2004. *Digitizing the News: Innovation in Online Newspapers.* Cambridge, MA: MIT Press.

Boczkowski, P. 2010. *News at Work: Imitation in an Age of Information Abundance.* Chicago, IL: University of Chicago Press.

Boczkowski, P. 2014. "The Material Turn in the Study of Journalism: Some Hopeful and Cautionary Remarks from an Early Explorer." *Journalism* 16 (1): 65–68.

Boczkowski, P. J., and M. de Santos. 2007. "When More Media Equals Less News: Patterns of Content Homogenization in Argentina's Leading Print and Online Newspapers." *Political Communication* 24 (2): 167–180.

Boczkowski, P. J., and J. A. Ferris. 2005. "Multiple Media, Convergent Processes, and Divergent Products: Organizational Innovation in Digital Media Production at a European Firm." *Annals of the American Academy of Political and Social Science* 597 (1): 32–47.

Boczkowski, Pablo J., and Eugenia Mitchelstein. 2010. "Is There a Gap between the News Choices of Journalists and Consumers? A Relational and Dynamic Approach." *International Journal of Press/Politics* 15 (4): 420–440.

Boczkowski, P. J., and E. Mitchelstein. 2013. *The News Gap: When the Information Preferences of the Media and the Public Diverge.* Cambridge, MA: MIT Press.

Bonilla-Silva, E. 2006. *Racism without Racists: Color-Blind Racism and the Persistence of Racial Inequality in America.* Lanham, MD: Rowman & Littlefield.

Born, G. 2005. *Uncertain Vision: Birt, Dyke and the Reinvention of the BBC.* London: Random House UK.

Bourdieu, Pierre. 1993. *The Field of Cultural Production.* New York: Columbia University Press.

Bourdieu, P. 1999. *On Television.* New York: New Press.

Bourdieu, Pierre. 2005. "The Political Field, the Social Science Field, and the Journalistic Field." In *Bourdieu and the Journalistic Field*, ed. Rodney Benson and Erik Neveu, 29–47. Malden, MA: Polity.

Bourdieu, Pierre, and Loic Wacquant. 1992. *An Invitation to Reflexive Sociology*. Chicago: University of Chicago Press.

Boyd-Barrett, O. 2004. "Judith Miller, *The New York Times*, and the Propaganda Model." *Journalism Studies* 5 (4): 435–449.

Boyer, D. 2011. "News Agency and News Mediation in the Digital Era." *Social Anthropology* 19 (1): 6–22.

Boyles, J., 2014. "When the Newsprint Fades: How the Media Ecology of New Orleans Produces News Knowledge." Dissertation, American University.

Boyles, Jan Lauren. 2016. "The Isolation of Innovation: Restructuring the Digital Newsroom through Intrapreneurship." *Digital Journalism* 4 (2): 229–246.

Brandtzaeg, P. B., M. Lüders, J. Spangenberg, L. Rath-Wiggins, and A. Følstad. 2015. "Emerging Journalistic Verification Practices Concerning Social Media." *Journalism Practice* 10 (3): 323–342.

Braun, Joshua A. 2013. "Going Over the Top: Online Television Distribution as SocioTechnical System." *Communication, Culture & Critique* 6:432–458.

Braun, Joshua A. 2015. "News Programs: Designing MSNBC.com's Online Interfaces." *Journalism* 16 (1): 27–43.

Braun, Joshua A. 2015. *This Program Is Brought to You by…: Distributing Television News Online*. New Haven, CT: Yale University Press.

Briggs, Mark. 2012. *Entrepreneurial Journalism: How To Build What's Next for News*. Washington, DC: CQ Press.

Bro, P., and F. Wallberg. 2014. "Digital Gatekeeping: News Media versus Social Media." *Digital Journalism* 2 (3): 446–454.

Brown, W. 1998. "Freedom's Silences." In *Censorship and Silencing: Practices of Cultural Regulation*, ed. R. C. Post, 313–327. Los Angeles: Getty.

Brubaker, J. R., M. Ananny, and K. Crawford. 2014. "Departing Glances: A Sociotechnical Account of 'Leaving' Grindr." *New Media & Society* 18 (3): 373–390.

Bruno, N., and R. Kleis Nielsen. 2012. *Survival Is Success: Journalistic Online Start-Ups in Western Europe*. Reuters Institute for the Study of Journalism.

Bruns, A. 2011a. "Gatekeeping, Gatewatching, Real-time Feedback: New Challenges for Journalism." *Brazilian Journalism Research Journal* 7 (2): 117–136.

Bull, M. 2012. "The Audio-visual iPod." In *The Sound Studies Reader*, ed. J. Sterne, 197–208. New York: Routledge.

Burt, R. S. 1992. *Structural Holes: The Social Structure of Competition*. Cambridge, MA: Harvard University Press.

Burt, R. 1998. "(Un)censoring in Detail: The Fetish of Censorship in the Early Modern Past and the Postmodern Present." In *Censorship and Silencing: Practices of Cultural Regulation*, ed. R. C. Post, 17–42.

Burt, R. S. 2002. "Bridge Decay." *Social Networks* 24 (4): 333–363.

Burt, R. S., M. Kilduff, and S. Tasselli. 2013. "Social Network Analysis: Foundations and Frontiers on Advantage." *Annual Review of Psychology* 64:527–547.

Bustamante, E. 2004. "Cultural Industries in the Digital Age: Some Provisional Conclusions." *Media Culture & Society* 26 (6): 803–820.

Cage, J. 1961. *Silence: Lectures and writings*. Middletown, CT: Wesleyan.

Cain, S. 2012. *Quiet: The Power of Introverts in a World That Can't Stop Talking*. New York: Random House/Broadway Paperbacks.

Callon, Michel. 1986. "Some Elements of a Sociology of Translation: Domestication of Scallops and the Fishermen of St. Brieuc Bay." In *Power, Action and Belief: A New Sociology of Knowledge?* ed. J. Law, 196–233. London: Routledge.

Cappella, Joseph N., and Kathleen Hall Jamieson. 1997. *Spiral of Cynicism: The Press and the Public Good*. New York: Oxford University Press.

Carey, James. 1986. "Why and How? The Dark Continent of American Journalism." In *Reading the News*, ed. Robert Karl Manoff and Michael Schudson, 146–196. New York: Pantheon Press.

Carey, J. W. 1989. "A Cultural Approach to Communication." In *Communication as Culture: Essays on Media and Society*, 13–36. New York: Routledge.

Carey, J. 1989. "Technology and Ideology; The Case of the Telegraph." In *Communication as Culture: Essays on Media and Society*. London: Routledge.

Carlson, M. 2007. "Blogs and Journalistic Authority." *Journalism Studies* 8 (2): 264–279.

Carlson, Matt. 2009. "Media Criticism as Competitive Discourse: Defining Reportage of the Abu Ghraib Scandal." *Journal of Communication Inquiry* 33 (3): 258–277.

Carlson, M. 2011. *On the Condition of Anonymity: Unnamed Sources and the Battle forJournalism*. Chicago: University of Illinois Press.

Carlson, Matt. 2015. "The Robotic Reporter: Automated Journalism and the Redefinition of Labor, Compositional Forms, and Journalistic Authority." *Digital Journalism* 3 (3): 416–431.

Carlson, Matt. 2015. "When News Sites Go Native: Redefining the Advertising-Editorial Divide in Response to Native Advertising." *Journalism* 16 (7): 849–865.

Carlson, M. 2015. "Introduction: The Many Boundaries of Journalism." In *Boundaries of Journalism*, ed. Matt Carlson and Seth C. Lewis. New York: Routledge.

Carlson, M. Forthcoming. *Journalistic Authority: A Relational Approach*. New York: Columbia University Press.

Carlson, Matt, and Seth C. Lewis, eds. 2015. *Boundaries of Journalism: Professionalism, Practices and Participation*. New York: Routledge.

Carter, C., and S. Allan. 2000. "'If It Bleeds, It Leads': Ethical Questions about Popular Journalism." In *Ethics and Media Culture: Practices and Representations*, ed. David Berry, 132–153. Burlington, MA: Focal Press.

Carter, R. G. S. 2006. "Of Things Said and Unsaid: Power, Archival Silences, and Power in Silence." *Archivaria* 61:215–233.

Carvajal, M., J. A. Garcia-Aviles, and J. L. Gonzalez. 2012. "Crowdfunding and Non-profit Media: The Emergence of New Models for Public Interest Journalism." *Journalism Practice* 6 (5–6): 638–647.

Carvin, A. 2013. *Distant Witness: Social Media, the Arab Spring and a Journalism Revolution*. New York: CUNY Journalism Press.

Casella, P. A. 2012. "Breaking News or Broken News? Reporters and News Directors Clash on 'Black Hole' Live Shots." *Journalism Practice* 7 (3): 362–376.

Cassidy, W. P. 2005. "Variations on a Theme: The Professional Role Conceptions of Print and Online Newspaper Journalists." *Journalism & Mass Communication Quarterly* 82 (2): 264–280.

Cassidy, W. P. 2007. "Online News Credibility: An Examination of the Perceptions of Newspaper Journalists." *Journal of Computer-Mediated Communication* 12 (2): 478–498.

Castells, Manuel. 1996. *The Rise of the Network Society*. Oxford: Blackwell.

Castells, Manuel. 2009. *Communication Power*. New York: Oxford University Press.

Castells, M. 2012. *Networks of Outrage and Hope: Social Movements in the Internet Age*. 1st ed. Cambridge: Polity.

Castle, S., and D. Dalby. 2015. "Irish Media, Fearing Lawsuits, Steers Clear of a Billionaire." *New York Times*, May 29. http://www.nytimes.com/2015/05/30/world/europe/ireland-rte-denis-obrien.html.

Cawley, A. 2008. "News Production in an Irish Online Newsroom: Practice, Process and Culture." In *Making Online News: The Ethnography of New Media Production*, ed. C. A. Paterson and D. Domingo, 45–60. New York: Peter Lang.

Cawley, A. 2012. "Towards a Historical Perspective on Locating Online News in the News Ecology: The Case of Irish News Websites, 1994–2010." *Media History* 18 (2): 219–237.

Center for Public Integrity (CPI). 2014. "Center Wins First Pulitzer Prize: Stories Detailed Systematic Denial of Benefits to Black Lung Sufferers." April 14. http://www.publicintegrity.org/2014/04/14/14593/center-wins-first-pulitzer-prize

Chadwick, Andrew. 2013. *The Hybrid Media System*. New York: Oxford University Press.

Chaffee, S. H., and M. J. Metzger. 2001. "The End of Mass Communication?" *Mass Communication & Society* 4 (4): 365–379.

Chaffee, Steven H. 1991. *Explication*. Newbury Park, CA: Sage.

Chan-Olmsted, S. M., and L. S. Ha. 2003. "Internet Business Models for Broadcasters: How Television Stations Perceive and Integrate the Internet." *Journal of Broadcasting & Electronic Media* 47 (4): 597–617.

Christians, C. G., J. P. Ferré, and P. M. Fackler. 1993. *Good News: Social Ethics and the Press*. New York: Oxford University Press.

Christians, Clifford G., Theodore L. Glasser, Denis McQuail, Kaarle Nordenstreng, and Robert A. White. 2009. *Normative Theories of the Media: Journalism in Democratic Societies*. Urbana: University of Illinois Press.

Christin, Angele. 2014. *Counting Clicks: Commensuration in Online Journalism in the United States and France*. Paper presented at American Sociological Association annual conference, San Francisco, August.

Chomsky, D. 2006. "'An Interested Reader': Measuring Ownership Control at the *New York Times*." *Critical Studies in Mass Communication* 23 (1): 1–18.

Chung, D. S., and S. Nah. 2009. "The Effects of Interactive News Presentation on Perceived User Satisfaction of Online Community Newspapers." *Journal of Computer-Mediated Communication* 14 (4): 855–874.

Chyi, H. I. 2005. "Willingness to Pay for Online News: An Empirical Study on the Viability of the Subscription Model." *Journal of Media Economics* 18 (2): 131–142.

Chyi, Hsiang Iris. 2009. "Information Surplus in the Digital Age: Impact and Implications." In *Journalism and Citizenship: New Agendas in communication*, ed. Zizi Papacharissi, 91–107. New York: Routledge.

Chyi, Hsiang Iris, Seth C. Lewis, and Nan Zheng. 2012. "A Matter of Life and Death?: Examining How Newspapers Covered the Newspaper 'Crisis'." *Journalism Studies* 13 (3): 305–324.

Chyi, H. I., and M. J. Yang. 2009. "Is Online News an Inferior Good? Examining the Economic Nature of Online News among Users." *Journalism & Mass Communication Quarterly* 86 (3): 594–612.

Clarke, Debra. 2014. *Journalism and Political Exclusion: Social Conditions of News Production and Reception*. Montreal: McGill Queens University Press.

Coddington, Mark. 2015. "Clarifying Journalism's Quantitative Turn: A Typology for Evaluating Data Journalism, Computational Journalism, and Computer-Assisted Reporting." *Digital Journalism* 3 (3): 331–348.

Coddington, M. 2015. "The Wall Becomes a Curtain: Revisiting Journalism's News–Business Boundary." In *Boundaries of Journalism: Professionalism, Practices, and Participation*, ed. Matt Carlson and Seth C. Lewis. New York: Routledge.

Cohen, E. L. 2002. "Online Journalism as Market-driven Journalism." *Journal of Broadcasting & Electronic Media* 46 (4): 532–548.

Cohen, N., and M. Scott. 2014. "*Times* Articles Removed from Google Results in Europe." *New York Times*, October 4. http://www.nytimes.com/2014/10/04/business/media/times-articles-removed-from-google-results-in-europe.html.

Colapinto, Cinzia, and Colin Porlezza. 2012. "Innovation in Creative Industries: From the Quadruple Helix Model to the Systems Theory." *Journal of the Knowledge Economy* 3 (4): 343–353.

Communications Management Inc. 2011. "Sixty Years of Daily Newspaper Circulation Trends." http://media-cmi.com/downloads/Sixty_Years_Daily_Newspaper_Circulation_Trends_050611.pdf.

ComScore. 2015. "comScore Ranks the Top 50 U.S. Digital Media Properties for August 2014." http://www.comscore.com/Insights/Market-Rankings/comScore-Ranks-the-Top-50-US-Digital-Media-Properties-for-August-2014.

Conboy, M., and J. Steel. 2008. "The Future of Newspapers." *Journalism Studies* 9:650–661.

Compaine, Benjamin M., and Douglas Gomery. 2000. *Who Owns the Media? Competition and Concentration in the Mass Media Industry*. New York: Routledge.

Compaine, Ben, and Anne Hoag. 2012. "Factors Supporting and Hindering New Entry in Media Markets: A Study of Media Entrepreneurs." *International Journal on Media Management* 14 (1): 27–49.

Conway, Michael. 2009. *The Origins of Television News in America: The Visualizers of CBS in the 1940s*. New York: Peter Lang.

Cook, Timothy. 1998. *Governing with the News*. Chicago: University of Chicago Press.

Cooper, Mark. 2011. "The Future of Journalism: Addressing Pervasive Market Failure with Public Policy." In *Will the Last Reporter Please Turn Out the Lights*, ed. Robert McChesney and Victor Pickard, 320–339. New York: The New Press.

Codrea-Rado. Anna. 2012. "Between the Spreadsheets." *Columbia Journalism Review*, August 8. http://www.cjr.org/data_points/spreadsheets_olympics.php.

Cottle, S. 2007. "Ethnography and News Production: New(s) Developments in the Field." *Sociology Compass* 1 (1): 1–16.

Couldry, Nick. 2008. "Actor Network Theory and Media: Do They Connect and on What Terms?" In *Cultures of Connectivity*, ed. A. Hepp and R. Winter, 93–110. Creskill, NJ: The Hampton Press.

Couldry, N. 2013. *Why Media Ethics Still Matters*. Hoboken, NJ: Wiley-Blackwell.

Craig, Douglas B. 2000. *Fireside Politics: Radio and Political Culture in the United States, 1920–1940*. Baltimore: Johns Hopkins University Press.

Craig, Robert, and Karen Tracy. 1995. "Grounded Practical Theory: The Case of Intellectual Discussion." *Communication Theory* 5 (3): 248–272.

Cranberg, Gilbert, Randall Bezanson, and John Soloski. 2001. *Taking Stock: Journalism and the Publicly Traded Newspaper Company*. Ames: Iowa State University Press.

Crawford, K. 2009. "Following You: Disciplines of Listening in Social Media." *Continuum (Perth)* 23 (4): 525–535.

Crawford, Susan. 2013. *Captive Audience: The Telecom Industry and Monopoly Power in the New Gilded Age*. New Haven, CT: Yale University Press.

Creech, Brian, and Andrew L. Mendelson. 2015. "Imagining the Journalist of the Future: Technological Visions of Journalism Education and Newswork." *Communication Review* 18 (2): 142–165.

Davis, M. S. 1971. "That's Interesting! Towards a Phenomenology of Sociology and a Sociology of Phenomenology." *Philosophy of the Social Sciences* I:309–344.

Daulerio, A. J. 2012. "Gawker Will Be Conducting an Experiment, Please Enjoy Your Free Cute Cats Singing and Sideboobs." Gawker, January 23. http://gawker.com/5878065/gawker-will-be-conducting-an-experiment-please-enjoy-your-free-cute-cats-singing-and-sideboobs.

Delli Carpini, Michael X., Fay Lomax Cook, and Lawrence R. Jacobs. 2014. "Public Deliberation, Discursive Participation, and Citizen Engagement: A Review of the Empirical Literature." *Annual Review of Political Science* 7:315–344.

Dennis, E. E. (Fall 2006). "Television's Convergence Conundrum: Finding the Right Digital Strategy." *Television Quarterly* XXXVII:22–26.

Deuze, M. 2003. "The Web and Its Journalisms: Considering the Consequences of Different Types of News Media Online." *New Media & Society* 5 (2): 203–230.

Deuze, M. 2004. "What Is Multimedia Journalism?" *Journalism Studies* 5:139–152.

Deuze, M. 2005. "What Is Journalism? Professional Identity and Ideology of Journalists Reconsidered." *Journalism* 6 (4): 442–464.

Deuze, M. 2007. *Media Work*. Cambridge: Polity Press.

Deuze, Mark. 2012. *Media Life*. Cambridge: Polity Press.

Deuze, M. 2014. "Journalism, Media Life, and the Entrepreneurial Society." *Australian Journalism Review* 36 (2): 119–130.

Deuze, M., A. Bruns, and C. Neuberger. 2007. "Preparing for an Age of Participatory News." *Journalism Practice* 1 (3): 322–338.

Deuze, M., and C. Dimoudi. 2002. "Online Journalists in the Netherlands: Towards a Profile of a New Profession." *Journalism* 3 (1): 85–100.

Deuze, Mark, and Tim Marjoribanks. 2009. "Newswork." *Journalism* 10 (5): 555–561.

Dewey, John. 1983. "Public Opinion." In *The Middle Works of John Dewey*, vol. 13., ed. Jo Ann Boydston. Carbondale: Southern Illinois University Press. (1922).

Dewey, John. 1984. "The Public and Its Problems." In *The Later Works of John Dewey*, vol. 2, ed. Jo Ann Boydston. Carbondale: Southern Illinois University Press. (1927).

Diakopoulos, Nicholas. 2011. "A Functional Roadmap for Innovation in Computational Journalism," April. http://www.nickdiakopoulos.com/2011/04/22/a-functional-roadmap-for-innovation-in-computational-journalism.

Dickinson, R., J. Matthews, and K. Saltzis. 2013. "Studying Journalists in Changing Times: Understanding News Work as Socially Situated Practice." *International Communication Gazette* 75 (1): 3–18.

Dickinson, Roger. 2008. "Studying the Sociology of Journalists: The Journalistic Field and the News World." *Sociology Compass* 2 (5): 1383–1399.

Diesing, Paul. 2008. *Patterns of Discovery in the Social Sciences*. New Brunswick: Aldine Transaction. (1971)

van Dijck, José. 2013. *The Culture of Connectivity: A Critical History of Social Media*. Oxford: Oxford University Press.

DiSalvo, C. 2012. *Adversarial Design*. Cambridge, MA: MIT Press.

Dixon, T. L., and C. Azocar. 2006. "The Representation of Juvenile Offenders by Race on Los Angeles Area Television News." *Howard Journal of Communications* 77:143–161.

Dobson, A. 2012. "Listening: The New Democratic Deficit." *Political Studies* 60 (4): 843–859.

Domingo, D., P. Masip, and I. Costera Meijer. 2015. "Tracing Digital News Networks: Towards an Integrated Framework of the Dynamics of News Production, Circulation and Use." *Digital Journalism* 3 (1): 53–67.

Domingo, D., T. Quandt, A. Heinonen, S. Paulussen, J. B. Singer, and M. Vujnovic. 2008. "Participatory Journalism Practices in the Media and Beyond: An International Comparative Study of Initiatives in Online Newspapers." *Journalism Practice* 2 (3).

Dörr, Konstantin Nicholas. 2015. "Mapping the Field of Algorithmic Journalism." *Digital Journalism* 4 (6): 700–722.

Doudaki, V., and L.-P. Spyridou. 2013. "Print and Online News: Remediation Practices in Content and Form." *Journalism Studies* 14 (6): 907–925.

Downey, J., and N. Fenton. 2003. "New Media, Counter Publicity and the Public Sphere." *New Media & Society* 5:185–202.

Downie, L., and M. Schudson. 2009. "The Reconstruction of American Journalism." *Columbia Journalism Review* 19:2009.

Downie, Leonard, and Michael Schudson. 2009. "The Reconstruction of American Journalism." *Columbia Journalism Review*. http://www.cjr.org/reconstruction/the_reconstruction_of_american.php.

Downs, A. 1957. "An Economic Theory of Political Action in a Democracy." *Journal of Political Economy* 65 (2): 135–150.

Drucker, Peter. 1985. *Innovation and Entrepreneurship: Practice and Principles*. New York: Harper & Row.

Dunaway, Johanna. 2008. "Markets, Ownership, and the Quality of Campaign News Coverage." *Journal of Politics* 70 (4): 1193–1202.

Du Gay, P. 1996. *Consumption and Identity at Work*. London: Sage.

Dunbar-Hester, C. 2014. *Low Power to the People: Pirates, Protest, and Politics in FM Radio Activism*. Cambridge, MA: MIT Press.

Dunne, A., and F. Raby. 2013. *Speculative Everything: Design, Fiction, and Social Dreaming*. Cambridge, MA: MIT Press.

Dutton, W. H. 1995. "Driving into the Future of Communications? Check the Rear View Mirror." In *Information Superhighways: Multimedia Users and Futures*, ed. S. J. Emmott, 79–102. New York: Academic Press.

Dutton, W. H. 2007. "Through the Network of Networks—The Fifth Estate." https://www.oii.ox.ac.uk/archive/downloads/events/2007/20071015_WD_5thEstateLecture.pdf.

Dutton, W. H. 2009. "The Fifth Estate Emerging through the Network of Networks." *Prometheus* 27 (1): 1–15.

Dutton, W. H., ed. 2013. *The Oxford Handbook of Internet Studies*. Oxford: Oxford University Press.

Dutton, W. H., and P. Jeffreys, eds. 2010. *World Wide Research: Reshaping the Sciences and Humanities*. Cambridge, MA: MIT Press.

Dutton, W. H., Sun Huan, and Weiwei Shen. 2015, "China and the Fifth Estate: Net Delusion or Democratic Potential?" In *The Impact of Social Media in Politics and Public Administrations* (online special issue), coordinated by J. Balcells, A. Battle, and A. Padró-Solanet. *IDP. Revista de Internet, Derecho y Política* 20: 1–19. http://elcrps.uoc.edu/index.php/idp/article/view/n20-dutton-huan-shen/2797.

Dyos, H. J. 1982. "Some Historical Reflections on the Quality of Urban Life. In *Exploring the Urban Past: Essays in Urban History by H. J. Dyos*, ed. D. Cannadine and D. Reeder, 56–78. Cambridge: Cambridge University Press.

Eckman, Alyssa, and Thomas Lindlof. 2003. "Negotiating the Gray Lines: An Ethnographic Case Study of Organizational Conflict between Advertorials and News." *Journalism Studies* 4 (1): 65–77.

Edmonds, Rick. 2004. "News Staffing, News Budgets and News Capacity." *Newspaper Research Journal* 25 (1): 98–109.

Edmonds, Rick, Emily Guskin, Amy Mitchell, and Mark Jurkowitz. 2013. "Newpapers Stablilizing, but Still Threatened." http://www.stateofthemedia.org/2013/newspapers-stabilizing-but-still-threatened.

Edmonds, Rick, Emily Guskin, Tom Rosenstiel, and Amy Mitchell. 2012. "Newspapers: By the Numbers." In The Pew Research Center, "The State of the News Media 2012." http://www.stateofthemedia.org/2012/newspapers-building-digital-revenues-proves-painfully-slow/newspapers-by-the-numbers.

Eliasoph, N. 1988. "Routines and the Making of Oppositional News." *Critical Studies in Mass Communication* 5 (4): 313–334.

Eliasoph, N. 1998. *Avoiding Politics: How Americans Produce Apathy in Everyday Life*. Cambridge: Cambridge University Press.

Elliott, D., and D. Ozar. 2010. "An Explanation and a Method for the Ethics of Journalism." In *Journalism Ethics: A Philosophical Approach*, ed. Christopher Meyers, 9–24. Oxford: Oxford University Press.

Elsadda, H. 2010. "Arab Women Bloggers: The Emergence of Literary Counterpublics." *Middle East Journal of Culture and Communication* 3:312–332.

Emerson, R. M. 1962. "Power-Dependence Relations." *American Sociological Review* 27:31–41.

Emerson, T. I. 1970. *The System of Freedom of Expression*. New York: Random House.

Enda, Jodi. "Retreating from the World." 2011. *American Journalism Review*. http://ajrarchive.org/Article.asp?id=4985.

Enda, Jodi, Katerina Eva Matsa, and Jan Lauren Boyles. 2014. "America's Shifting Statehouse Press: Can New Players Compensate for Lost Legacy Reporters?" Pew Research Center: Journalism & Media, July 10. http://www.journalism.org/2014/07/10/americas-shifting-statehouse-press.

Entman, R. M. 1989. *Democracy without Citizens*. Oxford: Oxford University Press.

Epstein, E. J. 1973. *News From Nowhere: Television and the News*. New York: Random House.

Eshbaugh-Soha, Matthew, and Jeffrey S. Peake. 2011. *Breaking through the Noise: Presidential Leadership, Public Opinion, and the News Media*. Stanford, CA: Stanford University Press.

Esser, Frank, and Thomas Hanitzsch, eds. 2012. *The Handbook of Comparative Communication Research*. London: Routledge.

Ettema, James S., and Theodore Lewis Glasser. 1998. *Custodians of Conscience: Investigative Journalism and Public Virtue*. New York: Columbia University Press.

Fairclough, N. 2010. *Critical Discourse Analysis: The Critical Study of Language*. 2nd ed. Harlow, England: Routledge.

Fairclough, N., J. Mulderrig, and R. Wodak. 2011. "Critical Discourse Analysis." In *Discourse Studies: A Multidisciplinary Introduction*, ed. T. A. van Dijk. London: Sage.

Federal Communications Commission. 2015. "2015 Broadband Progress Report." https://www.fcc.gov/reports/2015-broadband-progress-report.

Federal Trade Commission. 2010. "Potential Policy Recommendations to Support the Reinvention of Journalism." https://www.ftc.gov/sites/default/files/documents/public_events/how-will-journalism-survive-internet-age/new-staff-discussion.pdf.

Fengler, Susanne, and Stephan Russ-Mohl. 2008. "Journalists and the Information-Attention Markets: Towards an Economic Theory of Journalism." *Journalism* 9 (6): 667–690.

Fenton, Natalie, ed. 2010. *New Media, Old News: Journalism & Democracy in the Digital Age*. London: SAGE.

Ferree, Myra Marx, William Gamson, Jürgen Gerhards, and Dieter Rucht. 2002. *Shaping Abortion Discourse: Democracy and the Public Sphere in Germany and the United States*. Cambridge: Cambridge University Press.

Ferrier, Michelle Barrett. 2013. "Media Entrepreneurship: Curriculum Development and Faculty Perceptions of What Students Should Know." *Journalism & Mass Communication Educator* 68 (3): 222–241.

Fidler, Roger. 2013. "News Consumption on Mobile Devices Surpasses Desktop Computers, Newspapers." Reynolds Journalism Institute, May 1. http://www.rjionline.org/news/news-consumption-mobile-devices-surpasses-desktop-computers-newspapers.

Filloux, F. 2008. "The Economics of Moving from Print to Online: Lose One Hundred, Get Back Eight." http://www.mondaynote.com/2008/09/29/the-economics-of-moving-from-print-to-online-lose-one-hundred-get-back-eight.

Fink, Katherine, and Michael Schudson. 2014. "The Rise of Contextual Journalism, 1950s–2000s." *Journalism* 15 (1): 3–20.

Fink, Katherine, and C. W. Anderson. 2015. "Data Journalism in the United States." *Journalism Studies* 16 (4): 467–481.

Fishman, M. 1980. *Manufacturing the News*. Austin: University of Texas Press.

Fiss, O. 1996. *The Irony of Free Speech*. Cambridge, MA: Harvard University Press.

Fligstein, Neil, and Doug Adam. 2012. *A Theory of Fields*. New York: Oxford University Press.

Foreman, Gene. 2015. *The Ethical Journalist: Making Responsible Decisions in the Digital Age*. 2nd ed. Malden, MA: John Wiley & Sons.

Foucault, M. 1971. "Nietzsche, Genealogy, History." In *Language, Counter-Memory, Practice: Selected Essays and Interviews*, ed. D. F. Bouchard. Ithaca, NY: Cornell University Press.

Foucault, M. 1994. *The Order of Things: An Archaeology of the Human Sciences*. New York: Vintage. (1966).

Foucault, M. 1994. "Two Lectures." In *Culture/Power/History: A Reader in Contemporary Social Theory*, ed. N. B. Dirks, G. Eley and S. B. Ortner, 200–221. Princeton, NJ: Princeton University Press.

Foxman, Maxwell. 2015. "Play the News: Fun and Games in Digital Journalism," A Tow/Knight report. http://towcenter.org/wp-content/uploads/2015/02/PlayTheNews_Foxman_TowCenter.pdf.

Fraser, N. 1990. "Rethinking the Public Sphere: A Contribution to the Critique of Actually Existing Democracy." *Social Text* 25/26:56–80.

Freedman, Des. 2008. *The Politics of Media Policy*. Cambridge: Polity Press.

Friend, C., and J. B. Singer. 2007. *Online Journalism Ethics*. Armonk, NY: M. E. Sharpe.

Frosh, P., and A. Pinchevski. 2011. "Introduction: Why Media Qitnessing? Why Now?" In *Media Witnessing: Testimony in the Age of Mass Communication*, ed. P. Frosh and A. Pinchevski, 1–22. New York: Palgrave.

Gade, Peter J. 2004. "Newspapers and Organizational Development: Management and Journalist Perceptions of Newsroom Cultural Change." *Journalism & Communication Monographs* 6 (1): 3, 5–55.

Graeff, E., M. Stempeck, and E. Zuckerman. 2014. "The Battle for 'Trayvon Martin': Mapping a Media Controversy Online and Off-line." *First Monday* 19 (2).

Galbraith, J. K. 1978. "Writing, Typing, and Economics." *Atlantic* 241 (March): 102–105. http://www.theatlantic.com/magazine/archive/1978/03/writing-typing-and-economics/305165/.

Gallup, G. H. 1928. "An Objective Method for Determining Reader Interest in the Content of a Newspaper." Doctoral thesis, University of Iowa.

Gallup. 2015. "Americans' Trust in Media Remains at Historical Low." http://www.gallup.com/poll/185927/americans-trust-media-remains-historical-low.aspx.

Gamson, William, and Andre Modigliani. 1989. "Media Discourse and Public Opinion on Nuclear Power: A Constructionist Approach." *American Journal of Sociology* 95 (1): 1–37.

Gans, Herbert J. 1974. *Popular Culture and High Culture: An Analysis and Evaluation of Taste*. New York: Basic Books.

Gans, H. 1980. *Deciding What's News: A Study of CBS Evening News, NBC Nightly News, Newsweek, and Time*. New York: Vintage.

Gans, H. J. 2007. "Everyday News, Newsworkers, and Professional Journalism." *Political Communication* 24 (2): 161–166.

García, E. P. 2008. "Print and Online Newsrooms in Argentinean Media: Autonomy and Professional Identity." In *Making Online News: The Ethnography of New Media Production*, ed. C. A. Paterson and D. Domingo, 61–75. New York: Peter Lang.

Garrison, B. 2005. "Online Newspapers." In *Online News and the Public*, ed. M. B. Salwen, B. Garrison and P. D. Driscoll, 3–46. Mahwah, NJ: Lawrence Erlbaum Associates.

Geertz, C. 1983. *Local Knowledge: Further Essays in Interpretive Anthropology*. New York: Basic.

Geertz, Clifford. 1973. *The Interpretation of Cultures*. New York: Basic Books.

Geidner, N., and D. D'Arcy. 2013. "The Effects of Micropayments on Online News Story Selection and Engagement." *New Media & Society*, October 18.

Gentzkow, M. 2007. "Valuing New Goods in a Model with Complementarity: Online Newspapers." *American Economic Review* 97 (3): 713–744.

Gentzkow, Matthew, and Jesse M. Shapiro. 2010. "What Drives Media Slant? Evidence from U.S. Daily Newspapers." *Econometrica* 78 (1): 35–71.

Gergen, K. J. 1991. *The Saturated Self: Dilemmas of Identity in Contemporary Life*. New York: Basic Books.

Gil de Zúñiga, H., N. Jung, and S. Valenzuela. 2012. "Social Media Use for News and Individuals' Social Capital, Civic Engagement and Political Participation." *Journal of Computer-Mediated Communication* 17:319–336.

Gillespie, T. 2014. "The Relevance of Algorithms." In *Media Technologies: Essays on Communication, Materiality, and Society*, ed. T. Gillespie, P. Boczkowski and K. A. Foot, 167–194. Cambridge, MA: MIT Press.

Gillespie, Tarleton, Pablo J. Boczkowski, and Kirsten A. Foot, eds. 2014. *Media Technologies: Essays on Communication, Materiality, and Society*. Cambridge, MA: MIT Press.

Gillmor, D. 2004. *We the Media: Grassroots Journalism By the People, For the People*. Sebastopol, CA: O'Reilly Media, Inc.

Gillmor, D. 2009. "Towards a Slow News Movement." *Mediactive*. http://mediactive.com/2009/11/08/toward-a-slow-news-movement.

Gitelman, L. 2014. *Paper Knowledge: Toward a Media History of Documents*. Durham, NC: Duke University Press.

Gitlin, Todd. 2001. *Media Unlimited: How the Torrent of Images and Sounds Overwhelms Our Lives*. New York: Metropolitan Books.

Glasser, T. L., and M. Gunther. 2005. "The Legacy of Autonomy in American Journalism." In *The Institutions of American Democracy: The Press*, ed. G. Overholser and K. H. Jamieson, 384–399. Oxford: Oxford University Press.

Glenn, C. 2004. *Unspoken: A Rhetoric of Silence*. Carbondale, IL: Southern Illinois University Press.

Goode, L. 2009. "Social News, Citizen Journalism and Democracy." *New Media & Society* 11 (8): 1287–1305.

Gordon, A. D., J. M. Kittross, J. C. Merrill, W. Babcock, and M. Dorsher. 2012. *Controversies in Media Ethics*. New York: Routledge.

Goyanes, M. 2014. "An Empirical Study of Factors That Influence the Willingness to Pay for Online News." *Journalism Practice* 8 (6): 742–757.

Grafström, M., and K. Windell. 2012. "Newcomers Conserving the Old: Transformation Processes in the Field of News Journalism." *Scandinavian Journal of Management* 28 (1): 65–76.

Granovetter, M. S. 1973. "The Strength of Weak Ties." *American Journal of Sociology* 78 (6):1360–1380.

Graves, Lucas. 2016. *Deciding What's True: The Fact-Checking Movement in American Journalism*. New York: Columbia University Press.

Graves, Lucas, and Magda Konieczna. 2015. "Sharing the News: Journalistic Collaboration as Field Repair." *International Journal of Communication* 9:1966–1984.

Graves, L., J. Kelly, and M. Gluck. 2010. "*Confusion Online: Faulty Metrics and the Future of Digital Journalism*." Tow Center for Digital Journalism, Columbia University Graduate School of Journalism. http://towcenter.org/research/confusion-online-faulty-metrics-and-the-future-of-digital-journalism.

Greenberger, M. 1985. *Electronic Publishing Plus*. White Plains, NY: Knowledge Industries.

Greer, J. D. 2004. "Advertising on Traditional Media Sites: Can the Traditional Business Model Be Translated to the Web?" *Social Science Journal* 41 (1): 107–113.

Grusin, R. 2010. *Premediation: Affect and mediality after 9/11*. New York: Palgrave.

Gulyas, Agnes. 2013. "The Influence of Professional Variables on Journalists' Uses and Views of Social Media: A Comparative Study of Finland, Germany, Sweden and the United Kingdom." *Digital Journalism* 1 (2): 270–285.

Gurevitch, M., Coleman, S., and Blumler, J. 2009. "Political Communication—Old and New Media Relationships." *The ANNALS of the American Academy of Political and Social Science* 625 (1): 164.

Haas, T. 2005. "From 'Public Journalism' to the 'Public's Journalism'? Rhetoric and Reality in the Discourse on Weblogs." *Journalism Studies* 6 (3): 387–396.

Hagood, M. 2011. "Quiet Comfort: Noise, Otherness, and the Mobile Production of Personal Space." *American Quarterly* 63 (3): 573–589.

Haigh, T., A. L. Russell, and W. H. Dutton. 2015. "Histories of the Internet." *Information & Culture* 50 (2): 143–159.

Hallett, Tim. 2010. "The Myth Incarnate: Recoupling Processes, Turmoil, and Inhabited Institutions in an Urban Elementary School." *American Sociological Review* 75 (1): 52–74.

Hallin, D. C. 1986a. *The "Uncensored War": The Media and Vietnam*. New York: Oxford University Press.

Hallin, Daniel. 1986b. "Where? Cartography, Community, and the Cold War." In *Reading the News*, ed. Robert Karl Manoff and Michael Schudson, 109–145. New York: Pantheon Press.

Hallin, Daniel, and Paolo Mancini. 2004. *Comparing Media Systems: Three Models of Media and Politics*. Cambridge: Cambridge University Press.

Hallin, Daniel, and Paolo Mancini. 2011. *Comparing Media Systems Beyond the Western World*. Cambridge: Cambridge University Press.

Hamilton, James T. 2006. *All the News That's Fit to Sell: How the Market Transforms Information into News*. Princeton, NJ: Princeton University Press.

Hampton, K., L. S. Goulet, C. Marlow, and L. Rainie. 2012. "Why Most Facebook Users Get More Than They Give." Pew Research Center. http://www.pewinternet.org/2012/02/03/why-most-facebook-users-get-more-than-they-give.

Hampton, K., L. Rainie, W. Lu, M. Dwyer, S. Inyoung, and K. Purcell. 2014. "Social Media and the 'Spiral of Silence': Summary of Findings." Pew Research Internet Project. http://www.pewinternet.org/2014/08/26/social-media-and-the-spiral-of-silence.

Hanitzsch, Thomas. 2007. "Deconstructing Journalism Culture: Toward a Universal Theory." *Communication Theory* 17 (4): 367–385.

Hara, K. 2009. *White*. London: Lars Muller.

Hargittai, E. 2007. "Whose Space? Differences among Users and Non-users of Social Network Sites." *Journal of Computer-Mediated Communication* 13 (1): 276–297.

Harris, M. 2014. *The End of Absence: Reclaiming What We've Lost in a World of Constant Connection*. New York: Current.

Hartley, J. 2002. *Communication, Cultural and Media Studies*. London: Routledge.

Hartley, J., J. Burgess, and A. Bruns, eds. 2013. *A Companion to New Media Dynamics*. Chichester, UK: Blackwell Publishing Ltd.

Havelock, E. 1982. *Preface to Plato*. Cambridge, MA: Belknap Press.

Hayes, Danny, and Jennifer L. Lawless. 2015. "As Local News Goes, So Goes Citizen Engagement: Media, Knowledge, and Participation in U.S. House Elections." *Journal of Politics* 77 (2): 447–462.

Hellmueller, Lea, Tim P. Vos, and Mark A. Poepsel. 2013. "Shifting Journalistic Capital? Transparency and Objectivity in the Twenty-first Century." *Journalism Studies* 14 (3): 287–304.

Heinrich, Ansgard. 2011. "Foreign Reporting in the Sphere of Network Journalism." *Journalism Practice* 6 (5–6): 766–775.

Heinrich, Ansgard. 2013. "News Making as an Interactive Practice: Global News Exchange and Network Journalism." In *Rethinking Journalism: Trust and Participation in a Transformed News Landscape*, ed. Chris Peters and Marcel Broersma, 89–100. New York: Routledge.

Hemmingway, Emma. 2008. *Into the Newsroom: Exploring the Digital Production of Regional Television News*. London: Routledge.

Hendrickson, L. 2007. "Press Protection in the Blogosphere: Applying a Functional Definition of "Press" to News Weblogs." In *Blogging, Citizenship and the Future of the Media*, ed. M. Tremayne, 187–204. New York: Routledge.

Herbert, J., and N. Thurman. 2007. "Paid Content Strategies for News Websites." *Journalism Practice* 1 (2): 208–226.

Hermans, L., and M. Vergeer. 2009. "Internet in the Daily Life of Journalists: Explaining the use of the Internet by Work-Related Characteristics and Professional Opinions." *Journal of Computer-Mediated Communication* 15 (1): 138–157.

Hermida, Alfred. 2010. "Twittering the News." *Journalism Practice* 4 (3): 297–308.

Hermida, Alfred. 2012. "Tweets and Truth: Journalism as a Discipline of Collaborative Verification." *Journalism Practice* 6 (5–6): 659–668.

Hermida, Alfred, Seth C. Lewis, and Rodrigo Zamith. 2014. "Sourcing the Arab Spring: A Case Study of Andy Carvin's Sources on Twitter During the Tunisian and Egyptian Revolutions." *Journal of Computer-Mediated Communication* 19 (3): 479–499.

Hermida, Alfred, and Neil Thurman. 2008. "A Clash of Cultures: The Integration of User-generated Content within Professional Journalistic Frameworks at British Newspaper Websites." *Journalism Practice* 2 (3): 343–356.

Herndon, Keith L. 2012. *The Decline of the Daily Newspaper: How an American Institution Lost the Online Revolution*. New York: Peter Lang International Academic Publishers.

Hesmondhalgh, David. 2006. "Bourdieu, the Media and Cultural Production." *Media Culture & Society* 28 (2): 211–231.

Hesmondhalgh, David, and Sarah Baker. 2011. *Creative Labour: Media Work in Three Cultural Industries*. London: Routledge.

Hetland, P. 2015. "Popularizing the Internet: Traveling Companions Supporting Good News." *Nordicom Review* 36 (2): 157–171.

Hilmes, Michele, ed. 2003. *The Television History Book*. London: BFI Publishing.

Hindman, Matthew. 2008. *The Myth of Digital Democracy*. Princeton, NJ: Princeton University Press.

Hindman, M. 2014. "Stickier News." Shorenstein Center on Media, Politics and Public Policy. http://shorensteincenter.org/wp-content/uploads/2015/04/Stickier-News-Matthew-Hindman.pdf.

Hollifield, C. Ann, Jan LeBlanc Wicks, George Sylvie, and Wilson Lowrey. 2015. *Media Management: A Casebook Approach*. 5th ed. New York: Routledge.

Hong, S. 2012. "Online News on Twitter: Newspapers' Social Media Adoption and Their Online Readership." *Information Economics and Policy* 24 (1): 69–74.

Howard, Alexander Benjamin. 2014. "*The Art and Science of Data-Driven Journalism*." Tow Center for Digital Journalism. http://towcenter.org/wp-content/uploads/2014/05/Tow-Center-Data-Driven-Journalism.pdf.

Howard, Phil. 2002. "Network Ethnography and the Hypermedia Organization: New Media, New Organizations, New Methods." *New Media & Society* 4 (4): 550–574.

Hujanen, J., and S. Pietikainen. 2004. "Interactive Uses of Journalism: Crossing between Technological Potential and Young People's News-using Practices." *New Media & Society* 6 (3): 383–401.

Hunter, Andrea. 2015. "Crowdfunding Independent and Freelance Journalism: Negotiating Journalistic Norms of Autonomy and Objectivity." *New Media & Society* 17 (2): 272–288.

Hunter, Anna, and François P. Nel. 2011. "Equipping the Entrepreneurial Journalist: An Exercise in Creative Enterprise." *Journalism & Mass Communication Educator* 66 (1): 9–24.

Hutchins, B. 2007. "Public Culture, Independent Online News and the *Tasmanian Times*." *Journalism* 8 (2): 205–225.

Ihlebæk, K. A., and A. H. Krumsvik. 2014. "Editorial Power and Public Participation in Online Newspapers." *Journalism*.

Innis, H. 1950. *Empire and Communications*. Toronto: University of Toronto Press.

Iyengar, Shanto, Helmut Norpoth, and Kyu S. Hahn. 2004. "Consumer Demand for Election News: The Horserace Sells." *Journal of Politics* 66 (1): 157–175.

Jacobs, Ron, and Eleanor Townsley. 2011. *The Space of Opinion*. New York: Oxford University Press.

James, William. 1890. *The Principles of Psychology*. New York: Henry Holt.

Jamieson, Kathleen Hall, and Joseph Cappella. 2010. *Echo Chamber: Rush Limbaugh and the Conservative Media Environment*. New York: Oxford University Press.

Jamieson, P., K. H. Jamieson, and D. Romer. 2003. "The Responsible Reporting of Suicide in Print Journalism." *American Behavioral Scientist* 46 (12): 1643–1660.

Jansen, Sue Curry. 2009. "Phantom Conflict: Lippmann, Dewey, and the Fate of the Public in Modern Society." *Communication and Critical/Cultural Studies* 6 (3): 221–245.

Jarvis, J. 2007. "New Rule: Cover What You Do Best and Link to the Rest." *Buzzmachine.* http://buzzmachine.com/2007/02/22/new-rule-cover-what-you-do-best-link-to-the-rest.

Jenner, Michael, Esther Thorson, and Anna Kim. 2014. "How U.S. Daily Newspapers Decide to Design and Implement Paywalls." Paper presented at the Association for Education in Journalism and Mass Communication Annual Conference, Montreal, Canada.

Jian, L., and N. Usher. 2014. "Crowd-Funded Journalism." *Journal of Computer-Mediated Communication* 19 (2): 155–170.

John, Richard R. 1995. *Spreading the News: The American Postal System from Franklin to Morse.* Cambridge, MA: Harvard University Press.

Johnson, F. 2015. "Going It Alone." *Harper's* (April): 31–40.

Jones, S. C., and T. G. Schumacher. 1992. "Muzak: On Functional Music and Power." *Critical Studies in Mass Communication* 9 (2): 156–169.

Juniper, A. 2003. *Wabi Sabi: The Japanese Art of Impermanence.* Tokyo, Japan: Tuttle.

Jurkowitz, Mark. 2014. "The Growth in Digital Reporting: What It Means for Journalism and News Consumers." The Pew Research Center, The State of the News Media 2014. http://www.journalism.org/2014/03/26/the-growth-in-digital-reporting.

Kahn, D. 1997. "John Cage: Silence and Silencing." *Musical Quarterly* 81 (4): 556–598.

Kaplan, R. 1999. *The Nothing That Is: A Natural History of Zero.* Oxford: Oxford University Press.

Karlsson, Michael. 2011. "The Immediacy of Online News, the Visibility of Journalistic Processes and a Structuring of Journalistic Authority." *Journalism* 12 (3): 279–295.

Karlsson, M., and C. Clerwall. 2012. "Patterns and Origins in the Evolution of Multimedia on Broadsheet and Tabloid News Sites: Swedish Online News, 2005–2010." *Journalism Studies* 13 (4): 550–565.

Karlsson, M., and J. Strömbäck. 2010. "Freezing the Flow of Online News: Exploring Approaches to the Study of the Liquidity of Online News." *Journalism Studies* 11 (1): 2–19.

Karpf, D. 2012. *The MoveOn Effect: The Unexpected Transformation of American Political Advocacy.* New York: Oxford University Press.

Katz, E., and P. Lazarsfeld. 1955. *Personal Influence: The Part Played by People in the Flow of Mass Communications*. New York: Free Press.

Kawahata, M. 1987. "HI-OVIS." In *Wired Cities: Shaping the Future of Communications*, ed. W. H. Dutton, J. G. Blumler and K. L. Kraemer, 179–200. Boston: G. K. Hall.

Kaye, Jeff, and Stephen Quinn. 2010. *Funding Journalism in the Digital Age: Business Models, Strategies, Issues and Trends*. New York: Peter Lang.

Keeling, K., and J. Kun. 2011. "Introduction: Listening to American Studies." *American Quarterly* 63 (3): 445–459.

Keen, A. 2007. *The Cult of the Amateur: How Today's Internet is Killing Our Culture*. New York: Doubleday.

Kellogg, Katherine C. 2009. "Operating Room: Relational Spaces and Microinstitutional Change in Surgery." *American Journal of Sociology* 115 (1): 657–711.

Kelly, J. 2010. "Parsing the Online Ecosystem: Journalism, Media, and the Blogosphere." In *Transitioned Media, The Economics of Information, Communication and Entertainment*, ed. G. Einav, 93–108. New York: Springer.

Kennedy, J. 2005. "Right to Receive Information: The Current State of the Doctrine and the Best Application for the Future." *Seton Hall Law Review* 35 (2): 789–821.

Kenny, C. 2011. *The Power of Silence: Silent Communication in Daily Life*. London: Karnac.

Kent, S. 1991. "Partitioning Space: Cross-cultural Factors Influencing Domestic Spatial Segmentation." *Environment and Behavior* 23 (4): 438–473.

Kerbel, M. R. 2000. *If It Bleeds, It Leads: An Anatomy of Television News*. New York: Basic Books.

Kernell, S. 1997. *Going Public: New Strategies of Presidential Leadership*. Washington, DC: Congressional Quarterly.

Kerrane, Kevin. 1998. *The Art of Fact: A Historical Anthology of Literary Journalism. A Touchstone Book*. New York: Touchstone.

Kipling, R. 2015. "The Elephant's Child." In *Rudyard Kipling, Just So Stories*. London: Macmillan Children's Books. (1902).

Kirk, Andy. 2012. *Data Visualization: A Successful Design Process. Community Experience Distilled*. Birmingham, UK: Packt Publishing.

Klaidman, S. 1987. *The Virtuous Journalist*. New York: Oxford University Press.

Klein, E. 2015. "This Is My Best Advice to Young Journalists. Vox, February 9. http://www.vox.com/2015/2/9/8008365/advice-to-young-journalists.

Klinenberg, Eric. 2005. "Convergence: News Production in a Digital Age." *Annals of the American Academy of Political and Social Science* 597 (4): 48–64.

Knight Foundation. 2009. Informing Communities: Sustaining Democracy in the Digital Age. http://www.knightfoundation.org/media/uploads/publication_pdfs/Knight_Commission_Report_-_Informing_Communities.pdf.

Konieczna, Magda. 2014. "A Better News Organization: Can Nonprofits Improve on the Commercial News Organizations from Which They Arose?" Unpublished dissertation, Department of Journalism and Mass Communication, University of Wisconsin-Madison.

Konieczna, M., and S. Robinson. 2014. "Emerging News Non-profits: A Case Study for Rebuilding Community Trust?" *Journalism* 15 (8): 968–986.

Krause, Monika. 2015. "Comparative Research: Beyond Linear-Causal Explanation." In *Practicing Comparison: Logics, Relations, Collaborations*, ed. J. Deville, M. Guggenheim, and Z. Hrdličková. Manchester, UK: Mattering Press.

Kreiss, Daniel. 2013. "Temporality and Political Communication Research." Qualitative Political Communication Research blog, posted December 30. https://qualpolicomm.wordpress.com/2013/12/30/temporality-and-political-communication-research.

Kreiss, D. 2015. "The Networked Democratic Spectator." *Social Media and Society* (1). http://sms.sagepub.com/content/1/1/2056305115578876.abstract.

Kreiss, Daniel, and J. S. Brennen. 2016. "Journalism and Democracy, Normative Models." In *Sage Handbook of Digital Journalism Studies*, ed. T. Witschge, C. W. Anderson, D. Domingo, and A. Hermida. New York: Sage.

Kreiss, Daniel, Laura Meadows, and John Remensperger. 2015. "Political Performance, Boundary Spaces, and Active Spectatorship: Media Production at the 2012 Democratic National Convention." *Journalism* 16 (5): 577–595.

Küng, Lucy. 2011. "Managing Strategy and Maximizing Innovations in Media Organizations." In *Managing Media Work*, ed. Mark Deuze, 43–56. Thousand Oaks, CA: Sage.

Kuratko, Donald F. 2005. "The Emergence of Entrepreneurship Education: Development, Trends and Challenges." *Entrepreneurship Theory and Practice* 29 (5): 577–598.

Kurpius, David D., Emily T. Metzgar, and Karen M. Rowley. 2010. "Sustaining Hyperlocal Media: In Search of Funding Models." *Journalism Studies* 11 (3): 359–376.

Lacey, K. 2011. "Listening Overlooked: An Audit of Listening as a Category in the Public Sphere." *Javnost—The Public* 18 (4): 5–20.

Ladany, N., C. E. Hill, B. J. Thompson, and K. M. O'Brien. 2004. "Therapist Perspectives on Using Silence in Therapy: A Qualitative Study." *Counselling & Psychotherapy Research* 4 (1): 80–89.

Lampel, Joseph, Theresa Lant, and Jamal Shamsie. 2000. "Balancing Act: Learning from Organizing Practices in Cultural Industries." *Organization Science* 11 (3): 263–269.

Lang, K., and G. E. Lang. 1953. "The Unique Perspective of Television and Its Effect: A Pilot Study." *American Sociological Review* 18 (1): 3–12.

Larsson, A. O. 2012. "Understanding Nonuse of Interactivity in Online Newspapers: Insights from Structuration Theory." *Information Society* 28 (4): 253–263.

Lasica, J. D. 2003. "Blogs and Journalism Need Each Other." *Nieman Reports* 57 (3): 70–74.

Latour, B. 2005. *Reassembling the Social: An Introduction to Actor-Network Theory*. Oxford: Oxford University Press.

Latour, Bruno, and Steve Woolgar. 1979. *Laboratory Life: The Social Construction of Scientific Facts*. Beverly Hills, CA: Sage.

Latour, Bruno. 1991. "Technology Is Society Made Durable." In *A Sociology of Monsters: Essays on Power, Technology and Domination*, Sociological Review Monograph 38, ed. J. Law, 103–132. London: Routledge.

Law, John. 2009. "Actor-Network Theory and Material Semiotics." In *The New Blackwell Companion to Social Theory*, ed. B. S. Turner, 141–158. London: Blackwell.

Lawson-Borders, G. 2006. *Media Organizations and Convergence: Case Studies of Media Convergence Pioneers*. Mahwah, NJ: Lawrence Erlbaum Associates.

Lazarsfeld, Paul F. 1941. "Remarks on Administrative and Critical Communications Research." *Studies in Philosophy and Social Science* 9 (1): 2–16.

Leab, Dan. 1987. "*See It Now*: A Legend Reassessed." In *American History/America Television. Interpreting the Video Past*, ed. John E. O'Connor. New York: Ungar.

Le Masurier, M. 2014. "What Is Slow Journalism?" *Journalism Practice* 9 (2): 138–152.

Lee, Eun-Ju. 2012. "That's Not the Way It Is: How User-Generated Comments on the News Affect Perceived Media Bias." *Journal of Computer-Mediated Communication* 18 (1): 32–45.

Lee, S. K., and J. E. Katz. 2014. "Disconnect: A Case Study of Short-term Voluntary Mobile Phone Non-use." *First Monday* 19 (12).

Lee, Eun-Ju, and Ye Weon Kim. 2015. "Effects of Infographics on News Elaboration, Acquisition, and Evaluation: Prior Knowledge and Issue Involvement as Moderators." *New Media & Society* 18 (8): 1579–1598

Lehmann, J., C. Castillo, M. Lalmas, and E. Zuckerman. 2013. "Transient News Crowds in Social Media." Paper presented at the ICWSM 2013. http://chato.cl/papers/lehmann_castillo_lalmas_zuckerman_2013_transient_news_crowds.pdf.

Lerman, J. 2013. "Big Data and Its Exclusions." *Stanford Law Review* 66:55–63.

Levendusky, Matthew. 2013. *How Partisan Media Polarize America*. Chicago: University of Chicago Press.

Levy, M. R. 1981. "Disdaining the News." *Journal of Communication* 31 (3): 24–31.

Levy, David A. L., and Rasmus Kleis Nielsen. 2010. *The Changing Business of Journalism and Its Implications for Democracy*. Oxford: Reuters Institute for the Study of Journalism. http://reutersinstitute.politics.ox.ac.uk/publication/changing-business-journalism-and-its-implications-democracy.

Lewis, C. 2007. "The Nonprofit Road." *Columbia Journalism Review* 46 (3): 32–36.

Lewis, S. C. 2012. "The Tension between Professional Control and Open Participation: Journalism and Its Boundaries." *Information Communication and Society* 15 (6): 836–866.

Lewis, Seth C. 2015. "Journalism in an Era of Big Data: Cases, Concepts, and Critiques." *Digital Journalism* 3 (3): 321–330.

Lewis, S. C., A. E. Holton, and M. Coddington. 2014. "Reciprocal Journalism." *Journalism Practice* 8 (2): 229–241.

Lewis, S. C., and N. Usher. 2013. "Open Source and Journalism: Toward New Frameworks for Imagining News Innovation." *Media Culture & Society* 35 (5): 602–619.

Lewis, S. C., and N. Usher. 2014. "Code, Collaboration, and the Future of Journalism: A Case Study of the Hacks/Hackers Global Network." *Digital Journalism* 2 (3): 383–393.

Lewis, Seth C., and Nikki Usher. 2016. "Trading Zones, Boundary Objects, and the Pursuit of News Innovation: A Case Study of Journalists and Programmers." *Convergence: The International Journal of Research Into New Media Technologies* 22 (5): 543–560. doi:10.1177/1354856515623865.

Lewis, Seth C., and Oscar Westlund. 2015. "Actors, Actants, Audiences, and Activities in Cross-Media News Work." *Digital Journalism* 3 (1): 19–37.

Lewis, Seth C., and Oscar Westlund. 2016. "Mapping the Human–Machine Divide in Journalism." In *The SAGE Handbook of Digital Journalism*, ed. Tamara Witschge, Chris W. Anderson, David Domingo, and Alfred Hermids, 341–353. London: Sage.

Leys, Colin. 2001. *Market-driven Politics: Neoliberal Democracy and the Public Interest.* London: Verso.

Lievrouw, L. A., and S. Livingstone, eds. 2002. *Handbook of New Media*. Thousand Oaks, CA: Sage.

Lindley, R. 2002. *Panorama: Fifty Years of Pride and Paranoia* . London: Politico's.

Lipari, L. 2010. "Listening, Thinking, Being." *Communication Theory* 20:348–362.

Lippmann, W. 1922. *Public Opinion*. New York: Harcourt, Brace.

Lippmann, Walter. 2011. *The Phantom Public*. New Brunswick, NJ: Transaction Publishers. (Originally published 1927.)

Lohr, Steve. 2011. "In Case You Wondered, a Real Human Being Wrote This Column." *New York Times*, September 10. http://www.nytimes.com/2011/09/11/business/computer-generated-articles-are-gaining-traction.html?_r=0.

Loosen, Wiebke, and Jan-Hinrik Schmidt. 2012. "(Re-)discovering the Audience: The Relationship between Journalism and Audience in the Networked Digital Media." *Information Communication and Society* 15 (6): 867–887.

Lowrey, W. 2006. "Mapping the Journalism-Blogging Relationship." *Journalism* 7 (4): 477–500.

Lowrey, Wilson. 2012. "Journalism Innovation and the Ecology of News Production: Institutional Tendencies." *Journalism & Communication Monographs* 14 (4): 214–287.

Lowrey, Wilson, and Peter J. Gade. 2011. *Changing the News: The Forces Shaping Journalism in Uncertain Times*. New York: Routledge.

Luiselli, V. 2014. "Relingos: The Cartography of Empty Spaces," trans. C. MacSweeney. In *Sidewalks*, 69–78. Minneapolis, MN: Coffee House Press.

McDorman, T. 2001. "Crafting a Virtual Counterpublic: Right-to-die Advocates on the Internet." In *Counterpublics and the State*, 187–209. New York: SUNY Press.

MacGregor, P. 2007. "Tracking the Online Audience: Metric Data Start a Subtle Revolution." *Journalism Studies* 8 (2): 280–298.

Madison, J. 1822. "James Madison to W. T. Barry," Chapter 18, Document 35 in *Writings* 9: 103–9, August 4. http://press-pubs.uchicago.edu/founders/documents/v1ch18s35.html.

Madrigal, A. C. 2012. "Dark Social: We Have the Whole History of the Web Wrong." *The Atlantic*. http://www.theatlantic.com/technology/archive/2012/10/dark-social-we-have-the-whole-history-of-the-web-wrong/263523.

Madrigal, Alexis C. 2013. "2013: The Year 'The Stream' Crested." *Atlantic* 12 (December). http://www.theatlantic.com/technology/archive/2013/12/2013-the-year-the-stream-crested/282202.

Maeda, J. 2006. *The Laws of Simplicity*. Cambridge, MA: MIT Press.

Mair, J., and R. L. Keeble, eds. 2014. *Data Journalism: Mapping the Future*. Suffolk, UK: Abramis.

Madianou, M., and D. Miller. 2012. "Polymedia: Towards a New Theory of Digital Media in Interpersonal Communication." *International Journal of Cultural Studies* 16 (2): 1–19.

Maitland, S. 2014. *How to Be Alone*. London: Picador.

Mancini, P. 2013. "What Scholars Can Learn from the Crisis of Journalism." *International Journal of Communication* 7:127–136.

Manovich, Lev. 2001. *The Language of New Media*. Cambridge, MA: MIT Press.

Manjoo, F. 2013. "You Won't Finish This Article." Slate, June 6. http://www.slate.com/articles/technology/technology/2013/06/how_people_read_online_why_you_won_t_finish_this_article.html.

Martin, John Levi. 2011. *The Explanation of Social Action*. New York: Oxford University Press.

Marvin, C. 1988. *When Old Technologies Were New: Thinking About Electric Communication in the Late Nineteenth Century*. Oxford: Oxford University Press.

Marx, L. 1987. "Does Improved Technology Mean Progress?" *Technology Review* (January): 33–41.

Massing, Michael. 2015a. "Digital Journalism: How Good Is It?" *New York Review of Books* 4 (June). http://www.nybooks.com/articles/archives/2015/jun/04/digital-journalism-how-good-is-it.

Massing, Michael. 2015b. "Digital Journalism: The Next Generation." *New York Review of Books* 25 (June). http://www.nybooks.com/articles/archives/2015/jun/25/digital-journalism-next-generation.

McBride, Kelly, and Tom Rosenstiel. 2014. *The New Ethics of Journalism*. Los Angeles: Sage.

McChesney, Robert W. 2013. *Digital Disconnect: How Capitalism Is Turning the Internet against Democracy*. New York: The New Press.

McChesney, Robert W. 2015. *Rich Media, Poor Democracy: Communication Politics in Dubious Times*. New York: The New Press.

McChesney, Robert W., and John Nichols. 2010. *The Death and Life of American Journalism: The Media Revolution That Will Begin the World Again*. New York: Nation Books.

McChesney, Robert W., and Victor Pickard. 2011. *Will the Last Reporter Please Turn out the Lights: The Collapse of Journalism and What Can Be Done to Fix It*. New York: The New Press.

McChesney, Robert W., and Victor Pickard. 2014. "News Media as Political Institutions." In *The Oxford Handbook of Political Communication*, ed. Kate Kenski and Kathleen Hall Jamieson. Oxford: Oxford University Press.

McChesney, Robert. 2014. *Digital Disconnect*. New York: The New Press.

McDevitt, Michael. 2003. "In Defense of Autonomy: A Critique of the Public Journalism Critique." *Journal of Communication* 53 (1): 155–164.

McCoy, M. E. 2001. "Dark Alliance: News Repair and Institutional Authority in the Age of the Internet." *Journal of Communication* 51 (1): 164–193.

McIntosh, N. 2015. "List of BBC Web Pages Which Have Been Removed from Google's Search Results." BBC, June 25. http://www.bbc.co.uk/blogs/internet/entries/1d765aa8-600b-4f32-b110-d02fbf7fd379.

McKeown, G. 2014. *Essentialism: The Disciplined Pursuit of Less*. New York: Crown Business.

McManus, John H. 1997. "Who's Responsible for Journalism?" *Journal of Mass Media Ethics* 12 (1): 5–17.

McNair, B. 2000. "Journalism and Democracy." In *The Handbook of Journalism Studies*, ed. K. Wahl-Jorgensen and T. Hanitzch, 237–249. New York: Routledge.

McNair, Brian. 2005. "What Is Journalism?" In *Making Journalists: Diverse Models, Global Issues*, ed. Hugo de Burgh, 25–43. New York: Routledge.

Meiklejohn, Alexander. 1948. *Free Speech and Its Relation to Self-government*. New York: Harper Brothers Publishers.

Mensing, Donica. 2010. "Rethinking (again) the Future of Journalism Education." *Journalism Studies* 11 (4): 511–523.

Meraz, S. 2011. "Using Time Series Analysis to Measure Intermedia Agenda-Setting Influence in Traditional Media and Political Blog Networks." *Journalism & Mass Communication Quarterly* 88 (1): 176–194.

Merrill, John Calhoun. 1993. *The Dialectic in Journalism: Toward a Responsible Use of Press Freedom*. Baton Rouge: Louisiana State University Press.

Merton, Robert. 1949. *Social Theory and Social Structure*. New York: Free Press.

Meyers, C., W. N. Wyatt, S. L. Borden, and E. Wasserman. 2012. "Professionalism, Not Professionals." *Journal of Mass Media Ethics* 27 (3): 189–205.

Mill, J. S. 1974. *On Liberty*. London: Penguin Books. (1859).

Millen, D. R., and S. M. Dray. 2000. "Information Sharing in an Online Community of Journalists." *Aslib Proceedings* 52:166–173.

Mills, C. W. 1959/2000. *The Sociological Imagination*. Oxford: Oxford University Press.

Mindich, D. T. 2000. *Just the Facts: How Objectivity Came to Define American Journalism*. New York: NYU Press.

Mitchell, A., M. Jurkowitz, J. Holcomb, J. Enda, and M. Anderson. 2013. "*Nonprofit Journalism: A Growing but Fragile Part of the US News System.*" Pew Research Center's Project for Excellence in Journalism. http://www.journalism.org/2013/06/10/nonprofit-journalism.

Mitchelstein, E., and P. J. Boczkowski. 2009. "Between Tradition and Change: A Review of Recent Research on Online News Production." *Journalism: Theory, Practice & Criticism*. 10 (5): 562–586.

Molotch, H., and M. Lester. 1974. "News as Purposive Behavior: On the Strategic Use of Routine Events, Accidents, and Scandals." *American Sociological Review* 39 (1): 101–112.

Murdock, G. 1977. *Patterns of Ownership: Questions of Control*. Milton Keynes, UK: Open University Press.

Musgrave, Richard A. 1959. *The Theory of Public Finance: A Study in Public Economy*. New York: McGraw-Hill.

Mutz, Diana C., and Byron Reeves. 2005. "The New Videomalaise: Effects of Televised Incivility on Political Trust." *American Political Science Review* 99 (1): 1–15.

Mutter, A. 2014. "The Newspaper Crisis, by the Numbers." Newsosaur, July. http://newsosaur.blogspot.com/2014/07/the-newspaper-crisis-by-numbers.html.

Naldi, Lucia, and Robert G. Picard. 2012. "'Let's Start an Online News Site': Opportunities, Resources, Strategy, and Formational Myopia in Startups." *Journal of Media Business Studies* 4:47–59.

Napoli, P. M. 2010. *Audience Evolution*. New York: Columbia University Press.

Nee, Rebecca Coates. 2013. "Creative Destruction: An Exploratory Study of How Digitally Native News Nonprofits Are Innovating Online Journalism Practices." *International Journal on Media Management* 15 (1): 3–22.

Nel, François. 2010. "Where Else Is the Money? A Study of Innovation in Online Business Models at Newspapers in Britain's 66 Cities." *Journalism Practice* 4 (3): 360–372.

Nelkin, D. 1991. "AIDS and the News Media." *Milbank Quarterly* 69 (2): 293–307.

Nerone, J., and K. G. Barnhurst. 2001. "Beyond Modernism—Digital Design, Americanization and the Future of Newspaper Form." *New Media & Society* 3 (4): 467–482.

Neuman, W. R. 1986. *The Paradox of Mass Politics: Knowledge and Opinion in the American Electorate*. Cambridge, MA: Harvard University Press.

Neuman, W. R. 1990. "The Threshold of Public Attention." *Public Opinion Quarterly* 54 (2): 159–176.

Neuman, W. R., M. Just, and A. Crigler. 1992. *Common Knowledge: News and the Construction of Political Meaning*. Chicago: University of Chicago Press.

Neuman, W. Russell, Yong Jin Park, and Elliot Panek. 2012. "Tracking the Flow of Information into the Home: An Empirical Assessment of the Digital Revolution in the U.S. from 1960–2005." *International Journal of Communication* 6:1022–1041.

New York Times. 2015. "Digital Subscriptions." www.nytimes.com/content/help/account/purchases/subscriptions-and-purchases.html

New York Times. 2015 "Where the Story Ends, Times Premier Begins." http://www.nytimes.com/subscriptions/switch/lp8UXWF.html#insider.

Newman, Nic. 2015. "Media, Journalism and Technology Predictions 2015." Reuters Institute for the Study of Journalism. https://reutersinstitute.politics.ox.ac.uk/news/media-journalism-and-technology-predictions-2015.

Newman, N., W. H. Dutton, and G. Blank. 2012. "Social Media in the Changing Ecology of News: The Fourth and Fifth Estates in Britain." *International Journal of Internet Science* 7 (1): 6–22.

Newman, Nic, and David A. L. Levy. 2014. *Reuters Institute Digital News Report 2014: Tracking the Future of News*. Oxford: Reuters Institute for the Study of Journalism.

Newman, Nic, David A. L. Levy, and Rasmus Kleis Nielsen. 2015. *Reuters Institute Digital News Report 2015*. Oxford: Reuters Institute for the Study of Journalism.

Nguyen, A. 2008. "Facing 'the Fabulous Monster': The Traditional Media's Fear-driven Innovation Culture in the Development of Online News." *Journalism Studies* 9 (1): 91–104.

Nguyen, A. 2013. "Online News Audiences." In *Journalism: New Challenges*, ed. K. Fowler-Watt and S. Allan, 146–161. Bournemouth: Centre for Journalism & Communication Research Bournemouth University.

Nielsen, C. E. 2014. "Coproduction or Cohabitation: Are Anonymous Online Comments on Newspaper Websites Shaping News Content?" *New Media & Society* 16 (3): 470–487.

Nielsen, Rasmus Kleis. 2012a. "How Newspapers Began to Blog: Recognizing the Role of Technologists in Old Media Organizations' Development of New Media Technologies." *Information Communication and Society* 15 (6): 959–978.

Nielsen, Rasmus Kleis. 2012b. *Ground Wars: Personalized Communication in Political Campaigns*. Princeton, NJ: Princeton University Press.

Nielsen, Rasmus Kleis, and Geert Linnebank. 2011. "Public Support for the Media: A Six-Country Overview of Direct and Indirect Subsidies." Reuters Institute for the Study of Journalism. https://reutersinstitute.politics.ox.ac.uk/sites/default/files/Public%20support%20for%20Media_0.pdf.

Noelle-Neumann, E. 1984. *The Spiral of Silence: Public Opinion—Our Social Skin*. Chicago: University of Chicago Press.

Nonnecke, B., and J. Preece. 2000. *Lurker Demographics: Counting the Silent*. Paper presented at the ACM Conference on Computer Human Interaction, The Hague, The Netherlands, April 1–6, 2000.

Noveck, Beth. 2015. *Smart Citizens, Smarter State: The Technologies of Expertise and the Future of Governing*. Cambridge, MA: Harvard University Press.

O'Sullivan, J., and A. Heinonen. 2008. "Old Values, New Media: Journalism Role Perceptions in a Changing World." *Journalism Practice* 2 (3): 357–371.

Obstfeld, D. 2005. "Social Networks, the Tertius Iungens Orientation, and Involvement in Innovation." *Administrative Science Quarterly* 50 (1): 100–130.

Olsen, T. 1965. "Silences: When Writers Don't Write." *Harper's Magazine* 231 (October supplement, "The Writer's Life"): 153–161.

Olson, M. 1965. *The Logic of Collective Action: Public Goods and the Theory of Group*. Cambridge, MA: Harvard University Press.

On The Media. 2013. "What Do You Broadcast When There's Nothing to Say? *On The Media*, April 19. http://www.onthemedia.org/story/288011-what-do-you-broadcast-when-theres-nothing-say.

Ong, W. 1982. *Orality and Literacy: The Technologizing of the Word*. London: Methuen Publishing.

Ornebring, H. 2008. "The Consumer as a Producer of What? User-generated Tabloid Content in *The Sun* (UK) and *Aftonbladet* (Sweden)." *Journalism Studies* 9 (5): 771–785.

Oudshoorn, N., and T. Pinch. 2003. "How Users and Non-users Matter." In *How Users Matter: The Co-construction of Users and Technology*, ed. N. Oudshoorn and T. Pinch, 1–25. Cambridge, MA: MIT Press.

Owen, L. H. 2015. "Soon, Publishers Will Be Able to Determine When Smartphone Users Are Bored and Push Content at Them." Nieman Lab, September 2, 2015. http://www.niemanlab.org/2015/09/soon-publishers-will-be-able-to-determine-when-smartphone-users-are-bored-and-push-content-at-them.

Palczewski, C. 2001. "Cybermovements, New Social Movements and Counterpublics." In *Counterpublics and the State*, ed. Robert Asen, 161–186. New York: SUNY Press.

Papacharissi, Z. 2014a. *Affective Publics: Sentiment, Technology, and Politics*. New York, Oxford: Oxford University Press.

Papacharissi, Z. 2014b. "Toward New Journalism(s): Affective News, Hybridity, and Liminal Spaces." *Journalism Studies*. published online March 2014.

Papacharissi, Zizi. 2015. "Toward New Journalism(s): Affective News, Hybridity, and Liminal Spaces." *Journalism Studies* 16 (1): 27–40.

Papacharissi, Z., and M. de Fatime Oliveira. 2012. "Affective News and Networked Publics: The Rhythms of News Storytelling on #Egypt." *Journal of Communication* 62 (2): 266–282.

Park, Robert E. 1940. "News as a Form of Knowledge: A Chapter in the Sociology of Knowledge." *American Journal of Sociology* 45 (5): 669–686.

Patten, D. A. 1986. *Newspapers and New Media*. White Plains, NY: Knowledge Industry Publications, Inc.

Patterson, Thomas E. 2013. *Informing the News: The Need for Knowledge-Based Journalism*. New York: Vintage.

Pavlik, J. 2001. *Journalism and New Media*. New York: Columbia University Press.

Pavlik, J. V. 2013. *Media in the Digital Age*. New York: Columbia University Press.

Pavlik, John V. 2013. "Innovation and the Future of Journalism." *Digital Journalism* 1 (2): 181–193.

Peng, T. Q., L. Zhang, Z.-J. Zhong, and J. Zhu. 2013. "Mapping the Landscape of Internet Studies: Text Mining of Social Science Journal Articles, 2000–2009." *New Media & Society* 15 (5): 644–664.

Persico, J. E. 1988. *Edward R. Murrow: An American Original*. New York: Dell Publishing Company.

Peters, J. D. 2015a. *The Marvelous Clouds: Towards a Philosophy of Elemental Media*. Chicago: University of Chicago Press.

Peters, J. D. 2015b. "The Anthropoid Condition: An Interview with John Durham Peters." *Los Angeles Review of Books,* July 10. http://lareviewofbooks.org/interview/the-anthropoid-condition-an-interview-with-john-durham-peters.

Petre, Caitlin. 2015. *The Traffic Factories: Metrics at Chartbeat, Gawker Media, and The New York Times*. New York: Columbia University Press; http://towcenter.org/research/traffic-factories.

Petre, Caitlin. 2015. "The Social Life of Metrics: The Production, Interpretation, and Use of Data Analytics in Online Journalism." Unpublished dissertation, NYU Department of Sociology.

Petrova, M. 2011. "Newspapers and Parties: How Advertising Revenues Created an Independent Press." *American Political Science Review* 105 (4): 790–808.

Pew Research Center. 2013. "Amid Criticism, Support for Media's 'Watchdog' Role Stands Out," August 8. http://www.people-press.org/2013/08/08/amid-criticism-support-for-medias-watchdog-role-stands-out.

Pew Research Center. 2014. "State of the News Media 2014." http://www.journalism.org/packages/state-of-the-news-media-2014.

Pew Research Center. 2014a. "State of the News Media 2014." http://www.journalism.org/packages/state-of-the-news-media-2014.

Pew Research Center. 2014b. "Paying for News: The Revenue Picture for American Journalism, and How It Is Changing." http://www.journalism.org/2014/03/26/the-revenue-picture-for-american-journalism-and-how-it-is-changing.

Pfau, M., M. Haigh, M. Gettle, M. Donnelly, G. Scott, D. Warr, and E. Wittenberg. 2004. "Embedding Journalists in Military Combat Units: Impact on Newspaper Story Frames and Tone." *Journalism & Mass Communication Quarterly* 81 (1): 74–88.

Pfister, D. S. 2014. *Networked Media, Networked Rhetoric: Attention and Deliberation in the Early Blogosphere*. University Park, PA: Penn State University Press.

Phelps, Andrew. 2012. "NPR Snags Brian Boyer to Launch a News Apps Team (and They're Hiring)." Nieman Lab, May 21. http://www.niemanlab.org/2012/05/npr-snags-brian-boyer-to-launch-a-news-apps-team-and-theyre-hiring.

Picard, Robert G. 2002. *The Economics and Financing of Media Companies*. New York: Fordham University Press.

Picard, Robert G. 2005. "Unique Characteristics and Business Dynamics of Media Products." *Journal of Media Business Studies* 2 (2): 61–69.

Picard, Robert G. 2010. *Value Creation and the Future of News Organizations: Why and How Journalism Must Change to Remain Relevant in the Twenty-first Century*. Lisbon: Media XXI.

Picard, Robert G. 2011. *The Economics and Financing of Media Companies*. New York: Fordham University Press.

Picard, Robert G. 2011. *Mapping Digital Media: Digitization and Media Business Models*. London: Open Society Foundations. http://www.opensocietyfoundations.org/sites/default/files/digitization-media-business-models-20110721.pdf.

Picard, Robert G. 2012. *Value Creation and the Future of News Organizations*. Porto, Portugal: MediaXXI.

Picard, Robert G. 2014. "Twilight or New Dawn of Journalism? Evidence from the Changing News Ecosystem." *Digital Journalism* 2 (3): 488–498.

Pickard, Victor. 2011. "Can Government Support the Press? Historicizing and Internationalizing a Policy Approach to the Journalism Crisis." *Communication Review* 14 (2): 73–95.

Pickard, Victor. 2014. *America's Battle for Media Democracy*. Cambridge: Cambridge University Press.

Pickard, V. 2014. "The Great Evasion: Confronting Market Failure in American Media Policy." *Critical Studies in Media Communication* 31 (2): 153–159.

Pickard, V. 2014b. "Laying Low the Shibboleth of a Free Press: Regulatory Threats against the American Newspaper Industry, 1938–1947." *Journalism Studies* 15 (4): 464–480.

Pickard, V. 2015a. *America's Battle for Media Democracy: The Triumph of Corporate Libertarianism and the Future of Media Reform*. New York: Cambridge University Press.

Pickard, V. 2015b. "The Return of the Nervous Liberals: Market Fundamentalism, Policy Failure, and Recurring Journalism Crises." *Communication Review* 18 (2): 82–97.

Pickard, Victor, Josh Stearns, and Craig Aaron. 2009. *Saving the News: Toward a National Journalism Strategy*. Washington, DC: Free Press.

Pickard, Victor, and Alex Williams. 2014. "Salvation or Folly? The Perils and Promises of Digital Paywalls." *Digital Journalism* 2 (2): 195–213.

Picker, J. 2012. "The Soundproof Study." In *The Sound Studies Reader*, ed. J. Sterne, 141–151. New York: Routledge.

Picone, I. 2011. "Produsage as a Form of Self-publication: A Qualitative Study of Casual News Produsage." *New Review of Hypermedia and Multimedia* 17 (1): 99–120.

Pilhofer, Aaron. 2010. "Programmer-Journalist? Hacker-Journalist? Our Identity Crisis." Mediashift, April 22. http://mediashift.org/idealab/2010/04/programmer-journalist-hacker-journalist-our-identity-crisis107.

Plaisance, P. L. 2013. *Media Ethics: Key Principles for Responsible Practice*. Thousand Oaks, CA: Sage Publications.

Plaut, E. R. 2015. "Technologies of Avoidance: The Swear Jar and the Cell Phone." *First Monday* 20 (11).

Plesner, Ursula. 2009. "An Actor-Network Perspective on Changing Work Practices: Communication Technologies as Actants in Newswork." *Journalism* 10 (5): 604–626.

Polgreen, Erin. 2014. "How Successful Media Startups Manage Growth." *Columbia Journalism Review,* December. http://www.cjr.org/business_of_news/startup_management_lessons.php.

Potter, Deborah. 2008. "Old News." *American Journalism Review*. http://ajrarchive.org/Article.asp?id=4448.

Potter, Deborah, and Katerina Eva Matsa. 2014. "A Boom in Acquisitions and Content Sharing Shapes Local TV News in 2013." Pew Research Center. http://www.journalism.org/2014/03/26/a-boom-in-acquisitions-and-content-sharing-shapes-local-tv-news-in-2013.

Portwood-Stacer, L. 2012. "Media Refusal and Conspicuous Non-consumption: The Performative and Political Dimensions of Facebook Abstention." *New Media & Society* 15 (7): 1041–1057.

Powers, Matt. 2012. "'In Forms That Are Familiar and Yet-to-Be Invented': American Journalism and the Discourse of Technologically Specific Work." *Journal of Communication Inquiry* 36 (1): 24–43.

Powers, Matthew, and Rodney Benson. 2014. "Is the Internet Homogenizing or Diversifying the News? External Pluralism in the U.S., Danish, and French Press." *International Journal of Press/Politics* 19 (2): 246–265.

Prenger, Mirjam. 2014. *Televisiejournalistiek in de jaren vijftig en zestig. Achter het nieuws en de geboorte van de actualiteitenrubriek*. Amsterdam: AMB.

Primo, Alex, and Gabriela Zago. 2015. "Who and What Do Journalism? An Actor-Network Perspective." *Digital Journalism* 3 (1): 38–52.

Prior, Markus. 2007. *Post-Broadcast Democracy: How Media Choice Increases Inequality in Political Involvement and Polarizes Elections*. New York: Cambridge University Press.

Prior, M. 2009. "The Immensely Inflated News Audience: Assessing Bias in Self-reported News Exposure." *Public Opinion Quarterly* 73 (1): 130–143.

Proctor, R. N. 2008. "Agnotology: A Missing Term to describe the Cultural Production of Ignorance (and Its Study)." In *Agnotology: The Making and Unmaking of Ignorance*, ed. R. Proctor and L. Schiebinger, 1–33. Stanford, CA: Stanford University Press.

ProPublica. 2015. "About Us." http://www.propublica.org/about.

Quandt, T. 2008. "News Tuning and Content Management: An Observation Study of Old and New Routines in German Online Newsrooms. In *Making Online News: The Ethnography of New Media Production*, ed. C. A. Paterson and D. Domingo, 77–97. New York: Peter Lang.

Quandt, T., M. Loffelholz, D. Weaver, T. Hanitzsch, and K.-D. Altmeppen. 2006. "American and German Online Journalists at the Beginning of the 21st Century." *Journalism Studies* 7:171–186.

Quinn, S. 2005. "Convergence's Fundamental Question." *Journalism Studies* 6 (1): 29–38.

Rainie, L., and M. Madden. 2015. "Americans' Privacy Strategies Post-Snowden." Pew Research Center, March 16. http://www.pewinternet.org/2015/03/16/americans-privacy-strategies-post-snowden.

Rand, P. 2014. *Thoughts on Design*. New York: Chronicle Books. (1970/1947).

Rao, S., and H. Wasserman. 2007. "Global Media Ethics Revisited: A Postcolonial Critique." *Global Media and Communication* 3 (1): 29–50.

Raviola, E., and M. Norbäck. 2013. "Bringing Technology and Meaning into Institutional Work: Making News at an Italian Business Newspaper." *Organization Studies* 34 (8): 1171–1194.

Razlogova, E. 2011. *The Listener's Voice: Early Radio and the American Public*. Philadelphia: University of Pennsylvania Press.

Reich, Z. 2008. "How Citizens Create News Stories." *Journalism Studies* 9:739–758.

Reich, Z., and Y. Godler. 2014. "A Time of Uncertainty: The Effects of Reporters' Time Schedule on Their Work." *Journalism Studies* 15 (5): 607–618.

Revers, M. 2014. "The Twitterization of News Making: Transparency and Journalistic Professionalism." *Journal of Communication* 64 (5): 806–826.

Rice, R. E., and G. A. Crawford. 1992. "Context and Content of Citations between Communication and Library and Information Science Articles." In *Between Communication and Information*. In *Information and Behavior*. vol. 4. Ed. J. Schement and B. Ruben, 189–218. New Brunswick, NJ: Transaction Publishers.

Rios, M. 2014. "Penalty Kicks, as Seen through Twitter Data." Twitter blog, July 3, 2014. https://blog.twitter.com/2014/penalty-kicks-as-seen-through-twitter-data.

Roberts, D. 2011. "Lessons from Our Open News Trial." *The Guardian*, October 17. http://www.theguardian.com/help/insideguardian/2011/oct/17/guardian-newslist.

Robinson, S. 2007. "Someone's Gotta Be in Control Here." *Journalism Practice* 1 (3): 305–321.

Robinson, Sue. 2011. "'Journalism as Process': The Organizational Implications of Participatory Online News." *Journalism & Communication Monographs* 12 (3): 137–210.

Robinson, S. 2011. "Convergence Crises: News Work and News Space in the Digitally Transforming Newsroom." *Journal of Communication* 61 (6): 1122–1141.

Robinson, S. 2012. "Experiencing Journalism: A New Model for Online Newspapers." In *The Handbook of Global Online Journalism*, ed. Eugenia Siapera and Andreas Vegas, 59–72. Malden, MA: Wiley-Blackwell.

Robinson, S., and C. DeShano. 2011. "'Anyone Can Know': Citizen Journalism and the Interpretive Community of the Mainstream Press." *Journalism: Theory, Practice, Criticism* 12 (8): 1–20.

Robinson, S., and M. Schwartz. 2014. "The Activist as Citizen Journalist." In *Citizen Journalism: Global Perspectives*, vol. 2, ed. Stuart Allan and Einar Thorsen, 377–390. New York: Peter Lang.

Rogers, Everett M. 1982. "The Empirical and the Critical Schools of Communication Research." In *Communication Yearbook*, vol. 5 ed. Michael Burgoon, 123–144. New Brunswick, NJ: Transaction Books.

Rogers, E. M., J. W. Dearing, and S. Chang. 1991. "AIDS in the 1980s: The Agenda-setting Process for a Public Issue." *Journalism Monographs (Austin, Tex.)* 126.

Romano, Carlin. 1986. "What? The Grisly Truth About Bare Facts." In *Reading the News*, ed. Robert Karl Manoff and Michael Schudson, 38–78. New York: Pantheon Press.

Rosen, Jay. 2014. "When Starting from Zero in Journalism, Go for a Niche Site Serving a Narrow News Interest Well." Jay Rosen's PressThink, March 26. http://pressthink.org/2014/03/when-starting-from-zero-in-journalism-go-for-a-niche-site-serving-a-narrow-news-interest-well.

Rosenstiel, T., M. Just, T. Belt, A. Pertilla, W. Dean, and D. Chinni. 2007. *We Interrupt This Newscast: How to Improve Local News and Win Ratings, Too*. Cambridge: Cambridge University Press.

Ross, Andrew. 2003. *No-Collar. The Humane Workplace and Its Hidden Costs*. Philadelphia: Temple University Press.

Rowland, Robert. 2000. "Panorama in the Sixties." In *Windows on the Sixties: Exploring Key Texts of Media and Culture*, ed. Anthony Aldgate, James Chapman, and Arthur Marwick, 154–182. London: I.B. Taurus.

Russell, A. 2001. "Chiapas and the New News: Internet and Newspaper Coverage of a Broken Cease-fire." *Journalism* 2 (2): 197–220.

Russell, Adrienne. 2011. *Networked: A Contemporary History of News in Transition*. Cambridge: Polity Press.

Rutigliano, L. 2007. "Emergent Communications Network as Civic Journalism." In *Blogging, Citizenship and the Future of Media*, ed. M. Tremayne, 225–237. New York: Routledge.

Ryfe, David. 2012. *Can Journalism Survive? An Inside Look at American Newsrooms*. Cambridge: Polity Press.

Ryfe, D. M. 2013. *Can Journalism Survive: An Inside Look at American Newsrooms*. Hoboken, NJ: John Wiley & Sons.

Saguy, Abigail. 2013. *What's Wrong with Fat?* New York: Oxford University Press.

Sall, M. 2013. "The Optimal Post is 7 Minutes." Medium, December 2. https://medium.com/data-lab/the-optimal-post-is-7-minutes-74b9f41509b

Saltzis, K. 2012. "Breaking News Online: How News Stories Are Updated and Maintained Around-the-Clock." *Journalism Practice* 6 (5–6): 702–710.

Salwen, M. B. 2005. "Online News Trends." In *Online News and the Public*, ed. M. B. Salwen, B. Garrison,and P. D. Driscoll, 47–77. Mahwah, NJ: Lawrence Erlbaum Associates.

Samuelson, Paul A. 1954. "The Pure Theory of Public Expenditure." *Review of Economics and Statistics* 36:387–389.

Santana, Arthur D. 2014. "Virtuous or Vitriolic: The Effect of Anonymity on Civility in Online Newspaper Reader Comment Boards." *Journalism Practice* 8 (1): 18–33.

Sayes, Edwin. 2014. "Actor-Network Theory and Methodology: Just What Does It Mean to Say That Nonhumans Have Agency?" *Social Studies of Science* 44 (1): 134–149.

Scacco, Joshua M., Alexander L. Curry, and Natalie Jomini Stroud. 2015. "Digital Divisions: Organizational Gatekeeping Practices in the Context of Online News," *#ISOJ, The Official Research Journal of the International Symposium on Online Journalism* 5 (1): 106–123.

Scacco, J. M., A. Muddiman, and N. J. Stroud. (in press). "The Influence of Online Quizzes on Learning from the News." *Journal of Information Technology & Politics*.

Schafer, R. M. 1993. *The Soundscape: Our Sonic Environment and the Tuning of the World*. Chicago: Destiny Books.

Scanlon, T. 1972. "A Theory of Freedom of Expression." *Philosophy & Public Affairs* 1 (2): 204–226.

Schauer, F. 1998. "Principles, Institutions and the First Amendment." *Harvard Law Review* 112:84–121.

Schiffer, A. J. 2006. "Blogswarms and Press Norms: News Coverage of the Downing Street Memo Controversy." *Journalism & Mass Communication Quarterly* 83 (3): 494–510.

Schiller, D. 1981. *Objectivity and the News: The Public and the Rise of Commercial Journalism*. Philadelphia: University of Pennsylvania Press.

Schlesinger, P. 1978. *Putting "Reality" Together: BBC News*. London: Constable.

Schlesinger, Philip, and Gillian Doyle. 2015. "From Organizational Crisis to Multi-Platform Salvation? Creative Destruction and the Recomposition of News Media." *Journalism* 16 (3): 305–323.

Schmitz Weiss, Amy, and David Domingo. 2010. "Innovation Processes in Online Newsrooms as Actor-networks and Communities of Practice." *New Media & Society* 12 (7): 1156–1171.

Schradie, J. 2011. "The Digital Production Gap: The Digital Divide and Web 2.0 Collide." *Poetics* 39:145–168.

Schradie, J. 2012. "The Trend of Class, Race, and Ethnicity in Social Media Inequality." *Information Communication and Society* 15:555–571.

Schudson, Michael. 1986. "When? Deadlines, Datelines, and History." In *Reading the News*, ed. Robert Karl Manoff and Michael Schudson, 79–108. New York: Pantheon Press.

Schudson, M. 1999. *The Good Citizen*. New York: Free Press.

Schudson, Michael. 2008. *Why Democracies Need an Unlovable Press*. Cambridge: Polity.

Schudson, M. 2010. "News in the United States: Panic—And Beyond." In *The Changing Business of Journalism and Its Implication for Democracy*, ed. David A. L. Levy and Rasmus Kleis Nielsen, 95–106. Oxford: Reuters Institute for the Study of Journalism/ University of Oxford.

Schudson, Michael. 2013. "Would Journalism Please Hold Still!" In *Rethinking Journalism: Trust and Participation in a Transformed News Landscape*, ed. Chris Peters and Marcel Broersma, 191–199. London: Routledge.

Schulhofer-Wohl, Sam, and Miguel Garrido. 2013. "Do Newspapers Matter? Short-Run and Long-Run Evidence from the Closure of *The Cincinnati Post*." *Journal of Media Economics* 26 (2): 60–81.

Selwyn, N. 2003. "Apart from Technology: Understanding People's Non-use of Information and Communication Technologies in Everyday Life." *Technology in Society* 25 (1): 99–116.

Shah, H., and M. Thornton. 2004. *Newspaper Coverage of Interethnic Conflict: Competing Visions of America*. Thousand Oaks, CA: Sage.

Shah, H., and M. Thornton. 1994. "Racial Ideology in U.S. Mainstream News Magazine Coverage of Black-Latino Interaction, 1980–1992." *Critical Studies in Mass Communication* 11:141–161.

Shaker, L. 2014. "Dead Newspapers and Citizens' Civic Engagement." *Political Communication* 31 (1): 131–148.

Sherman, A., and B. Womack. 2012. "Twitter Blocks Reporter after He Posts NBC Executive E-mail." *Bloomberg Business*, July 30, 2012. http://www.bloomberg.com/news/articles/2012-07-30/twitter-blocks-journalist-after-he-posts-nbc-executive-s-e-mail.

Shibutani, T. 1966. *Improvised News: A Sociological Study of Rumor*. Indianapolis: Bobbs-Merrill.

Shirky, C. 2008. *Here Comes Everybody: The Power of Organizing without Organizations*. London: Penguin.

Shirky, C. 2010. *Cognitive Surplus: Creativity and Generosity in a Connected Age*. London: Penguin.

Shoemaker, P., and D. Stephen Reese. 2014. *Mediating the Message in the 21st Century: A Media Sociology Perspective*. New York: Routledge.

Sigal, L. 1986. "Who? Sources Make the News." In *Reading the News*, ed. Robert Karl Manoff and Michael Schudson, 9–37. New York: Pantheon Press.

Siles, Ignacio, and Pablo Boczkowski. 2012. "Making Sense of the Newspaper Crisis: A Critical Assessment of Existing Research and an Agenda for Future Work." *New Media & Society* 14 (8): 1375–1394.

Silverman, C., ed. 2014. *Verification Handbook: A Definitive Guide to Verifying Content for Emergency Coverage*. Maastricht, The Netherlands: European Journalism Centre.

Simmel, G. 1950. *The Sociology of Georg Simmel*. New York: Simon and Schuster.

Singer, J. 2003a. "Who Are These Guys?: The Online Challenge to the Notion of Journalistic Professionalism." *Journalism* 4 (2): 139–163.

Singer, J. 2003b. "Campaign Contributions: Online Newspaper Coverage of Election 2000." *Journalism & Mass Communication Quarterly* 80 (1): 39–56.

Singer, J. 2004. "Strange Bedfellows? The Diffusion of Convergence in Four News Organizations." *Journalism Studies* 5:3–18.

Singer, J. 2006a. "Partnerships and Public Service: Normative Issues for Journalists in Converged Newsrooms." *Journal of Mass Media Ethics* 21 (1): 30–53.

Singer, J. 2006b. "The Socially Responsible Existentialist: A Normative Emphasis for Journalists in a New Media Environment." *Journalism Studies* 7 (1): 2–18.

Singer, J. 2006c. "Stepping Back from the Gate: Online Newspaper Editors and the Co-production of Content in Campaign 2004." *Journalism & Mass Communication Quarterly* 83 (2): 265–280.

Singer, J. 2009. "Separate Spaces: Discourse About the 2007 Scottish Elections on a National Newspaper Web Site." *International Journal of Press/Politics* 14 (4): 477–496.

Singer, J. 2010. "Norms and the Network: Journalistic Ethics in a Shared Media Space." In *Journalism Ethics: A Philosophical Approach*, ed. C. Meyers, 117–129. New York: Oxford University Press.

Singer, J. 2014. "User-Generated Visibility: Secondary Gatekeeping in a Shared Media Space." *New Media & Society* 16 (1): 55–73.

Singer, J. 2015. "Out of Bounds: Professional Norms as Boundary Markers." In *Boundaries of Journalism: Professionalism, Practices and Participation*, ed. Matt Carlson and Seth C. Lewis, 21–36. New York: Routledge.

Singer, Jane B., and Ian Ashman. 2009. "'Comment Is Free, but Facts Are Sacred:' User-generated Content and Ethical Constructs at the *Guardian*." *Journal of Mass Media Ethics* 24 (1): 3–21.

Singer, J., Alfred Hermida, David Domingo, Ari Heinonen, Steve Paulussen, Thorsten Quandt, Zvi Reich, and Marina Vujnovic. 2011. *Participatory Journalism: Guarding Open Gates at Online Newspapers*. Malden, MA: Wiley-Blackwell.

Sirkkunen, E., and Clare Cook. 2012. "Chasing Sustainability on the Net." Tampere, Finland: Tampere Research Centre for Journalism, Media and Communication. http://www.submojour.net.

Sloboda, J. 1981. "The Uses of Space in Music Notation." *Visible Language* 15 (1): 86–110.

Soley, L., and Robert L. Craig. 1992. "Advertising Pressures on Newspapers: A Survey." *Journal of Advertising* 21 (4): 1–10.

Smit, G., Yael de Haan, and Laura Buijs. 2014. "Visualizing News: Make It Work." *Digital Journalism* 2 (3): 344–354.

Smith, A., ed. 1998. *Television. An International History*. New York: Oxford University Press.

Smith, B. 2014. "Why Buzzfeed Doesn't Do Clickbait." Buzzfeed, November 6. http://www.buzzfeed.com/bensmith/why-buzzfeed-doesnt-do-clickbait.

Snow, David A. 2001. "Extending and Broadening Blumer's Conceptualization of Symbolic Interactionism." *Symbolic Interaction* 24 (3): 367–377.

Snyder, J., and David Strömberg, 2008. "Press Coverage and Political Accountability." *Journal of Political Economy* 118 (2): 355–408.

Socolow, Michael J. 2010. "'We Should Make Money on Our News': The Problem of Profitability in Network Broadcast Journalism History." *Journalism* 11 (6): 675–691.

Soloski, John. 2013. "Collapse of the US Newspaper Industry: Goodwill, Leverage and Bankruptcy." *Journalism* 14 (3): 309–329.

Soper, T. 2013. "How to Bypass the New York Times Paywall: Go to Starbucks." Geekwire, February 28. http://www.geekwire.com/2013/bypass-york-times-paywall-starbucks.

Sousa, H. 2006. "Information Technologies, Social Change and the Future: The Case of Online Journalism in Portugal." *European Journal of Communication* 21 (3): 373–387.

Sparrow, B. H. 1999. *Uncertain Guardians: The News Media as a Political Institution.* Baltimore, MD: The Johns Hopkins University Press.

Squires, C. R. 2002. "Rethinking the Black Public Sphere: An Alternative Vocabulary for Multiple Public Spheres." *Communication Theory* 12:446–468.

Squires, C. R., and S. J. Jackson. 2010. "Reducing Race: News Themes in the 2008 Primaries." *International Journal of Press/Politics* 15:375–400.

Stack, S. 2000. "Media Impacts on Suicide: A Quantitative Review of 293 Findings." *Social Science Quarterly* 81 (4): 957–972.

Stanford Encyclopedia of Philosophy. 2014. "Scientific Explanation." http://plato.stanford.edu/entries/scientific-explanation.

Stark, D. 2011. *The Sense of Dissonance: Accounts of Worth in Economic Life.* Princeton, NJ: Princeton University Press.

Starkman, D. 2010. "The Hamster Wheel." *Columbia Journalism Review.* http://www.cjr.org/cover_story/the_hamster_wheel.php.

Starkman, D. 2014. *The Watchdog That Didn't Bark: The Financial Crisis and the Disappearance of Investigative Journalism.* New York: Columbia University Press.

Stavelin, E. 2014. "Computational Journalism: When Journalism Meets Programming." Doctoral thesis, University of Bergen, Bergen, Norway.

Steensen, S. 2009. "What's Stopping Them? Toward a Grounded Theory of Innovation in Online Journalism." *Journalism Studies* 10 (1): 1–16.

Steensen, S. 2011. "Online Journalism and the Promises of New Technology: A Critical Review and Look Ahead." *Journalism Studies* 12 (3): 311–327.

Steensen, S. 2014. "Newsroom Innovation Research and the Problem of Hidden Normativity." Presentation at the International Communication Association, Seattle, May 23–26.

Steinmetz, G. 2004. "Odious Comparisons: Incommensurability, the Case Study, and 'Small N's' in Sociology." *Sociological Theory* 22 (3): 371–400.

Sterne, J. 2012. "Sonic Imaginations." In *The Sound Studies Reader*, ed. J. Sterne, 1–17. New York: Routledge.

Stonebely, S. 2013. "The Social and Intellectual Contexts of the U.S. 'Newsroom Studies' and the Media Sociology of Today." *Journalism Studies* 16 (2): 259–274.

Storey, J., Salaman, G., Platman, K. 2005. "Living with Enterprise in an Enterprise Economy: Freelance and Contract Workers in the Media." *Human Relations* 58 (8): 1033–1054.

Stroud, N. 2011. *Niche News: The Politics of News Choice*. New York: Oxford University Press.

Stroud, S. 2008. "John Dewey and the Question of Artful Communication." *Philosophy & Rhetoric* 41 (2): 153–183.

Stroud, S. 2011. *John Dewey and the Artful Life: Pragmatism, Aesthetics, and Morality*. University Park, PA: Pennsylvania State University Press.

Sukumaran, Abhay, Stephanie Vezich, Melanie McHugh, and Clifford Nass. 2011. "Normative Influences on Thoughtful Online Participation." In *Proceedings of the 2011 Annual Conference on Human Factors in Computing Systems—CHI '11*, 3401–3410.

Sullivan, M. 2012. "Questions and Answers on How *The Times* Handles Online Comments from Readers." *New York Times*, October 15. http://publiceditor.blogs.nytimes.com/2012/10/15/questions-and-answers-on-how-the-times-handles-online-comments-from-readers.

Sullivan, M. 2013. "A Model of Restraint in the Race for News." *New York Times*, April 21. http://www.nytimes.com/2013/04/21/public-editor/a-model-of-restraint-in-the-race-for-news.html.

Sunstein, C. 1994. *Democracy and the Problem of Free Speech*. New York: Free Press.

Sunstein, Cass. 2007. *Republic 2.0*. Princeton, NJ: Princeton University Press.

Susskind, R. 2014. "The Internet in the Law: Transforming Problem-Solving and Education." In *Society and the Internet*, ed. M. Graham and W. H. Dutton, 272–284. Oxford: Oxford University Press.

Sydell, L. 2015. "Now You Can Sign Up to Keep Drones Away from Your Property. *NPR All Tech Considered*, February 23. http://www.npr.org/blogs/alltechconsidere

d/2015/02/23/388503640/now-you-can-sign-up-to-keep-drones-away-from-your-property.

Sylvie, George, and Peter Gade. 2009. "Changes in News Work: Implications for Newsroom Managers." *Journal of Media Business Studies* 6 (1): 113–148.

Szabo, G., and B. A. Huberman. 2010. "Predicting the Popularity of Online Content." *Communications of the ACM* 53 (8): 80–88.

Tandoc, E. C. 2014. "Journalism Is Twerking? How Web Analytics Is Changing the Process of Gatekeeping." *New Media & Society* 16 (4): 559–575.

Tandoc, Edson, and Ryan J. Thomas. 2015. "The Ethics of Web Analytics: Implications of Using Audience Metrics in News Construction." *Digital Journalism* 3 (2): 243–258.

Tanizaki, J. 1977. *In Praise of Shadows*. Stony Creek, CT: Leete's Island Books.

Taylor, C. 1979. "What's Wrong with Negative Liberty?" In *The Idea of Freedom: Essays in Honor of Isaiah Berlin*, ed. A. Ryan, 175–193. Oxford: Oxford University Press.

Taylor, John B. 2007. *Economics*. 5th ed. New York: Houghton Mifflin.

Tenenboim-Weinblatt, K., and M. Neiger. 2014. "Print Is Future, Online Is Past: Cross-Media Analysis of Temporal Orientations in the News." *Communication Research* 42 (8): 1047–1067.

Thelen, K. 1999. "Historical Institutionalism in Comparative Politics." *Annual Review of Political Science* 2:369–404.

Thompson, D. 2015. "The Unbearable Lightness of Tweeting." *Atlantic* 16 (February). http://www.theatlantic.com/business/archive/2015/02/the-unbearable-lightness-of-tweeting/385484/.

Thompson, E. 2002. *The Soundscape of Modernity*. Cambridge, MA: MIT Press.

Thornton, L. J., and S. M. Keith. 2009. "From Convergence to Webvergence: Tracking the Evolution of Broadcast-Print Partnerships through the Lens of Change Theory." *Journalism & Mass Communication Quarterly* 86 (2): 257–276.

Thorsen, E. 2013. "Routinisation of Audience Participation: BBC News Online, Citizenship and Democratic Debate." In *The Media, Political Participation and Empowerment*, ed. Richard Scullion, Roman Gerodimos, Daniel Jackson, and Darren Lilleker. New York: Routledge.

Thorson, E. 2016. "Belief Echoes: The Persistent Effects of Corrected Misinformation." *Political Communication* 33 (3): 460–480.

Thurman, N. 2008. "Forums for Citizen Journalists? Adoption of User Generated Content Initiatives by Online News Media." *New Media & Society* 10 (1): 139–157.

Thurman, N., and S. Schifferes. 2012. "The Future of Personalization at News Websites: Lessons from a Longitudinal Study." *Journalism Studies* 13 (5–6): 775–790.

Tilly, C. 1985. "Models and Realities of Popular Collective Action." *Social Research* 52 (4):717–747.

Tilly, C. 1999. "From Interactions to Outcomes in Social Movements." In *How Social Movements Matter*, ed. M. Giugni, D. McAdam, and C. Tilly, 253–270. Minneapolis: University of Minnesota Press.

Trammell, K. D., A. Tarkowski, and A. M. Sapp. 2006. "Rzeczpospolita blogów [Republic of Blog]: Examining Polish Bloggers through Content Analysis." *Journal of Computer-Mediated Communication* 11 (3): 702–722.

Tremayne, M. 2007. "Harnessing the Active Audience: Synthesing Blog Research and Lessons for the Future of Media." In *Blogging, Citizenship and the Future of Media*, ed. M. Tremayne, 261–272. New York: Routledge.

Trilling, D., and K. Schoenbach. 2013. "Skipping Current Affairs: The Non-Users of Online and Offline News." *European Journal of Communication* 28 (1): 35–51.

Truter, C. D. 1984. "First Amendment Rights of Prisoners: Freedom of the Prison Press. *University of San Francisco Law Review* 18 (3): 599–616.

Tuchman, G. 1972. "Objectivity as Strategic Ritual: An Examination of Newsmen's Notions of Objectivity." *American Journal of Sociology* 77 (4): 660–679.

Tuchman, G. 1978. *Making News: A Study in the Construction of Reality*. New York: Free Press.

Turner, F. 2005. "Actor-Networking the News." *Social Epistemology* 19 (4): 321–324.

Turow, J. 1994. "Hidden Conflicts and Journalistic Norms: The Case of Self-coverage." *Journal of Communication* 44 (2): 29–46.

Turow, J., and N. Draper. 2014. "Industry Conceptions of Audience in the Digital Space: A Research Agenda." *Cultural Studies* 28 (4): 643–656.

Upshaw, James, Gennadiy Chernov, and David Koranda. 2007. "Telling More Than News: Commercial Influence in Local Television Stations." *Electronic News* 1 (2): 67–87.

U.S. Supreme Court. 1969. *Red Lion Broadcasting Co. v. FCC*. 395 U.S. 367.

Ursell, G. D. 2001. "Dumbing Down or Shaping Up? New Technologies, New Media, New Journalism." *Journalism* 2 (2): 175–196.

Usher, N. 2014. *Making News at The New York Times*. Ann Arbor, MI: The University of Michigan Press.

Usher, N. 2016. *Interactive Journalism: Hackers, Data, and Code*. Champaign: University of Illinois Press.

Van der Haak, B., M. Parks, and M. Castells. 2012. "The Future of Journalism: Networked Journalism." *International Journal of Communication* 6:16.

van Dijck, J. 2013. *The Culture of Connectivity*. New York: Oxford University Press.

van Dijk, T. A. 1991. *Racism and the Press*. London: Routledge.

Van Leuven et al. 2014. "Networking or Not Working?" *Journalism Practice* 8:552–562.

van Maanen, H. 2009. *How to Study Art Worlds: On the Societal Functioning of Aesthetic Values*. Amsterdam: Amsterdam University Press.

Vergeer, M. 2014. "Peers and Sources as Social Capital in the Production of News Online Social Networks as Communities of Journalists." *Social Science Computer Review* 33 (3): 277–297.

Vobi, I. 2011. "Online Multimedia News in Print Media: A Lack of Vision in Slovenia." *Journalism* 12 (8): 946–962.

Vignelli, M. 2010. *The Vignelli Canon*. London, UK: Lars Muller.

Vis, Farida. 2013. "Twitter as a Reporting Tool for Breaking News: Journalists Tweeting the 2011 UK Riots." *Digital Journalism* 1 (1): 27–47.

Vos, Tim P., and Jane B. Singer. 2016. "Media Discourse about Entrepreneurial Journalism: Implications for Journalistic Capital." *Journalism Practice* 10 (2): 143–159.

Vu, H. T. 2014. "The Online Audience as Gatekeeper: The Influence of Reader Metrics on News Editorial Selection." *Journalism* 15 (8): 1094–1110.

Wacjman, J. 2015. *Pressed for Time: The Acceleration of Life in Digital Capitalism*. Chicago: University of Chicago Press.

Waisbord, S. 2013. *Reinventing Professionalism: Journalism and News in Global Perspective*. New York: John Wiley & Sons.

Waldman, S. 2011. *The Information Needs of Communities: The Changing Media Landscape in a Broadband Age*. Washington, DC: Federal Communications Commission. www.fcc.gov/infoneedsreport.

Wall, M. 2005. "'Blogs of War': Weblogs as News." *Journalism* 6 (2): 153–172.

Ward, S. J. 2005a. *Invention of Journalism Ethics: The Path to Objectivity and Beyond*. Kingston, ON: McGill-Queen's Press-MQUP.

Ward, S. J. 2005b. "Journalism Ethics from the Public's Point of View." *Journalism Studies* 6 (3): 315–330.

Ward, S. J. 2009. "Journalism Ethics." In *The Handbook of Journalism Studies*, ed. Karin Wahl-Jorgensen and Thomas Hanitzsch, 295–308.

Ward, S. J. 2010. *Global Journalism Ethics*. Kingston, ON: McGill-Queen's University Press.

Ward, S. J. 2011. *Ethics and the Media: An Introduction*. Cambridge: Cambridge University Press.

Ward, S. J. 2014. "The Magical Concept of Transparency." In *Ethics for Digital Journalists: Emerging Best Practices*, ed. Lawrie Zion and David Craig, 45–58. New York: Routledge.

Watt, I. 1957. *The Rise of the Novel: Studies in Defoe, Richardson, and Fielding*. Berkeley, CA: University of California Press.

Weber, M. 1978. *Economy and Society: An Outline of Interpretive Sociology*. Berkeley, CA: University of California Press.

Webster, J. 2014. *The Marketplace of Attention: How Audiences Take Shape in a Digital Age*. Cambridge, MA: MIT Press.

Wemple, E. 2014a. "Associated Press Polices Story Length." *Washington Post*, May 12. http://www.washingtonpost.com/blogs/erik-wemple/wp/2014/05/12/associated-press-polices-story-length.

Wemple, E. 2014b. "Reuters Polices Story Length Too." *Washington Post*, May 12. http://www.washingtonpost.com/blogs/erik-wemple/wp/2014/05/12/reuters-polices-story-length-too.

Westbrook, R. 1991. *John Dewey and American Democracy*. Ithaca, NY: Cornell University Press.

Westlund, O. 2011. *Cross-Media News Work: Sensemaking of the Mobile Media (r)evolution*. Gothenburg, Sweden: University of Gothenburg.

Westlund, O. 2013. "Mobile News: A Review and Model of Journalism in an Age of Mobile Media." *Digital Journalism* 1 (1): 6–26.

White, D. M. 1949. "The 'Gatekeeper': A Case Study in the Selection of News." *Journalism Quarterly* 27:383–390.

Williams, A., C. Wardle, and K. Wahl-Jorgensen. 2010. "'Have They Got News for Us?' Audience Revolution or Business as Usual at the BBC?" *Journalism Practice* 5 (1): 85–99.

Williams, B., and M. X. Delli Carpini. 2011. *After Broadcast News: Media Regimes, Democracy, and the New Information Environment (Communication, Society and Politics)*. New York: Cambridge University Press.

Williams, E. 2014. "A Less Long, More Connected Medium." Medium, February 24. https://medium.com/the-story/a-less-long-more-connected-medium-c345db2d6a56.

Williams, R. 1973. *Television: Technology and Cultural Form*. London: Routledge Classics.

Williams, W. 1915. "The Journalist's Creed." *The Editor and Publisher and the Journalist* 48 (1): 538.

Witschge, T. 2012. "Changing Audiences, Changing Journalism?" In *Changing Journalism*, ed. P. Lee-Wright, A. Phillips, and T. Witschge, 117–134. London: Routledge.

Willnat, L., and H. David Weaver. 2014. *The American Journalist in the Digital Age: Key Findings*. Bloomington: School of Journalism, Indiana University. http://news.indiana.edu/releases/iu/2014/05/2013-american-journalist-key-findings.pdf.

Witschge, T. 2013. "Transforming Journalistic Practice: A Profession Caught between Change and Transition." In *Rethinking Journalism: Trust and Participation in a Transformed News Landscape*, ed. Chris Peters and Marcel Broersma, 160–172. New York: Routledge.

Witschge, T., and Gunnar Nygren. 2009. "Journalism: A Profession under Pressure?" *Journal of Media Business Studies* 6 (1): 37–59.

Wodak, R., and M. Meyer, eds. 2009. *Methods of Critical Discourse Analysis*, 2nd ed. London; Thousand Oaks, CA: Sage Publications Ltd.

Woolgar, S. 1999. "Analytic Scepticism." In *Society on the Line*, ed. W. H. Dutton, 335–337. Oxford: Oxford University Press.

Wortham, J. 2012. "With Twitter, Blackouts and Demonstrations, Web Flexes Its Muscle." *New York Times*, January 18. http://www.nytimes.com/2012/01/19/technology/protests-of-antipiracy-bills-unite-web.html.

Wyndham, G. 1977. *Facing the Nation: Television and Politics, 1936–1976*. London: Bodley Head.

Xu, W. W., and M. Feng. 2014. "Talking to the Broadcasters on Twitter: Networked Gatekeeping in Twitter Conversations with Journalists." *Journal of Broadcasting & Electronic Media* 58:420–437.

Yglesias, M. 2015. "Refreshing the Evergreen." Vox, January 15. http://www.vox.com/2015/1/15/7546877/evergreen-experiment.

Yoneyama, M., J. i. Fujimoto, Y. Kawamo, and S. Sasabe. 1983. "The Audio Spotlight: An Application of Nonlinear Interaction of Sound Waves to a New Type of Loudspeaker Design." *Journal of the Acoustical Society of America* 73 (5): 1532–1536.

Young, Mary Lynn, and Alfred Hermida. 2015. "From Mr. and Mrs. Outlier to Central Tendencies." *Digital Journalism* 3 (3): 381–397.

Zamith, R. 2017. "On Metrics-Driven Homepages." *Journalism Studies*. Advance online publication. doi:10.1080/1461670X.2016.1262215.

Zamith, R., and Seth C. Lewis. 2014. "From Public Spaces to Public Sphere: Rethinking Systems for Reader Comments on Online News Sites." *Digital Journalism* 2 (4): 558–574.

Zelizer, B. 2004. *Taking Journalism Seriously: News and the Academy*. Thousand Oaks, CA: SAGE Publications.

Zelizer, B. 2015. "Terms of Choice: Uncertainty, Journalism, and Crisis." *Journal of Communication* 65 (5): 888–908.

Zickuhr, K. and Aaron Smith. 2013. "Home Broadband 2013." Pew Research Center. http://www.pewinternet.org/2013/08/26/home-broadband-2013.

Zion, Lawrie, and David Craig. 2015. *Ethics for Digital Journalists: Emerging Best Practices*. New York: Routledge.

Zuckerman, E. 2009. "Why We Fall for Fast News." http://www.ethanzuckerman.com/blog/2009/11/09/why-we-fall-for-fast-news.

찾아보기

ㅁ

ㅂ

ㅅ

디지털 저널리즘 연구 톺아보기

2019년 5월 10일 인쇄
2019년 5월 20일 발행

편저 | Pablo J. Boczkowski, C. W. Anderson
옮긴이 | 김균수

펴낸이 | 정병석
펴낸곳 | 전남대학교출판문화원
주소 | 61186 광주광역시 북구 용봉로 77
전화 | (062) 530-0571~3 팩스 | (062) 530-0579
등록 | 1981. 5. 21. 제53호
홈페이지 | http://www.cnup.co.kr
이메일 | cnup0571@hanmail.net

값 27,000 원

ISBN 978-89-6849-633-2 (93070)

이 책은 방송문화진흥회의 지원을 받아 출간되었습니다.

이 도서의 국립중앙도서관 출판예정도서목록(CIP)은 e-CIP홈페이지(http://www.nl.go.kr/ecip)와
국가자료공동목록시스템(http://www.nl.go.kr/kolisnet)에서 이용하실 수 있습니다.
(CIP제어번호: CIP2019018596)